KB179624

깐깐하게 배우는 C

LEARN C THE HARD WAY

Zed A. Shaw

깐깐하게 배우는 C: 52단계 연습으로 배우는 실용 C 코딩 노하우

초판 1쇄 발행 2018년 2월 5일 **지은이** 제드 쇼 **옮긴이** 정기훈 **펴낸이** 한기성 **펴낸곳** 인사이트 **편집** 정수진 **제작·관리** 박미경 **용지** 월드페이퍼 **출력** 소다미디어 **인쇄** 현문인쇄 **후가공** 이지앤비 **제본** 자현제책 **등록번호** 제10-2313호 **등록일자** 2002년 2월 19일 **주소** 서울시 마포구 잔다리로 119 석우빌딩 3층 **전화** 02-322-5143 **팩스** 02-3143-5579 **블로그** http://blog.insightbook.co.kr **이메일** insight@insightbook.co.kr **ISBN** 978-89-6626-215-1 책값은 뒤표지에 있습니다. 잘못 만들어진 책은 바꾸어 드립니다. 이 책의 정오표는 http://www.insightbook.co.kr에서 확인하실 수 있습니다. 이 도서의 국립중앙도서관 출판예정도서목록(CIP)은 서지정보유통지원시스템 홈페이지(http://seoji.nl.go.kr)와 국가자료공동목록시스템 (http://www.nl.go.kr/kolisnet)에서 이용하실 수 있습니다.(CIP제어번호: CIP2017032311)

코어 프로그래밍 시리즈

깐깐하게
배우는
C

제드 쇼 지음 | 정기훈 옮김

인사이트
insight

차례

옮긴이의 글

여기 두 명의 운전자가 있다. 두 사람 모두 10년 넘게 매일 운전을 했고, 사고를 낸 적도 없다. 하지만 한 사람은 자동변속기가 달린 승용차만 운전하였으며, 다른 한 사람은 승용차뿐만 아니라 트럭, 버스, 트레일러, 견인차 등 안 몰아 본 차량이 없을 정도로 다양한 종류의 자동차를 운전한 경험이 있다. 그렇다면 여러분의 자동차를 몰아 줄 사람으로 누구를 선택하겠는가?

다시, 질문을 조금 바꾸어보자. 두 명의 개발자가 있다. 두 사람 모두 10년 넘게 개발을 했고, 많은 프로젝트 경험을 가지고 있다. 하지만 한 사람은 루비 언어만 사용하였고, 다른 한 사람은 C를 비롯하여 파이썬, 루비, 자바 등 다양한 프로그래밍 언어를 사용하여 개발한 경험이 있다. 그렇다면 여러분의 소프트웨어를 개발할 사람으로 누구를 선택하겠는가?

질문이 내포하는 요지는 간단하다. 별도의 정보가 없는 상태에서 여러 가지 프로그래밍 언어를 사용하여 다양한 환경에서 많은 경험을 쌓은 개발자를 선택하는 것은 어쩌면 당연한 일이다. 이 말을 뒤집어보면 결국 좋은 개발자, 선택받는 개발자가 되기 위해서는 같은 기간 동안 더 많은 경험을 해봐야 한다는 것을 알 수 있다. 그렇다면 좋은 개발자가 되기 위해서는 어떻게 해야 할까? 바로 『간간하게 배우는 C』를 통해 그 답을 얻게 될 것이다.

C 언어는 프로그래밍 언어사(言語史)적으로 고전 프로그래밍 언어에 분류시켜도 될 만큼 오래됐을 뿐만 아니라 프로그래밍 언어학적으로 약점이 너무 많으며, 어셈블리 언어 수준으로 시스템에 가까이 접근할 수 있기 때문에 아무리 주의를 기울여도 공격당하는 일이 허다하다. 따라서, 역설적으로 C 언어를 사용하여 견고한 프로그램을 작성할 정도의 수준이 되었다면 어떤 프로그래밍 언어를 사용하더라도 견고한 프로그램을 만들 수 있게 된다. 또한 C 언어로 인해 탄생한 수많은 레퍼런스가 경험으로 축적되기 때문에 동일한 시간을 투자하고도 더 많은 노하우를 쌓을 수 있을 것이다.

이 책은 여러분에게 많은 질문을 던진다. 그 질문에 대한 답을 고민하는 사이 어느덧 자신도 모르게 강인한 프로그래머로 거듭나게 될 것이다. 다만 고민의 깊이가 매우 크기 때문에 그간의 다른 프로그래밍 언어, 아니 C 언어에 익숙한 개발자라 할지라도 깊은 생각에 빠지게 만들 것이다. 이 과정은 자신만의 프로그래밍 철학을 수립하는 데 굉장한 도움이 될 뿐만 아니라, 더 높은 수준의 개발자로 거듭나고자 하는 사람에게는 어디에서도 구할 수 없는 값진 경험이 될 것이다.

언제까지 스크립트, OOP 같은 자동변속기에 의존할 수만은 없는 노릇이다. 백전노장 개발자가 되기 위해서는 아스팔트길만 달리면 안된다. 이 책이 여러분의 내면에 잠자고 있던 개발자적(?) 도전 욕구를 다시 한 번 불태워줄 도화선이 되리라 믿는다.

이 책을 옮길 수 있도록 기회를 주신 인사이트 대표님께 감사드린다. 그리고 거친 원고에 생명을 불어넣는 마법 같은 일을 매일같이 하시는 정수진 에디터님께도 감사드린다. 마지막으로 항상 곁에서 응원하는 아내와 윤서, 태원에게도 깊은 감사를 전한다.

정기훈

감사의 글

지금 읽고 있는 이 책을 집필하는 데 도움을 주신 세 부류의 사람들에게 감사
드린다: 비판자, 조력자, 디자이너

비판자들은 그들의 고지식함, 초기 C 언어에 대한 비뚤어진 숭배 심리, 전
문 교육에 대한 부재 등을 통해 이 책이 더 강하고 견고해질 수 있도록 도와
주었다. 그들의 빛나는(?) 예제들은 무엇을 하면 안 되는지 잘 알려주었을 뿐
만 아니라 저자로 하여금 정말 열심히 일하지 않을 수 없도록 만들었으며, 그
결과 이 책이 더 나은 프로그래머가 되는 길로 안내해주는 지침서가 될 수 있
었다.

조력자들은 데브라 윌리엄스 컬리(Debra Williams Cauley), 비키 로랜드
(Vicki Rowland), 엘리자베스 라이언(Elizabeth Ryan)을 비롯한 Addison-
Wesley의 모든 팀과 수정 및 제안사항을 보내준 모든 분들이다. 제작, 교정,
편집 등 책을 출간하는 과정에서 들어간 이들의 노고 덕분에 이 책이 더 전문
적이고 훌륭하게 다듬어졌다.

디자이너인 브라이언(Brian), 아서(Arthur), 베스타(Vesta), 사라(Sarah)는
나를 더 잘 표현해주고, 편집자들이 정해놓은 마감일의 압박에서 벗어나게
해주었다. 디자이너들과 이들이 제공한 예술이라는 선물 덕에 삶은 더 의미
있고 풍요로워질 수 있었다.

이 책을 집필할 수 있도록 도와준 모든 분들께 감사드린다. 완벽한 책이란
없다는 것을 잘 알기에 이 책 역시 완벽하지 않겠지만, 적어도 완벽을 위해 최
선을 다했다고 자부할 수 있다.

서문

이 책은 사실 C에 대한 책이 아니다

속았다는 기분이 들 수도 있겠지만, 분명히 말하건대 이 책은 여러분에게 C 프로그래밍을 가르치려는 것이 아니다. 물론 이 책을 통해 C 언어로 프로그램을 작성하는 방법을 배울 것이다. 그러나 이 책을 통해 얻게 될 가장 중요한 포인트는 바로 철저한 방어적 프로그래밍(rigorous defensive programming)을 배운다는 사실이다. 요즘은 자신이 작성한 프로그램이 잘 동작할 것이라고 쉽게 단정해버리는 프로그래머가 무척 많다. 하지만 이렇게 만들어진 프로그램은 어느 날 갑자기 재앙으로 치닫게 될 것이다. 여러분을 위해 문제를 해결해주던, 다른 현대적인 언어를 공부한 사람이라면 특히 그렇다. 이 책을 읽고 책에 수록된 예제들을 학습하는 과정을 통해 여러분은 악의적인 행동이나 공격으로부터 보호하는 프로그램을 작성하는 방법을 배우게 될 것이다.

방어적 프로그래밍 학습을 위해 이 책에서는 특별히 C 언어를 선택했는데 그 이유는 C가 불완전한 언어이기 때문이다. 1970년대만 하더라도 당시의 C 언어 설계에 사용된 개념들이 충분히 의미가 있었지만 지금 시대에는 모든 의미가 사라져버렸다. 통제되지 않고 무작정 사용되는 포인터부터 심각하게 손상된 NUL 종료 문자열에 이르기까지 모든 것이 C를 공격하는 거의 모든 보안 공격에 해당되기 때문이다. C는 널리 사용되는 것에 비해서 안전한 코드를 작성하기 가장 어려운 언어라고 본다. 오히려 C보다 어셈블리 언어가 안전한 코드를 작성하기 쉽다.

그렇다면 왜 굳이 C를 설명하려고 하는 것일까? 여러분이 더 훌륭한 프로그래머가 되기를 바라기 때문이다. 프로그래머로서 더 발전하기 위해 훈련하는 용도로 C 언어는 아주 훌륭한 프로그래밍 언어이다. 그 이유는 두 가지가 있다. 첫째, C 언어에는 현대의 보안과 관련된 기능이 거의 없어서 프로그램을 작성할 때 좀 더 긴장해야 하고 로직이 어떻게 돌아가는지를 자세히 파악해야 하기 때문이다. 만일 C 언어로 안전하고 견고한 코드를 작성할 수 있다면 어떤 프로그래밍 언어로도 견고한 코드를 작성할 수 있다. 따라서 이 책을 통해 배우는 기술은 다른 언어에 모두 적용할 수 있다. 둘째, C 언어를 공부하다 보면 많은 사람이 작성한 산더미 같은 코드를 마주할 수 있기 때문이다. 이러한 코드를 통해 C 언어 계열의 다양한 언어의 기본 문법을 익힐 수 있다. C 언어를 익히고 나면 C++, Java, 오브젝티브-C, 자바스크립트 언어를 아주 쉽게 배울 수 있을 뿐만 아니라 다른 프로그래밍 언어들도 어렵지 않게 배울 수 있을 것이다.

부디 여기까지 읽고 근심에 빠지지 않기를 바란다. 왜냐하면 이 책은 아주 재미있고 쉬운데다가 사파(邪派)의 방식으로 설명하기 때문이다! 우선, 다른 프로그래밍 언어에서는 접하지 못한 프로젝트를 통해 C 언어를 공부하는 재미를 제공한다. 그리고 C 언어의 프로그래밍과 기술을 천천히 익힐 수 있도록 만든 검증된 연습을 통해 쉽게 접근할 수 있도록 할 것이다. 마지막으로 일반적인 설명 방법에서 벗어나 프로그램이 오류를 일으키게 하는 방법을 보여주고 이를 막는 안전한 코드를 설명함으로써 오류와 관련된 이슈를 쉽게 이해할 수 있도록 할 것이다. 또한 스택 오버플로, 허용되지 않는 메모리 접근 등 프로그래머들을 괴롭게 만드는 일반적인 결함들을 몸으로 직접 부딪치며 익히게 될 것이다.

저자가 집필한 다른 책과 마찬가지로 책을 읽어갈수록 점점 도전적인 내용들이 나올 것이다. 하지만 이 책을 다 읽고 나면 훨씬 발전하여 더 경쟁력을 갖춘 프로그래머로 거듭나게 될 것이다.

UB주의자(Undefined Behaviorists)

이 책을 다 읽은 시점에는 그동안 실행했던 거의 모든 C 프로그램을 디버그하고, 읽고, 고칠 수 있게 될 것이다. 그리고 새로운 프로그램을 작성할 때 견고한 코드를 구사하게 될 것이다. 하지만 이 책에서는 소위 공식적인 C 언어를 설명하지 않을 것이다. 물론, 여러분은 프로그래밍 언어를 배우고 그것을 잘 구사하는 방법도 배우겠지만 공식적인 C 언어는 안전하지 않다. 상당수의 C 프로그래머들은 그저 단순히 안전한 C 코드를 작성하지 않으며, 그 이유로 UB(Undefined Behavior, 미정의 행동)를 든다. UB는 ANSI C에 속하는 내용으로, C 컴파일러가 무시해도 되는 방법들이 수록되어 있다. 물론 C 표준에는 UB와 관련하여 다음과 같이 프로그램을 작성하면 모든 것이 물거품이 되면서 컴파일러는 일관되게 아무것도 할 수 없다는 내용을 일부 언급하고 있다. C 프로그램이 문자열 끝을 넘어서까지 계속해서 읽는 행위가 대표적인 UB이며, C에서 아주 빈번히 발생하는 에러이다. 내용을 조금 들여다보면, 간단하게 표현해서 C 언어는 문자열을 NUL 바이트 또는 0바이트로 끝나는 메모리 블록으로 정의한다. 그런데 프로그램 외부에서 많은 문자열이 입력되면 NUL로 끝나지 않는 문자열이 들어오는 일이 종종 발생한다. 이런 경우 C 프로그램은 어쨌거나 문자열이 끝나지 않았기 때문에 계속해서 문자열을 읽으려고 시도하게 되며, 컴퓨터의 메모리 영역에 무제한으로 접근하게 되어 프로그램이 충돌을 일으키게 된다. C 언어 이후에 개발된 모든 프로그래밍 언어는 이러한 문제를 예방하고 있지만 C는 그렇지 못하다. UB에 대한 C 언어의 이러한 소극적인 대응은 모든 C 프로그래머로 하여금 UB를 다룰 필요가 없다고 생각하게 만들었다. 그 결과 C 프로그래머들은 잠재적으로 NUL 바이트를 침범할 수 있는 코드로 가득한 프로그램을 작성하면서도 이 부분에 대해 지적하면 "이것은 UB라서 막지 않아도 돼요."라고 이야기하는 일이 벌어지게 되었다. UB에 많이 의존하는 C 언어의 이러한 성향은 대부분의 C 코드가 왜 그렇게 무시무시할 정도로 위험한지를 설명해준다.

필자는 C 코드를 작성할 때 UB를 일으키지 않도록 코드를 작성하거나 UB를 방어하도록 코드를 작성하는 방식으로 UB를 피하기 위해 노력한다. 하지만 UB가 너무 많고 서로 얽혀 고르디우스의 매듭처럼 풀 수 없는 문제가 되기도 한다. 이 책을 통해 UB를 일으키는 방법과 함께 어떻게 하면 UB를 피할 수 있는지를 설명하고 다른 사람의 코드에서 UB를 일으키는 방법도 고민해 볼 것이다. 하지만 무작위로 발생하는 UB를 피하는 것은 거의 불가능하다는 것을 항상 염두에 두고, 이를 해결하기 위해서는 그저 최선을 다해야 한다는 생각을 가져야 할 것이다.

> 아마도 C 언어의 골수팬들이 종종 UB를 가지고 여러분을 이기려 들 것이다. 코드는 작성하지 않으면서 UB에 대한 지식만 달달 외운 부류의 사람들이 있는데, 이론만 앞세우는 이런 사람들을 초급 프로그래머가 당해내기는 쉽지 않다. 혹시라도 이런 부류의 프로그래머를 만난다면 그냥 무시하기 바란다. 종종 그들은 여러분을 도와준다고 해놓고는 막상 C 프로그램을 가르치기보다는 자신의 우월성을 증명하기 위해 오만하고 모욕적으로 끊임없이 질문할 것이다. C 코드에 대한 도움이 필요할 경우 차라리 필자의 이메일 *help@learncodethehardway.org*로 연락하라. 내가 기꺼이 도와줄 것이다.

C는 예쁘면서 까다로운 언어

UB 개념의 존재는 더 나은 프로그래머로 발전하기 위해 C 언어를 배우는 것이 훌륭한 선택인 이유 중 하나다. 여러분이 이 책에서 설명하는 방식대로 훌륭하고 견고한 C 코드를 작성할 수 있다면, 어떤 언어를 사용하더라도 살아남을 수 있을 것이다. 긍정적으로 생각하면 C 언어는 여러 면에서 정말 우아한 언어이다. C 언어 문법은 실제로 C 언어가 가진 힘을 고려할 때 매우 간결하다. 이것이 많은 프로그래밍 언어가 지난 45년 동안 C 언어의 문법을 차용한 이유이기도 하다. C 언어는 또한 최소한의 기술을 사용하고도 상당히 많은 것을 제공한다. 그래서 C 언어 학습을 마치고 나면 C 언어가 매우 우아하고 아름다우면서도 동시에 약간 까다롭다는(ugly) 것이 고맙게 느껴질 것이다. C 언어는 오래되고 아름다운 기념비 같아서 몇 미터 떨어져서 바라보면 환상적으로 보이지만 가까이 가서 보면 C 언어가 지니고 있는 균열과 결함이 모두 보일 것이다.

이러한 이유로 이 책에서는 최신의 컴파일러에서 작업할 수 있는 가장 최근 버전의 C를 설명할 것이다. 최신의 C는 실용적이고 단도직입적이며 간단하면서도 완벽하게 작동하는 C 언어의 하위 집합일 뿐만 아니라 모든 부분에서 잘 작동하며 많은 함정을 피한다. 이 버전의 C는 실제로 업무에 사용할 수 있는 것으로, 골수팬들이 사용하기를 시도하다 번번이 실패하는, 백과사전에나 나올 법한 C가 아니다.

필자는 필자가 사용하는 C 코드가 견고하다는 것을 잘 안다. 왜냐하면 대규모 작업을 고장 없이 수행하는 깨끗하고 견고한 C 코드를 작성하는 데 20

여년의 세월을 보냈기 때문이다. 필자가 작성한 C 코드는 트위터(Twitter)나 에어비앤비(Airbnb)와 같은 회사의 운영을 지원하면서 아마도 수조 건의 트랜잭션을 처리했을 것이다. 그러면서도 고장이 나거나 보안 공격을 받은 적이 거의 없었다. 이 외에도 수년간 루비 온 레일스(Ruby on Rails) 웹을 지원하는 동안 필자의 코드는 아름답게 동작했을 뿐만 아니라 심지어 보안 공격까지도 막았다. 그 사이 다른 웹 서버들은 가장 단순한 공격에도 번번이 죽고 말았다.

필자는 C 코드를 작성할 때 견고함을 추구한다. 그러나 더 중요한 것은 이렇게 필자가 C 코드를 작성할 때 지니는 마음가짐을 모든 프로그래머가 가져야 한다는 것이다. 즉, 제대로 동작하는 것은 아무것도 없다고 생각하고, 오류가 나지 않도록 최선을 다하겠다는 마음가짐으로 C를 비롯한 모든 프로그래밍 언어에 접근하는 것이다. 다른 프로그래머들은(심지어 좋은 C 프로그래머로 알려진 사람들도) 코드를 작성할 때 모든 것이 작동할 것이라고 가정하면서 UB나 운영체제에 기대는 바람에 결국 제대로 동작하지 않아 솔루션으로서의 기능을 잃는 경우가 많다. 분명히 이 책에서 가르치는 코드가 "진짜 C"가 아니라고 말하는 사람들이 있을 것이다. 만일 그들이 보여주는 내용이 이 책에서 설명하는 내용과 다르다면 아마도 여러분은 이 책에서 사용된 코드를 사용하여 그들의 코드가 왜 안전하지 않은지를 설명할 수 있을 것이다.

그렇다면 필자의 코드가 과연 완벽하다는 것인가? 절대로 그렇지 않다. 그저 C 코드일 뿐이다. 완벽한 C 코드를 작성하는 것은 불가능하며 실제로 어떠한 프로그래밍 언어로도 완벽한 코드를 작성하는 것은 불가능하다. 그것이 바로 프로그래밍이 즐거움 반 좌절 반인 이유이다. 다른 사람의 코드를 가져와서 산산조각낼 수도 있으며, 반대로 누군가가 자신의 코드를 완전히 무너뜨릴 수도 있는 것이다. 중요한 차이점은 모든 코드에는 결함이 있지만 필자는 항상 필자의 코드에 결함이 있다고 가정하고 결함을 예방하는 것이다. 부디 이 책을 완벽히 소화하여 필자가 여러분에게 주고자 하는 선물이자 20여 년간 고품질의 강력한 소프트웨어를 만들 수 있도록 해준, 프로그래밍에 임하는 방어적 마음가짐을 가질 수 있기를 바란다.

이 책을 통해 학습하게 될 내용

이 책의 목적은 여러분을 C 언어에 충분히 단련시켜 자신만의 소프트웨어를 작성하거나 다른 사람의 C 코드를 수정할 수 있도록 만드는 것이다. 이 책을 읽은 후에는 반드시 K&R C로도 불리는 C 언어의 창시자 브라이언 커니핸(Brian Kernighan)과 데니스 리치(Dennis Ritchie)의 *C Programming Language, Second Edition*(Prentice Hall, 1988)을 읽기 바란다.[1] 이 책에서 여러분이 배우게 될 내용은 다음과 같다.

- C 언어의 기본적인 문법 및 관용적 표현
- 컴파일, make 파일, 링커
- 버그 발견 및 방지
- 방어적인 코딩 사례
- C 프로그램 깨뜨리기
- 기본 UNIX 시스템 소프트웨어 작성

마지막 연습을 마치고 나면 기본 시스템 소프트웨어, 라이브러리 및 기타 소규모 프로젝트를 처리할 수 있는 충분한 역량을 확보하게 될 것이다.

이 책을 읽는 방법

이 책은 적어도 하나 이상의 다른 프로그래밍 언어를 배운 프로그래머를 대상으로 한다. 아직 프로그래밍 언어를 배운 적이 없다면 필자의 저서 *Learn Python the Hard Way*(Addison-Wesley, 2013)[2]를 참조하기 바란다. 초보자를 위한 책이기 때문에 프로그래밍 공부를 위한 첫 번째 서적으로 안성맞춤일 것이다. *Learn Python the Hard Way*를 모두 끝냈다면 이제 이 책을 시작할 수 있을 것이다.

이 책을 읽을 때 지켜야 하는 몇 가지 규칙이 있다.

---

1 (옮긴이) 이 책은 『kernighan의 C 언어 프로그래밍: 수정판 2판』(휴먼싸이언스, 2016)으로 번역 출간되었다.
2 (옮긴이) 이 책은 『간간하게 배우는 파이썬』(인사이트, 2014)로 번역 출간되었다.

- 모든 코드는 직접 입력할 것. 복사하여 붙여넣기하지 말 것!
- 책에 나타난 그대로 코드를 입력할 것. 심지어는 주석까지도 그대로 입력할 것
- 실행 시 동일한 결과가 나타나는지 확인할 것
- 버그가 있다면 수정할 것
- '더 해보기'를 하되, 잘 모르겠다면 일단 넘어갈 것
- 도움을 청하기 전에 항상 먼저 스스로 알아내기 위해 노력할 것

이 규칙들을 따르면서 책의 모든 내용을 수행했음에도 불구하고 C 코드를 작성하지 못할 수도 있다. 이런 경우에도 최소한 시도는 해 보아야 한다. 모든 사람에게 해당되지는 않지만, 적어도 노력하는 것만으로도 여러분은 더 나은 프로그래머로 성장할 수 있을 것이다.

핵심 역량

이 책을 읽는 여러분이 프로그래밍 언어에 대한 경험이 적다고 가정할 것이다. 엉성한 사고와 섣부른 해커 흉내를 내게 만드는 파이썬이나 루비를 경험했을 수도 있고, 또는 쿠션으로 둘러싼 아기 요람과 같이, 컴퓨터가 순전히 함수로만 구성된 환상의 땅인 것처럼 가장하는 LISP과 같은 언어를 사용했을 수도 있을 것이다. 혹은 프롤로그(Prolog)를 배워 모든 세상은 데이터베이스로 되어 있고 그 안에서 단서를 찾으면 그뿐이라고 생각하고 있을 수도 있겠다. 최악의 경우로, 이미 IDE(Integrated Development Environment, 통합개발환경)에 익숙해져 버려서 더는 머리를 쓸 일이 없어진 바람에 세 글자를 입력하고 CTRL-SPACE를 치지 않으면 전체 함수의 이름을 입력하지 못하는 지경이 되어버렸을 수도 있을 것이다.

여러분의 프로그래밍 언어 배경이 무엇이든 관계없이 다음과 같은 영역에서 약간의 개선 효과를 기대할 수 있을 것이다.

읽기와 쓰기

IDE를 사용하는 경우 특히 그렇지만, 대충 넘기는 성향을 지닌 프로그래머들

을 쉽게 볼 수 있으며 이들은 자신들의 이런 성향 때문에 코드를 이해하는 데 어려움을 겪는다. 시간을 들여 자세히 이해해야 할 필요가 있는 코드임에도 불구하고 그냥 건너뛰는 것이다. 프로그래밍 언어 중에는 프로그래머가 실제로 코드를 작성하지 않아도 되는 도구를 제공하기도 하는데, 이런 것들에 익숙해진 사람들은 C와 같은 언어를 만나게 되면 바로 무너진다. 이러한 문제를 해결하기 위한 가장 간단한 방법은, 모든 사람이 자신과 동일한 문제를 겪고 있다는 것을 이해한 다음 좀 더 집중해서 꼼꼼하게 읽고 쓰도록 노력하는 것이다. 처음에는 고통스럽고 성가시겠지만 자주 휴식을 취하면서 하다 보면 마침내 읽고 쓰는 일이 쉬워질 것이다.

디테일에 집중하기

모든 사람이 이 부분에 약하며, 이것이 나쁜 소프트웨어를 만들어내는 가장 큰 이유이다. 다른 프로그래밍 언어들은 굳이 집중하지 않아도 되도록 해주지만 C 언어는 프로그래머에게 고도의 집중을 요구한다. 왜냐하면 C 언어는 컴퓨터에 가까운 언어이며, 컴퓨터는 아주 까다롭기 때문이다. C 언어에는 '유사한 종류' 또는 '충분히 가까움'이란 것은 없기 때문에 C 언어를 사용할 때는 주의를 기울여야 한다. 항상 작성한 내용을 확인하고 또 확인해야 한다. 그리고 여러분이 옳다는 것을 증명하기 전까지는 작성하는 모든 것이 잘못되었다고 가정하자.

차이점 짚어내기

다른 프로그래밍 언어에 익숙한 사람들의 핵심적인 문제는 그들의 뇌가 C 언어가 아닌 자신에게 익숙한 프로그래밍 언어를 기준으로 차이를 짚어내도록 훈련받았다는 것이다. 그래서 여러분이 작성한 코드와 연습문제의 코드를 비교하고 차이점을 찾아내면서도 이러한 차이가 크게 상관없거나 그저 친숙하지 않을 뿐이라고 생각할 것이다. 이 책은 여러분에게 자신의 실수를 볼 수 있도록 하는 전략을 제공할 것이다. 만일 자신이 작성한 코드가 이 책의 코드와 정확히 일치하지 않는다면 작성한 코드가 잘못되었다는 것을 명심하기 바란다.

설계와 디버깅

필자는 더 쉬운 프로그래밍 언어를 좋아하는데 가지고 놀기 좋기 때문이다. 인터프리터(interpreter)에 아이디어를 입력하기만 하면 즉시 그 결과를 볼 수 있다. 이런 프로그래밍 언어는 단순히 아이디어를 구현할 때는 좋지만, 동작할 때까지 계속해서 고치다 보면 결국 아무것도 동작하지 않는다. C 언어가 어려운 이유는 코딩을 하기 전에 먼저 무엇을 만들 것인지를 설계해야 하기 때문이다. 물론, 잠깐은 이리저리 해보는 것이 가능하겠지만 C 언어의 경우에는 다른 프로그래밍 언어보다 조금 더 일찍 진지해져야 한다. 이 책은 여러분에게 코딩을 시작하기 전에 프로그램의 핵심 부분을 설계하는 방법을 가르쳐 줄 것이며, 이는 동시에 여러분을 더 나은 프로그래머가 되도록 도와줄 것이다. 심지어 아주 간단한 설계만으로도 코딩하는 길이 수월해질 수 있다.

여러분은 C 언어 학습을 통해 더 나은 프로그래머로 발전할 것이다. 왜냐하면 C 언어를 공부하는 과정에서 위의 이슈들을 더 일찍, 그리고 더 자주 다루게 될 것이기 때문이다. 여러분은 엉성하게 코드를 작성할 수 없을뿐더러, 만일 그렇게 한다면 아무것도 동작하지 않을 것이다. C 언어의 장점은 혼자서도 이해할 수 있을 정도로 아주 단순한 언어라는 것이다. 그러면서도 컴퓨터를 배우고 핵심 프로그래밍 기술을 연마할 수 있도록 만든다는 점에서 C 언어는 훌륭한 프로그래밍 언어라고 할 수 있다.

연습 0

설정하기

전통적인 방식을 따라 연습 0에서는 앞으로 이 책을 공부하는 데 기본이 될 컴퓨터의 설정에 대해 설명한다. 이번 연습에서 여러분은 자신이 보유하고 있는 컴퓨터의 사양에 맞추어 패키지와 소프트웨어를 설치하게 될 것이다.

0.1 리눅스

리눅스는 C 개발 환경 구성이 가장 쉬운 시스템이다. 데비안 시스템에서는 명령 줄에서 아래와 같이 실행하면 된다.

```
$ sudo apt-get install build-essential
```

페도라, 레드햇, CentOS 7 등과 같은 RPM 기반의 리눅스의 경우에는 아래와 같이 실행한다.

```
$ sudo yum groupinstall development-tools
```

만일 위에서 언급한 것과 다른 리눅스 배포판을 가지고 있다면 "c development tools"라는 키워드로 검색한 다음 갖고 있는 배포판에서 C 언어 개발 도구를 설치하는 방법을 찾아보면 된다. 설치가 끝난 다음에는 아래와 같은 명령을 실행할 수 있을 것이다.

```
$ cc --version
```

위 명령을 통해 어떤 컴파일러가 설치되었는지 확인할 수 있다. 아마도 대부분 GNU C 컴파일러(GCC)가 설치되었을 테지만 이 책에서 사용하는 컴파일러와 다른 컴파일러가 설치되었다고 해서 걱정할 필요는 없다. Clang's

Getting Started 설명[1]에 따라 보유하고 있는 리눅스 버전에 맞는 Clang C 컴파일러를 설치하면 되기 때문이다. 이렇게 해서도 안 되는 경우에는 인터넷에서 구글링하는 수밖에 없다.

0.2 Mac OS X

Mac OS X은 훨씬 더 쉽다. Apple 사이트에서 최신 버전의 XCode를 다운받거나 설치 DVD에 있는 XCode를 설치하면 된다. 워낙 용량이 커서 다운받는 것보다는 설치 DVD를 사용하기를 권한다.[2] 인터넷에서 "xcode 설치"라고 입력하면 쉽게 설치 방법을 찾아볼 수 있다. 또는 앱스토어를 이용하여 다른 앱과 같이 XCode를 설치하고 자동으로 업데이트 소식을 받을 수도 있다.

 C 컴파일러가 동작하는지 확인하기 위해서는 다음과 같이 입력하면 된다.

```
$ cc --version
```

아마도 Clang C 컴파일러 버전을 사용하고 있는 것을 확인할 수 있을 것이다. 그러나 오래된 버전의 XCode를 사용하는 경우에는 GCC가 설치되었을 것이다. 하지만 이 버전을 사용해도 무관하다.

0.3 윈도우

MS 윈도우의 경우, 표준 UNIX 소프트웨어 개발 도구의 많은 부분을 차용하고 있는 Cygwin을 사용할 것을 권장한다. Cygwin은 설치와 사용 방법이 어렵지 않다. Cygwin과 비슷한 것으로는 MinGW가 있다. MinGW는 좀 더 단순함을 추구하고 있지만 있을 것은 다 있다. MS는 C 개발 도구에 대한 지원을 점차 줄여나가는 것으로 보인다. 따라서 어쩌면 MS의 컴파일러를 이용하여 이 책에 실린 코드를 컴파일하는 데 문제가 생길 수도 있다는 점을 염두에 두자.

 좀 더 고급스런 방법을 원한다면 VirtualBox를 이용하여 리눅스를 설치하

---

1 http://clang.llvm.org/get_started.html
2 (옮긴이) 사실 우리나라는 XCode를 다운받기에 너무 훌륭한 인터넷 환경을 갖추었기 때문에 설치 DVD를 찾을 시간이면 충분히 다운받을 수 있다.

고 윈도우상에서 완전한 리눅스를 돌릴 수 있다. 이 방법은 윈도우의 설정을 건드릴 필요 없이 리눅스 가상 머신을 없앨 수 있다는 추가적인 장점이 있다. 게다가 리눅스 사용법까지 배울 수 있어 개발 작업이 더 즐겁고 가치 있게 느껴질 것이다. 리눅스는 현재 많은 분산 컴퓨터 및 클라우드 인프라 회사에서 주 운영체제로 사용되고 있기 때문에 리눅스를 공부한다면 분명히 미래 컴퓨팅에 대한 여러분의 지식을 향상시킬 수 있을 것이다.

0.4 텍스트 편집기

프로그래머에게 있어 텍스트 편집기의 선택은 쉽지 않은 문제이다. 초급자라면 GEdit을 추천한다. GEdit는 간단하고 코딩하기에 좋다. 하지만 일부 국가 환경에서는 동작하지 않는다. 그리고 어느 정도 프로그래밍 경험이 있다면 이미 선호하는 텍스트 편집기가 있을지도 모르겠다.

이를 염두에 두고 여러분이 사용하는 플랫폼에서 프로그래머용 표준 텍스트 에디터를 몇 가지 시험해본 다음 가장 마음에 드는 텍스트 편집기를 고르기 바란다. 만일 GEdit를 사용하고 있고 이것이 마음에 든다면 그대로 사용하면 된다. 혹은 다른 텍스트 편집기를 써보고 싶다면 시험해본 다음 하나를 고르면 된다.

중요한 점은 완벽한 편집기를 찾으려고 애쓰지 말아야 한다는 것이다. 텍스트 편집기는 다음과 같은 순서로 시험하기 바란다. 우선 하나를 고르고 잠시 사용해 본 다음, 다른 것을 찾아보고 또 써보는 것이다. 절대로 한 개의 편집기만 가지고 이를 구성하고 완벽하게 만드는 데 며칠씩 소비하지 말아야 한다.

사용해 보면 좋을 만한 텍스트 편집기를 몇 가지 더 추천한다면 다음과 같은 것이 있다.

- GEdit(리눅스와 OS X)
- TextWrangler(OS X)
- Nano(거의 대부분의 터미널)
- Emacs와 OS X용 Emacs(사용하기 위해서는 약간의 학습이 필요하다)

- Vim과 MacVim

아마도 사람들마다 서로 다른 편집기를 사용할 것이다. 위에서 언급한 편집기들은 필자가 알고 있는 무료 편집기 중 일부에 지나지 않는다. 가장 마음에 드는 것이 나타날 때까지 위 편집기(혹은 상용 편집기가 될 수도 있겠다)를 시험해보기 바란다.

> **절대 IDE를 사용하지 말 것**
>
> 프로그래밍 언어를 공부할 때는 IDE를 멀리하기 바란다. 이것들은 여러분이 필요한 일을 끝내는 데는 도움이 되겠지만, 프로그래밍 언어를 공부하는 데에는 방해 요인이 될 것이다. 필자의 경험으로 볼 때 쟁쟁한 프로그래머들은 IDE를 사용하지 않으면서도 IDE를 사용하는 프로그래머와 동일한 속도로 코드를 만든다. 또한 IDE로 생성된 코드는 품질이 낮다. 왜 그런지는 모르겠지만 프로그래밍 언어에 있어 깊이 있고 단단한 기술을 원한다면 공부하는 동안 IDE를 사용하지 말 것을 강력히 권한다.
>
> 전문 프로그래머의 텍스트 편집기 사용법을 배우는 것도 전문가적인 삶으로 가는 데 유용한 기술이다. IDE에 의존한다면 최신의 프로그래밍 언어를 배우기 전에 먼저 새로운 IDE를 기다려야 하는 일이 생긴다. 이것은 여러분의 경력에 비용이 추가됨을 의미한다. 즉, 프로그래밍 언어의 트렌드를 선도하지 못하게 한다. 그러나 일반적인 텍스트 편집기를 사용한다면, 여러분은 누군가 이 언어를 IDE에 추가할 때까지 기다릴 필요 없이 언제든지 원하는 프로그래밍 언어로 코딩할 수 있다. 일반(generic) 텍스트 편집기는 결국 자신의 의지대로 탐험하고 자신의 생각대로 경력을 관리할 수 있는 자유를 의미한다.

연습 1

간만에 써보는 컴파일러

모든 것을 설치한 후에는 컴파일러가 제대로 동작하는지 확인해야 한다. 가장 쉬운 방법은 C 프로그램을 작성하는 것이다. 적어도 하나 이상의 프로그래밍 언어를 알고 있다고 가정하고 있기 때문에 작지만 확장이 가능한 예제를 만들 수 있을 것이다.

ex1.c

```
1    #include <stdio.h>
2
3    /* 이것은 주석이다. */
4    int main(int argc, char *argv[])
5    {
6        int distance = 100;
7
8        // 이것도 주석이다.
9        printf("You are %d miles away.\n", distance);
10
11       return 0;
12   }
```

1.1 코드 분석

타이핑하면서 느꼈을지 모르지만, 이 코드 안에는 C 언어의 몇 가지 기능이 담겨 있다. 이제 코드를 줄 단위로 빠르게 분석하여 각각의 부분을 더 잘 이해하도록 하고, 이를 통해 제대로 연습할 수 있도록 할 것이다. 코드를 분석하는 동안 모든 것을 이해하지 못하더라도 걱정하지 말자. 여기에서 간략하게 언급한 개념들은 이 책의 나머지 부분을 통해 공부하게 될 것이다.

그러면 위 코드를 줄 단위로 분석해보자.

1행   include 구문으로, 이 소스 파일에 다른 파일의 내용을 가져오기 위해 사용한다. C에서는 관습적으로 .h 확장자를 헤더(header) 파일로 사용하는데, 헤더 파일에는 프로그램에서 사용하는 함수의 리스트가 담겨있다.

3행　여러 줄의 주석을 의미한다. 주석의 시작을 뜻하는 /*과 끝을 나타내는 */ 사이에 몇 줄이든 여러분이 원하는 내용을 적을 수 있다.

4행　그동안 사용하던 것보다 조금 더 복잡한 버전의 main 함수이다. C 프로그램이 동작하는 방식은 운영체제가 프로그램을 로드한 다음 이름이 main인 함수를 실행시키는 것이다. 함수를 완전히 구현하기 위해서는 리턴 타입으로 int를 지정하고 두 개의 파라미터를 취하도록 해야 한다. int 값으로 인수의 개수를, char * 문자열 배열로 인수들을 받는다. 무슨 말인지 모르겠다고? 걱정하지 않아도 된다. 나중에 다시 설명할 것이다.

5행　함수의 본문을 시작하기 위해 { 문자를 이용하여 블록의 시작을 알린다. 파이썬의 경우 :을 넣고 들여쓰기만 하면 된다. 다른 프로그래밍 언어의 경우 begin이나 do를 사용하기도 한다.

6행　변수 선언과 지정을 동시에 진행한다. 이것이 type name = value; 구문으로 변수를 생성하는 방법이다. C에서는 구문(statement)의 마지막에 ;(세미콜론) 글자를 붙인다(로직은 예외).

8행　주석의 다른 형태이다. 파이썬이나 루비에서의 주석과 동일하게 적용되는데, //으로 주석이 시작되고 문장의 끝에서 주석이 끝난다.

9행　여러분의 오랜 친구인 printf 함수를 호출한다. 다른 프로그래밍 언어와 마찬가지로, 함수 호출은 name(arg1, arg2); 구문으로 동작하며 인수는 0개 이상을 사용할 수 있다. printf 함수는 조금 이상한 종류의 함수로 여러 개의 인수를 받을 수 있다. 이 부분에 대해서는 나중에 다룬다.

11행　main 함수의 리턴(return)으로, 종료 값을 운영체제에 전해준다. 아마도 아직은 UNIX 소프트웨어에서 리턴 코드를 사용하는 방법이 익숙하지 않을 것이다. 이 부분에 대해서도 나중에 다룰 것이다.

12행　마지막으로 닫는 괄호(}) 문자를 사용하여 main 함수의 끝을 알린다.

또한 여기가 이 프로그램의 끝이기도 하다.

이번 코드 분석에는 새로운 정보가 가득하다. 그래서 줄 단위로 공부하여 최소한 어떤 일이 일어나는지는 알아야 한다. 물론 모든 것을 알 수 없겠지만 적어도 충분히 추측하고 고민한 후 다음으로 진행할 수는 있을 것이다.

1.2 실행 결과

지금까지의 코드의 내용을 ex1.c에 담고, 아래의 예제 셸 출력과 같이 입력하여 실행시켜 보자.

연습문제 1 Session

```
$ make ex1
cc -Wall -g        ex1.c    -o ex1
$ ./ex1
You are 100 miles away.
$
```

첫 번째 명령인 make는 C 프로그램(을 비롯한 많은 다른 언어들)을 빌드하는 방법을 알고 있는 툴이다. make를 실행하면서 ex1을 파라미터로 제공하는 것은 make로 하여금 ex1.c 파일을 찾고 컴파일러를 실행시켜 빌드하라고 알려주는 것이다. 이렇게 해서 생성되는 ex1 파일은 실행파일로, ./ex1과 같이 입력하여 실행시킨다. 그러면 결과가 출력된다.

1.3 프로그램 깨뜨리기

이 책에서는 (가능하다면) 각각의 프로그램을 깨뜨리는 방법을 설명할 것이다. 이를 위해 프로그램에 이상한 내용을 넣도록 하거나 이상하게 실행시키도록 할 것이다. 또는 코드를 변경하여 충돌을 일으키거나 컴파일러가 오류를 일으키도록 만들기도 할 것이다.

이 프로그램의 경우, 간단히 아무 데나 지운 후 컴파일해보기 바란다. 이때 지울 수 있는 것을 추측해보고 다시 컴파일한 다음, 어떤 오류가 발생하는지를 확인한다.

1.4 더 해보기

- ex1 파일을 텍스트 편집기로 연 다음 아무 부분이나 바꾸거나 삭제하고 다시 실행시켜 무슨 일이 발생하는지 확인해보자.
- "hello world"보다 더 복잡한 다섯 줄 이상의 텍스트나 무언가를 출력해보자.
- man 3 printf를 실행하고 이 함수에 대한 내용을 읽어본 다음 다른 내용에 대해서도 동일하게 확인해보자.
- 매 줄마다 이해하지 못하는 기호를 적고는 이것들이 무엇을 의미하는지를 추측해보자. 여러분이 추측한 내용을 노트 등에 별도로 기록해 놓으면 나중에 과연 제대로 추측했었는지를 확인할 수 있을 것이다.

연습 2

Makefile 사용법

여기에서는 여러분이 연습하는 코드를 간단하게 빌드하기 위해 make라는 이름의 프로그램을 사용할 것이다. make 프로그램은 상당히 오랫동안 사용되어 왔는데 그 이유는 make가 소프트웨어별로 어떻게 빌드하는지를 알기 때문이다. 연습 2에서는 앞으로 설명을 이어갈 수 있도록 딱 Makefile 문법만 알려줄 것이다. 조금 더 완벽한 Makefile 사용에 대해서는 나중에 설명할 것이다.

2.1 Make 사용하기

make가 동작하기 위해서는 먼저 의존성을 선언한 다음 빌드하는 방법을 기술하거나, 프로그램의 기본 지식(대부분의 일반적인 소프트웨어를 빌드하는 방법)에 의존하게 만들면 된다. make는 특정 파일을 다양한 종류의 파일로 빌드하는 것에 대한 수십 년간의 지식이 축적된 것이다. 연습 1의 마지막에 이미 make를 사용하였다.

```
$ make ex1
# 또는 아래와 같이 실행한다.
$ CFLAGS="-Wall" make ex1
```

첫 번째 명령은 make에 "이름이 ex1인 파일이 생성되기를 원해."라고 이야기하는 것과 같다. 그러면 프로그램은 다음과 같은 질문에 대한 대답에 해당하는 동작을 진행한다.

1. ex1 파일이 이미 존재하는가?
2. 아니라면 좋다. 이번에는 ex1으로 시작하는 다른 파일이 있는가?
3. 있다. 파일 이름은 ex1.c이다. .c 파일을 빌드하는 방법을 알고 있는가?

4. 그렇다. 빌드하기 위해 cc ex1.c -o ex1 명령을 사용하면 된다.

5. cc를 사용하여 ex1.c를 빌드한 끝에 ex1을 만들었다.

두 번째 명령은 수식자(modifier)를 make 명령에 전달하는 방법을 보여준다. UNIX 셸이 동작하는 방법에 익숙하지 않다면 실행하는 프로그램이 선택할 수 있도록 환경 변수(environment variables)를 만들 수도 있다. 간혹 사용하는 셸에 따라 export CFLAGS="-Wall" 같은 명령을 사용할 수도 있다. 또한 실행시키고자 하는 명령 앞에 환경 변수를 놓아 명령이 실행되는 동안에만 환경 변수가 유효하게 할 수도 있다.

위 예제에서는 CFLAGS="-Wall" make ex1이라고 입력했으며, 명령줄 옵션으로 -Wall을 cc 명령으로 보내 make가 정상적으로 실행되도록 하였다. 이 명령줄 옵션은 컴파일러 cc에게 모든 경고(조금 이상하게 들릴 수도 있는데, 사실 모든 경고가 가능한 것은 아니다)를 보고하도록 요청한다.

이와 같이 make만 사용해도 삶이 편리해진다. 이번에는 make를 더 잘 이해할 수 있도록 Makefile을 만들어 볼 것이다. 먼저 아래와 같은 내용으로 파일을 하나 만들자.

ex2.1.mak

```
CFLAGS=-Wall -g

clean:
    rm -f ex1
```

이 파일을 현재 디렉터리에 Makefile이라는 이름으로 저장한다. 이렇게 하면 make는 자동으로 Makefile이라는 파일이 있으며 이 파일을 실행하면 된다고 가정하게 된다.

> ❗ 위 내용을 입력할 때 들여쓰기는 반드시 탭(TAB) 키로 입력해야 하며, 탭과 공백(space)을 섞어 쓰면 안 된다.

이 Makefile은 make와 함께 사용되는 새로운 기능을 보여준다. 먼저 파일 내에 CFLAGS를 설정해두어 매번 설정해야 하는 불편함을 없앴으며 -g 플래그를 추가하여 디버깅 정보가 포함되도록 하였다. 다음으로 clean 섹션을 추가하여 make에게 우리의 소규모 프로젝트를 삭제하는 방법을 설명하였다.

　Makefile이 ex1.c 파일과 동일한 디렉터리에 있는지 확인한 후 다음과 같은 명령을 실행해보자.

```
$ make clean
$ make ex1
```

2.2 실행 결과

제대로 동작했다면 다음과 같은 결과를 볼 수 있을 것이다.

연습문제 2 Session

```
$ make clean
rm -f ex1
$ make ex1
cc -Wall -g      ex1.c    -o ex1
ex1.c: In function 'main':
ex1.c:3: warning: implicit declaration of function 'puts'
$
```

먼저 make clean을 실행했는데, 이것은 make에 타깃 clean을 실행하라고 알려주는 의미이다. 다시 Makefile로 돌아가 clean 아래에 어떤 명령을 넣었는지 확인해보자. 먼저 들여쓰기용 탭 글자를 넣은 다음 셸 명령을 넣어 make가 실행하도록 만들었음을 알 수 있을 것이다. 물론 동일한 타깃에 원하는 만큼 많은 명령을 넣을 수도 있다. make는 아주 훌륭한 자동화 툴이라고 할 수 있다.

 만일 ex1.c를 수정하여 #include <stdio.h>를 포함시켰다면 결과물에는 더 이상 puts에 대한 warning 메시지(실제로 오류에 해당함)가 나오지 않을 것이다. 여기에서는 코드를 고치지 않았기 때문에 오류 문구가 나타났다.

Makefile에는 ex1에 대한 내용이 전혀 언급되지 않았음에도 불구하고 make는 여전히 우리가 지정한 특별한 설정을 사용하여 빌드하는 방법을 알고 있다.

2.3 프로그램 깨뜨리기

이 정도면 시작하는 데 문제는 없겠지만, Makefile을 깨뜨려 어떤 일이 일어나는지 확인해보자. 우선, rm -f ex1 행(ex2.1.mak)으로 이동한 다음 들여쓰기를 지우고(내용이 왼쪽으로 이동할 것이다) 어떤 일이 일어나는지 살펴보자. make clean을 입력하면 다음과 비슷한 결과를 보게 될 것이다.

```
$ make clean
Makefile:4: *** missing separator. Stop.
```

항상 들여써야 함을 잊지 말아야 한다. 그리고 만일 위와 비슷한 이상한 오류가 나타난다면 들여쓰기를 위해 탭 키를 사용했는지 꼭 확인하기 바란다. make 버전에 따라 이상하게 동작하는 경우가 있기 때문이다.

2.4 더 해보기

- Makefile의 타깃 all: ex1을 만들어 make만 입력해도 ex1을 빌드하도록 수정해보자.
- man make를 읽고 make를 실행하는 데 필요한 더 많은 정보를 얻도록 하자.
- man cc를 읽고 -Wall과 -g 플래그가 무슨 일을 하는지 알아보자.
- 온라인에서 Makefile에 대해 조사한 다음 연습한 내용을 더 발전시킬 수 있는지 알아보자.
- 다른 C 프로젝트에 사용된 Makefile의 내용을 읽고 무슨 일을 하는지 알아보자.

연습 3

<hr>

서식 있는 출력

Makefile은 오류를 찾아내는 데 도움이 되므로 자동화가 필요한 것들을 Makefile에 추가할 것이다.

많은 프로그래밍 언어가 C 언어 스타일의 서식 있는 출력을 사용한다. 이번 연습에서는 서식 있는 출력을 시도해 보자.

ex3.c

```
1   #include <stdio.h>
2
3   int main()
4   {
5       int age = 10;
6       int height = 72;
7
8       printf("I am %d years old.\n", age);
9       printf("I am %d inches tall.\n", height);
10
11      return 0;
12  }
```

위와 같이 작성한 다음, 빌드하기 위해 make ex3를 입력하고 실행해보자. 이 때 나타나는 모든 경고(warning)를 고쳐야 한다.

이번 연습의 코드는 양이 적지만 아주 많은 내용이 담겨있다. 이제부터 차근차근 살펴보자.

- 또 다른 헤더 파일인 stdio.h를 포함시킨다. 이렇게 함으로써 컴파일러에 표준 입출력 함수를 쓸 것임을 알려준다. printf도 그중 하나다.
- 그리고는 age라는 이름의 변수 값을 10으로 설정한다.
- 이어서 height 변수 값으로 72를 지정한다.
- 그런 다음 이 행성에서 가장 큰 10살짜리의 나이와 키를 출력하기 위해

printf 함수를 추가한다.

- printf 안에는 서식 문자열이 있는데, 다른 프로그래밍 언어에서 본 것과
  비슷할 것이다.
- 서식 문자열 다음으로 변수가 따라오는데, 이 변수들은 printf에 의해 서
  식 문자열 안에 '대치'된다.

결과는 이렇게 된다. printf에 변수를 제공하면 printf는 이를 이용해 새로운
문자열을 만들고는 그것을 터미널에 출력한다.

3.1 실행 결과

빌드하고 실행하면 다음과 같이 결과가 나타난다.

연습문제 3 Session

```
$ make ex3
cc -Wall -g        ex3.c    -o ex3
$ ./ex3
I am 10 years old.
I am 72 inches tall.
$
```

make를 실행하고 결과를 확인하자는 이야기는 더 이상 하지 않을 것이다. 하
지만 작성한 코드에 문제가 없는지, 제대로 동작하는지 항상 확인하기 바
란다.

3.2 외부 조사

연습마다 있는 '더 해보기' 절을 통해 여러분은 스스로 관련 정보를 찾아가며
개념들을 구체화하게 될 것이다. 이것은 스스로 학습하고 성장할 수 있는 프
로그래머가 되기 위해 아주 중요한 부분이다. 여러분이 어떠한 내용에 대한
답을 스스로 구해보기도 전에 다른 사람에게 달려가 묻기만을 반복하다보면
혼자서 문제를 해결하는 방법을 절대 배울 수가 없다. 그렇게 되면 결국 기술
적인 경쟁력을 키우지도 못한 채 자신의 일을 하기 위해 항상 남에게 의지하

는 사람이 되고 말 것이다.

이러한 성향에서 벗어나기 위해서는 먼저 자신이 직접 질문에 대답하려고 노력해야 한다. 그런 다음 자신이 내린 답이 맞는지를 확인해야 한다. 이를 위해 여러분은 내용을 쪼개고, 자신의 가설을 실험하고, 직접 관련 자료를 조사하게 될 것이다.

이번 연습에서는 온라인에서 printf의 모든 확장 코드(escape code)와 서식 문자(format sequence)를 조사해보도록 하자. 확장 코드는 \n이나 \t 등이 있으며, 각각 줄바꿈이나 탭으로 출력된다. 서식 문자는 %s나 %d 등과 같은 문자로, 각각 문자열, integer 값을 출력한다. 조사할 때 이러한 모든 문자에 관해 찾아보고 수정하는 방법을 익힌 후, 여러분이 지정할 수 있는 '정밀도'와 폭에는 어떤 종류가 있는지 확인하기 바란다.

이와 같은 작업이 더 해보기 절에 제시될 것이며, 여러분은 반드시 제시된 내용을 수행해야 한다.

3.3 프로그램 깨뜨리기

다음과 같은 몇 가지 방법을 사용하여 프로그램을 중단시켜보자. 오류가 있는 프로그램은 컴퓨터에서 충돌을 일으킬 수도 있고 그렇지 않을 수도 있다.

- 첫 번째 printf 호출에서 변수 age를 없앤 다음 다시 컴파일한다. 경고가 몇 개 뜰 것이다.
- 이렇게 고친 새 프로그램을 실행해 보면 충돌이 나거나 말도 안 되는 나이가 출력될 것이다.
- 다시 변수 age를 printf에 원래대로 넣은 다음, 이번에는 변수 age에 초기 값을 지정하지 않도록 int age;로 수정한다. 다시 빌드하고 실행시켜보자.

연습문제 3.bad Session

```
# printf를 깨뜨리기 위해 ex3.c를 수정한다.
$ make ex3
cc -Wall -g      ex3.c    -o ex3
ex3.c: In function 'main':
ex3.c:8: warning: too few arguments for format
```

```
ex3.c:5: warning: unused variable 'age'
$ ./ex3
I am -919092456 years old.
I am 72 inches tall.
# ex3.c를 다시 수정하여 printf를 원래대로 고친다.
# 하지만 이번에는 age가 초기화되지 않도록 한다.
$ make ex3
cc -Wall -g        ex3.c    -o ex3
ex3.c: In function 'main':
ex3.c:8: warning: 'age'. is used uninitialized in this function
$ ./ex3
I am 0 years old.
I am 72 inches tall.
$
```

3.4 더 해보기

- ex3.c를 깨뜨릴 수 있는 방법을 최대한 많이 찾아보자.
- man 3 printf를 실행한 다음 다른 % 서식 글자는 어떤 것이 있는지 읽어보자. 이미 다른 프로그래밍 언어에서 사용해 보았다면 친숙하게 느껴질 것이다(모두 printf에서 왔다).
- Makefile의 타깃 all에 ex3을 추가하자. 이것을 이용하여 지금까지의 모든 연습문제를 빌드하고 make clean all도 가능하게 해보자.
- Makefile의 타깃 clean에 ex3을 추가하자. 나중에 지울 일이 생기면 make clean을 입력하면 된다.

연습 4

디버거 사용

연습 4에서는 디버거 사용법을 배운다. 디버거는 프로그램에서 발생한 오류나 실패의 원인을 찾는 데 도움을 주는 프로그램이다. 이번 연습에서는 GDB를 사용하는 방법을 간단히 보여주고 GDB와 LLDB에서 많이 사용되는 명령을 소개할 것이다.

4.1 GDB 사용

GDB는 GNU에서 만든 디버거로 UNIX, 리눅스 계열의 대부분의 시스템에서 사용된다. GDB를 이용하면 프로그램에 중단점을 지정하고, 사용하는 변수의 값도 확인할 수 있으며, 프로그램을 줄 단위로 실행하는 등 매우 편리하게 디버깅할 수 있다. 특히 프로그램이 오류, 충돌, 실패 등으로 인해 중단되는 경우 백트레이스(backtrace)를 통해 원인을 찾는 데 도움을 준다.

C 프로그램을 그냥 컴파일하면 디버깅 정보가 포함되지 않기 때문에 GDB로 디버깅 시 소스코드가 어셈블리(Assembly) 언어로 나타난다. 따라서 컴파일할 때 다음과 같이 -g 옵션을 추가하여 GDB에서 C 코드를 볼 수 있도록 해야 한다. 디버깅에 사용된 코드는 연습 3의 예제 코드이다.

연습문제 4 Session

```
$ make ex3
cc -Wall -g     ex3.c.  -o ex3
$ gdb ./ex3
(gdb) break main
Breakpoint 1 at 0x400505: file ex3.c, line 5.
(gdb) run
Starting program: /home/zedshaw/lcthw/ex3

Breakpoint 1, main () at ex3.c:5
```

```
5.          int age = 10;
(gdb) bt
#0  main () at ex3.c:5
(gdb) step
6           int height = 72;
(gdb) step
8           printf("I am %d years old.\n", age);
(gdb) step
__printf (format=0x4005d4 "I am %d years old.\n") at printf.c:28
28      printf.c: No such file or directory.
(gdb) bt
#0  __printf (format=0x4005d4 "I am %d years old.\n")
    at printf.c:28
#1  0x0000000000400527 in main () at ex3.c:8
(gdb) step
32      in printf.c
(gdb) next
28      in printf.c
(gdb) next
33      in printf.c
(gdb) next
32      in printf.c
(gdb) next
33      in printf.c
(gdb) cont
Continuing.
I am 10 years old.
I am 72 inches tall.c
[Inferior 1 (process 28409) exited normally]
(gdb) quit
$
```

4.2 GDB 트릭

다음은 GNU 디버거(GDB, GNU Debugger)로 할 수 있는 몇 가지 트릭이다.

gdb --args

보통 gdb는 제공받는 파라미터를 모두 gdb에 사용하기 때문에, 만일 디버
깅할 프로그램에 직접 파라미터를 제공한다면 --args 옵션을 사용해야
한다.

thread apply all bt

매우 유용한 옵션으로, 모든 스레드에 대해 백트레이스 정보를 덤프

(dump)한다.

gdb --batch --ex r --ex bt --ex q --args

실행 중인 프로그램이 죽을 때 백트레이스 정보를 얻도록 한다.

이제 연습 3의 예제 프로그램을 수정하여 충돌이 나도록 만든 다음 GDB 트릭을 사용하여 쉽게 백트레이스를 얻는 방법을 설명하겠다. 우선 연습 3의 프로그램을 다음과 같이 수정한다.

ex3_crash.c

```
1    #include <stdio.h>
2
3    void crash() {
4        char *test = NULL;
5        int i = 0;
6
7        for(i = 0; i < 1000000; i++) {
8            printf("%c", test[i]);
9        }
10   }
11
12   int main()
13   {
14       int age = 10;
15       int height = 72;
16
17       printf("I am %d inches tall.\n", height);
18       crash();
19       crash();
20       crash();
21       crash();
22       crash();
23       crash();
24
25       return 0;
26   }
```

gdb --batch --ex r --ex bt --ex q -args 옵션을 사용하면 어디에서 오류가 발생했는지를 바로 알려준다.

연습문제 3 Crash Session

```
$ make ex3_crash
cc -Wall -g    ex3_crash.c   -o ex3_crash
ex3_crash.c: In function 'main':
ex3_crash.c:14:9: warning: unused variable 'age' [-Wunused-variable]
    int age = 10;
        ^
$ gdb --batch --ex run --ex bt --ex q --args ./ex3_crash
I am 72 inches tall.

Program received signal SIGSEGV, Segmentation fault.
0x000000000040057a in crash () at ex3_crash.c:8
8               printf("%c", test[i]);
#0  0x000000000040057a in crash () at ex3_crash.c:8
#1  0x00000000004005ca in main () at ex3_crash.c:18
A debugging session is active.

        Inferior 1 [process 29236] will be killed.

Quit anyway? (y or n) [answered Y; input not from terminal]
$
```

4.3 GDB 명령 리스트

4.1, 4.2 절을 통해 기본적인 디버거 사용법을 익혔을 것이다. 하지만 GDB 명령을 참조할 곳이 필요할 것이다. 그래서 여기에 앞에서 사용한 GDB 명령을 간략히 정리했다.

run [args]	디버깅할 프로그램을 파라미터 [args]와 함께 실행시킨다.
break	[file:]function 함수에 중단점(break point)을 지정한다. 필요 시 파일을 지정할 수도 있다. 단축 명령으로 b를 사용한다.
backtrace	현재의 호출 스택에 대한 백트레이스를 덤프한다. 단축 명령은 bt이다.
print expr	expr 값을 출력한다. 단축 명령은 p이다.
continue	프로그램 실행을 계속한다. 단축 명령은 c이다.

next	다음 줄까지만 실행하며, 함수 호출 시 함수 안으로 진입하지 않는다. 단축 명령은 n이다.
step	다음 줄까지만 실행하며, 함수 호출 시 함수 안으로 진입한다. 단축 명령은 s이다.
quit	GDB를 종료한다.
help	명령 유형을 나열한다. 명령뿐만 아니라 명령 클래스에 대한 도움말도 얻을 수 있다.
cd, pwd, make	셸에서와 같이 동작한다.
shell	다른 일을 할 수 있도록 잠깐 셸을 띄운다.
clear	중단점을 지운다.
info break, info watch	중단점과 관찰점(watchpoint)에 대한 정보를 보여준다.
attach pid	실행 중인 프로세스를 붙여 디버그할 수 있도록 한다.
detach	프로세스를 분리한다.
list	소스코드를 현재 위치에서 10줄 보여준다. -를 붙이면 위로 10줄을 보여준다.

4.4 LLDB 명령 리스트

OS X은 더 이상 GDB를 지원하지 않는다. 대신 비슷한 프로그램인 LLDB 디버거를 사용한다. LLDB 명령은 GDB 명령과 거의 비슷하다. LLDB 명령을 정리하면 다음과 같다.

run [args]	디버깅할 프로그램을 파라미터 [args]와 함께 실행시킨다.
breakpoint	set --name [file:]function 함수에 중단점(break point)을 지정한다. 필요하면 파일을 지정할 수도 있다. 단축 명령으로 b를 사용한다.

thread backtrace	현재의 호출 스택에 대한 백트레이스를 덤프한다. 단축 명령은 bt이다.
print expr	expr 값을 출력한다. 단축 명령은 p이다.
continue	프로그램 실행을 계속한다. 단축 명령은 c이다.
next	다음 줄까지만 실행하며, 함수 호출 시 함수 안으로 진입하지 않는다. 단축 명령은 n이다.
step	다음 줄까지만 실행하며, 함수 호출 시 함수 안으로 진입한다. 단축 명령은 s이다.
quit	LLDB를 종료한다.
help	명령 유형을 나열한다. 명령뿐만 아니라 명령 클래스에 대한 도움말도 얻을 수 있다.
cd, pwd, make	셸에서와 같이 동작한다.
shell	다른 일을 할 수 있도록 잠깐 셸을 띄운다.
clear	중단점을 지운다.
info break, info watch	중단점과 관찰점에 대한 정보를 보여준다.
attach -p pid	실행 중인 프로세스를 붙여 디버그할 수 있도록 한다.
detach	프로세스를 분리한다.
list	소스코드를 현재 위치에서 10줄 아래까지 보여준다. -를 붙이면 위로 10줄을 보여준다.

인터넷을 검색해보면 GDB와 LLDB의 명령어와 사용 방법에 대한 더 자세한 정보를 얻을 수 있다.

연습 5

C 연산자 외우기

여러분이 첫 번째 프로그래밍 언어를 배울 때, 먼저 책을 읽고 이해하지 못한 채 코드를 입력한 다음 어떻게 동작하는지를 알아내는 순서로 학습했을 것이다. 필자의 다른 프로그래밍 서적 또한 이러한 방식으로 집필하였으며, 이 방법이 초보자에게는 잘 맞는다. 시작하자마자 이해해야 하는 복잡한 주제들이 잔뜩 있기 때문에 기호와 단어의 의미를 모두 일일이 파악하는 것은 우선순위에서 밀리는 것이 보통이며 이렇게 하는 것이 프로그래밍 언어를 쉽게 배우는 방법이다.

하지만 이미 하나의 프로그래밍 언어를 알고 있는 상황에서 추가로 새로운 프로그래밍 언어를 배울 때는 어설프게 서서히 익숙해지는 방법으로 구문을 공부하는 것은 방식은 효율적이지 않다. 물론 이렇게 공부해도 되기는 하지만, 프로그래밍 언어의 기술과 언어 사용의 경쟁력을 모두 향상시킬 수 있는 빠른 방법이 있다. 프로그래밍 언어를 배우는 데 그렇게 마법같은 방법이 있을까 하는 의구심이 들겠지만 필자를 믿는다면 분명히 여러분에게도 마법과 같은 일이 벌어질 것이다.

여러분이 C를 배우기 위해 제일 먼저 해야 할 일은 기본 기호와 구문을 외운 모두 외운 다음 일련의 연습(exercise)을 통해 적용하는 것이다. 이 방법은 인간의 언어를 배울 때 단어와 문법을 외운 후 암기한 내용을 대화에 적용하는 방식과 아주 유사하다. 시작할 때 잠깐 외우는 수고를 통해 여러분은 기본적인 지식을 습득할 수 있을 뿐만 아니라 C 코드를 읽고 쓰는 것도 훨씬 쉬워질 것이다.

> 외우는 방법을 전적으로 반대하는 부류의 사람들이 있다. 이들은 암기가 창의성을 저해하고 지루하게 만든다고 주장한다. 하지만 필자는 외우는 것이 절대로 여러분의 창의성을 저해하거나 힘들게 만들지 않는다는 것을 증명할 것이다. 필자는 그리고, 연주하고, 기타를 만들어 노래하고, 코딩하며, 책을 쓸 뿐만 아니라 많은 것을 외운다. 저들의 믿음은 전적으로 근거가 없으며 효율적인 학습에 방해만 될 뿐이니 이러한 이야기를 하는 사람들을 절대 무시하기 바란다.

5.1 외우는 방법

무언가를 외우는 가장 좋은 방법은 아주 간단하다.

1. 암기 카드 세트를 만들어 한쪽 면에는 기호를, 반대쪽에는 설명을 적는다. 안키(Anki)[1] 프로그램을 사용하여 컴퓨터로 이러한 일을 할 수도 있을 것이다. 하지만 가급적 직접 암기 카드를 만들기를 권한다. 왜냐하면 개인적으로는 직접 만드는 것이 외우는 데 더 도움이 되었기 때문이다.

2. 암기 카드를 섞고 한쪽 면부터 시작한다. 보지 않고 반대 면을 기억하도록 최선을 다한다.

3. 반대쪽 면의 내용이 생각나지 않는다면 내용을 펼쳐보고 여러 번 되뇐 다음 별도로 쌓아둔다.

4. 모든 카드를 끝냈다면 카드는 두 그룹으로 분리되었을 것이다. 한쪽은 금방 기억해낸 그룹이고 다른 한쪽은 기억해내지 못한 그룹이다. 기억하지 못한 그룹의 카드만을 집어 다시 연습한다.

5. 이 과정을 반복하고 나면 보통 15~30분 정도가 소요되는데, 최종적으로 기억하지 못하는 몇 장의 카드가 남게 될 것이다. 암기하는 방법에는 이 외에도 많은 방법이 있지만, 암기 카드를 이용하는 방법이 즉각적으로 사용해야 하는 것들을 외우는 데 가장 좋은 방법이었다. C의 기호, 키워드, 문법은 여러분이 즉시 기억해내야 하는 것들이기 때문에 이 방법이 가장 적합하다.

또한 카드의 양쪽 면을 모두 기억하도록 해야 한다. 설명을 읽으면 해당 기호

---

1 (옮긴이) 안키(Anki)는 일본어 앙키(あんき[暗記], 외다)를 뜻하며, 호주에 사는 일본인이 영어공부를 위해 제작한 소프트웨어이다. *www.ankiweb.net*에서 다운 받을 수 있다.

를 알아내야 하며 기호를 보면 그 설명을 기억해내야 할 것이다.

마지막으로, 연산자를 외우겠다고 별도로 시간을 낼 필요가 없다. 가장 좋은 것은 이렇게 외우는 것과 이 책의 연습문제를 묶는 것이다. 이렇게 하면 외운 것을 적용해볼 수 있다. 이에 관해서는 다음 연습문제를 참조하자.

5.2 연산자 리스트

첫 번째 연산자는 산술 연산자로, 다른 프로그래밍 언어와 아주 유사하다. 카드를 작성할 때 설명 부분에 산술 연산자임을 표시하고 어떤 일을 하는지 적는다.

산술 연산자	
연산자	설명
+	덧셈
−	뺄셈
*	곱셈
/	나눗셈
%	나머지
++	증가
−−	감소

비교 연산자는 값이 같은지를 비교하며, 마찬가지로 다른 프로그래밍 언어에서도 일반적으로 많이 사용한다.

비교 연산자	
연산자	설명
==	같음
!=	같지 않음
>	큼
<	작음
>=	크거나 같음
<=	작거나 같음

논리 연산자는 논리 연산을 수행하며, 어떤 것이 있는지 이미 알고 있을 것이다. 조금 특이한 것은 3항 연산자인데 이 책의 후반에서 배우게 될 것이다.

논리 연산자	
연산자	설명
&&	논리 AND
||	논리 OR
!	논리 NOT
? :	논리 3항 연산자

비트 연산자는 현대의 코드에서는 경험할 일이 별로 없는 연산자이다. 이 연산자는 비트를 변화시켜 바이트나 다른 데이터 타입을 다양한 방법으로 만든다. 이 책에서는 비트 연산자를 사용하지 않지만, 하위 레벨 시스템과 같은 특정 영역에서는 아주 유용하게 사용된다.

비트 연산자	
연산자	설명
&	비트 AND
|	비트 OR
^	비트 XOR
~	비트 1의 보수
<<	왼쪽 비트 시프트
>>	오른쪽 비트 시프트

지정 연산자는 단순히 표현식(expression)을 변수로 지정한다. 그러나 C는 많은 연산자를 지정 연산과 함께 묶었다. 그래서 AND, XOR, OR 뒤에 지정 연산이라는 말이 붙으면 논리 연산이 아닌 비트 연산을 의미한다.

지정 연산자	
연산자	설명
=	지정 연산
+=	덧셈 지정 연산
-=	뺄셈 지정 연산
*=	곱셈 지정 연산
/=	나눗셈 지정 연산
%=	나머지 지정 연산
<<=	왼쪽 비트 시프트 지정 연산
>>=	오른쪽 비트 시프트 지정 연산
&=	비트 AND 지정 연산
^=	비트 XOR 지정 연산
|=	비트 OR 지정 연산

다음의 연산자들은 데이터 연산자(data operator)라는 명칭을 붙이기는 했지만 실제로는 C 언어 포인터, 멤버 접근, 자료 구조 등 여러 요소를 다룬다.

데이터 연산자	
연산자	설명
sizeof()	크기를 구함
[]	배열 첨자
&	주소 연산
*	값 연산
->	구조체 역참조
.	구조체 참조

마지막으로, 기타 기호들이 있는데 다른 역할로 많이 사용되거나(, 등) 지금까지의 분류에 해당되지 않는 것들이다.

기타 연산자	
연산자	설명
,	콤마
( )	괄호
{ }	중괄호
:	콜론
//	한 줄 주석 시작
/*	여러 줄 주석 시작
*/	여러 줄 주석 끝

이 책을 읽는 동안 계속해서 위 연산자를 공부하기 바란다. 만일 매일 공부하기 전과 잠자기 전 15~30분간 꾸준히 암기하면 수 주 내로 모두 외울 수 있을 것이다.

연습 6

C 문법 외우기

연산자 학습이 끝났으니 이제는 앞으로 사용할 키워드와 기본 문법을 외울 차례이다. 앞에서 외우는 데 들이는 시간을 많이 투자하지 않으면 후에 엄청난 댓가를 치르게 될 것이라고 한 필자의 조언을 믿기 바란다.

연습 5에서 언급한 것과 같이 이 책의 진도를 멈추고 외우는 것에 집중하지 않아도 된다. 외우는 것과 진도를 나가는 것 두 가지를 동시에 할 수 있으며 그렇게 해야만 한다. 코딩 공부를 하기 전에 먼저 암기 카드로 15~30분 정도 학습 준비를 한 다음 본격적으로 연습문제를 공부한다. 이 책을 공부하면서 여러분이 외운 것을 연습하는 차원에서 입력하는 코드를 활용해보는 것도 괜찮다. 한 가지 팁을 준다면, 코딩하는 동안 바로 기억해내거나 인지하지 못한 연산자와 키워드들을 따로 모아서 암기 카드로 만드는 것도 큰 도움이 된다. 이렇게 오늘의 공부를 마치고 나면 다시 암기 카드로 15~30분간 복습을 한다.

이와 같은 방법으로 C 언어를 공부한다면 코딩 시행착오를 통해 간접적으로 외우고 그것을 다시 반영하는 방식으로 공부하는 것보다 훨씬 빠르고 견고하게 C 언어를 익힐 수 있다.

6.1 키워드

프로그래밍 언어에서 키워드는 기호를 보완하는 목적으로 사용되는 단어로, 프로그래밍 언어를 더 잘 읽을 수 있도록 도와주는 역할을 한다. 프로그래밍 언어 중에는 APL과 같이 키워드를 사용하지 않는 것도 있지만, Forth, LISP 등과 같이 키워드로만 도배하다시피 하는 프로그래밍 언어도 있다. C, 파이썬, 루비 등과 같이 중간 그룹에 속해있는 대부분의 프로그래밍 언어는 언어적인 기초를 만들기 위해 기호와 키워드를 적절히 섞어서 사용한다.

 프로그래밍 언어의 기호와 키워드를 처리하는 것을 전문 용어로 어휘 분석(lexical analysis)이라
고 한다. 이때 분석에 사용되는 기호나 키워드를 일컬어 어휘소(lexeme)라고 한다.

키워드	
연산자	설명
auto	함수와 같이 일정 구간에서만 유효한 지역 변수임을 알림
break	복합 명령문(compound statement) 구간을 끝내도록 함
case	switch 명령문 내 하나의 분기(branch)를 알림
char	Character 데이터 타입
const	바꿀 수 없는 값을 만듦
continue	루프(loop)의 맨 처음으로 돌아감
default	switch 명령문에서 기본 분기점을 나타냄
do	do-while 루프를 시작함
double	두 배의 부동 소수점 데이터 타입
else	if 명령문에서 else 분기를 나타냄
enum	int 상수 값의 세트를 정의
extern	식별자를 외부에서 사용할 수 있다고 정의함
float	부동 소수점 데이터 타입
for	for 루프를 시작함
goto	지정한 라벨로 무조건 분기함
int	integer 데이터 타입
long	long integer 데이터 타입
register	CPU 레지스터에 변수 값이 저장되는 변수임을 알림
return	함수를 리턴(반환)함
short	short integer 데이터 타입
signed	integer 데이터 타입에 대해 부호가 있음을 알리는 수식자(modifier)
sizeof	데이터의 크기를 결정함
static	유효한 구간이 끝나도 변수 값을 유지시킴
struct	변수들을 묶어 하나의 레코드(구조체)로 만듦
switch	switch 명령문을 시작함

typedef	새로운 타입을 생성함
union	union 명령문을 시작함
unsigned	integer 데이터 타입에 대해 부호가 없음을 알리는 수식자
void	비어 있는 데이터 타입임을 알림
volatile	변수가 언제든지 변경될 수 있음을 알림
while	while 루프를 시작함

6.2 문법 구조

앞에서 설명한 키워드와 함께 문법 구조도 외우기 바란다. 문법 구조(syntax structure)는 기호들로 구성된 일정한 패턴으로, if 명령문이나 while 루프 등과 같이 C 프로그램 코드의 형태를 구성한다. 이미 하나의 프로그래밍 언어를 알고 있기 때문에 대부분이 유사하다는 것을 발견하게 될 것이다. 한 가지 문제가 있다면 C는 어떻게 하는지를 익혀야 한다는 것이다.

읽는 방법은 다음과 같다.

1. 대문자로만 적혀있는 부분은 다른 내용 또는 빈 공간으로 교체 가능한 부분이다.
2. [대문자] 코드는 선택적인 부분임을 의미한다.
3. 문법 구문을 제대로 외웠는지 점검하는 가장 좋은 방법은 텍스트 편집기를 열고 눈에 보이는 대로, 가령 switch 명령문이 보이면 무슨 일을 하는지 적고 그 아래에 코드 형식을 적어보는 것이다.

if 명령문은 기본적인 논리 분기 제어문이다.

```
if(TEST) {
    CODE;
} else if(TEST) {
    CODE;
} else {
    CODE;
}
```

switch 명령문은 if 명령문과 비슷하지만 integer 상수 값에 따라 동작한다.

```
switch (OPERAND) {
    case CONSTANT:
        CODE;
        break;
    default:
        CODE;
}
```

while 루프는 가장 기본적인 루프이다.

```
while(TEST) {
    CODE;
}
```

또한, continue를 사용하여 루프 시작점으로 돌아갈 수 있다. 이러한 형식을 가리켜 while-continue 루프라고 한다.

```
while(TEST) {
    if(OTHER_TEST) {
        continue;
    }
    CODE;
}
```

혹은 break를 사용하여 루프를 빠져나올 수도 있다. 이러한 형식을 while-break 루프라고 한다.

```
while(TEST) {
    if(OTHER_TEST) {
        break;
    }
    CODE;
}
```

do-while 루프는 while 루프를 뒤집은 버전으로, 코드를 한 번 수행한 다음 코드를 다시 수행할 것인지를 점검한다.

```
do {
    CODE;
} while(TEST);
```

do-while 루프 또한 continue와 break를 사용할 수 있다.

for 루프는 통제된 카운트 루프로, 카운터를 사용하여 (바라건대) 고정된 수만큼 반복한다.

```
for(INIT; TEST; POST) {
    CODE;
}
```

enum은 integer 상수 값 세트를 생성한다.

```
enum { CONST1, CONST2, CONST3 } NAME;
```

goto는 지정한 라벨로 무조건 분기하며, 오류 탐지나 종료와 같은 유용한 상황에서 사용되지만 흔한 일은 아니다.

```
if(ERROR_TEST) {
    goto fail;
}

fail:
    CODE;
```

함수는 다음과 같이 정의된다.

```
TYPE NAME(ARG1, ARG2, ..) {
    CODE;
    return VALUE;
}
```

외우기 힘들 수도 있으니 TYPE, NAME, ARG, VALUE가 의미하는 바를 이해시켜 줄 아래의 예를 참고하기 바란다.

```
int name(arg1, arg2) {
    CODE;
    return 0;
}
```

typedef는 새로운 타입을 정의한다.

```
typedef DEFINITION IDENTIFIER;
```

조금 더 구체적으로 표현하자면 아래와 같다.

```
typedef unsigned char byte;
```

이때 DEFINITION 부분은 unsigned char이고, IDENTIFIER 부분은 byte이니 혼동하지 않기 바란다.

struct는 여러 데이터 타입을 하나의 개념으로 묶는 것으로 C 언어에서는 아주 빈번하게 사용된다.

```
struct NAME {
    ELEMENTS;
} [VARIABLE_NAME];
```

[VARIABLE_NAME]은 선택사항이지만 예외적인 경우를 제외하고는 가급적이면 사용하지 않기를 권한다. struct는 typedef와 엮어서 사용하는 경우가 많다.

```
typedef struct [STRUCT_NAME] {
    ELEMENTS;
} IDENTIFIER;
```

마지막으로, union은 struct와 비슷하게 여러 데이터 타입을 하나의 개념으로 묶지만 요소들은 메모리에 중복되어 사용된다. 설명이 조금 이상하게 느껴질 테니 우선은 아래의 형식을 외우도록 하자.

```
union NAME {
    ELEMENTS;
} [VARIABLE_NAME];
```

6.3 격려 한 마디

암기 카드를 모두 만들었다면, 일반적으로 많이 사용하는 방법대로 이름을 먼저 보고 뒷면에 적힌 설명을 읽는 방법으로 공부하도록 하자. 안키를 사용하든 인덱스카드를 사용하든 자신에게 잘 맞는 방법을 사용하는 것이 효율적으로 암기하는 데 도움이 된다.

학생들 중에는 이렇게 암기하는 것을 겁내거나 불편한 기색을 보이는 경우도 있었다. 이유를 정확히 설명하기는 어렵지만 여러분은 걱정하지 말고 필자가 이야기하는 대로 따라와 주기를 바란다. 현재의 상황이 여러분의 암기력과 학습 기술을 향상시킬 수 있는 기회라고 생각하면 좋겠다. 여러분이 노력하는 만큼 더 많은 것을 얻을 뿐만 아니라 얻는 과정도 점점 더 쉬워질 것이다.

불편하고 좌절감이 드는 것은 자연스러운 현상이니 절대 자신을 책망하지 않길 바란다. 아마도 15분가량을 외우는 데 소진하고는 그렇게 소비하는 것이 싫어 실패했다는 느낌을 받게 되는 것이다. 하지만 이것은 지극히 정상적인 상황이며, 결코 실패한 것이 아니다. 뚝심 있는 인내는 초기 좌절감을 이겨낼 수 있도록 도와주며, 이 훈련을 통해 여러분은 다음과 같은 두 가지를 배울 수 있다.

1. 암기한 내용을 가지고 여러분의 경쟁력을 자체 평가해볼 수 있다. 외운 내용을 테스트해보는 것보다 그 개념을 얼마나 잘 알고 있는지 확인할 수 있는 방법은 없다.
2. 어려운 문제를 해결하는 좋은 방법은 잘게 나누어 한 번에 하나씩 하는 것이다. 프로그래밍은 이러한 문제 해결방법을 익히기 아주 좋다. 프로그램을 작은 부분으로 나누어 무엇이 문제인지를 집중적으로 분석하기가 쉽기 때문이다. 이렇게 커다란 문제를 잘게 나누어 해결하는 방법을 익히는 것을 여러분의 경쟁력을 키울 수 있는 하나의 기회로 활용하기 바란다.

6.4 경고 한 마디

마지막으로 암기와 관련하여 경고 한 마디 하겠다. 많은 양의 내용을 외운다고 해서 반드시 그 내용을 제대로 적용할 수 있다는 뜻은 아니다. ANSI C 표준 문서 전체를 외우지만 코딩 실력은 꽝인 프로그래머가 될 수도 있다는 뜻이다. 실제로 표준 C 문법을 달달 외워 마치 C 전문가처럼 보여도 막상 코딩하는 것을 보면 버그로 가득 찬 이상한 코드를 작성하거나 아예 코드라고 볼 수 없는 것을 작성하는 사람들을 많이 봐왔다.

반복해서 외우기만 한다고 무조건 실력이 는다고 생각해서는 안 된다. 실력을 키우기 위해서는 외운 것을 다양한 상황에 적용해보는 실전 경험이 필요하다. 이 책이 실전 경험을 쌓는데 큰 도움이 될 것이다.

연습 7

변수와 타입

지금까지 간단한 C 프로그램이 어떻게 구성되는지 배웠으니, 이번에는 간단한 프로그램을 통해 다양한 타입의 변수를 만들어보도록 하자.

ex7.c

```
1    #include <stdio.h>
2
3    int main(int argc, char * argv[])
4    {
5        int bugs = 100;
6        double bug_rate = 1.2;
7
8        printf("You have %d bugs at the imaginary rate of %f.\n",
9                bugs, bug_rate);
10
11       long universe_of_defects = 1L * 1024L * 1024L * 1024L;
12       printf("The entire universe has %ld bugs.\n", universe_of_defects);
13
14       double expected_bugs = bugs * bug_rate;
15       printf("You are expected to have %f bugs.\n", expected_bugs);
16
17       double part_of_universe = expected_bugs / universe_of_defects;
18       printf("That is only a %e portion of the universe.\n",
19               part_of_universe);
20
21       // 이것은 말도 안된다. 이상한 코드의 예를 든 것뿐이다.
22       char nul_byte = '\0';
23       int care_percentage = bugs * nul_byte;
24       printf("Which means you should care %d%%.\n", care_percentage);
25
26       return 0;
27   }
```

이 프로그램에서는 여러 가지 타입의 변수를 선언하고 다양한 printf 서식 문자를 사용하여 출력한다. 코드를 분석해보자.

1~4행	일반적인 C 프로그램의 시작과 동일하다.
5~6행	가짜 버그 데이터를 위한 int와 double 변수를 선언한다.
8~9행	두 변수 값을 출력한다. 별다른 것은 없다.
11행	새로운 타입인 long을 사용하여 큰 숫자를 선언한다.
12행	%ld를 이용하여 숫자를 출력한다. %ld는 일반적인 %d에 수식자를 추가한 것인데, l을 추가함으로써 프로그램에 큰 10진수를 출력하도록 알려준다.
14~15행	단순히 연산하고 출력하는 부분이다.
17~19행	우주에서 일어나는 버그와 비교하여 여러분이 만드는 버그를 비율로 출력하는데, 이것은 정확할 수가 없는 계산이다. 결과 값이 너무 작아 지수 형태로 출력하도록 %e를 사용해야 한다.
22행	nul 바이트 글자를 의미하는 특별한 문자 '\0'을 사용하여 글자 하나를 만든다. 이것은 사실상 숫자 0이다.
23행	bugs 값에 방금 만든 글자를 곱한다. 결과는 0이 되는데, 코딩할 때 신경 써야 하는 부분이 얼마나 많은지를 알 수 있다. 아울러 이 구문은 간혹 볼 수 있는 고약한 해킹을 보여주기도 한다.[1]
24행	결과를 출력한다. %%를 이용하여 퍼센트(%) 문자를 출력할 수 있다.
26~27행	main 함수가 끝난다.

위 코드는 다른 변수 타입 간 연산이 어떻게 일어나는지를 보여준다. 프로그램 마지막 부분에는 C에서만 볼 수 있는 것도 보여준다. C에서는 character 역시 integer일 뿐이다. 아주 작은 숫자이지만 어쨌든 숫자는 숫자다. 즉, character를 가지고 연산에 사용할 수 있으며, 실제로 많은 소프트웨어가 이러한 기능을 활용하고 있다. 좋은 의도이든 나쁜 의도이든 말이다.

이 마지막 코드를 통해 여러분은 처음으로 C가 컴퓨터에 직접 접근하는 방법을 보게 되는데, 앞으로 여러 연습문제를 통해 더 많은 예를 보게 될 것이다.

---

1 (옮긴이) 숫자 대신 글자를 입력해 의도하지 않은 연산 또는 오류를 발생시키는 것은 해킹에 많이 사용되는 방법 중 하나다.

7.1 실행 결과

실행 결과는 보통 다음과 같이 나타날 것이다.

연습문제 7 Session

```
$ make ex7
cc -Wall -g ex7.c -o ex7
$ ./ex7
You have 100 bugs at the imaginary rate of 1.200000.
The entire universe has 1073741824 bugs.
You are expected to have 120.000000 bugs.
That is only a 1.117587e-07 portion of the universe.
Which means you should care 0%.
$
```

7.2 프로그램 깨뜨리기

다시 코드로 돌아가 잘못된 인수 값을 전달하는 방법으로 printf를 깨뜨려보자. nul_byte 변수를 출력할 때 %c 대신 %s를 사용하면 어떻게 나타나는지도 확인하자. 결과가 이상하게 나오면 여러분이 작업한 내용을 디버거가 어떻게 알려주는지도 확인하기 바란다.

7.3 더 해보기

- 컴파일러가 경고를 나타낼 때까지 universe_of_defects에 다양한 크기의 값을 지정하자.
- 엄청나게 큰 수는 어떻게 출력되는지 확인하자.
- long 타입을 unsigned long으로 바꾼 후 얼마나 더 큰 수를 저장할 수 있게 되는지 확인하자.
- 인터넷을 이용하여 unsigned가 무슨 일을 하는지 조사해보자.
- 왜 char와 int 타입 간 곱셈이 가능한지 설명해보자(다음 연습에서 설명하지만 그 전에 스스로 설명해보자).

연습 8

If, Else-If, Else

사실 C에는 Boolean 타입이 없다. 그 대신 integer 값을 이용하여 0인 경우에만 false로 하고 나머지는 true로 간주한다. 지난 연습문제에서 표현식 argc > 1의 결과는 1 또는 0이 되었으며 파이썬과 같이 True 또는 False가 되지 않는다. 이것은 C가 컴퓨터가 일하는 방식에 가까운 것을 보여주는 또 다른 예로, 컴퓨터 입장에서는 단순히 integer 값이 참일 뿐이다.

   그러나 C 언어도 전형적인 if 명령문을 가지고 있으며, 숫자 값에 따른 참/거짓을 결정하고 해당 구문으로 분기시킨다. 이러한 문법은 파이썬이나 루비와 아주 유사하기 때문에 다음의 코드 역시 쉽게 읽을 수 있을 것이다.

ex8.c

```
1    #include <stdio.h>
2
3    int main(int argc, char *argv[])
4    {
5        int i = 0;
6
7        if (argc == 1) {
8            printf("You only have one argument. You suck.\n");
9        } else if (argc > 1 && argc < 4) {
10           printf("Here's your arguments:\n");
11
12           for (i = 0; i < argc; i++) {
13               printf("%s ", argv[i]);
14           }
15           printf("\n");
16       } else {
17           printf("You have too many arguments. You suck.\n");
18       }
19
20       return 0;
21   }
```

if 명령문의 형식은 다음과 같다.

```
if(TEST) {
    CODE;
} else if(TEST) {
    CODE;
} else {
    CODE;
}
```

if 명령문은 몇 가지 C에서만 사용되는 특별한 점을 제외하고는 다른 프로그래밍 언어와 동일하다.

- 앞에서 언급한 것처럼 TEST 부분의 결과가 0일 경우에는 거짓, 그 외에는 모두 참이다.
- 다른 프로그래밍 언어와 달리 TEST 요소는 반드시 소괄호 ()로 묶여야만 한다.
- 중괄호 {}는 없어도 되지만, 반드시 중괄호를 사용하도록 하자. 왜냐하면 중괄호를 통해 분기 구문의 시작과 끝을 명확하게 알려줄 수 있기 때문이다. 만일 중괄호를 사용하지 않는다면 아주 기분 나쁜 에러와 마주하게 될 것이다.

위의 사항을 빼면 연습 코드는 다른 프로그래밍 언어가 동작하는 것과 마찬가지로 실행된다. else if 또는 else 부분은 생략 가능하다.

8.1 실행 결과

이번 연습은 아주 간단하다.

연습문제 8 Session

```
$ make ex8
cc -Wall -g ex8.c -o ex8
$ ./ex8
You only have one argument. You suck.
$ ./ex8 one
Here's your arguments:
./ex8 one
```

```
$ ./ex8 one two
Here's your arguments:
./ex8 one two
$ ./ex8 one two three
You have too many arguments. You suck.
$
```

8.2 프로그램 깨뜨리기

이번 연습은 너무 간단해서 깨뜨리기가 쉽지 않다. 하지만 if 명령문을 꼬아 본 후 테스트해보자.

- 마지막 else 부분을 제거한 후, 프로그램이 마지막 조건을 탐지하지 못하 는 것을 확인하자.
- &&를 ||로 바꾸어 테스트하고 그 결과를 확인해보자.

8.3 더 해보기

- 여기에서는 &&에 대해 간단하게 언급했다. 인터넷을 통해 다른 Boolean 연산자를 조사해보자.
- 이 프로그램에 조건을 몇 가지 더 첨가하여 어떻게 동작하는지 확인해 보자.
- 첫 번째 시험에서 결과가 제대로 나왔는가? 아마 여러분이 생각하기에 출 력된 첫 번째 인수가 입력한 첫 번째 인수와 다르게 느껴졌을 것이다. 이를 수정해보자.

연습 9

While 루프와 Boolean 표현식

가장 먼저 다룰 루프(loop)는 while 루프이다. while 루프는 가장 간단하면서
도 유용한 루프로 C 코딩 시 많이 사용하게 될 것이다. 그러면 다음의 코드를
살펴보자.

ex9.c

```
1    #include <stdio.h>
2
3    int main(int argc, char *argv[])
4    {
5        int i = 0;
6        while (i < 25) {
7            printf("%d", i);
8            i++;
9        }
10
11       return 0;
12   }
```

이 코드를 보면서 앞에서 외운 기본 문법을 되새겨보자. while 루프를 간단하
게 표현하면 다음과 같다.

```
while(TEST) {
    CODE;
}
```

while 루프는 TEST 결과가 참(1)인 동안 CODE를 반복해서 실행한다. 그래서
for 루프처럼 동작시키고자 한다면 i와 같은 변수를 하나 직접 만들어서 초기
화한 후 증가시켜야 한다. 이때, i++에 사용된 단항 증가 연산자를 후위 증가
연산자라고 부른다. 기억나지 않으면 앞으로 돌아가 연산자 목록을 살펴보기
바란다.

9.1 실행 결과

결과는 아래와 같다.

연습문제 9 Session

```
$ make ex9
cc -Wall -g ex9.c -o ex9
$ ./ex9
01234567891011121314151617181920212223 24
$
```

9.2 프로그램 깨뜨리기

while 루프가 잘못되게 만드는 방법에는 여러 가지가 있다. 그래서 반드시 사용해야 할 일이 없는 이상 이러한 방법을 사용해서는 안된다. 코드를 깨뜨리는 몇 가지 쉬운 방법은 다음과 같다.

- 처음 int i;와 같이 선언한 후 초기화시키는 것을 잊어버린다. i에 들어있는 값에 따라 루프가 동작하지 않거나 혹은 굉장히 오랫동안 동작할 수 있다.
- 두 번째 루프에서 i 값을 초기화하지 않는다. 이렇게 하면 i 값은 첫 번째 루프를 빠져나올 때의 값을 그대로 유지하게 된다. 이제 두 번째 루프는 실행될 수도 실행되지 않을 수도 있다.
- 루프 마지막에 단항 증가 연산 i++을 하지 않는다. 이렇게 되면 10년, 20년 프로그래밍을 해도 자주 겪게 되는 골치 아픈 문제 중 하나인 무한루프에 빠지게 된다.

9.3 더 해보기

- i--를 이용하여 i 값이 25에서 0으로 감소하는 루프를 만들어보자.
- 지금까지 학습한 내용을 바탕으로 더 복잡한 while 루프를 만들어보자.

연습 10

Switch 명령문

루비 같은 프로그래밍 언어는 switch 명령문을 사용할 때 표현식에 제한을 두지 않으며, 파이썬 같은 프로그래밍 언어는 switch 명령문을 사용하지 않는 대신 if 명령문과 Boolean 표현식을 같이 사용하기도 한다. 이러한 프로그래밍 언어들은 switch 명령문을 if 명령문의 다른 형태일 뿐 동일하게 동작한다고 간주한다.

다른 프로그래밍 언어와는 달리 C 언어에서의 switch 명령문은 점프 (jump) 표처럼 동작한다. 즉, 무작위 값의 Boolean 표현식을 사용하는 대신 정수 값으로 결과가 나타나는 표현식을 사용해야만 한다. 이때 정수 값은 switch의 맨 위에서 정확하게 일치하는 정수 값으로 점프하는 위치를 계산하는 데 사용된다. 아래의 코드가 점프 표 개념을 이해하는 데 도움이 될 것이다.

ex10.c

```
1    #include <stdio.h>
2
3    int main(int argc, char *argv[])
4    {
5        if (argc != 2) {
6            printf("ERROR: You need one argument.\n");
7            // 이런 식으로 프로그램을 강제 종료시킨다.
8            return 1;
9        }
10
11       int i = 0;
12       for (i = 0; argv[1][i] != '\0'; i++) {
13           char letter = argv[1][i];
14
15           switch (letter) {
16               case 'a':
17               case 'A':
```

```
18                          printf("%d: 'A'\n", i);
19                          break;
20
21                  case 'e':
22                  case 'E':
23                          printf("%d: 'E'\n", i);
24                          break;
25
26                  case 'i':
27                  case 'I':
28                          printf("%d: 'I'\n", i);
29                          break;
30
31                  case 'o':
32                  case 'O':
33                          printf("%d: 'O'\n", i);
34                          break;
35
36                  case 'u':
37                  case 'U':
38                          printf("%d: 'U'\n", i);
39                          break;
40
41                  case 'y':
42                  case 'Y':
43                          if (i > 2) {
44                              // 가끔 Y가 모음이 되기도 하는데, 그 경우에 해당한다.
45                              printf("%d: 'Y'\n", i);
46                          }
47                          break;
48
49                  default:
50                          printf("%d: %c is not a vowel\n", i, letter);
51          }
52      }
53
54      return 0;
55  }
```

이 프로그램은 한 개의 단어를 인수로 받은 다음 아주 지루한 방식을 사용하
여 단어에 들어있는 모든 모음을 순서대로 출력하는 프로그램으로, switch 명
령문이 동작하는 모습을 잘 나타낸다. switch 명령문이 동작하는 방법은 다
음과 같다.

- 컴파일러는 switch 명령문이 시작하는 지점을 표시해 두는데, 이 지점을 Y 라고 하자.
- 그리고 switch(letter)에 있는 표현식을 평가하여 숫자 값을 추출한다. 이 경우에는 argv[1]에 들어있는 글자의 아스키코드(ASCII code) 값이 된다.
- 컴파일러는 case 'A': 같은 각각의 case 블록을 switch로부터 떨어진 거리만큼의 위치로 번역한다. 그래서 case 'A' 아래에 있는 코드의 위치는 Y+A가 된다.
- 이런 방식으로 switch 명령문 내에서의 Y+letter에 해당하는 위치를 계산하고, 해당하는 글자가 없는 경우에는 Y+default로 위치를 지정한다.
- 이제 각각의 case에 해당하는 위치를 알기 때문에 letter에 해당하는 곳으로 바로 점프하여 계속해서 프로그램을 실행하게 된다. 이것이 각 case 블록마다 break를 두는 이유이다.
- 만일 'a'가 입력되면 case 'a'로 점프하는데, 그곳에는 break가 없기 때문에 바로 아래에 있는 case 'A'를 계속 실행하게 된다. 여기에는 break가 있다.
- 결국 코드를 실행하다 break를 만나게 되면 switch 명령문에서 빠져나온다.

위에서 설명한 것은 switch 명령문이 어떻게 동작하는지를 깊게 살펴본 것으로, 실무적인 관점에서는 다음의 간단한 몇 가지 규칙만 기억하고 있으면 된다.

- 항상 default: 분기점을 포함시켜서 예상치 못한 입력 값도 처리할 수 있도록 해야 한다.
- 정말로 필요한 경우가 아니면 아래에 있는 case로 넘어가도록 프로그램을 작성하지 말아야 한다. 아래의 case로 넘어갈 수 있도록 프로그램을 작성했다면 다른 사람들이 알 수 있도록 **//아래 코드도 계속 실행함** 등과 같은 주석을 달아놓는 것이 좋다.
- case 내부 코드를 작성하기 전에 먼저 case와 break를 적어놓고 시작하자.
- 가급적 if 명령문을 사용하자.

10.1 실행 결과

몇 가지 입력 값을 인수로 넘겨주었을 때의 결과도 같이 보여준다.

연습문제 10 Session

```
$ make ex10
cc -Wall -gex10.c -o ex10
$ ./ex10
ERROR: You need one argument.
$$
./ex10 Zed
0: Z is not a vowel
1: 'E'
2: d is not a vowel
$$
./ex10 Zed Shaw
ERROR: You need one argument.
$$
./ex10 "Zed Shaw"
0: Z is not a vowel
1: 'E'
2: d is not a vowel
3:  is not a vowel
4: S is not a vowel
5: h is not a vowel
6: 'A'
7: w is not a vowel
$
```

프로그램 시작 부분에 있는 if 명령문 안에 return 1;로 끝나는 코드가 있어서 만일 제대로 인수가 제공되지 않으면 바로 프로그램이 종료된다는 것을 기억하기 바란다. 0이 아닌 리턴 값은 운영체제에 프로그램이 오류와 함께 종료되었음을 알려준다. 스크립트나 다른 프로그램을 통해 0보다 더 큰 값으로 종료하게 만들면 무슨 일이 일어나는지를 확인해보자.

10.2 프로그램 깨뜨리기

switch 명령문은 너무나도 깨뜨리기가 쉽다. 여러분을 짜증나게 만들 몇 가지 방법을 소개하겠다.

- break를 빼보자. 그러면 의도치 않게 두 개 이상의 코드 블록이 실행될 것이다.
- default를 빼보자. 그러면 여러분이 이 사실을 잊고 있는 동안 프로그램이 조용히 입력 값들을 무시하고 있을 것이다.
- int 같은 예상치 못한 값을 갑자기 switch에 넣어버리면 평가 결과로 이상한 값이 나올 것이다.
- switch 내에서 초기화하지 않은 값을 사용해보자.

이 외에도 다양한 방법으로 이 프로그램을 망가뜨릴 수 있으니 직접 찾아보기 바란다.

10.3 더 해보기

- 철자를 소문자로 변환시키는 코드를 추가한 다음 switch 명령문 내에 있는 모든 대문자 분기점 코드를 제거해보자.
- for 루프 내에서 ','(콤마)를 사용하여 letter를 초기화시켜 보자.
- for 루프를 추가로 사용하여 입력하는 모든 인수를 처리할 수 있도록 프로그램을 수정해보자.
- switch 명령문 대신 if 명령문을 사용하도록 프로그램을 수정해보자. 어떤 명령문을 사용하는 것이 더 좋은가?
- 'Y'에 해당하는 case에서 break가 if 명령문 밖에서 사용되었다. 과연 이렇게 했을 때와 break를 if 명령문 안에 넣었을 때의 결과는 어떻게 달라지겠는가? 먼저 결과를 고민해본 다음, 결과를 통해 여러분의 생각이 맞는지 확인해보자.

연습 11

배열과 문자열

이번에는 C가 문자열을 단순히 '\0'(nul) 바이트로 끝나는 바이트 배열에 저장한다는 것을 보여준다. 아마도 지난 연습문제를 통해 직접 문자열을 다루면서 어느 정도 예상하고 있었을 것이다. 다음 코드는 숫자 배열과의 비교를 통해 명확하게 문자열의 구조를 알 수 있도록 도와줄 것이다.

ex11.c

```
1    #include <stdio.h>
2
3    int main(int argc, char *argv[])
4    {
5        int numbers[4] = { 0 };
6        char name[4] = { 'a' };
7
8        // 먼저, 초기화된 배열 내용을 보여준다.
9        printf("numbers: %d %d %d %d\n",
10               numbers[0], numbers[1], numbers[2], numbers[3]);
11
12       printf("name each: %c %c %c %c\n",
13               name[0], name[1], name[2], name[3]);
14
15       printf("name: %s\n", name);
16
17       // numbers 배열을 셋업한다.
18       numbers[0] = 1;
19       numbers[1] = 2;
20       numbers[2] = 3;
21       numbers[3] = 4;
22
23       // name 배열을 셋업한다.
24       name[0] = 'Z';
25       name[1] = 'e';
26       name[2] = 'd';
27       name[3] = '\0';
28
29       // 그런 다음, 셋업된 배열의 내용을 출력한다.
```

```
30        printf("numbers: %d %d %d %d\n",
31                numbers[0], numbers[1], numbers[2], numbers[3]);
32
33        printf("name each: %c %c %c %c\n",
34                name[0], name[1], name[2], name[3]);
35
36        // name 배열을 문자열로 출력한다.
37        printf("name: %s\n", name);
38
39        // 문자열을 사용하는 다른 방법이다.
40        char *another = "Zed";
41
42        printf("another: %s\n", another);
43
44        printf("another each: %c %c %c %c\n",
45                another[0], another[1], another[2], another[3]);
46
47        return 0;
48   }
```

위 코드에서는 먼저 각 배열 요소에 값을 지정하는 전형적인 방법으로 배열을 초기화시킨다. number 배열은 숫자를 넣고, name 배열에도 일일이 문자를 넣어 문자열을 만들었다.

11.1 실행 결과

이 코드를 실행하면, 먼저 배열이 0으로 초기화된 내용이 출력된다.

연습문제 11 Session

```
$ make ex11
cc -Wall -g ex11.c -o ex11
$ ./ex11
numbers: 0 0 0 0
name each: a
name: a
numbers: 1 2 3 4
name each: Z e d
name: Zed
another: Zed
another each: Z e d
$
```

이 프로그램을 통해 몇 가지 재미있는 점을 발견할 수 있다.

- 배열 초기화를 위해 4개의 요소 모두에 초기 값을 제공하지 않았다. 이것은 C에서 약속된 초기화 방법으로, 한 개의 요소 값만 제공하면 나머지 요소는 0으로 채운다.

- number 배열의 각 요소를 출력 시 0으로 나타난다.

- name 배열의 각 요소를 출력하면 첫 번째 요소만 'a'로 출력되는데, 나머지 요소에 들어있는 '\0' 글자는 특수문자로 화면에 나타나지 않기 때문이다.

- name을 문자열로 출력하면 글자 a만 나타나는데, 그것은 초기 값인 'a'를 제외하고는 모두 0으로 채워졌기 때문이다. 그래서 '\0' 글자를 통해 문자열이 끝난 것으로 인지하여 a만 출력하는 것이다.

- 이어서, 배열의 모든 요소에 일일이 값을 지정하는 조금은 무식한(?) 방법으로 배열의 내용을 설정한 후 다시 배열 내용을 출력한다. 숫자 배열은 제대로 설정되었고, name 문자열의 경우에는 어떻게 출력해야 필자 이름이 제대로 나타나는지도 확인할 수 있을 것이다.

- 문자열을 지정하는 방법으로 두 가지를 보여주고 있다 : 6행 char name[4] = {'a'}와 40행 char *another = "Zed"이다. 첫 번째 방법은 많이 쓰이지 않으며, 반드시 문자열 상수를 이용하는 두 번째 방법을 사용하기 바란다.

위 코드에서는 모두 똑같은 문법과 방식을 사용하여 integer 배열과 character 배열을 사용했다. 그러나 printf는 name을 단순히 문자열로 판단했다. 다시 말하면 C 언어는 문자열과 character 배열을 구분 짓지 않는다는 뜻이다.

마지막으로, 문자열을 지정할 때 반드시 char *another = "Literal" 형식을 사용하기 바란다. 결과는 같지만 이 방법이 훨씬 자연스럽고 쓰기도 쉽다.

11.2 프로그램 깨뜨리기

C 언어에서 발생하는 거의 대부분의 버그는 충분한 공간을 만들지 않거나 문자열 마지막에 '\0'을 넣지 않아 생긴다. 사실, 대다수의 좋은 C 코드는 C 스타일의 문자열을 사용하지 않는다. 나중에 나오는 예제들을 통해 실제로 C 스타일의 문자열을 완벽히 사용하지 않는 방법을 배울 것이다.

이 프로그램의 가장 취약한 부분은 문자열 끝에 '\0' 글자를 빼먹는 것이

다. 이렇게 하기 위한 몇 가지 방법을 소개하면 다음과 같다 :

- name 초기화 부분을 제거한다.
- 갑자기 name[3] = 'A';를 넣는다. 이렇게 하면 문자열에 있던 종료 글자가 사라진다.
- 문자열 초기화 부분에 {'a','a','a','a'}를 넣어 'a' 글자로만 꽉 채우고 종료 글자 '\0'이 들어갈 자리를 만들지 않는다.

이 외에 프로그램을 깨뜨릴 수 있는 다른 방법을 찾아보고, 각각의 방법에 대해 디버거를 사용하여 어떤 일이 일어나는지, 어디가 문제인지를 정확히 파악해보자. 때때로 이와 유사한 문제를 만들었음에도 불구하고 디버거로 원인을 찾기 어려운 경우도 있을 것이다. 이럴 때는 변수를 선언한 곳으로 가서 오류가 있는지 찾아보기 바란다. 이것은 "변수 있는 곳에 버그 있다."는 C 언어 격언 중 하나다.

11.3 더 해보기

- numbers에 글자를 지정하고 printf를 사용하여 한 번에 한 글자씩 출력해 보자. 이때 컴파일러는 어떤 경고를 하는가?
- 반대로, name을 int 배열처럼 다루어 한 번에 한 개의 int처럼 출력해보자. 이때 디버거는 어떻게 생각하는가?
- 이 배열을 출력하는 방법은 몇 가지나 있겠는가?
- 만일 name 배열의 크기가 4바이트이고 integer 하나의 크기가 4바이트일 때, name 배열 전체를 하나의 integer처럼 처리할 수 있겠는가? 과연 이런 미친 해킹을 성공시키기 위해서는 어떻게 해야 할까?
- 종이 한 장을 가져와 각각의 배열을 한 줄의 상자로 그리고, 종이에서 한 작업을 프로그램으로 수행토록 하여 올바르게 작동하는지 확인해보자.
- name을 another 스타일로 변환시킨 후에도 코드가 제대로 동작하는지 확인해보자.

연습 12

크기와 배열

지난 연습에서는 '\0'(nul) 글자가 포함된 약간의 수학을 시도해 보았다. 아마도 문자열과 바이트 배열을 완전히 다른 종족으로 구분하는 프로그래밍 언어에 익숙한 사람이라면 조금 이상하게 보일지도 모르겠다. C 언어는 문자열을 단순히 바이트 단위로 구성된 배열로 처리하며, 다만 출력 함수만이 문자열임을 인지한다.

이러한 C 언어 배열의 특징에 대한 중요한 점을 설명하기에 앞서 sizeof와 배열에 대한 몇 가지 개념을 소개하겠다. 다음은 이러한 개념에 대한 코드이다.

ex12.c

```
1    #include <stdio.h>
2
3    int main(int argc, char *argv[])
4    {
5        int areas[] = { 10, 12, 13, 14, 20 };
6        char name[] = "Zed";
7        char full_name[] = {
8            'Z', 'e', 'd',
9            ' ', 'A', '.', ' ',
10           'S', 'h', 'a', 'w', '\0'
11       };
12
13       // 경고 : 어떤 시스템에서는 이 코드에서 사용하는 %ld 대신에
14       // unsigned int를 의미하는 %u로 바꾸어야 할 것이다.
15       printf("The size of an int: %ld\n", sizeof(int));
16       printf("The size of areas (int[]): %ld\n", sizeof(areas));
17       printf("The number of ints in areas: %ld\n",
18               sizeof(areas) / sizeof(int));
19       printf("The first area is %d, the 2nd %d.\n", areas[0], areas[1]);
20
21       printf("The size of a char: %ld\n", sizeof(char));
22       printf("The size of name (char[]): %ld\n", sizeof(name));
```

```
23      printf("The number of chars: %ld\n", sizeof(name) / sizeof(char));
24
25      printf("The size of full_name (char[]): %ld\n", sizeof(full_name));
26      printf("The number of chars: %ld\n",
27              sizeof(full_name) / sizeof(char));
28
29      printf("name=\"%s\" and full_name=\"%s\"\n", name, full_name);
30
31      return 0;
32  }
```

위 코드에서는 여러 가지 데이터 타입으로 배열을 만든다. C가 동작하는 방법을 설명하는 중심에 데이터 배열이 있기 때문에 배열을 만드는 방법은 무궁무진하다. 여기에서는 간단하게 type name[] = {initializer}; 형식을 사용하고, 다른 방법은 나중에 살펴볼 것이다. 이 문장은 "데이터 타입 type 배열을 만들면서 초기 값으로 {..}을 지정하고 싶다."라는 의미이며, C가 이 문장을 보면 다음과 같은 내용을 파악하게 된다.

- 먼저 type 부분을 보고 데이터 타입이 int라는 것을 안다.
- []를 보고 길이(크기)가 지정되지 않았음을 안다.
- 초기 값 {10, 12, 13, 14, 20}을 보고 배열에 다섯 개의 정수가 들어간다는 것을 안다.
- 컴퓨터에 5개의 정수를 순차적으로 저장할 수 있는 메모리 공간을 만든다.
- 여러분이 지정한 변수명 areas를 이 메모리 위치에 지정한다.

areas는 다섯 개의 정수가 들어가는 배열을 만들고 각각의 공간에 숫자들을 집어넣는다. char name[] = "Zed"; 명령문은 네 개의 글자가 들어가는 배열을 만들고 이름을 name이라고 지정하는 것만 다를 뿐 areas 배열의 경우와 동일하게 동작한다. 마지막 배열인 full_name은 글자 하나하나를 지정하는 완전히 원초적인 방법으로 만들었다. C 언어 입장에서는 name과 full_name 모두 문자열 배열을 만들 때 동일한 방법을 사용하는 것으로 본다.

코드의 나머지 부분에서는 sizeof라는 키워드를 이용하는데, sizeof 키워드는 얼마나 많은 메모리 공간을 사용하는지를 바이트 단위로 보여준다. C는 결국 어떤 위치에 얼마의 크기의 메모리를 점유하고 그것을 어떻게 사용하는지를 나타내는 프로그래밍 언어인 것이다. 그래서 여러분이 작업을 할 때 sizeof 키워드를 통해 정확한 크기를 파악하여 메모리 공간을 제대로 사용할 수 있게 도와준다.

확실하게 개념을 이해할 수 있도록 우선 코드를 실행해본 후 설명을 이어가겠다.

12.1 실행 결과

연습문제 12 Session

```
$ make ex12
cc -Wall -g ex12.c -o ex12
$ ./ex12
The size of an int: 4
The size of areas (int[]): 20
The number of ints in areas: 5
The first area is 10, the 2nd 12.
The size of a char: 1
The size of name (char[]): 4
The number of chars: 4
The size of full_name (char[]): 12
The number of chars: 12
name="Zed" and full_name="Zed A. Shaw"
$
```

그러면 이제 여러 가지 printf 호출 결과를 보면서 C가 어떤 일을 하는지 살펴보자. 여러분이 실행한 결과는 이 책에서 보여주는 결과와 다를 가능성이 높다. 왜냐하면 여러분이 사용하는 컴퓨터에 따라 integer의 크기가 다르기 때문이다. 이 책에서는 위 결과를 기준으로 설명한다.

4행	필자의 컴퓨터는 int의 크기가 4바이트이다. 여러분이 사용하는 컴퓨터는 32비트냐 64비트냐에 따라 크기가 달라질 것이다.
5행	areas 배열에는 다섯 개의 integer가 들어있다. 그래서 필자의 컴퓨터에서는 20바이트가 필요하다.
6행	areas의 크기를 int의 크기로 나누면 배열에 들어가는 요소가 몇 개인지를 알 수 있다. 여기에서는 다섯 개의 요소를 사용하

는 것으로 나오는데 이는 코드의 초기화 부분에서 지정한 개수
와 동일하다.

7행   그리고는 areas[0]과 areas[1]에 접근하여 C 언어는 파이썬과
루비와 마찬가지로 인덱스 번호가 0부터 시작한다는 것을 보
여준다.

8-10행   name 배열에 대해서도 동일한 동작을 실행하였는데, 배열의
크기가 이상하다는 것을 발견하였을 것이다. 우리는 분명히
"Zed"라고 세 글자만 입력했는데, 배열의 크기는 4바이트로 나
타났다. 도대체 네 번째 요소는 어디에서 온 것일까?

11~12행 full_name 배열에 대해서도 동일한 동작을 실행했는데 이번에
는 문제가 없음을 확인할 수 있다.

13행   마지막으로 name과 full_name을 출력하여 printf가 이것들을
"문자열"로 인지하고 있음을 증명하였다.

위에서 설명하는 문장 맨 앞에 있는 숫자들은 실행 결과의 행 번호를 의미하
기 때문에 어디에 해당하는지를 쉽게 찾을 수 있을 것이다. 이 결과를 기반으
로 앞으로 배열과 저장 공간에 대해 좀 더 자세히 알아볼 것이다.

12.2 프로그램 깨뜨리기

이 프로그램을 깨뜨리는 것은 너무 쉽다. 다음과 같이 시도해보자.

- full_name 배열의 마지막에 있는 '\0'을 제거한 후 다시 실행해보자. 이때,
디버거를 사용하여 실행하기 바란다. 이 상태에서 full_name을 main 함수
의 맨 위, 즉 areas 선언문 앞으로 옮기고 디버거를 이용하여 여러 차례 다
시 실행하여 새로운 오류가 발생하는지 살펴보자. 간혹 운 좋게도 오류가
발생하지 않는 일이 생길 수도 있다.
- areas[0]을 출력하는 부분에서 areas[0]을 areas[10]으로 변경하자. 그리
고 이 상황을 디버거가 어떻게 생각하는지 살펴보자.

- name과 full_name에 대해서도 이와 비슷한 방법으로 깨뜨리도록 시도해 보자.

12.3 더 해보기

- areas 배열 요소에 값을 지정해보자. areas[0] = 100;과 같이 지정하면 된다.
- name과 full_name 배열에 대해서도 각각의 요소에 값을 지정해보자.
- areas의 한 요소에 name에 저장된 글자 하나를 지정해보자.
- CPU 종류별로 integer의 크기를 어떻게 지정하였는지를 인터넷 검색을 통해 조사해보자.

연습 13

For 루프와 문자열 배열

이제 문자열과 바이트 배열이 동일하다는 아이디어를 기반으로 다양한 형태의 배열을 만들 수 있을 것이다. 다음 단계는 여러 문자열이 들어있는 배열을 다루는 것이다. 이를 위해 새로운 데이터 구조가 필요한데, 새로운 데이터 구조 출력을 위해 첫 번째 반복 구문인 for 루프도 소개한다.

이번 문제의 재미있는 부분은 문자열 배열이 프로그램 내에서 잠시 숨겨진다는 것이다. 즉, main 함수의 인수 char *argv[]를 통해 문자열 배열이 넘어오는 것이다. 다음 코드는 명령줄을 통해 인수로 넘어온 내용을 출력하는 프로그램이다.

ex13.c

```
1    #include <stdio.h>
2
3    int main(int argc, char *argv[])
4    {
5        int i = 0;
6
7        // argv에 들어있는 각각의 문자열을 사용한다.
8        // 왜 argv[0]을 건너뛰었을까?
9        for (i = 1; i < argc; i++) {
10           printf("arg %d: %s\n", i, argv[i]);
11       }
12
13       // 직접 문자열 배열을 만들어보자.
14       char *states[] = {
15           "California", "Oregon",
16           "Washington", "Texas"
17       };
18
19       int num_states = 4;
20
21       for (i = 0; i < num_states; i++) {
22           printf("state %d: %s\n", i, states[i]);
```

```
23        }
24
25        return 0;
26   }
```

for 루프의 형식은 다음과 같다.

```
for(INITIALIZER; TEST; INCREMENTER) {
    CODE;
}
```

for 루프가 동작하는 방법은 다음과 같다.

- INITIALIZER는 루프를 설정하는 부분으로, 보통 i = 0으로 설정한다.
- 다음으로 Boolean 표현식 TEST가 평가되는데, 만일 그 결과가 거짓(0)이라면 아무 것도 하지 않고 CODE를 건너뛴다.
- CODE 부분이 실행된다.
- CODE 부분이 실행된 다음에는 INCREMENTER 부분이 실행되는데, 보통 i++와같이 증가 연산이 수행된다.
- 그리고 TEST 평가 결과가 거짓(0)이 될 때까지 단계 2에서부터 계속 진행하는 과정을 반복한다.

예제의 for 루프는 명령 줄을 통해 넘어온 인수인 argc, argv를 가지고 다음과 같은 작업을 수행한다.

- 운영체제는 명령 줄의 인수를 문자열로 만들어 argv 배열로 전달한다. 이때 프로그램의 이름(./ex10)은 0번 인수로, 그 뒤에 나열되는 것은 각각의 인덱스 번호로 넘어간다.
- 또한 운영체제는 argv 배열로 넘어간 전체 인수의 개수를 argc에 설정한다. 따라서 여러분은 argc를 이용하여 놓치는 일 없이 인수를 처리할 수 있다. 명령 줄에서 프로그램에 한 개의 인수를 넘겨줄 때 프로그램의 이름이 첫 번째 인수가 되기 때문에 argc 값은 2가 된다는 것을 기억해두자.
- for 루프는 i = 1로 초기 값을 설정하였다.
- 이어서 i < argc 평가를 통해 i 값이 argc 값보다 작은지 확인한다. 이 경

우에는 1 < 2가 되면서 참으로 통과한다.

- 다음으로 i 값과 i 값을 argv의 인덱스로 사용하여 argv 배열의 내용을 출력하는 코드를 실행한다.
- 그리고는 incrementer 부분이 실행되는데, 위 코드의 경우에는 i++가 실행된다. i++는 i = i + 1보다 간편하게 사용되는 방법이다.
- 이제 다시 i < argc를 평가하여 결과가 거짓(0)이 될 때까지 루프를 반복한다. 루프가 끝난 후에도 프로그램은 계속해서 다음 부분을 실행한다.

13.1 실행 결과

이 프로그램을 사용하는 방법은 두 가지다. 첫 번째 방법은 명령 줄을 통해 인수 몇 개를 넘겨주어 argc와 argv가 설정되게 하는 것이고, 두 번째 방법은 인수 없이 프로그램만 실행하여 i < argc 평가 결과를 거짓으로 만들어 첫 번째 for 루프가 실행되지 않도록 하는 것이다.

연습문제 13 Session

```
$ make ex13
cc -Wall -g ex13.c -o ex13
$ ./ex13 i am a bunch of arguments
arg 1: i
arg 2: am
arg 3: a
arg 4: bunch
arg 5: of
arg 6: arguments
state 0: California
state 1: Oregon
state 2: Washington
state 3: Texas
$
$./ex13
state 0: California
state 1: Oregon
state 2: Washington
state 3: Texas
$
```

13.2 문자열 배열 이해

C 언어에서는 문자열 배열을 만들기 위해 char *str = "blah" 구문과 char str[] = {'b','l','a','h'} 구문을 조합하여 2차원 배열을 만든다. 14행의 char *states[] = {...} 구문은 이러한 2차원 배열 조합을 보여준다. 각각의 문자열은 하나의 요소가 되고, 문자열에 들어있는 각각의 글자는 나머지 요소가 된다.

헷갈리는가? 다차원 배열 개념은 사람들이 가장 생각하기 싫어하는 개념 중 하나이다. 그래서 이 개념을 이해하기 위해서는 종이와 연필을 가져와서 문자열 배열을 직접 써봐야 한다.

- 모눈을 그리고 문자열의 인덱스 번호를 맨 왼쪽에 적는다.
- 모눈의 맨 위쪽에는 글자에 해당하는 인덱스 번호를 적는다.
- 모눈의 칸칸마다 한 글자씩 적는다.
- 이렇게 해서 문자열 배열 모눈이 완성되면 이 종이를 이용하여 코드를 추적한다.

동일한 문자열 배열 구조를 파이썬, 루비 등 여러분에게 익숙한 다른 프로그래밍 언어로 표현해보는 것도 문자열 배열 구조를 파악할 수 있는 좋은 방법이다.

13.3 프로그램 깨뜨리기

- 자신이 선호하는 다른 프로그래밍 언어를 이용하여 이 프로그램을 실행시켜보자. 이때, 최대한 많은 인수를 명령 줄로 넘긴다. 얼마나 많은 인수를 보내야 프로그램이 죽는지 확인하기 바란다.
- for 루프의 초기 값으로 i에 0을 지정하여 어떤 결과가 나타나는지 살펴보자. argc가 제대로 동작하는가? 아니면 단순히 프로그램이 오류 없이 실행될 뿐인가? 0 기반 인덱싱이 여기에서 동작하는 이유는 무엇인가?
- 잘못된 num_states 값을 주어(4보다 큰 값) 어떻게 결과가 나타나는지 살펴보자.

13.4 더 해보기

- for 루프를 대체할 수 있는 코드를 찾아보자.
- 쉼표(,)를 사용하여 for 루프의 ()부분 내에서 여러 개의 명령문으로 분리하는 방법을 찾아보자. 단, 세미콜론(;) 내에서 분리해야 한다.
- NULL에 대한 설명을 읽어본 후 states 배열의 한 요소로 NULL을 지정하여 어떻게 출력되는지 확인하자.
- 두 배열을 출력하기 이전에 states 배열의 요소들을 argv 배열로 지정할 수 있는지 확인하고 그 반대도 가능한지 확인해보자.

연습 14

함수 작성 및 사용

지금까지 사용한 함수들은 모두 stdio.h 헤더 파일에서 제공하는 함수였다. 이번 연습에서는 직접 함수를 작성하고 다른 함수들도 사용해 볼 것이다.

ex14.c

```c
1    #include <stdio.h>
2    #include <ctype.h>
3
4    // 전방 선언
5    int can_print_it(char ch);
6    void print_letters(char arg[]);
7
8    void print_arguments(int argc, char *argv[])
9    {
10       int i = 0;
11
12       for (i = 0; i < argc; i++) {
13           print_letters(argv[i]);
14       }
15   }
16
17   void print_letters(char arg[])
18   {
19       int i = 0;
20
21       for (i = 0; arg[i] != '\0'; i++) {
22           char ch = arg[i];
23
24           if (can_print_it(ch)) {
25               printf("'%c' == %d ", ch, ch);
26           }
27       }
28
29       printf("\n");
30   }
31
32   int can_print_it(char ch)
33   {
```

```
34        return isalpha(ch) || isblank(ch);
35    }
36
37    int main(int argc, char *argv[])
38    {
39        print_arguments(argc, argv);
40        return 0;
41    }
```

이번 예제에서는 알파벳 글자와 공백(blank) 글자에 대한 아스키(ASCII) 코
드를 출력하는 함수를 만들었다. 다음은 코드 분석에 대한 설명이다 :

2행	새로운 헤더파일을 추가한다. 이 헤더파일을 통해 isalpha와 isblank 함수를 사용할 수 있게 된다.
5~6행	함수 정의 없이 C에 나중에 이 프로그램에서 사용하게 될 함수를 미리 알려준다. 이것을 전방 선언(forward declaration)이라고 하며, 이 방법을 통해 함수를 정의하기 전에 함수를 사용해야 하는 "닭이 먼저냐 달걀이 먼저냐" 문제를 해결한다.
8~15행	print_arguments 함수를 정의한다. 이 함수는 main 함수로 넘어오는 문자열 배열의 출력 방법을 정의한다.
17~30행	print_letters 함수를 정의한다. 이 함수는 print_arguments 함수에서 호출되며, 글자별 아스키 코드 값을 출력하는 방법을 정의하고 있다.
32~35행	can_print_it 함수를 정의한다. 이 함수는 단순히 isalpha(ch) || isblank(ch)의 진리 값(0 또는 1)을 이 함수를 호출한 print_letters 함수로 반환한다.
38~42행	마지막으로 main 함수는 단순히 print_arguments 함수를 호출하여 연결된 함수들을 모두 실행시킨다.

각각의 함수에 대해 일일이 설명하지 않은 이유는 이미 여러분이 실행해본
것들이기 때문이다. 다만, 여러분이 눈여겨보아야 할 부분이 있다면 main 함
수를 정의하는 것과 같은 방식으로 함수를 정의했다는 것이다. 유일한 차이
점은 파일에서 아직 발견하지 못한 함수를 사용할 수 있도록 미리 C에 알려주

어야 한다는 것이다. 이것이 바로 전방 선언이 하는 일이다.

14.1 실행 결과

이 프로그램을 사용하기 위해서는 명령 줄을 통해 인수를 입력하면 된다. 이 인수들은 여러분이 정의한 함수로 전달된다. 다음은 필자가 실행한 예이다.

연습문제 14 Session

```
$ make ex14
cc -Wall -g ex14.c -o ex14

$ ./ex14
'e' == 101 'x' == 120

$ ./ex14 hi this is cool
'e' == 101 'x' == 120
'h' == 104 'i' == 105
't' == 116 'h' == 104 'i' == 105 's' == 115
'i' == 105 's' == 115
'c' == 99 'o' == 111 'o' == 111 'l' == 108
$ ./ex14 "I go 3 spaces"
'e' == 101 'x' == 120
'I' == 73 ' ' == 32 'g' == 103 'o' == 111 ' ' == 32 ' ' == 32\
      's' == 115 'p' == 112 'a' == 97 'c' == 99 'e' == 101 's' == 115
$
```

isalpha와 isblank는 제공된 글자가 알파벳인지 공백 글자인지를 판별한다. 마지막으로 실행한 결과를 보면 숫자 3개를 제외한 모든 글자를 출력하는 것을 알 수 있다.

14.2 프로그램 깨뜨리기

이 프로그램을 깨뜨리는 방법에는 크게 두 종류가 있다.

- 전방 선언 부분을 제거하여 컴파일러가 혼란에 빠지게 할 수 있다. 컴파일러는 그 원인이 can_print_it과 print_letters 때문이라고 불평할 것이다.
- main에서 print_arguments 함수를 호출할 때 argc에 1을 더한 값을 인수로 전달하여 argv 배열 너머의 부분에 접근하도록 한다.

14.3 더 해보기

- 함수 개수를 줄여보자. 예를 들어, can_print_it 함수가 정말로 필요한 것일까?

- print_arguments 함수에서 인수로 넘어온 문자열의 길이가 얼마나 되는지 strlen 함수를 이용하여 구한 다음, 이 값을 print_letters로 넘겨보자. 그리고 print_letters 함수를 수정하여 종료 글자 '\0'를 검사하지 않고 넘겨받은 길이만큼만 처리해보자. 이를 위해서는 #include <string.h>가 필요할 것이다.

- man을 이용하여 isalpha와 isblank에 대한 자세한 정보를 찾아보자. 숫자 또는 다른 글자만을 출력하는, 이와 유사한 함수도 사용해보자.

- 다른 사람들은 함수를 사용할 때 어떤 형식을 선호하는지 알아보자. 절대로 K&R 문법을 사용하지 말고(낡고 혼란스럽다), 이 형식을 선호하는 사람을 만날 경우를 대비하여 어떻게 동작하는지는 알아두자.

연습 15

포인터, 무서운 포인터

포인터는 C 언어에서 유명한 신비로운 생명체이다. 이 책에서는 여러분이 포인터를 다룰 수 있는 어휘를 가르치는 것으로 포인터의 신비를 파헤칠 것이다. 포인터는 실제로 그렇게 복잡하지 않지만, 이상한 방법으로 사용하기 어렵게 만들어서 사람을 괴롭게 한다. 포인터를 사용할 때 이러한 어리석은 방법만 피한다면 포인터 사용이 아주 쉬워질 것이다.

포인터에 대해 설명하기 위해, 세 가지 방법으로 사람들의 연령 집단을 인쇄하는 간단한 프로그램을 작성하였다.

ex15.c

```
1    #include <stdio.h>
2
3    int main(int argc, char *argv[])
4    {
5        // 예제에서 사용할 두 개의 배열 생성
6        int ages[] = { 23, 43, 12, 89, 2 };
7        char *names[] = {
8            "Alan", "Frank",
9            "Mary", "John", "Lisa"
10       };
11
12       // 안전하게 ages의 크기를 구함
13       int count = sizeof(ages) / sizeof(int);
14       int i = 0;
15
16       // 첫 번째 방법 : 인덱스를 사용
17       for (i = 0; i < count; i++) {
18           printf("%s has %d years alive.\n", names[i], ages[i]);
19       }
20
21       printf("---\n");
22
23       // 배열의 시작점으로 포인터를 설정
24       int *cur_age = ages;
```

```
25      char **cur_name = names;
26
27      // 두 번째 방법 : 포인터를 사용
28      for (i = 0; i < count; i++) {
29          printf("%s is %d years old.\n",
30                  *(cur_name + i), *(cur_age + i));
31      }
32
33      printf("---\n");
34
35      // 세 번째 방법 : 포인터를 단순 배열처럼 사용
36      for (i = 0; i < count; i++) {
37          printf("%s is %d years old again.\n", cur_name[i], cur_age[i]);
38      }
39
40      printf("---\n");
41
42      // 네 번째 방법 : 어리석고 복잡한 방법으로 포인터를 사용
43      for (cur_name = names, cur_age = ages;
44              (cur_age - ages) < count; cur_name++, cur_age++) {
45          printf("%s lived %d years so far.\n", *cur_name, *cur_age);
46      }
47
48      return 0;
49  }
```

포인터가 동작하는 방법을 설명하기 전에, 먼저 이 프로그램을 행 단위로 분석하여 어떻게 동작하는지를 확인할 것이다. 상세 설명을 보면서 자신만의 답안을 적어보기 바란다. 그리고는 이후에 언급할 포인터에 대한 설명과 일치하는지 확인해보자.

6~10행	두 개의 배열을 만든다. ages에는 int 데이터 배열을, names에는 문자열 배열을 저장한다.
13~14행	나중에 for 루프에서 사용될 변수들이다.
16~19행	두 배열의 루프를 돌면서 개개인의 나이를 출력한다. 변수 i를 배열의 인덱스로 사용하였다.
24행	ages를 가리키는 포인터를 하나 만든다. 여기에서 integer 타입의 포인터를 생성하기 위해 int *를 사용하였다. 이것은 char 포인터를 의미하는 동시에 문자열을 뜻하기도 하는 char *와 비슷하다. 비슷한 점이 보이는가?

25행	names를 가리키는 포인터를 하나 만든다. 앞서 char *가 char 를 가리키는 포인터이며, 그것은 곧 문자열을 의미한다고 언급했다. 하지만 이번에는 names가 이차원 배열이기 때문에 한 단계 더 들어가 char **를 사용해야 한다. char **는 (char를 가리키는 포인터)를 가리키는 포인터 타입이다. 이 부분에 대해서는 직접 공부하여 스스로 설명해보기 바란다.
28~31행	ages와 names 배열 출력을 위해 루프를 도는데, 배열 참조를 위해 오프셋 값인 i를 포인터에 더해준다. 이것은 *(cur_name+i)는 name[i]라고 적는 것과 동일하며, cur_name에 i를 더한 포인터의 값이라고 읽는다.
36~38행	배열 요소에 접근하는 방법에서 포인터나 배열이나 차이가 없음을 보여준다.
43~46행	이것은 또 다른 루프이자 정말 말도 안 되는 루프로, 앞의 두 개의 루프에서와 동일하게 동작하지만 다양한 포인터 연산 방법을 보여주는 것이 목적이다.
43행	for 루프를 초기화하는데 cur_name과 cur_age를 각각 배열 names와 ages를 가리키도록 한다.
44행	평가 부분에서는 cur_age 포인터와 ages 배열의 시작점과의 차를 비교한다. 왜 이것이 가능한지 설명할 수 있겠는가? 증가 부분에서는 cur_name과 cur_age를 증가시켜 두 변수가 각각 name과 age 배열의 다음 요소를 가리키도록 한다.
45행	cur_name과 cur_age 포인터는 이제 현재 처리해야 할 배열들의 요소를 가리키고 있다. 그렇기 때문에 단순히 *cur_name과 *cur_age만을 사용하여 원하는 내용을 출력할 수 있다. 이때, *cur_name은 "cur_name이 가리키는 곳의 값"을 의미한다.

이번 예제 프로그램은 간단하면서도 그 안에 많은 내용들이 담겨 있다. 그래서 필자가 포인터에 대해 설명하기 전에 여러분이 직접 포인터를 파헤치고 이해하기 바란다. 포인터가 어떻게 동작하는지에 대한 자신의 생각을 정리한 후에 다음으로 넘어가도록 하자.

15.1 실행 결과

다음의 실행 결과와 실제 출력된 결과를 비교해보자. 필요하다면 쉽게 결과를 비교할 수 있도록 printf 호출 부분을 수정하기 바란다.

연습문제 15 Session

```
$ make ex15
cc -Wall -g ex15.c -o ex15
$ ./ex15
Alan has 23 years alive.
Frank has 43 years alive.
Mary has 12 years alive.
John has 89 years alive.
Lisa has 2 years alive.
---
Alan is 23 years old.
Frank is 43 years old.
Mary is 12 years old.
John is 89 years old.
Lisa is 2 years old.
---
Alan is 23 years old again.
Frank is 43 years old again.
Mary is 12 years old again.
John is 89 years old again.
Lisa is 2 years old again.
---
Alan lived 23 years so far.
Frank lived 43 years so far.
Mary lived 12 years so far.
John lived 89 years so far.
Lisa lived 2 years so far.
$
```

15.2 포인터 설명

ages[i]와 같이 입력하면 배열 ages를 인덱싱(indexing)한다고 말하며, 요소 참조를 위해 i 안에 있는 숫자를 사용한다. 즉, i 값이 0인 경우 ages[0]이라고 입력한 것과 동일하다. 이때 i를 인덱스(index)라고 부르는데, 인덱스는 ages 배열 내 원하는 위치를 나타낸다. 또한 인덱스는 주소로 불리기도 하는데, ages[i]는 "ages 배열에서 주소 i에 있는 integer 값"이라고 말하기도 한다.

그렇다면 만일 i가 인덱스라면 ages는 무엇일까? C에서 ages는 컴퓨터의 메모리 주소로, integer 값들이 들어있는 공간의 시작점이 된다. 즉, 주소이기 때문에 C 컴파일러는 여러분이 입력하는 ages를 ages 배열의 가장 첫 번째 integer가 들어있는 주소로 바꾼다. ages를 또 다른 방법으로 생각해보면 "ages에 들어있는 첫 번째 integer의 주소"가 될 수 있는데, 여기에는 함정이 있다. ages는 컴퓨터 전체를 범위로 하는 주소이다. 즉, i가 ages 내의 주소인 것과는 달리, 배열 이름 ages는 컴퓨터 전체를 대상으로 하는 실제 주소가 된다.

이것은 다음과 같은 결론으로 귀결된다. C는 컴퓨터 전체를 하나의 커다란 바이트 배열로 생각한다. 분명히 이것은 매우 유용하지 않지만, 결국 C가 하는 일은 커다란 바이트 배열의 꼭대기에서부터 타입과 그 타입의 크기라는 개념으로 나누는 것이다. 이미 이전의 내용을 통해 이러한 작업이 어떻게 이루어지는지를 봤으며, 이제 C가 여러분의 배열을 가지고 어떻게 작업하는지를 알 때가 되었다.

- 컴퓨터 내에 메모리 블록을 만든다.
- 블록의 시작점을 ages라는 이름으로 포인팅(지정)한다.
- ages의 기준 주소에서 i 만큼 떨어진 요소를 취하는 방식으로 블록을 인덱싱한다.
- ages+i 주소의 내용을 정확히 int 크기만큼 꺼내는 것이 인덱스 i에 해당하는 int 값을 조회할 때 일어나는 과정이다.

ages와 같은 기준 주소에 i 같은 또 다른 주소를 더해 새로운 주소를 만들 수 있다면, 이 위치를 항상 가리키는 무언가도 만들 수 있지 않을까? 그렇다. 바로 그것을 포인터라 부른다. 이것이 cur_age와 cur_name 포인터가 하는 일이다. 두 포인터들은 변수로, 컴퓨터의 메모리에서 ages와 names가 있는 위치를 가리킨다. 예제 프로그램은 이 포인터들을 움직이게 하거나 적절한 연산을 하여 메모리 내에 있는 값을 얻는다. 예를 들면, cur_age에 i를 더하는 것만으로 프로그램은 array[i]와 동일하게 동작한다. 마지막 for 루프에서는 이 두 개의 포인터가 i의 도움 없이 직접 움직인다. 이 루프에서 포인터들은 주소와 정수 값 오프셋(offset)이 하나로 조합된 것처럼 다루어진다.

포인터는 단순히 지정된 데이터 타입을 내포한 상태로 컴퓨터의 메모리 공간 주소를 가리키기 때문에 그 안에 있는 데이터를 정확한 크기만큼 가져올 수 있다. 그것은 마치 ages와 i를 가지고 하나의 데이터 타입으로 조합하는 것과 같다. C는 포인터가 어디를 가리키는지, 가리키는 곳의 데이터 타입은 무엇인지, 그 데이터 타입의 크기는 얼마나 되는지, 그래서 결국 데이터를 가져오는 방법이 무엇인지를 알고 있다. i와 같은 것을 이용하여 포인터를 하나씩 증감시키거나 일정 값을 더하거나 뺄 수 있다. 또한 ages와 같이 값을 얻거나 혹은 새로운 값으로 지정할 수 있을 뿐만 아니라 모든 배열 연산도 사용할 수 있다.

포인터를 사용하는 이유는 블록이나 메모리에 있는 데이터를 직접 인덱싱하기 위해서이다. 배열로는 이 작업을 정교하게 하기 어려울 때가 있다. 대부분의 경우 많은 사람들이 배열 사용을 선호하지만, 간혹 메모리 블록에 직접 접근해야 하는 일도 생기는데 이럴 때 포인터를 사용한다. 포인터는 메모리 블록에 있는 그대로 직접 접근할 수 있기 때문에 포인터를 통해 메모리 블록 작업을 할 수 있다.

마지막으로 강조하고 싶은 내용은 대부분의 배열 또는 포인터 작업 시 배열 구문을 사용하거나 포인터 구문을 사용할 수 있다는 것이다. 즉, 무언가를 포인터로 지정한 다음 그것을 배열 문법으로 접근할 수 있다. 반대로 배열을 가져와서 포인터 연산으로 접근하는 것도 가능하다.

15.3 현실적인 포인터 사용법

C 코드에서 포인터로 할 수 있는 4가지 유용한 것들을 소개하자면 다음과 같다.

- 운영체제에 메모리 덩어리를 할당받은 후, 포인터를 이용하여 할당받은 메모리 블록 작업을 할 수 있다. 보통 이러한 작업에는 문자열과 구조체(struct)가 사용된다(구조체는 나중에 설명한다).
- 대규모 구조체와 같은 커다란 메모리 블록을 통째로 전달할 필요 없이 포

인터를 이용하여 함수에 전달할 수 있다.

- 함수의 주소를 구한 다음 이를 동적 콜백(callback) 함수로 사용할 수 있다.
- 복잡한 메모리 덩어리를 스캔하여 네트워크 소켓에 도착한 단순한 바이트를 데이터 구조로 변환하거나 파일을 파싱할 수 있다.

많은 경우 사람들이 배열을 사용해야 함에도 불구하고 포인터를 사용하는 것을 볼 수 있을 것이다. 초창기 C 언어 프로그래밍 시절, 사람들은 프로그램의 속도 향상을 위해 포인터를 사용했다. 왜냐하면 컴파일러의 배열 최적화 성능이 매우 좋지 않았기 때문이다. 그러나 요즘에는 배열도 포인터와 다름없이 동일한 기계어로 변환될 뿐만 아니라 똑같이 최적화되기 때문에 굳이 포인터를 사용하지 않아도 된다. 따라서 가급적 배열을 사용하고 정말로 성능 최적화를 위해 꼭 필요한 상황에서만 포인터를 사용하도록 하자.

15.4 포인터 어휘

이제 포인터를 읽고 쓰는 데 사용되는 포인터 어휘를 설명할 것이다. 복잡한 포인터 명령문을 다룰 때 포인터 어휘를 참조하여 조각조각 분석하기 바란다 (또는 그런 코드는 어차피 좋은 코드가 아닐 테니 차라리 사용하지 않는 것도 방법이다).

type *ptr	타입이 type이고 이름이 ptr인 포인터
*ptr	ptr이 가리키는 곳(주소)에 들어있는 값
*(ptr + i)	ptr이 가리키는 곳에서 i 만큼 더한 곳에 들어있는 값
&thing	thing의 주소
type *ptr = &thing	타입이 type이고 이름이 ptr인 포인터에 thing의 주소를 지정함
ptr++	ptr이 가리키는 곳(주소)을 하나 증가시킴

여기에서 설명한 간단한 어휘들을 사용하여 앞으로 이 책에서 사용하는 모든 포인터를 분석할 것이다.

15.5 포인터는 배열이 아니다

어떻든 간에 절대로 포인터와 배열을 동일시해서는 안 된다. 심지어 C 언어는 포인터와 배열을 동일한 방법으로 다룰 수 있도록 많은 기능을 제공하고 있지만 포인터와 배열은 절대 같지 않다. 예를 들어, 앞의 코드에서 sizeof(cur_age)를 실행해보면 cur_age가 가리키는 것에 대한 크기가 아닌 포인터의 크기가 나타날 것이다. 만일 전체 배열의 크기를 구하고 싶다면 예제 코드 12행에서와 같이 반드시 배열의 이름을 사용해야 한다.

 지금 설명한 개념을 확장하여 포인터와 배열이 다르게 동작하는 것을 찾아볼 것

15.6 프로그램 깨뜨리기

이 프로그램을 깨뜨리기 위해서는 그저 포인터가 잘못된 것을 가리키도록 만들면 된다.

- cur_age가 names를 가리키도록 해보자. 이를 위해서는 C 언어의 타입 캐스팅을 통해 강제로 타입을 지정해주어야 한다. 타입 캐스팅(type casting)에 대해서는 직접 조사하고 공부하기 바란다.
- 마지막 for 루프에서 잘못된 포인터 연산을 하도록 해보자.
- 루프를 고쳐서 배열의 마지막 요소에서 시작하여 첫 번째 요소로 돌도록 해보자. 생각만큼 쉽지 않을 것이다.

15.7 더 해보기

- 프로그램의 모든 배열을 포인터로 바꾸어 작성해보자.
- 프로그램의 모든 포인터를 배열로 바꾸어 작성해보자.
- 배열을 사용하는 다른 프로그램을 띄우고 배열을 포인터로 바꾸자.

- 예제 코드의 names를 사용한 것과 같이 순전히 포인터만 사용하여 명령 줄 인수를 처리해보자.
- 값과 주소들을 이리저리 조합해보자.
- 마지막에 for 루프 하나를 추가하여 포인터가 사용하는 주소를 출력해보자. 이를 위해 printf의 서식 문자 %p를 사용해야 할 것이다.
- 이 프로그램을 고쳐서 출력 함수를 사용하도록 만들어보자. 출력 함수는 출력할 데이터를 포인터로 넘겨받는다. 이때 인수로 포인터를 받고, 함수 내에서는 이것을 배열로 처리해야 한다.
- for 루프를 while 루프로 바꾸어 보고 포인터를 사용하는 용도로는 어떤 루프가 더 좋은지 평가해보자.

연습 16

구조체와 이를 가리키는 포인터

이번에는 구조체를 만드는 방법, 포인터로 구조체를 가리키는 방법, 구조체 포인터를 이용하여 내부 메모리를 구조화시키는 방법을 배운다. 그리고 연습 15에서 배운 포인터 지식을 적용해 보고, malloc을 이용하여 메모리 덩어리로부터 구조체를 생성해볼 것이다.

그러면 이번 연습에서 학습할 프로그램을 입력하고 실행해보자.

ex16.c

```
1    #include <stdio.h>
2    #include <assert.h>
3    #include <stdlib.h>
4    #include <string.h>
5
6    struct Person {
7        char *name;
8        int age;
9        int height;
10       int weight;
11   };
12
13   struct Person *Person_create(char *name, int age, int height,
14           int weight)
15   {
16       struct Person *who = malloc(sizeof(struct Person));
17       assert(who != NULL);
18
19       who->name = strdup(name);
20       who->age = age;
21       who->height = height;
22       who->weight = weight;
23
24       return who;
25   }
26
27   void Person_destroy(struct Person *who)
```

```
28   {
29       assert(who != NULL);
30
31       free(who->name);
32       free(who);
33   }
34
35   void Person_print(struct Person *who)
36   {
37       printf("Name: %s\n", who->name);
38       printf("\tAge: %d\n", who->age);
39       printf("\tHeight: %d\n", who->height);
40       printf("\tWeight: %d\n", who->weight);
41   }
42
43   int main(int argc, char *argv[])
44   {
45       // 두 명에 대한 구조체를 만든다.
46       struct Person *joe = Person_create("Joe Alex", 32, 64, 140);
47
48       struct Person *frank = Person_create("Frank Blank", 20, 72, 180);
49
50       // 구조체를 출력하면서 메모리 내 어디에 있는지도 같이 출력한다.
51       printf("Joe is at memory location %p:\n", joe);
52       Person_print(joe);
53
54       printf("Frank is at memory location %p:\n", frank);
55       Person_print(frank);
56
57       // 두 명의 나이에 각각 스무 살씩을 더한 다음 다시 출력한다.
58       joe->age += 20;
59       joe->height -= 2;
60       joe->weight += 40;
61       Person_print(joe);
62
63       frank->age += 20;
64       frank->weight += 20;
65       Person_print(frank);
66
67       // 구조체를 제거한다.
68       Person_destroy(joe);
69       Person_destroy(frank);
70
71       return 0;
72   }
```

이번 프로그램은 그동안 설명한 것과는 다른 방식으로 설명하려고 한다. 즉, 여러분이 행 단위 분석 내용을 작성하는 것이다. 그래서 필자가 프로그램 부분별로 내용을 설명하면 여러분은 각각의 행이 하는 일을 적으면 된다.

include 부분 새로운 함수를 사용하기 위해 새로운 헤더 파일을 포함했다. 각각의 헤더 파일은 어떤 용도로 포함되었을까?

struct Person 사람을 나타내기 위해 네 개의 요소를 갖는 구조체를 만드는 곳이다. 이렇게 해서 만들어지는 최종 결과물은 새로운 복합 타입 (compound type)으로, 하나 또는 개별 이름으로 이러한 요소를 참조할 수 있다. 구조체는 마치 데이터베이스 테이블의 행 또는 객체지향 프로그래밍 언어의 클래스와 비슷하다.

Person_create 함수 구조체를 만들 방법이 필요해서 만든 함수이다. 주요 내용은 다음과 같다.

- malloc을 사용하여 운영체제에서 메모리 조각을 할당받는다.
- malloc으로 sizeof(struct Person)을 보내는데, sizeof(struct Person)를 통해 구조체의 전체 크기가 계산된다. 즉, 구조체 안에 들어있는 모든 필드의 크기가 합산된다.
- malloc을 통해 얻은 메모리 조각이 정상적인 메모리 조각인지를 확인하기 위해 assert를 사용한다. C에는 NULL이라는 특별한 상수가 있는데, "설정되지 않았거나 유효하지 않은 포인터"를 의미한다. 그래서 assert는 기본적으로 malloc이 유효하지 않은 값인 NULL을 리턴했는지 확인한다.
- struct Person의 모든 필드를 초기화하기 위해 x->y 구문을 이용한다. x->y 구문은 설정하고자 하는 것이 구조체의 어떤 필드인지를 알려주는 데 사용된다.
- name으로 사용할 문자열을 복제하기 위하여 strdup 함수를 사용한다. 문자열 함수 중 strdup을 사용하는 이유는 문자열 자체를 구조체가 소유하도록 하기 위함이다. strdup은 malloc과 거의 비슷하게 동작한다. 즉, 문자열 크기만큼 메모리를 할당받은 후 원본 문자열을 새로 할당받은 메모리에 복사한다.

Person_destroy 함수 만일 create 함수를 만들었다면 반드시 destroy 함수

도 만들어야 한다. 당연히 Person_destroy 함수는 Person 구조체를 제거하는 데 사용된다. 여기에서도 assert를 사용하여 입력 값이 정상인지를 확인한다. 그리고는 free 함수를 이용해서 malloc과 strdup을 통해 할당받은 메모리를 반환한다. 만일 메모리 반환을 하지 않는다면 메모리 누수(memory leak)와 같은 문제에 봉착하게 될 것이다.

Person_print 함수 이제 사람을 출력하는 함수가 필요하게 되었으며, 그것이 Person_print 함수가 하는 일이다. 이 함수는 x->y 구문을 활용하여 출력하고자 하는 구조체의 필드 값을 구한다.

main 함수 main 함수에서는 앞에서 정의한 모든 함수와 struct Person을 사용하여 다음과 같은 일을 수행한다.

- 사람 두 명, joe와 frank를 생성한다.
- 두 사람을 출력하는데, 먼저 %p 서식을 이용하여 구조체가 실제로 메모리 내 어느 곳에 있는지를 확인할 수 있도록 하였다.
- 두 사람 모두 각각 스무 살씩을 더하면서 그에 따른 몸의 변화도 같이 보정한다.
- 다시 두 사람을 출력한다.
- 마지막으로 구조체를 제거하여 깔끔하게 메모리를 정리한다.

다음의 설명을 자세히 읽은 후 설명에 따라 실행해보자.

- 여러분이 모르는 모든 함수와 헤더 파일을 찾아보자. 만일 원하는 설명이 나오지 않는다면 man 2 함수이름 또는 man 3 함수이름으로 찾아보면 된다. 물론 인터넷을 통해 정보를 찾아봐도 된다.
- 코드 내 모든 행마다 주석을 달아 각 행에서 하는 일을 설명해보자.
- 모든 함수 호출과 변수를 추적하여 어디에서부터 출발하는지를 확인하자.
- 이해하지 못하는 모든 기호를 찾아보자.

16.1 실행 결과

여러분이 직접 주석을 작성한 다음 실제 실행 결과를 통해 주석에서 설명한 대로 동작하는지 확인하기 바란다.

연습문제 16 Session

```
$ make ex16
cc -Wall -g    ex16.c   -o ex16

$ ./ex16
Joe is at memory location 0xeba010:
Name: Joe Alex
  Age: 32
  Height: 64
  Weight: 140
Frank is at memory location 0xeba050:
Name: Frank Blank
  Age: 20
  Height: 72
  Weight: 180
Name: Joe Alex
  Age: 52
  Height: 62
  Weight: 180
Name: Frank Blank
  Age: 40
  Height: 72
  Weight: 200
```

16.2 구조체 설명

지금까지의 내용을 통해 어느 정도 구조체에 대해 이해했을 것이다. 이제 구조체에 대한 명확한 설명을 통해 여러분의 완전한 이해를 돕도록 하겠다.

　C 언어의 구조체는 여러 데이터 타입의 묶음을 나타내는데, 이 묶음은 하나의 메모리 덩어리에 저장되며 구조체의 필드 변수 이름으로 해당 타입의 데이터에 접근할 수 있다. 구조체는 데이터베이스 테이블의 레코드 또는 OOP 프로그래밍 언어의 아주 단순한 클래스와 유사하다. 이제 앞의 코드와 연계하여 구조체를 분석해보자.

• 앞의 코드에서 struct를 이용하여 사람(person)에 대한 필드 name, age,

weight, height를 만들었다.

- 모든 필드는 int와 같은 데이터 타입을 갖는다.
- C는 이러한 필드들을 묶어서 팩으로 만든다. 그렇기 때문에 모든 필드들은 하나의 단독 struct로 묶일 수 있다.
- struct Person은 이제 복합 데이터 타입(compound data type)이 된다. 즉, 다른 데이터 타입과 동일한 표현식을 사용하여 struct Person을 참조할 수 있다.
- 이 말은 Person_print를 통해 한 것과 같이 구조체의 내용을 통째로 함수에 전달할 수도 있다는 뜻이다.
- 포인터를 사용하는 경우, 구조체에 속한 필드에 접근하기 위해서는 x->y 구문에 필드 구조체와 필드 이름을 사용하면 된다.
- 포인터를 사용하지 않고 구조체를 만들 수도 있는데, 이런 경우에는 x.y 구문을 사용하여 동일한 접근을 할 수 있다. 이 내용은 "더 해보기" 절에서 다룰 것이다.

만일 struct, 즉 구조체가 없다면 여러분은 구조적인 콘텐츠를 다루기 위해 일일이 크기를 구하고 하나로 묶은 다음, 메모리 어디에 저장되었는지를 파악해야만 한다. 실제로 대부분의 초기 어셈블러(심지어는 현재의 몇몇 어셈블러) 코드에서 이와 같은 일을 한다. C 언어가 복합 데이터 타입을 이용하여 메모리를 구조화할 수 있도록 지원함에 따라 결과적으로 여러분은 해야 하는 일에만 집중할 수 있게 된 것이다.

16.3 프로그램 깨뜨리기

이 프로그램을 깨뜨리는 것은 포인터와 malloc 시스템을 어떻게 건드리느냐가 관건이다.

- Person_destroy에 NULL을 전달하여 어떤 일이 일어나는지 살펴보자. 만일 프로그램이 강제 종료되지 않는다면 Makefile의 CFLAGS 부분에서 -g 옵션을 제거해야만 한다.

- 마지막에 Person_destroy 함수를 호출하는 부분을 생략한 후 디버거상에서 실행시켜 메모리 반납이 이루어지지 않았다는 경고를 하는지 살펴보자. 이와 같은 메모리 누수와 관련된 메시지를 나타내기 위해서는 디버거에 어떤 옵션을 제공해야 하는지도 조사하자.
- Person_destroy 함수 내에서 who->name 부분을 반납하지 않도록 바꾼 다음 결과를 비교해보자. 그리고 이러한 경우 디버거가 메모리 누수 상황을 알려줄 수 있도록 정확한 디버거 옵션을 사용해보자.
- 이번에는 Person_print 함수에 NULL을 넘겨주어 디버거가 어떻게 생각하는지를 확인하자. 아마도 NULL을 사용하는 것이 프로그램을 망가뜨리는 빠른 방법임을 알게 될 것이다.

16.4 더 해보기

이번에는 조금 어려운 것을 시도할 것이다. 이 프로그램을 포인터와 malloc을 사용하지 않는 프로그램으로 바꾸어보자. 이 과정은 꽤 어려울 것이다. 그렇기 때문에 아마도 다음의 추가 조사가 필요할 것이다.

- 다른 변수를 생성하는 것과 같은 방법으로 스택에 struct를 생성하는 방법
- x->y 구문을 사용하는 대신 x.y 구문을 사용하여 구조체를 초기화하는 방법
- 포인터를 사용하지 않고 구조체를 다른 함수에 전달하는 방법

연습 17

힙·스택 메모리 할당

이번 연습에서는 데이터베이스를 관리하는 소규모 프로그램 전체를 작성하는 제법 어려운 도전을 통해 높은 도약을 이루어낼 것이다. 본 프로그램이 사용하는 데이터베이스는 전혀 효율적이지 않을 뿐만 아니라 많이 저장하지도 못한다. 하지만 이 데이터베이스는 지금까지 여러분이 학습한 내용 대부분을 보여준다. 또한 더욱 정형화된 메모리 할당과 함께 파일을 사용하는 방법을 소개한다. 여기에서는 몇 가지 파일 입출력 함수를 사용하지만 여러분이 먼저 고민할 수 있도록 자세한 설명은 하지 않을 것이다.

그렇다면 전체 프로그램을 입력한 후 제대로 실행되는지 확인해보자.

ex17.c

```
1    #include <stdio.h>
2    #include <assert.h>
3    #include <stdlib.h>
4    #include <errno.h>
5    #include <string.h>
6
7    #define MAX_DATA 512
8    #define MAX_ROWS 100
9
10   struct Address {
11       int id;
12       int set;
13       char name[MAX_DATA];
14       char email[MAX_DATA];
15   };
16
17   struct Database {
18       struct Address rows[MAX_ROWS];
19   };
20
21   struct Connection {
22       FILE *file;
```

```
23      struct Database *db;
24  };
25
26  void die(const char *message)
27  {
28      if (errno) {
29          perror(message);
30      } else {
31          printf("ERROR: %s\n", message);
32      }
33
34      exit(1);
35  }
36
37  void Address_print(struct Address *addr)
38  {
39      printf("%d %s %s\n", addr->id, addr->name, addr->email);
40  }
41
42  void Database_load(struct Connection *conn)
43  {
44      int rc = fread(conn->db, sizeof(struct Database), 1, conn->file);
45      if (rc != 1)
46          die("Failed to load database.");
47  }
48
49  struct Connection *Database_open(const char *filename, char mode)
50  {
51      struct Connection *conn = malloc(sizeof(struct Connection));
52      if (!conn)
53          die("Memory error");
54
55      conn->db = malloc(sizeof(struct Database));
56      if (!conn->db)
57          die("Memory error");
58
59      if (mode == 'c') {
60          conn->file = fopen(filename, "w");
61      } else {
62          conn->file = fopen(filename, "r+");
63
64          if (conn->file) {
65              Database_load(conn);
66          }
67      }
68
69      if (!conn->file)
70          die("Failed to open the file");
71
```

```
72      return conn;
73   }
74
75   void Database_close(struct Connection *conn)
76   {
77       if (conn) {
78           if (conn->file)
79               fclose(conn->file);
80           if (conn->db)
81               free(conn->db);
82           free(conn);
83       }
84   }
85
86   void Database_write(struct Connection *conn)
87   {
88       rewind(conn->file);
89
90       int rc = fwrite(conn->db, sizeof(struct Database), 1, conn->file);
91       if (rc != 1)
92           die("Failed to write database.");
93
94       rc = fflush(conn->file);
95       if (rc == -1)
96           die("Cannot flush database.");
97   }
98
99   void Database_create(struct Connection *conn)
100  {
101      int i = 0;
102
103      for (i = 0; i < MAX_ROWS; i++) {
104          // 초기화 용도로 사용할 프로토타입을 만든다.
105          struct Address addr = {.id = i,.set = 0 };
106          // 이제 지정만 하면 된다.
107          conn->db->rows[i] = addr;
108      }
109  }
110
111  void Database_set(struct Connection *conn, int id, const char *name,
112          const char *email)
113  {
114      struct Address *addr = &conn->db->rows[id];
115      if (addr->set)
116          die("Already set, delete it first");
117
118      addr->set = 1;
119      // 경고 : 버그임. "프로그램 깨뜨리기" 섹션을 읽고 고칠 것
120      char *res = strncpy(addr->name, name, MAX_DATA);
```

```
121        // strncpy 버그를 보여줌
122        if (!res)
123            die("Name copy failed");
124
125        res = strncpy(addr->email, email, MAX_DATA);
126        if (!res)
127            die("Email copy failed");
128 }
129
130 void Database_get(struct Connection *conn, int id)
131 {
132        struct Address *addr = &conn->db->rows[id];
133
134        if (addr->set) {
135            Address_print(addr);
136        } else {
137            die("ID is not set");
138        }
139 }
140
141 void Database_delete(struct Connection *conn, int id)
142 {
143        struct Address addr = {.id = id,.set = 0 };
144        conn->db->rows[id] = addr;
145 }
146
147 void Database_list(struct Connection *conn)
148 {
149        int i = 0;
150        struct Database *db = conn->db;
151
152        for (i = 0; i < MAX_ROWS; i++) {
153            struct Address *cur = &db->rows[i];
154
155            if (cur->set) {
156                Address_print(cur);
157            }
158        }
159 }
160
161 int main(int argc, char *argv[])
162 {
163        if (argc < 3)
164            die("USAGE: ex17 <dbfile> <action> [action params]");
165
166        char *filename = argv[1];
167        char action = argv[2][0];
168        struct Connection *conn = Database_open(filename, action);
169        int id = 0;
```

```
170
171      if (argc > 3) id = atoi(argv[3]);
172      if (id >= MAX_ROWS) die("There's not that many records.");
173
174      switch (action) {
175          case 'c':
176              Database_create(conn);
177              Database_write(conn);
178              break;
179
180          case 'g':
181              if (argc != 4)
182                  die("Need an id to get");
183
184              Database_get(conn, id);
185              break;
186
187          case 's':
188              if (argc != 6)
189                  die("Need id, name, email to set");
190
191              Database_set(conn, id, argv[4], argv[5]);
192              Database_write(conn);
193              break;
194
195          case 'd':
196              if (argc != 4)
197                  die("Need id to delete");
198
199              Database_delete(conn, id);
200              Database_write(conn);
201              break;
202
203          case 'l':
204              Database_list(conn);
205              break;
206          default:
207              die("Invalid action: c=create, g=get, s=set, d=del, l=list");
208      }
209
210      Database_close(conn);
211
212      return 0;
213 }
```

이 프로그램에서는 구조체 세트를 이용하여 주소록을 사용하는 간단한 데이터베이스를 만든다. 아마도 처음 보는 내용이 있을 것이기 때문에 줄 단위로 보면서 각각의 줄이 무슨 일을 하는지 설명하고, 처음 보는 함수에 대해서는 자세한 내용을 찾아보기 바란다. 이번 코드에서 여러분이 주의를 기울여야 할 내용은 다음과 같다.

상수를 정의하기 위한 #define C 언어의 전처리기(preprocessor)의 일부를 사용하여 상수 MAX_DATA와 MAX_ROWS를 생성한다. 전처리기에 대해서는 나중에 설명하겠지만, 이렇게 상수를 만드는 것이 일을 확실하게 처리하는 데 도움이 된다. 상수를 만드는 다른 방법도 있지만 특정 상황에서 제대로 동작하지 않는 경우가 있다.

고정된 크기의 struct Address 구조체는 위 상수 값을 사용하여 고정된 크기의 데이터가 생성되도록 한다. 고정된 크기의 데이터는 데이터 공간을 사용하는 데 있어 조금 비효율적이지만 저장하고 읽기는 훨씬 쉽다. Address 구조체가 고정된 크기를 갖기 때문에 Database 구조체 역시 고정된 크기를 갖는다. 이러한 구조는 나중에 모든 내용을 디스크에 한 번에 저장할 수 있도록 도와준다.

오류와 함께 프로그램을 중단시키는 die 함수 ex17.c와 같은 소규모 프로그램에서는 실행 도중 문제가 생겼을 때 오류를 일으키며 프로그램을 종료시키는 간단한 함수를 만들기도 한다. 필자는 이를 가리켜 die라고 부르며, 이 함수는 함수 호출에 실패하거나 잘못된 입력이 일어날 때 오류를 일으키며 프로그램을 강제로 종료시킨다.

에러 보고에 사용되는 errno와 perror() 일반적인 경우 함수 수행 중 오류가 발생하면 전역변수 errno에 값을 설정하여 무슨 일이 일어났는지를 알려준다. 당연히 errno에 저장된 값은 숫자에 불과하기 때문에 perror 함수를 이용하여 오류 값에 해당하는 메시지를 출력한다.

FILE 함수 새로운 함수 fopen, fread, fclose, rewind를 사용하여 함수 작업을 한다. 각 함수들은 모두 FILE 구조체를 사용하는데, FILE 구조체는 다른 구조체와 동일하지만 C 표준 라이브러리에서 정의되었다는 차이점이 있다.

중첩된 구조체 포인터 중첩된 구조체를 사용하고 배열 요소의 주소를 구하는 코드가 나오는데, 이 두 가지 모두 반드시 학습해야 하는 것들이다. 이 때, &conn->db->rows[i]와 같은 코드는 "conn 안에 있는 db 안에 있는 rows의 i번째 요소를 구한 다음 이것에 해당하는 주소(&)를 얻는다." 와 같이 읽는다.

구조체 프로토타입 복사 Database_delete에서 잘 보여주고 있다. 먼저 임시로 Address를 만들고 id와 set 필드 값을 초기화한 다음 rows 배열의 원하는 요소 값으로 지정해주기만 하면 된다. 이 트릭은 set과 id를 제외한 모든 필드의 값이 0으로 초기화되기 때문에 직접 0으로 쓰는 것보다 훨씬 쉽다. 또한, 이러한 구조체를 복사하기 위해 memcpy를 사용하지 않아도 된다. 현대의 C는 간단히 하나의 구조체에 다른 구조체 값을 지정하는 것만으로도 구조체를 복사해준다.

복잡한 인수 처리 ex17 코드는 약간의 복잡한 인수 파싱도 보여주고 있다. 하지만 여기에서 보여주는 방법이 가장 좋은 것은 아니다. 더 좋은 파싱 방법에 대해서는 나중에 다룰 것이다.

문자열을 int 값으로 변환 명령줄에 입력된 id에 해당하는 문자열을 숫자 값으로 변환하기 위하여 atoi 함수를 사용한다. 이렇게 해서 변환된 숫자는 int id 변수에 담았다. atoi 및 이와 유사한 함수에 대해 조사해보도록 하자.

많은 양의 데이터를 힙에 할당하기 이 프로그램의 핵심은 Database를 만들 때 malloc을 사용하여 운영체제에 많은 양의 메모리를 요청한다는 것이다. 이에 대해서는 나중에 자세히 다룰 것이다.

NULL은 0, 그래서 Boolean 작업이다 상당수의 점검 부분에서 포인터가 NULL이 아닌지를 if(!ptr) die("fail!")을 통해 간단하게 확인할 수 있는데 그 이유는 NULL이 거짓으로 평가되기 때문이다. 이 코드를 조금 더 명확하기 표현하기 위해 if(ptr == NULL) die("fail!")과 같이 작성할 수도 있다. 흔하지는 않지만 극히 일부 시스템에서는 NULL을 0이 아닌 다른 값으로 사용하는 경우도 있다. 하지만 표준 C는 이러한 상황에서도 NULL을 0 값으로 취급해야 한다고 설명하고 있다. 그래서 앞으로 필자가 "NULL은 0이다"라고 말하는 것은 규칙인 듯 규칙 아닌 규칙 같

은 것에 얽매이는 사람들에게 NULL이 아닌 그 값을 강조하고 있는 것
으로 이해하기 바란다.

17.1 실행 결과

연습 코드 작성에 많은 시간을 들인 만큼 디버거를 통해 제대로 메모리를 사
용하고 있는지 확인해야 한다. 아래의 결과에서도 그냥 실행한 결과만을 보
여주고 있으니 나중에 디버거를 이용하여 제대로 동작하는 것이 맞는지 확인
하기 바란다.

연습문제 17 **Session**

```
$ make ex17
cc -Wall -g    ex17.c   -o ex17
$ ./ex17 db.dat c
$ ./ex17 db.dat s 1 zed zed@zedshaw.com
$ ./ex17 db.dat s 2 frank frank@zedshaw.com
$ ./ex17 db.dat s 3 joe joe@zedshaw.com
$
$ ./ex17 db.dat l
1 zed zed@zedshaw.com
2 frank frank@zedshaw.com
3 joe joe@zedshaw.com
$ ./ex17 db.dat d 3
$ ./ex17 db.dat l
1 zed zed@zedshaw.com
2 frank frank@zedshaw.com
$ ./ex17 db.dat g 2
2 frank frank@zedshaw.com
```

17.2 힙 할당 vs 스택 할당

그동안 여러분은 아주 즐거운 나날을 보냈다고 해도 과언이 아니다. 루비나
파이썬을 사용하던 시절에는 그저 오브젝트와 변수만 만들었을 뿐, 이것들이
과연 어디에 있는지에 대해서는 전혀 신경 쓰지 않았을 것이다. 조금 더 자세
히 말하자면 오브젝트나 변수들이 스택에 있는지 힙에 있는지에 대해 고려하
지 않았다는 것이다. 그리고 사실은 알 필요도 없었다. 그저 여러분이 선택한
프로그래밍 언어들은 절대로 스택에 변수를 넣지 않고 모두 힙에 넣고 있었

으며, 이마저도 여러분은 전혀 모르고 있었을 것이다.

하지만 C 언어는 다르다. 왜냐하면 C 언어는 CPU와 기계에 직접 접근할 수 있기 때문이다. 기계는 메모리를 포함하고 있으며, 메모리는 곧 스택과 힙을 의미한다. 그렇다면 스택과 힙의 차이는 무엇인가? 바로 데이터가 저장되는 위치다.

힙(heap)을 설명하는 것이 더 쉬운데, 그 이유는 컴퓨터에서 사용하지 않는 모든 메모리를 의미하기 때문이다. 여러분은 이 공간에 접근하기 위해 malloc 함수를 사용한다. malloc을 호출할 때마다 운영체제는 내부 함수를 실행하여 여러분에게 제공하기 위해 필요한 공간만큼을 할당하고 그 포인터를 돌려준다. 그리고 메모리 사용이 끝나면 free를 사용하여 메모리를 운영체제에 반납해 다른 프로그램이 사용할 수 있도록 한다. 만일 메모리 반납이 이루어지지 않는다면 여러분의 프로그램은 메모리 누수(leak memory)를 일으킬 것이다. 하지만 Valgrind[1]가 이러한 누수를 찾는 데 도움을 줄 것이다.

스택(stack)은 메모리 내 특별한 공간으로, 이 안에는 임시로 사용되는 변수, 즉 함수 내에서 사용되는 지역 변수들이 저장된다. 함수로 전달되는 인수들이 스택에 push된 후 함수 내에서 사용되는 것이 기본 동작 방법이다. 이것은 자료 구조에서 설명하는 스택과 동일하게(마지막에 들어간 것이 제일 먼저 나오는 형태로) 동작한다. 이 규칙은 char action과 int id 등과 같이 main 함수 내에서 선언되는 지역 변수에도 동일하게 적용된다. 스택의 장점은 함수가 끝날 때 그 진가를 발휘한다. 함수가 끝날 때 C 컴파일러가 스택에 저장된 모든 변수를 pop하여 스택을 완전히 비우는 것이다. 이렇게 간단한 작업만으로도 메모리 누수를 예방할 수 있다.

힙과 스택을 구분하는 가장 쉬운 공식은 다음과 같다. 만일 변수든 함수든 malloc을 통해 가져온 것이 아니라면 모두 스택에 있다.

스택과 힙에는 세 가지 주요 문제가 있다.

- malloc을 통해 메모리 블록을 얻으면서 이를 가리키는 포인터가 스택에 저장되었다면, 함수가 종료되는 순간 포인터도 pop되어 사라지면서 할당 받

---

1 (옮긴이) Valgrind에 대해서는 20.1에서 설명한다.

은 메모리 블록도 찾을 수 없게 될 것이다.

- 스택에 과다한 양의 데이터를 넣으면 (대규모 구조체 및 배열 등) 스택 오버플로(stack overflow)를 일으키면서 프로그램이 강제 종료될 것이다. 이러한 경우에는 malloc을 통해 힙을 사용토록 해야 한다.
- 만일 스택에 저장된 무언가를 가리키는 포인터를 사용하다가 함수로부터 이 포인터를 넘기거나 반환시키는 경우 이 포인터를 받는 함수는 세그먼테이션 오류(segmentation fault, segfault)를 일으킬 것이다. 왜냐하면 포인터가 가리키는 실제 데이터는 pop되어 보이지 않을 것이기 때문이다. 즉, 죽은 공간을 가리키고 있는 것이다.

이것이 Database_open이 메모리를 할당받도록 하고(혹은 할당받지 못하고 죽거나) Database_close가 모든 것을 반납시키도록 만든 이유이다. 생성 함수를 작성했다면 반드시 이어서 제거 함수도 작성하여 만들어낸 것들을 안전하게 정리하도록 하자. 이것이 메모리를 쉽게 관리할 수 있는 방법이자 팁이다.

최종적으로 프로그램이 종료할 때 운영체제는 프로그램이 사용했던 모든 자원을 정리한다(즉시 정리하지 않는 경우도 가끔은 있다). 이에 대한 격언도 있는데(이번 연습에서도 사용했다) "그냥 프로그램을 강제로 종료시켜 운영체제로 하여금 오류 난 부분을 정리토록 만들어라"이다.

17.3 프로그램 깨뜨리기

이 프로그램은 깨뜨릴 수 있는 곳이 매우 많다. 그러니 다음에 소개한 방법뿐만 아니라 다양한 방법을 시도해보기 바란다.

- 고전적인 방법으로, 데이터가 안전한지 여부를 점검하는 부분을 없애 임의의 데이터를 그대로 넘기도록 하는 방법이 있다. 예를 들면, 172행의 점검 부분을 없애 아무 레코드 번호나 넘겨주도록 할 수 있다.
- 데이터 파일을 오염시키는 방법도 있다. 아무 편집기로든 데이터 파일을 열고 내용을 무작위로 변경시켜 보자.
- 프로그램을 실행시킬 때 잘못된 인수를 넘겨줄 수도 있다. 예를 들어 파일 이름과 액션을 뒤바꿔 입력하면, 액션으로 입력한 글자를 이름으로 하는

파일을 생성한 다음 파일 이름으로 입력한 첫 번째 글자에 해당하는 액션을 수행하게 될 것이다.

- 이 프로그램에는 버그가 있는데, 그것은 잘못 설계된 strncpy 때문이다. strncpy에 대한 설명을 읽은 후, 이름이나 주소를 512바이트보다 크게 입력하면 어떤 일이 일어나는지 확인해보자. 이 문제는 강제로 맨 마지막에 '\0' 글자를 두도록 하는 방식으로 간단히 해결할 수 있다.

- "더 해보기" 절에서는 이 프로그램을 크기 변경이 가능한 데이터베이스를 만드는 프로그램으로 확장시킬 것이다. 확장한 프로그램을 이용하여 malloc이 메모리 부족으로 죽을 때까지 얼마나 큰 데이터베이스를 만들 수 있는지 확인해보자.

17.4 더 해보기

- die 함수의 인수로 conn 변수를 넘겨주어 프로그램을 종료시키기 전에 파일을 닫고 메모리를 정리할 수 있도록 하자.

- 코드를 수정하여 MAX_DATA와 MAX_ROWS에 대한 값을 받아 Database 구조체에 저장한 다음 이 구조체를 파일에 저장하도록 하자. 이렇게 함으로써 가변 크기의 데이터베이스를 만들 수 있다.

- find 같은 데이터베이스 명령 몇 가지를 더 추가하자.

- C 언어에서 구조체 패킹(struct packing)이 어떻게 동작하는지에 대해 알아본 후, 구조체를 저장한 파일 크기가 왜 그렇게 되는지를 설명해보자. 구조체에 필드를 추가한 후 변경될 크기를 계산해보자.

- Address에 필드를 추가하여 검색이 가능하도록 만들어보자.

- 올바른 순서로 명령어를 입력하여 자동으로 테스트를 하는 셸 스크립트를 작성하자(힌트: set -e를 bash의 맨 앞에 두면 스크립트 내에서 에러가 발생했을 때 전체 스크립트를 강제 종료시킬 수 있다).

- 데이터베이스와의 연결에 전역 변수 한 개를 사용하도록 프로그램을 수정해보자. 수정한 버전과 원래 버전을 비교해보자.

- 자료구조 중 스택에 대해 공부한 다음 자신이 가장 즐겨 쓰는 프로그래밍 언어로 구현해보고 C 언어로 다시 구현해보자.

연습 18

함수를 가리키는 포인터

C 언어에서의 함수는 실제로 해당하는 코드가 프로그램 내 어디에 있는지를 가리키는 포인터일 뿐이다. 지금까지 구조체, 문자열, 배열 등을 사용하기 위해 여러분이 만든 포인터와 마찬가지로 포인터를 이용하여 함수도 가리킬 수 있다. 함수를 가리키는 포인터는 주로 콜백(callback) 함수를 다른 함수에 전달하거나 클래스와 오브젝트를 흉내 낼 때 사용된다. 이번 연습에서는 몇 가지 콜백 함수를 만들어보고, 다음 연습에서 간단한 객체 시스템을 만들 것이다.

함수 포인터의 형식은 다음과 같다.

```
int (*POINTER_NAME)(int a, int b)
```

함수 포인터 사용법을 기억하는 방법은 다음과 같다.

- 일반 함수 선언 구문을 적는다: int callme(int a, int b)
- 함수 이름을 포인터 구문으로 바꾼 후 괄호로 감싼다: int (*callme)(int a, int b)
- 함수 이름을 원하는 이름으로 바꾼다: int (*compare_cb)(int a , int b)

중요한 점은 이렇게 함수 포인터로 선언하고 나면 포인터로 사용한 변수 이름은 compare_cb가 되며 이것을 다른 함수처럼 사용할 수 있다는 것이다. 이것은 마치 배열을 가리키는 포인터를 배열처럼 사용할 수 있는 것과 비슷하다. 즉, 다음과 같이 동일한 함수를 서로 다른 이름의 함수 포인터가 가리키도록 하는 방식으로 함수 포인터를 사용할 수 있다.

```
        int (*tester)(int a, int b) = sorted_order;
        printf("TEST: %d is same as %d\n", tester(2, 3), sorted_order(2, 3));
```

심지어 포인터 값을 반환하는 함수의 경우에도 함수 포인터를 사용하는 것이 가능하다.

- 적는다: char *make_coolness(int awesome_levels)

- 감싼다: char *(*make_coolness)(int awesome_levels)

- 바꾼다: char *(*coolness_cb)(int awesome_levels)

하지만 콜백 함수를 다른 함수에 인수로 전달하려는 경우와 같이, 함수 포인터는 인수 형태로 전달하기가 어렵다는 문제가 있다. 그래서 이를 해결하기 위해 typedef를 사용한다. typedef는 C 언어에서 제공하는 키워드로, 다른 복잡한 타입을 새로운 이름으로 정의하여 사용할 수 있도록 만들어준다. 이제 동일한 함수 포인터 구문 앞에 typedef를 놓기만 하면 된다. 그러면 함수 포인터 이름을 새로운 데이터 타입처럼 사용할 수 있게 된다. 다음 코드를 통해 이 내용을 실습하도록 하였다.

ex18.c

```
1    #include <stdio.h>
2    #include <stdlib.h>
3    #include <errno.h>
4    #include <string.h>
5
6    /**  ex17에서 사용한 die 함수이다. */
7    void die(const char *message)
8    {
9        if (errno) {
10           perror(message);
11       } else {
12           printf("ERROR: %s\n", message);
13       }
14
15       exit(1);
16   }
17
18   // typedef는 가짜 타입을 만드는데,
19   // 이 경우에는 함수 포인터에 대한 타입을 만든다.
20   typedef int (*compare_cb) (int a, int b);
21
```

```
22    /**
23     * 전통적인 버블정렬로,
24     * compare_cb를 정렬 함수로 사용한다.
25     */
26    int *bubble_sort(int *numbers, int count, compare_cb cmp)
27    {
28        int temp = 0;
29        int i = 0;
30        int j = 0;
31        int *target = malloc(count * sizeof(int));
32
33        if (!target)
34            die("Memory error.");
35
36        memcpy(target, numbers, count * sizeof(int));
37
38        for (i = 0; i < count; i++) {
39            for (j = 0; j < count - 1; j++) {
40                if (cmp(target[j], target[j + 1]) > 0) {
41                    temp = target[j + 1];
42                    target[j + 1] = target[j];
43                    target[j] = temp;
44                }
45            }
46        }
47
48        return target;
49    }
50
51    int sorted_order(int a, int b)
52    {
53        return a - b;
54    }
55
56    int reverse_order(int a, int b)
57    {
58        return b - a;
59    }
60
61    int strange_order(int a, int b)
62    {
63        if (a == 0 || b == 0) {
64            return 0;
65        } else {
66            return a % b;
67        }
68    }
69
70    /**
```

```
71      * 정렬시킨 다음 출력을 통해
72      * 정렬이 제대로 되었는지 확인한다.
73      */
74     void test_sorting(int *numbers, int count, compare_cb cmp)
75     {
76         int i = 0;
77         int *sorted = bubble_sort(numbers, count, cmp);
78
79         if (!sorted)
80             die("Failed to sort as requested.");
81
82         for (i = 0; i < count; i++) {
83             printf("%d ", sorted[i]);
84         }
85         printf("\n");
86
87         free(sorted);
88     }
89
90     int main(int argc, char *argv[])
91     {
92         if (argc < 2) die("USAGE: ex18 4 3 1 5 6");
93
94         int count = argc - 1;
95         int i = 0;
96         char **inputs = argv + 1;
97
98         int *numbers = malloc(count * sizeof(int));
99         if (!numbers) die("Memory error.");
100
101        for (i = 0; i < count; i++) {
102            numbers[i] = atoi(inputs[i]);
103        }
104
105        test_sorting(numbers, count, sorted_order);
106        test_sorting(numbers, count, reverse_order);
107        test_sorting(numbers, count, strange_order);
108
109        free(numbers);
110
111        return 0;
112    }
```

이 프로그램에서는 비교 콜백 함수를 이용하여 정수 배열을 정렬시키는 동적
정렬 알고리즘을 구현한다. 다음의 코드 분석을 통해 내용을 확실하게 이해
하도록 하자.

1~4행	이번 프로그램에서 사용하는 함수를 위한 include 구문이다.
7~16행	연습 17에서 에러 검사용으로 사용한 die 함수이다.
20행	여기가 typedef가 사용된 곳으로, 이후 bubble_sort와 test_sorting에서 compare_cb를 마치 int나 char와 같은 데이터 타입처럼 사용했다.
26~49행	버블 정렬 구현 부분으로, 정수 정렬에 아주 비효율적인 알고리즘이다. 조금 더 자세히 분석해보자.
• 26행	typedef를 이용하여 만든 새로운 타입 compare_cb를 마지막 인수 cmp를 위해 사용했다. 이제 cmp는 두 개의 정수를 비교한 결과를 반환하는 함수가 되어 정렬에 사용된다.
• 28~34행	스택에 저장되는 변수를 만드는 방법과 malloc을 이용하여 힙에 새로운 정수 배열을 생성하는 방법을 모두 보여주고 있다. count * sizeof(int)가 무엇을 의미하는지 반드시 이해하고 있어야 한다.
• 38행	버블 정렬의 바깥 루프이다.
• 39행	버블 정렬의 안쪽 루프이다.
• 40행	콜백 함수 cmp를 일반 함수와 같이 호출한다. 이때 주의할 점은 함수를 정의할 때 사용한 이름을 쓰지 않고 포인터 이름을 사용한다는 것이다. 즉, typedef로 정의한 compare_cb와 동일한 서식을 사용하는 함수는 모두 전달할 수 있게 된다.
• 41~43행	버블 정렬에서 실제로 숫자를 치환하는 곳이다.
• 48행	정렬이 끝난 최종 결과는 target 배열에 저장되어 반환된다.
51~68행	세 가지 다른 버전의 compare_cb 함수로, 모두 typedef로 정의한 서식과 일치한다. 만일 typedef로 정의한 서식과 일치하지 않는다면 컴파일러는 타입이 일치하지 않는다고 알려줄 것이다.
74~88행	bubble_sort 함수를 시험하는 함수이다. 여기에서 compare_cb를 bubble_sort로 넘겨주는 방법을 볼 수 있다. 함수 포인터 역시 다른 포인터 변수와 동일한 방법으로 함수에 전달하

는 것을 확인할 수 있을 것이다.

90~103행   main 함수로, 명령 줄로 입력된 숫자를 배열로 만들고 test_sorting 함수를 호출한다.

105~107행   typedef로 정의된 함수 포인터 compare_cb가 사용되는 방법을 볼 수 있다. test_sorting을 호출하는 과정에서 sorted_order, reverse_order, strange_order를 정렬에서 사용할 비교 함수로 넘겨주었다. 이렇게 하면 C 컴파일러는 각각의 함수가 있는 주소를 찾아서 포인터로 넘겨주어 test_sorting 함수가 사용할 수 있도록 한다. test_sorting 함수를 보면 bubble_sort에 비교 함수가 전달되지만 비교 함수가 실제로 무슨 일을 하는지는 알지 못한다. 컴파일러 역시 프로토타입 compare_cb와 일치하고 동작한다는 것만 알 뿐이다.

109행   마지막으로 숫자 배열을 위해 할당받은 메모리를 반납한다.

18.1 실행 결과

이 프로그램을 실행시키는 것은 간단하지만, 다른 숫자 조합을 사용해보거나 글자도 입력하여 어떻게 결과가 나타나는지 확인해보도록 하자.

연습문제 18 Session

```
$ make ex18
cc -Wall -g ex18.c -o ex18
$ ./ex18 4 1 7 3 2 0 8
0 1 2 3 4 7 8
8 7 4 3 2 1 0
3 4 2 7 1 0 8
$
```

18.2 프로그램 깨뜨리기

이번에는 조금 다른 방법으로 이 프로그램을 깨뜨릴 것이다. 여기에서 사용한 함수 포인터는 다른 일반 포인터와 같이 메모리 블록을 가리킨다. C 언어에서는 하나의 포인터를 다른 타입으로 변환하여 같은 데이터를 다른 방식으로 처리하는 것이 가능하다. 평소에는 거의 사용할 일이 없지만, 컴퓨터를 해킹하는 방법을 설명하기 위해 이 기법을 보여줄 것이다. 아래의 코드를 test_sorting 함수 마지막에 추가해보자.

```
unsigned char *data = (unsigned char *)cmp;

for(i = 0; i < 25; i++) {
    printf("%02x:", data[i]);
}

printf("\n");
```

이 루프는 함수를 문자열로 변환시켜 그 내용을 출력한다. 이 구문은 CPU나 운영체제에 문제를 일으키지 않는다면 프로그램을 중단시키지 않는다. 이 내용은 정렬된 배열을 출력한 다음에 이어서 출력되는데, 다음과 같이 16진수로 구성된 문자열로 출력될 것이다.

```
55:48:89:e5:89:7d:fc:89:75:f8:8b:55:fc:8b:45:
```

이 내용은 함수 자체의 원시 어셈블러 바이트 코드이며, 시작은 동일하지만 끝이 다른 것을 알 수 있을 것이다. 이 루프를 통해 함수 전체를 보지 못하거나 혹은 함수를 넘어 전체 프로그램의 다른 부분까지도 포함된 것을 볼 수도 있다. 이 부분에 대해서는 더 분석해야 알 수 있다.

18.3 더 해보기

- 헥사코드 편집기를 이용하여 ex18을 열고 함수 시작에 해당하는 16진수 패턴을 찾아보자. 그리고 이 함수가 원시 프로그램의 어떤 함수와 일치하는지도 찾아보자.
- 헥사코드 편집기를 이용하여 프로그램 내 불특정 부분을 바꾼 후, 프로그램을 재실행하여 어떤 일이 발생하는지 확인하자. 가장 쉽게 바꿀 수 있었던 문자열을 찾아보자.
- compare_cb에 잘못된 함수를 넘기도록 하여 C 컴파일러가 어떤 불평을 하는지 살펴보자.

- NULL을 전달한 다음 프로그램이 어떻게 동작하는지 살펴보자. 그런 다음 디버거를 통해 무슨 일이 벌어지는지를 확인해보자.
- 다른 정렬 알고리즘을 작성한 후 test_sorting 함수를 수정하여 정렬 함수와 비교 함수를 모두 콜백 함수로 사용할 수 있도록 하자. 이제 이렇게 만들어진 프로그램을 이용하여 정렬 알고리즘을 서로 비교해보자.

연습 19

___

제드의 끝내주는 디버그 매크로

지금까지 여러 연습문제를 진행하면서 반복적으로 발생하는 문제가 있는데, 이번 연습에서 저자가 개발한 매크로 세트를 이용하여 해결하고자 한다. 나중에 이 매크로가 얼마나 대단한지 알게 되면 필자에게 감사하게 될 것이다. 지금 당장은 아마 이것들이 얼마나 끝내주는지를 모를 테니 우선 사용하기 바란다. 그러다보면 언젠가는 필자에게 와서 이렇게 말하게 될 것이다.

"제드(Zed), 당신이 제공한 이 디버그 매크로는 완전 대박이에요. 당신은 제 첫 아이와 맞먹는 생명의 은인이에요. 10여 년간의 고통에서 벗어나게 해주었을 뿐만 아니라 여러 번 자살할 뻔한 걸 막아준 셈이거든요. 선생님, 감사합니다. 여기 백만 달러와 레오 펜더가 직접 사인한 오리지널 스네이크 헤드 텔레케스터 프로토타입[1]을 드릴게요."

그렇다. 이정도로 끝내준다.

19.1 C 오류 처리 문제

거의 모든 프로그래밍 언어에서 오류 처리는 힘든 부분이다. 어떤 프로그래밍 언어는 언어 차원에서 최대한 오류를 회피하기 위해 노력하기도 하고 또 다른 프로그래밍 언어는 예외 처리와 같은 복잡한 제어 구조를 사용하여 오류 조건을 전달토록 한다. 하지만 대부분의 문제는 프로그래머가 오류는 절대 발생하지 않을 거라고 생각하는 것에서부터 출발하며, 이러한 낙관론이 그들이 만들고 사용하는 프로그래밍 언어에 묻어난다.

---

1 (옮긴이) 스네이크 헤드 텔레케스터 프로토타입(Snakehead Telecaster Prototype)은 세계적으로 유명한 일렉트릭 기타 제조사인 펜더(Fender 社)에서 1949년에 제작된 텔레케스터의 시제품(프로토타입)으로 단 50대만 제작하였으며, 현재 시판되는 텔레케스터가 이 시제품을 기반으로 제작되었다. 지금까지 거래된 가장 고가의 시제품은 무려 375,000달러(약 4억 2,500만원)에 달한다.

C 언어는 오류 코드를 반환하고 오류를 점검할 수 있도록 전역변수 errno 값을 설정하는 것으로 문제점을 해결한다. 이를 통해 복잡한 코드에서도 무엇을 잘못했는지 간단하게 점검할 수 있다. 작성하는 C 코드량이 늘어날수록 아래와 같은 패턴으로 작성하게 될 것이다.

- 함수를 호출한다.
- 반환 값이 오류인지 확인한다(반드시 매번 그 값을 확인해야 한다).
- 그런 다음 생성했던 모든 자원을 지운다.
- 마지막으로 도움이 되리라 기대하며 오류 메시지를 출력한다.

이 말은 모든 함수 호출마다 제대로 동작하는지 확인하기 위해 코드를 서너 줄 작성해야 한다는 것을 의미한다. 게다가 여러분이 그 시점에 생성한 모든 더미 데이터를 정리하는 문제는 포함되지도 않았다. 10개의 서로 다른 구조체, 세 개의 파일, 한 개의 데이터베이스 연결을 갖고 있다면 오류가 발생했을 때 여러분은 14줄의 코드를 더 작성해야 한다는 것이다.

과거에는 이것이 문제가 되지 않았다. 왜냐하면 그 당시에는 C 프로그램에 문제가 생겼을 때 우리가 하는 일이 뻔했기 때문이다. 프로그램을 죽이는 것이다. 운영체제가 깔끔하게 정리해주기 때문에 불만이 있을 수가 없었다. 하지만 오늘날 많은 C 프로그램은 수주, 수개월 혹은 수년 동안 실행되어야 하며, 이 과정에서 발생하는 다양한 오류를 정상적으로 처리해야 한다. 여러분은 별로 손대지 않고도 웹 서버를 죽일 수 있으며, 여러분이 작성한 라이브러리가 프로그램에 핵공격으로 돌아올 수도 있다. 이것은 정말 낯뜨거운 일이다.

다른 프로그래밍 언어는 예외 처리를 이용하여 이 문제를 해결하지만, C 언어에는 몇 가지 문제가 있다(다른 프로그래밍 언어도 마찬가지다). C 언어에서는 반환 값을 단 한 개만 가질 수 있는데 반해, 예외는 임의 값으로 구성된 스택 기반 반환 시스템 전체에서 일어난다. C 언어에서 스택의 예외를 통제하는 것은 어려운 일이며, 어떠한 라이브러리도 이를 이해하지 못할 것이다.

19.2 디버그 매크로

필자가 수년간 사용한 해결책은 바로 C를 위한 작은 디버그 매크로 세트를 만들고, 이것이 기본적인 디버깅과 오류 처리 시스템 역할을 하도록 한 것이다. 이 시스템은 이해하기 쉬우며, 모든 라이브러리와 동작할 뿐만 아니라 C 코드를 더욱 간결하고 견고하게 만든다.

이를 위해 이 시스템은 언제든지 오류가 발생하면 함수가 error: 부분으로 점프하여 모든 것을 정리하고 오류 코드를 반환시키도록 하는 규칙을 적용하였다. 매크로를 사용하기 위해 check를 호출하여 반환 코드를 점검하고 오류 메시지를 출력한 다음, 정리하는 섹션으로 점프시킬 수 있다. 또한 유용한 디버그 메시지를 출력하기 위하여 로그 함수를 엮을 수도 있다.

그러면 여러분이 지금까지 보지 못했던 가장 환상적인 세트로 구성된 전체 콘텐츠를 살펴보자.

dbg.h

```
1   #ifndef __dbg_h__
2   #define __dbg_h__
3
4   #include <stdio.h>
5   #include <errno.h>
6   #include <string.h>
7
8   #ifdef NDEBUG
9   #define debug(M, ...)
10  #else
11  #define debug(M, ...) fprintf(stderr, "DEBUG %s:%d: " M "\n",\
            __FILE__, __LINE__, ##__VA_ARGS__)
12  #endif
13
14  #define clean_errno() (errno == 0 ? "None" : strerror(errno))
15
16  #define log_err(M, ...) fprintf(stderr,\
            "[ERROR] (%s:%d: errno: %s) " M "\n", __FILE__, __LINE__,\
            clean_errno(), ##__VA_ARGS__)
17
18  #define log_warn(M, ...) fprintf(stderr,\
            "[WARN] (%s:%d: errno: %s) " M "\n",\
            __FILE__, __LINE__, clean_errno(), ##__VA_ARGS__)
19
20  #define log_info(M, ...) fprintf(stderr, "[INFO] (%s:%d) " M "\n",\
```

```
            __FILE__, __LINE__, ##__VA_ARGS__)
21
22  #define check(A, M, ...) if(!(A)) {\
            log_err(M, ##__VA_ARGS__); errno=0; goto error; }
23
24  #define sentinel(M, ...) { log_err(M, ##__VA_ARGS__);\
            errno=0; goto error; }
25
26  #define check_mem(A) check((A), "Out of memory.")
27
28  #define check_debug(A, M, ...) if(!(A)) { debug(M, ##__VA_ARGS__);\
        errno=0; goto error; }
29
30  #endif
```

이게 전부다. 이제 한줄 한줄 살펴보자.

1~2행   이 파일이 코드에 여러 차례 붙지 않도록 하는 일반적인 코드로, 지난 연습에서도 선보였다.

4~6행   매크로에서 필요한 함수를 위한 include이다.

8행   #ifdef를 사용하여 프로그램을 재컴파일하도록 만들어 디버그 로그 메시지가 모두 제거되도록 한다.

9행   NDEBUG가 정의된 상태에서 컴파일을 하면 아무런 디버그 메시지도 남지 않게 될 것이다. #define debug()를 보면 알 수 있듯이 이 문장은 (오른쪽 부분이 비어있기 때문에) 아무것도 없는 것으로 치환된다.

10행   #ifdef에 대응하는 #else

11행   또 다른 #define debug로, debug("format", arg1, arg1)를 stderr에 출력시키는 fprintf 호출로 치환한다. 많은 C 프로그래머들이 모르고 있는 사실인데, 매크로를 이용하여 printf와 같이 가변 인수를 받도록 하는 것이 가능하다. 일부 C 컴파일러(사실은 전처리기이다)의 경우 가변 인수를 지원하지 않지만 그 외에 중요한 기능들은 지원한다. 여기에서 마법이 일어나는 곳은 ##__VA_ARGS__로, 이것은 "(...)에 들어오는 추가 인수를 모두 넣으시오."라는 뜻이다. 또한 __FILE__과 __LINE__은 각각 현재의 파일 이름과 줄 번호를 출력하여 디버그 메시지에 대한 추가 정보를 제공해주는데 이것도 아주 큰 도움이 된다.

12행   #ifdef의 끝

14행   clean_errno 매크로로는 안전하게 errno를 읽을 수 있도록 해준다. 중간에 나오는 이상한 구문은 3항 연산자로, 나중에 설명할 것이다.

16~20행   log_err, log_warn, log_info 매크로로, 사용자에게 알려줄 로그 메시지를 기록하는 매크로이다. 모두 debug처럼 동작하지만 컴파일될 수 없다.

22행   가장 훌륭한 매크로인 check이다. 이것은 조건 A가 참인지를 확인하며, 만일 참이 아니라면 오류 메시지 M을 (log_err에 사용되는 다른 가변 인수와 함께) 로그로 남긴 후 함수 내 error: 로 점프하여 정리 작업을 수행한다.

24행   두 번째로 훌륭한 매크로인 sentinel은 함수 내 어디에나 놓을 수 있지만 절대 실행되어서는 안 되는 매크로로, 만일 실행하는 일이 발생하면 오류 메시지를 출력한 다음 error:로 점프한다. 이 매크로는 if 명령문이나 switch 명령문에서 사용되어 default: 등과 같이 절대 일어나면 안 될 만한 곳에 놓는다.

26행   짧은 매크로인 check_mem은 포인터를 점검하여 유효하지 않은 경우 "Out of memory." 오류 메시지를 출력한다.

28행   또 다른 check 매크로 check_debug는 오류를 점검하고 처리하지만 오류가 흔한 경우에는 보고하지 않는다. 즉, 이 매크로는 오류 출력을 위해 log_err 대신 debug를 사용하기 때문에 NDEBUG를 정의해놓으면 점검도 하고 오류 발생시 error:로 점프도 하지만 메시지는 출력하지 않는다.

19.3 dbg.h 사용하기

이제 dbg.h의 모든 내용을 사용하는 예제를 살펴볼 것이다. 이 프로그램은 다른 것은 하지 않고 오직 매크로가 어떻게 동작하는지를 보여준다. 앞으로 이후에 나오는 모든 프로그램에는 이 매크로들을 활용할 예정이니 사용법을 확실히 익혀두자.

ex19.c

```c
1    #include "dbg.h"
2    #include <stdlib.h>
3    #include <stdio.h>
4
5    void test_debug()
6    {
7        // \n이 없어도 된다.
8        debug("I have Brown Hair.");
9
10       // printf처럼 인수를 전달한다.
11       debug("I am %d years old.", 37);
12   }
13
14   void test_log_err()
15   {
16       log_err("I believe everything is broken.");
17       log_err("There are %d problems in %s.", 0, "space");
18   }
19
20   void test_log_warn()
21   {
22       log_warn("You can safely ignore this.");
23       log_warn("Maybe consider looking at: %s.", "/etc/passwd");
24   }
25
26   void test_log_info()
27   {
28       log_info("Well I did something mundane.");
29       log_info("It happened %f times today.", 1.3f);
30   }
31
32   int test_check(char *file_name)
33   {
34       FILE *input = NULL;
35       char *block = NULL;
36
37       block = malloc(100);
38       check_mem(block); // 반드시 동작해야 한다.
39
40       input = fopen(file_name, "r");
41       check(input, "Failed to open %s.", file_name);
```

```
42
43      free(block);
44      fclose(input);
45      return 0;
46
47  error:
48      if (block) free(block);
49      if (input) fclose(input);
50      return -1;
51  }
52
53  int test_sentinel(int code)
54  {
55      char *temp = malloc(100);
56      check_mem(temp);
57
58      switch (code) {
59          case 1:
60              log_info("It worked.");
61              break;
62          default:
63              sentinel("I shouldn't run.");
64      }
65
66      free(temp);
67      return 0;
68
69  error:
70      if (temp)
71          free(temp);
72      return -1;
73  }
74
75  int test_check_mem()
76  {
77      char *test = NULL;
78      check_mem(test);
79
80      free(test);
81      return 1;
82
83  error:
84      return -1;
85  }
86
87  int test_check_debug()
88  {
89      int i = 0;
90      check_debug(i != 0, "Oops, I was 0.");
```

```
91
92        return 0;
93    error:
94        return -1;
95    }
96
97    int main(int argc, char *argv[])
98    {
99        check(argc == 2, "Need an argument.");
100
101       test_debug();
102       test_log_err();
103       test_log_warn();
104       test_log_info();
105
106       check(test_check("ex19.c") == 0, "failed with ex19.c");
107       check(test_check(argv[1]) == -1, "failed with argv");
108       check(test_sentinel(1) == 0, "test_sentinel failed.");
109       check(test_sentinel(100) == -1, "test_sentinel failed.");
110       check(test_check_mem() == -1, "test_check_mem failed.");
111       check(test_check_debug() == -1, "test_check_debug failed.");
112
113       return 0;
114
115   error:
116       return 1;
117   }
```

check가 어떻게 사용되었는지와 false 조건일 때 정리를 위해 error:로 점프하는 부분을 주의 깊게 살펴보기 바란다. check가 사용된 행은 "A가 참인지 점검하고 거짓인 경우 M이라고 출력한 다음 점프한다."와 같이 읽으면 된다.

19.4 실행 결과

오류 메시지를 보기 위해 잘못된 인수를 입력했다.

연습문제 19 Session

```
$ make ex19
cc -Wall -g -DNDEBUG    ex19.c   -o ex19
$ ./ex19 test
[ERROR] (ex19.c:16: errno: None) I believe everything is broken.
[ERROR] (ex19.c:17: errno: None) There are 0 problems in space.
[WARN] (ex19.c:22: errno: None) You can safely ignore this.
[WARN] (ex19.c:23: errno: None) Maybe consider looking at: /etc/passwd.
```

```
[INFO] (ex19.c:28) Well I did something mundane.
[INFO] (ex19.c:29) It happened 1.300000 times today.
[ERROR] (ex19.c:38: errno: No such file or directory) Failed to open test.
[INFO] (ex19.c:57) It worked.
[ERROR] (ex19.c:60: errno: None) I shouldn't run.
[ERROR] (ex19.c:74: errno: None) Out of memory.
```

점검 결과가 실패로 나온 행이 어디인지 확인했는가? 이것은 향후 여러분의 디버깅 시간을 엄청나게 줄여줄 것이다. 또한 errno 값에 따라 오류 메시지가 다르게 출력되는 것도 확인했는가? 한 번 더 강조하건대 이러한 것들은 분명히 여러분의 디버깅 시간을 줄여줄 것이다.

19.5 C 전처리기가 매크로를 확장시키는 방법

이제 C 전처리기에 대한 설명을 통해 앞에서 보여준 매크로들이 실제로 어떻게 동작하는지를 설명할 것이다. 이를 위해 dbg.h의 가장 복잡한 매크로를 분석하고, 전처리기를 실행하여 실제로 동작하는 것이 무엇인지를 보여줄 것이다.

성공하면 0을 반환하고 실패하면 –1을 반환하는 dosomething()이라는 함수가 있다고 하자. dosomething()을 호출할 때마다 이 함수가 반환하는 오류 코드를 확인하고 그 값에 따라 아래와 같이 오류 메시지를 출력해야 한다고 가정하자.

```
int rc = dosomething();

if(rc != 0) {
 fprintf(stderr, "There was an error: %s\n", strerror());
 goto error;
}
```

여기에서 if 명령문을 읽고 기억하기 쉬운 코드로 감싸기 위해 전처리기를 활용하려고 한다. 그러면 dbg.h에 있는 check 매크로를 사용하는 구문으로 바꾸어보자.

```
int rc = dosomething();
check(rc == 0, "There was an error.");
```

변환된 코드는 훨씬 명확하고 정확하게 무엇을 하는지 설명한다. 즉, 함수가 제대로 동작하는지 확인하고 그렇지 않다면 오류를 보고토록 한다. 이렇게 하려면 C 전처리기를 코드 생성 도구로서 유용하게 활용하도록 만드는 특별한 C 전처리기 마법이 필요하다. 아래의 check와 log_err 매크로를 다시 한번 살펴보자.

```
#define log_err(M, ...) fprintf(stderr,\
 "[ERROR] (%s:%d: errno: %s) " M "\n", __FILE__, __LINE__,\
 clean_errno(), ##__VA_ARGS__)
#define check(A, M, ...) if(!(A)) {\
 log_err(M, ##__VA_ARGS__); errno=0; goto error; }
```

첫 번째 매크로 log_err는 더 간단하다. log_err는 단순히 stderr로 출력시키는 fprintf 호출로 바꾼다. 이 매크로의 트릭이라면 정의 부분 log_err(M, ...)에 사용된 ... 정도다. 앞에서도 설명했듯이 ...은 매크로에 가변 인수를 전달해서 fprintf에서 필요한 인수가 모두 전달되도록 하는 역할을 한다. 그렇다면 이 인수들은 어떻게 fprintf 호출에 전달되는 것일까? 매크로 마지막 부분을 보면 ##__VA_ARGS__가 있는데, 이것은 C 전처리기에게 ...로 들어오는 인수를 취하라고 알려주어 fprintf 호출에 사용되는 인수로 넘어가도록 한다. 그래서 log_err 매크로를 다음과 같이 사용할 수 있다.

```
log_err("Age: %d, name: %s", age, name);
```

인수 age, name은 모두 매크로 정의에서 ...에 해당하는 것들이며, 다음과 같이 fprintf 인수로 사용된다.

```
fprintf(stderr, "[ERROR] (%s:%d: errno: %s) Age %d: name %d\n",
 __FILE__, __LINE__, clean_errno(), age, name);
```

마지막에 age, name이 들어간 것이 보이는가? 이것이 ...과 ##__VA_ARGS__가 상호 동작하는 방법이다. 매크로에서 다른 가변 인수 매크로를 호출할 때도 잘 동작한다. 다음으로 check 매크로를 살펴보면 log_err를 호출하는 것을 볼 수 있으며, 이 매크로 역시 ...과 ##__VA_ARGS__를 호출에 사용하고 있다. 이것이 printf 스타일의 서식 문자 전체를 check로 보내고 다시 그것을 log_err

로 보낸 다음 printf처럼 동작하게 만드는 방법이다.

다음으로 익힐 것은 check가 if 명령문을 이용하여 오류 점검을 하는 방법이다. 우선 log_err 부분을 제외하면 다음이 보일 것이다.

```
if(!(A)) { errno=0; goto error; }
```

만일 A가 거짓이라면 errno를 지우고 error 라벨로 점프하라는 뜻이다. check 매크로는 if 명령문으로 치환되므로 check(rc == 0, "There was an error.") 매크로를 직접 변환시켜보면 다음과 같이 된다는 것을 알 수 있다.

```
if(!(rc == 0)) {
  log_err("There was an error.");
  errno=0;
  goto error;
}
```

지금까지 살펴본 두 매크로를 통해 알 수 있는 점은 C 전처리기가 매크로를 정의된 내용으로 치환시킨다는 것과 매크로 안에 있는 매크로까지 모두 치환될 때까지 반복해서 진행한다는 것이다. 방금 언급한 것처럼 C 전처리기는 재귀적인 템플릿 시스템이다. C 전처리기의 힘은 인수를 사용하는 코드의 전체 블록을 생성하는 능력에 있으며, 궁극적으로 편리한 코드 생성 도구가 되는 데 기여한다.

그렇다면 한 가지 의문점이 생긴다. 전처리기 대신 그냥 die 같은 함수를 사용해도 되지 않을까? 그렇게 할 수도 있지만 매크로를 사용하는 이유는 file:line 숫자를 얻을 수 있을 뿐만 아니라 오류를 처리하고 프로그램을 종료시키는 용도로 사용하는 goto 명령을 사용할 수 있기 때문이다. 만일 이러한 작업을 함수로 처리하려고 한다면 오류가 발생한 코드의 줄번호를 얻기도 힘들 뿐만 아니라 goto 명령을 사용하는 것도 굉장히 복잡해질 것이다.

또 다른 이유는 매크로를 사용하지 않으면 결국 if 명령문을 작성해야 하는데, 그렇게 되면 다른 if 명령문과 동일한 모양으로 나타나기 때문에 이 if 명령문이 오류 점검용으로 사용되는 것인지 명확하지 않다. 그래서 매크로 check로 if 명령문을 감싸서 이 부분은 단지 오류 점검일 뿐 프로그램의 주 흐름과는 큰 관계가 없음을 명확하게 알려줄 수 있다.

마지막으로, C 전처리기는 조건부로 코드의 일부를 컴파일할 수 있기 때문에 이를 이용하여 개발자 버전이나 디버그 버전 코드만을 빌드할 수 있다. 이미 이 내용은 dbg.h 파일에 특정 단어가 정의되었을 때만 debug 매크로의 내용이 생기는 것을 통해 확인했다. 이러한 기능이 없었다면 디버그 모드 여부를 확인하는 if 명령문을 남발할 수밖에 없으며, 이것은 결국 아무 의미 없는 점검으로 CPU 자원을 낭비하게 된다.

19.6 더 해보기

- 파일 맨 앞에 #define NDEBUG를 넣고 모든 디버그 메시지가 사라지는 것을 확인해보자.
- 방금 추가한 줄을 지운 다음, Makefile의 맨 앞 CFLAGS에 –DNDEBUG를 추가하여 동일한 결과가 나타나는지 확인해보자.
- 로그 매크로를 수정하여 파일 이름도 file:line과 같이 나타나도록 하자.

연습 20

고급 디버깅 기술

앞에서 필자의 디버그 매크로를 익히고 실제로 사용도 해보았다. 필자도 보통 디버깅을 할 때 거의 대부분 debug() 매크로만 사용하다시피 하여 무슨 일이 일어나는지 분석하고 문제를 추적한다. 이번 연습에서는 디버거를 이용하여 충돌이 일어나는 간단한 프로그램을 검사하는 기본적인 방법을 설명할 것이다. 그리고 GDB에서 사용할 수 있는 몇 가지 팁과 트릭에 대해서도 설명할 것이다.

20.1 디버깅 예

여기에서는 연습 18의 ex18.c 코드를 수정하여 오류를 유발시키는 코드를 만들고, 이를 디버깅할 것이다. 먼저, ex18.c 코드에 destroy와 dump 함수를 추가하고 main 함수를 수정하여 ex20.c를 만든다. dump 함수는 18.2에서 선보인 코드를 함수로 만든 것이고, destroy는 dump 함수를 수정하여 강제로 오류를 일으키도록 만든 함수로, 18.3의 일부를 구현한 것이다.

ex20.c

```
1    #include <stdio.h>
2    #include <stdlib.h>
3    #include <errno.h>
4    #include <string.h>
5
6    /**  ex17에서 사용한 die 함수이다. */
7    void die(const char *message)
8    {
9        if (errno) {
10           perror(message);
11       } else {
12           printf("ERROR: %s\n", message);
13       }
```

```
14
15          exit(1);
16      }
17
18      // typedef는 가짜 타입을 만드는데,
19      // 이 경우에는 함수 포인터에 대한 타입을 만든다.
20      typedef int (*compare_cb) (int a, int b);
21
22      /**
23       * 전통적인 버블정렬로,
24       * compare_cb를 정렬 함수로 사용한다.
25       */
26      int *bubble_sort(int *numbers, int count, compare_cb cmp)
27      {
28          int temp = 0;
29          int i = 0;
30          int j = 0;
31          int *target = malloc(count * sizeof(int));
32
33          if (!target)
34              die("Memory error.");
35
36          memcpy(target, numbers, count * sizeof(int));
37
38          for (i = 0; i < count; i++) {
39              for (j = 0; j < count - 1; j++) {
40                  if (cmp(target[j], target[j + 1]) > 0) {
41                      temp = target[j + 1];
42                      target[j + 1] = target[j];
43                      target[j] = temp;
44                  }
45              }
46          }
47
48          return target;
49      }
50
51      int sorted_order(int a, int b)
52      {
53          return a - b;
54      }
55
56      int reverse_order(int a, int b)
57      {
58          return b - a;
59      }
60
61      int strange_order(int a, int b)
62      {
```

```
63        if (a == 0 || b == 0) {
64            return 0;
65        } else {
66            return a % b;
67        }
68    }
69
70    /**
71     * 정렬시킨 다음 출력을 통해
72     * 정렬이 제대로 되었는지 확인한다.
73     */
74    void test_sorting(int *numbers, int count, compare_cb cmp)
75    {
76        int i = 0;
77        int *sorted = bubble_sort(numbers, count, cmp);
78
79        if (!sorted)
80            die("Failed to sort as requested.");
81
82        for (i = 0; i < count; i++) {
83            printf("%d ", sorted[i]);
84        }
85        printf("\n");
86
87        free(sorted);
88    }
89
90    void destroy(compare_cb cmp)
91    {
92        int i = 0;
93
94        unsigned char *data = (unsigned char *)cmp;
95
96        for(i = 0; i < 1; i++) {
97            data[i] = i;
98        }
99
100       printf("\n");
101   }
102
103   void dump(compare_cb cmp)
104   {
105       int i = 0;
106
107       unsigned char *data = (unsigned char *)cmp;
108
109       for(i = 0; i < 25; i++) {
110           printf("%02x:", data[i]);
111       }
```

```
112
113      printf("\n");
114  }
115
116
117
118  int main(int argc, char *argv[])
119  {
120      if (argc < 2) die("USAGE: ex20 4 3 1 5 6");
121
122      int count = argc - 1;
123      int i = 0;
124      char **inputs = argv + 1;
125
126      int *numbers = malloc(count * sizeof(int));
127      if (!numbers) die("Memory error.");
128
129      for (i = 0; i < count; i++) {
130          numbers[i] = atoi(inputs[i]);
131      }
132
133      test_sorting(numbers, count, sorted_order);
134      test_sorting(numbers, count, reverse_order);
135      test_sorting(numbers, count, strange_order);
136
137      free(numbers);
138
139      printf("SORTED:");
140      dump(sorted_order);
141
142      destory(sorted_order);
143
144      printf("SORTED:");
145      dump(sorted_order);
146
147
148      return 0;
149  }
```

디버깅을 하다보면 반복적으로 컴파일 및 실행을 하기 때문에 이를 위한 셸 프로그램을 작성하여 디버깅 시간을 줄인다.

test.sh

```
rm ex20
make ex20
./ex20 1 82 39 44 1 2 3 4 9 8 01 10 11
```

test.sh의 실행 결과는 다음과 같다.

연습문제 20 test.sh Session

```
$ sh test.sh
cc -Wall -g    ex20.c   -o ex20
1 1 1 2 3 4 8 9 10 11 39 44 82
82 44 39 11 10 9 8 4 3 2 1 1 1
82 8 44 9 11 39 10 3 4 2 1 1 1
SORTED:55:48:89:e5:89:7d:fc:89:75:f8:8b:75:fc:2b:75:f8:89:f0:5d:c3:66:66:66:2e:0f:
test.sh: line 3:  7838 Bus error: 10       ./ex20 1 82 39 44 1 2 3 4 9 8 01 10 11
```

실행 결과를 보면 ex20.c 코드에 오류가 있음을 알 수 있다. 원인을 파악하기
위해 디버깅을 시작해보자. 연습 20에서는 디버거로 LLDB를 사용할 것이다.
LLDB를 사용하여 ex20을 디버깅한 결과는 다음과 같다.

연습문제 20 LLDB Session

```
$ lldb ex20
(lldb) target create "ex20"
Current executable set to 'ex20' (x86_64).
(lldb) run 1 82 39 44 1 2 3 4 9 8 01 10 11
1 1 1 2 3 4 8 9 10 11 39 44 82
82 44 39 11 10 9 8 4 3 2 1 1 1
82 8 44 9 11 39 10 3 4 2 1 1 1
SORTED:55:48:89:e5:89:7d:fc:89:75:f8:8b:75:fc:2b:75:f8:89:f0:5d:c3:66:66:66:2e:0f:
Process 7840 stopped
* thread #1: tid = 0x331282, 0x0000000100000cac ex20`destroy(cmp=0x000000010000
0b40) + 60 at ex20.c:97, queue = 'com.apple.main-thread', stop reason = EXC_BAD_
ACCESS (code=2, address=0x100000b40)
 frame #0: 0x0000000100000cac ex20`destroy(cmp=0x0000000100000b40) + 60 at ex20.
c:97
   94       unsigned char *data = (unsigned char *)cmp;
   95
   96       for(i = 0; i < 1: i++) {
-> 97           data[i] = i;
   98       }
   99
   100      printf("\n");
(lldb) thread backtrace
* thread #1: tid = 0x331282, 0x0000000100000cac ex20`destroy(cmp=0x000000010000
0b40) + 60 at ex20.c:97, queue = 'com.apple.main-thread', stop reason = EXC_BAD_
ACCESS (code=2, address=0x100000b40)
* frame #0: 0x0000000100000cac ex20`destroy(cmp=0x0000000100000b40) + 60 at ex20.
c:97
 frame #1: 0x0000000100000e8b ex20`main(argc=14, argv=0x00007fff5fbffb30) + 299 at
```

```
ex20.c:142
 frame #2: 0x00007fff979205c9 libdyld.dylib`start + 1
(lldb)
```

LLDB의 백트레이스를 통해 main 함수에서 호출된 destroy 함수의 97행에 있는

```
data[i] = i;
```

에서 충돌이 일어났음을 알 수 있다. 즉, 함수 포인터를 일반 변수 포인터로 타입을 변환시킨 다음 여기에 엉뚱한 값을 지정하여 충돌이 일어난 것이다. 디버깅 설명의 편의를 위해 ex20.c에 일부러 충돌을 일으키는 코드를 넣었지만, 일반적으로 프로그램을 개발하면서 이러한 상황에 직면하는 일이 많으므로 위와 같은 디버깅 기법을 통해 문제의 원인을 찾는 방법을 익혀두기 바란다.

LLDB 같은 디버거를 사용하지 않고 직접 디버그 메시지를 출력하는 방법으로 디버깅을 할 수도 있다. 연습 19에서 설명한 디버그 매크로를 사용하면 편리하게 디버깅을 할 수 있다. 디버그 매크로를 사용하기 위해 다음과 같이 ex20.c의 맨 위에 매크로를 추가한다.

ex20.c - 매크로 추가

```
1    #include "dbg.h"
2    #include <stdio.h>
3    #include <stdlib.h>
4    #include <errno.h>
5    #include <string.h>
```

이렇게 하면 어디에서든 debug(), check() 매크로를 사용할 수 있기 때문에 디버거 없이도 디버깅이 가능하다. 뿐만 아니라 test.sh를 통해 반복적인 타이핑을 줄여 시간도 절약할 수 있다.

필자의 경험을 바탕으로 다음과 같이 디버깅 노하우를 정리하였다. 여러분의 프로그램을 디버깅하는 데 많은 도움이 될 것이다.

• 코드를 쳐다보기만 해서는 절대 디버그를 할 수 없다.

- 테스트 자동화를 통해 버그를 되풀이한다.
- 디버거, valgrind, lint 하에서 프로그램을 실행시킨다.
- 백트레이스를 찾고 그 과정에 연루된 모든 변수 값을 출력시킨다.
- 버그를 수정했다면 check()를 추가하여 버그를 예방한다.

20.2 디버그 프린팅 vs GDB

필자는 주로 '과학적 방법'을 이용하여 디버깅을 한다. 즉, 가능한 원인을 생각해낸 다음 이를 배제하거나 혹은 이것이 결함을 일으키는 원인임을 증명한다. 많은 프로그래머들이 이 접근법을 사용하면서 겪는 문제는 디버깅 속도가 너무 느리다고 느끼는 것이다. 그래서 공황상태에 빠지고 버그 해결을 위해 동분서주하다 결국에는 유용한 정보를 전혀 수집하지 못했다는 사실마저 깨닫지 못한다. 필자는 로깅(디버그 프린팅)이 과학적으로 버그를 해결할 수 있다는 것을 확인하였으며, 대부분의 경우 필요한 정보를 수집하기 용이한 방법이라는 것도 알게 되었다.

필자가 주 디버깅 도구로 디버그 프린팅을 사용하는 이유를 추가적으로 몇 가지 들자면 다음과 같다.

- 변수를 디버그 프린팅하면 프로그램이 실행되는 모든 과정을 추적할 수 있으며, 이를 통해 상황이 어떻게 잘못되었는지 추적할 수 있다. 하지만 GDB를 사용하는 경우에는 필요한 모든 곳에 watch와 debug 명령문을 배치해야 할 뿐만 아니라 한번에 실행 과정 전체를 추적하기도 쉽지 않다.
- 디버그 프린트는 코드 내에 존재할 수 있기 때문에 필요할 때는 언제든 재컴파일하여 사용할 수 있지만, GDB는 결점을 찾을 때마다 매번 동일한 정보를 설정해야 한다.
- 서버 프로그램의 경우, 제대로 동작하지 않을 때 간단히 디버그 로그만 켜서 로그 내용을 통해 무엇이 문제인지를 진단할 수 있다. 그리고 시스템 관리자들은 대부분 로그를 다룰 줄은 알지만 GDB 사용법은 잘 모른다.
- 단순히 출력하는 것이 훨씬 쉽다. 디버거는 독특한 인터페이스와 불일치성으로 인해 무언가 좀 둔하고 이상한 느낌이 든다. debug("Yo, dis

right? %d", my_stuff); 코드는 전혀 복잡할 것이 없다.

- 결함을 찾기 위해 디버그 프린팅 코드를 작성할 때는 자연스럽게 실제 코드를 분석하고 과학적인 방법을 사용하게 된다. 그래서 아마도 디버그 사용을 이렇게 생각할 수도 있을 것이다. "코드가 잘못된 곳은 여기라고 가정한다." 그리고는 가설을 테스트하여 문제가 없다면 가능성이 있는 다른 부분으로 이동하여 테스트하는 것이다. 이 방법이 더 오래 걸리는 것처럼 보이겠지만 실제로는 더 빠르다. 왜냐하면 감별 과정을 통해 실제 원인을 찾을 때까지 유효하지 않은 원인은 배제하기 때문이다.

- 단위 또는 부분 테스트 시 디버그 프린팅이 더 좋다. 왜냐하면 작업하는 동안 그저 디버그 코드를 컴파일한 다음 단위 테스트가 폭발하면 언제든지 로그만 살펴보면 되기 때문이다. 반면 GDB를 사용하는 경우에는 GDB가 실행 중인 환경에서 단위 테스트를 재실행하여 일일이 그 내용을 추적해야 하는 번거로움이 있다.

하지만 이러한 불편함에도 불구하고 필자는 디버깅 시 GDB에 의존하며, 실제로 몇몇 상황에서는 GDB를 사용한다. 그리고 여러분도 이와 같은 툴의 도움이 필요할 것이라고 확신한다. 왜냐하면 가끔은 망가진 프로그램에 접속하여 여기저기 찔러보기도 해야 하고, 서버 충돌로 인해 분석할 수 있는 것이 오직 core 파일뿐인 경우도 발생할 수 있기 때문이다. 이와 같은 상황에서는 GDB가 훌륭한 해결책 중 하나이며, 문제 해결을 위한 다양한 툴을 사용하는 것이 여전히 좋은 전략임에는 분명하다.

필자가 어떠한 경우에 GDB, Valgrind, 디버그 프린팅을 사용하는지 정리하였으니 참고하기 바란다.

- Valgrind는 모든 메모리 오류를 잡아낼 때 사용한다. 하지만 이 과정에서 Valgrind에 문제가 발생하거나 Valgrind로 인해 프로그램 속도가 현저히 떨어지는 경우에는 GDB를 사용한다.

- 로직 또는 사용법과 관련된 결점을 진단하거나 고칠 때는 디버그 프린팅을 사용한다. Valgrind를 사용하기 시작하고 나서 이 방법을 병행하면 약 90% 가량의 결함을 고칠 수 있다.

- 그 외에 이상하게 원인을 알 수 없는 상황이 지속되거나 정보를 얻어야 하는 긴급한 상황이 발생하는 경우에는 GDB를 사용한다. 만일 Valgrind가 아무것도 밝혀내지 못하고 심지어 필요한 정보도 출력하지 못하는 상황이 되면 GDB를 사용하여 여기저기 찔러보기 시작한다. 이렇게 GDB를 사용하는 경우에는 전적으로 정보를 얻는 용도로 GDB를 사용한다. 그래서 행여나 실마리라도 찾는다면 바로 단위 테스트를 통해 결함을 재현하고, 프린트 명령문을 구동하여 원인을 찾아본다.

20.3 디버깅 전략

여기에서 설명하는 일련의 디버깅 프로세스는 여러분이 사용하는 모든 디버깅 기법과 잘 맞을 것이다. 사람들이 디버거를 사용할 때 지금 설명하려고 하는 프로세스를 건너뛰는 경향이 있기 때문에 여기에서는 GDB를 사용하는 관점에서 설명할 것이다. 아주 어려운 문제를 해결하기 위해 디버거만을 사용해야 할 때까지는 모든 버그에 이 프로세스를 적용하기 바란다.

- notes.txt라는 이름의 텍스트 파일을 만들고 아이디어, 버그, 문제 등의 연구 노트로 사용한다.
- GDB를 사용하기 전에 해결코자 하는 버그와 예상 원인을 작성한다.
- 각각의 원인에 대해 어떤 파일 또는 함수에서 그 원인이 발생하는지를 적는다. 혹은 간단히 원인이 무엇인지 모른다고 적을 수도 있다.
- 이제 GDB를 실행하여 가장 의심되는 파일 내 함수와 변수에 중단점 (breakpoint)을 설정한다.
- GDB를 이용하여 프로그램을 실행시키고 생각한 곳이 진짜 원인이었는지를 검증한다. 제일 좋은 방법은 set 명령을 이용하여 프로그램을 쉽게 고치거나 바로 오류를 일으킬 수 있는지를 확인하는 것이다.
- 만일 여기가 문제의 원인이 아니라면 notes.txt 파일에 원인이 아니라고 명시하고 그 이유도 같이 기록한다. 그리고는 오류 원인이 될 가능성이 있고 디버깅이 가장 쉬운 다음 지점으로 이동하여 정보를 수집한다.

인식하지 못했을 수도 있지만, 이것이 바로 과학적인 방법이다. 여러분은 가설을 세워 기록하였고, 디버깅을 통해 그 가설을 검증한 것이다. 이러한 방법론을 통해 여러분은 가능성 있는 원인에 대한 통찰력을 키우게 될 것이며, 결국 진짜 원인을 찾게 될 것이다. 또한 이 프로세스는 이미 가능성이 없다고 판명된 동일한 원인을 반복해서 조사하는 우를 막아줄 것이다.

디버그 프린팅을 이용해서도 이 프로세스를 사용할 수 있는데, 이때의 차이점은 가설을 notes.txt 파일이 아닌 소스코드에 기록한다는 것이다. 이렇게 하면 출력문 자체가 가설이 되기 때문에 디버그 프린팅을 이용하는 것 자체가 과학적으로 버그를 찾는 활동이 된다.

20.4 더 해보기

- 그래픽 요소가 가미된 디버거를 찾아보고 GDB와 비교해보자. 이러한 디버거들은 로컬에서 동작하는 프로그램에는 유용하지만 서버에서 프로그램을 디버깅할 때는 무의미할 것이다.
- 운영체제에서 core 덤프가 발생하도록 설정할 수 있으며, 이렇게 하면 프로그램이 충돌을 일으켜 죽을 때 core 파일을 얻게 될 것이다. 이 core 파일은 마치 검시를 하듯 프로그램이 죽은 시점에 어떤 일이 발생했으며 그 원인이 무엇이었는지를 알려주는 역할을 한다. ex18.c 파일을 수정하여 몇 차례 반복문을 처리한 다음 충돌이 나서 죽도록 만들고, core 덤프를 얻어 분석해보자.

연습 21

고급 데이터 타입과 흐름 제어

이번 내용은 여러분이 사용할 수 있는 C 언어의 데이터 타입과 흐름 제어 구조에 대한 집대성이 될 것이다. 그래서 앞으로 여러분의 지식을 완벽하게 해 줄 레퍼런스로 동작하여 이를 위한 더 이상의 코드를 작성하지 않아도 되도록 만들어 줄 것이다. 이렇게 중요한 개념을 잘 기억할 수 있도록 플래시 카드를 만들어 몇 가지 정보를 외우도록 할 것이다.

이번 연습을 진짜로 가치 있게 만들기 위해서는 최소한 일주일가량은 모든 콘텐츠를 독파하고 여기에 누락된 요소를 모두 채우는 데 소비해야 한다. 그렇게 하면서 각각의 의미를 적어보고, 조사한 내용을 검증하는 프로그램을 작성하게 될 것이다.

21.1 사용 가능한 데이터 타입

타입	설명
int	일반 정수를 저장. 기본적으로 32비트 크기
double	큰 값의 실수(부동소수점 값)를 저장
float	작은 값의 실수(부동소수점 값)를 저장
char	한 개의 1바이트 글자를 저장
void	"아무런 타입이 없음"을 뜻하며, 함수가 반환하는 값이 없음을 알리거나 void *thing과 같은 모양으로 타입이 없는 포인터임을 알림
enum	열거형(enumerated) 타입으로, integer 값으로 바뀌어 사용되지만 정의한 이름을 사용할 수 있음. 일부 컴파일러는 switch 명령문에서 enum으로 정의한 모든 요소를 사용하지 않는 경우 경고를 하기도 함

21.1.1 타입 수식자

수식자	설명
unsigned	음수를 갖지 않도록 하여 더 보유할 수 있는 최댓값을 키움
signed	양수와 음수를 모두 가질 수 있지만, 동일한 최솟값에 대한 보상으로 최댓값이 반으로 줄어듦
long	동일한 데이터 타입에 대해 저장 공간을 확장하여 더 큰 수(보통 현재 크기의 두 배)를 저장할 수 있도록 함
short	동일한 데이터 타입에 대해 저장 공간을 반으로 줄임

21.1.2 타입 한정자

한정자	설명
const	변수 값이 초기화된 이후 바꿀 수 없음을 알림
volatile	컴파일러는 volatile이 선언된 변수에 대해 모든 가능성을 배제한 채 최적화를 진행하지 않는다. 변수에 정말 이상한 일을 하는 경우에만 이 기능이 필요하다.
register	컴파일러로 하여금 이 변수 값이 레지스터에 저장되도록 하지만, 컴파일러는 이를 무시할 수 있다. 현대의 컴파일러는 변수를 어디에 저장하는 것이 더 좋은지를 판단할 수 있기 때문에, 이 기능은 속도 향상이 실제로 측정 가능한 경우에만 사용하기 바란다.

21.1.3 타입 변환

C 언어는 표현식의 양쪽에 있는 두 개의 피연산자를 확인한 후 연산을 수행하기 전에 작은 쪽을 더 큰 쪽과 일치하도록 만드는 일종의 단계식 타입 일치 메커니즘을 사용한다. 만일 표현식의 한쪽이 아래 목록에 있는 타입에 해당된다면 연산 시작 전에 다른 쪽이 이 타입으로 변환되며, 그 순서는 아래의 데이터 타입 순서를 따른다.

1. long double
2. double
3. float
4. int(char와 short int에 한함)
5. long

표현식에서 타입 변환이 어떻게 일어나는지를 알았다면 이를 컴파일러에게 맡기지 말고 반드시 강제 타입 변환을 통해 여러분이 의도하는 바를 명확하게 표시해야 한다. 예를 들면

```
long + char - int * double
```

과 같은 표현식의 경우, 위 값들이 모두 double로 변환될 것임을 알기 때문에 아래와 같이 타입 변환을 시켜주어야 한다.

```
(double)long - (double)char - (double)int * double
```

변수 바로 앞에 괄호를 이용하여 원하는 타입을 적어주면 해당 타입으로 변환된다. 그리고 정말 중요한 점은 항상 더 큰 타입으로 변환시켜야 한다는 것이다. 정말로 사용하는 의도가 명확한 경우가 아니라면 절대로 long을 char로 변환시켜서는 안 된다.

21.1.4 타입 크기

stdint.h에는 정확한 크기의 integer 타입에 대한 typedef 세트와 모든 데이터 타입의 크기에 대한 매크로 세트를 일관성이 있게 정의하고 있기 때문에 오래된 limits.h보다 더 쉽게 작업할 수 있다. 다음은 정의된 데이터 타입이다.

타입	정의
int8_t	8비트 signed integer
uint8_t	8비트 unsigned integer
int16_t	16비트 signed integer
uint16_t	16비트 unsigned integer
int32_t	32비트 signed integer
uint32_t	32비트 unsigned integer
int64_t	64비트 signed integer
uint64_t	64비트 unsigned integer

타입의 이름 패턴을 보면 (u)int(비트)_t 로, u는 unsigned를 나타내고 비트는
사용하는 비트 수를 나타내는 것임을 알 수 있다. 이 패턴은 최댓값을 정의하
는 매크로에서도 사용된다.

INT(N)_MAX   N비트를 갖는 signed integer의 양수 최댓값. INT16_MAX처
              럼 사용

INT(N)_MIN   N비트를 갖는 signed integer의 음수 최솟값

UINT(N)_MAX   N비트를 갖는 unsigned integer의 최댓값. unsigned 값이
              기 때문에 최솟값은 0이며, 음수가 될 수 없다.

> **❗** 헤더 파일에서 INT(N)_MAX 상수 정의를 찾지 말자. (N)은 그저 비트 수를 알려주는 용도로 사
> 용할 뿐이며, 8, 16, 32, 64, 심지어 128이 될 수도 있다. 이 책에서는 비트 수를 대표하는 용
> 도로 편의상 (N)을 사용하는 것뿐이다.

또한, size_t 타입의 크기, 포인터 보유가 가능한 integer 및 기타 유용한 크
기를 정의하는 매크로 등이 stdint.h 파일에 들어있다. 컴파일러는 적어도 이
파일들을 가지고 있어야 하며, 다른 더 큰 데이터 타입도 허용할 수 있다.
다음은 stdint.h에 들어있는 전체 목록이다.

타입	정의
int_least(N)_t	최소한 (N)비트를 보유
uint_least(N)_t	최소한 (N)비트를 보유하며 unsigned임
INT_LEAST(N)_MAX	least (N) 타입에 해당하는 최댓값
INT_LEAST(N)_MIN	least (N) 타입에 해당하는 최솟값
UINT_LEAST(N)_MAX	unsigned least (N) 타입에 해당하는 최댓값
int_fast(N)_t	int_least(N)_t와 비슷하지만 '가장 빠른' 처리를 위한 비트 수를 사용[1]
uint_fast(N)_t	unsigned fast (N) 타입
INT_FAST(N)_MAX	fast (N) 타입에 해당하는 최댓값
INT_FAST(N)_MIN	fast (N) 타입에 해당하는 최솟값

---

1 (옮긴이) 가령 64비트 시스템에서 int_fast32_t를 사용하는 경우, 32비트 integer로 처리하는 것보다 64비트
integer로 처리하는 것이 속도가 더 빠르다면 64비트를 사용한다.

UINT_FAST(N)_MAX	unsigned fast (N) 타입에 해당하는 최댓값
intptr_t	시스템에서 지원하는 포인터 크기의 값을 갖는 signed integer 타입
uintptr_t	시스템에서 지원하는 포인터 크기의 값을 갖는 unsigned integer 타입
INTPTR_MAX	intptr_t 타입에 해당하는 최댓값
INTPTR_MIN	intptr_t 타입에 해당하는 최솟값
UINTPTR_MAX	uintptr_t 타입에 해당하는 최댓값
intmax_t	시스템에서 지원하는 가장 큰 integer 타입
uintmax_t	시스템에서 지원하는 가장 큰 unsigned integer 타입
INTMAX_MAX	시스템에서 지원하는 가장 큰 signed 값
INTMAX_MIN	시스템에서 지원하는 가장 작은 signed 값
UINTMAX_MAX	시스템에서 지원하는 가장 큰 unsigned 값
ptrdiff_t	포인터 간 차(간격)를 저장하는 타입
PTRDIFF_MIN	ptrdiff_t 타입에 해당하는 최솟값
PTRDIFF_MAX	ptrdiff_t 타입에 해당하는 최댓값
size_t	메모리나 파일 크기를 나타내는 용도로 사용되는 타입
SIZE_MAX	size_t 타입에 해당하는 최댓값

21.2 사용 가능한 연산자

이번 절에서는 C 언어에서 사용하는 모든 연산자를 소개한다. 각 목록에는 다음과 같은 표현을 사용한다.[2]

표현	정의
(이항)	양쪽에 피연산자를 취함(예: x + y)
(단항)	한 개의 피연산자를 취함(예: -x)
(전위)	연산자가 피연산자 앞에 있음(예: ++x)
(후위)	연산자가 피연산자 뒤에 있음. 보통 (전위)와 동일하게 사용되지만 연산자가 뒤에 붙음으로 인해 다른 의미를 갖게 됨(예: x--)
(삼항)	3개의 피연산자를 사용하며, 단 한 개의 연산자만 존재(예: x ? y : z)

---

2 (옮긴이) 사실 전위 연산자(prefix operator), 후위 연산자(postfix operator) 모두 단항 연산자(unary operator)에 포함되나, 원문의 느낌을 살리기 위해 그대로 번역하였다.

21.2.1 수학 연산자

기본 수학 연산을 수행한다. ()를 추가한 이유는 함수 호출 연산이 수학 연산
에 가깝다고 생각하기 때문이다.

연산자	정의
( )	함수 호출
* (이항)	곱하기
/ (이항)	나누기
+ (이항)	더하기
+ (단항)	양수
++ (후위)	읽은 후, 1증가
++ (전위)	1증가 후, 읽음
-- (후위)	읽은 후, 1감소
-- (전위)	1감소 후, 읽음
- (이항)	빼기
- (단항)	음수

21.2.2 데이터 연산자

다음의 연산자는 다양한 형태로 데이터에 접근하는 데 사용된다.

연산자	정의
->	구조체 포인터 접근
.	구조체 값 접근
[]	배열 인덱스
sizeof	타입 또는 변수의 크기
& (단항)	~의 주소
* (단항)	~의 값

21.2.3 논리 연산자

아래의 연산자들은 변수가 같은지 아닌지를 평가하는 데 사용된다.

연산자	정의
!=	같지 않음
<	작음
<=	작거나 같음
==	같음(대입(assignment)이 아님)
>	큼
>=	크거나 같음

21.2.4 비트 연산자

다음의 연산자는 integer의 비트 이동 또는 비트 수정을 할 수 있는 고급 비트 연산을 제공한다.

연산자	정의
& (이항)	비트 AND
<<	모든 비트를 왼쪽으로 이동
>>	모든 비트를 오른쪽으로 이동
^	비트 XOR
|	비트 OR
~	보수(비트의 0과 1을 뒤바꿈)

21.2.5 Boolean 연산자

다음의 연산자들은 진리값 평가에 사용된다. 삼항 연산자를 주의 깊게 공부해두면 아주 편리할 것이다.

연산자	정의
!	NOT
&&	AND
||	OR
?:	X ? Y : Z는 "만약 X가 참이면 Y이고 그렇지 않으면 Z이다."라고 읽는다.

21.2.6 대입 연산자

다음은 합성한 형태로 사용되는 대입 연산자들로, 추가 연산과 대입 연산을 동시에 실행한다. 단일 대입 연산자를 제외한 나머지 모두 합성된 대입 연산자이다.

연산자	정의
=	대입 연산
%=	나머지 연산 후 대입
&=	비트 AND 연산 후 대입
*=	곱하기 연산 후 대입
+=	더하기 연산 후 대입
-=	빼기 연산 후 대입
/=	나누기 연산 후 대입
<<=	비트 왼쪽 시프트 연산 후 대입
>>=	비트 오른쪽 시프트 연산 후 대입
^=	비트 XOR 연산 후 대입
|=	비트 OR 연산 후 대입

21.3 사용 가능한 제어 구조

다음은 아직까지 나온적 없는 몇 가지 제어 구조이다.

do-while do { ... } while(X); 먼저 블록에 있는 코드를 수행한 다음 루프를 끝내기 전에 표현식 X를 평가한다.

break 루프 내에 배치시켜 일찍 루프를 빠져나오게 한다.

continue 루프 본문 실행을 중단하고 루프를 평가하는 코드로 점프한다.

goto 코드 내 지정한 **라벨:**로 무조건 점프시킨다. 이미 dbg.h 매크로를 통해 error: 라벨을 사용하였다.

21.4 더 해보기

- stdint.h 파일 또는 stdint.h 파일에 대한 설명을 읽고 사용 가능한 모든 크기 식별자를 작성해보자.
- 이번 연습에서 설명한 모든 아이템이 코드에서 어떻게 사용되는지를 정리해보고 인터넷 검색 등을 통해 제대로 이해했는지 확인하자.
- 이번 내용을 암기 카드로 만들어 매일 15분씩 외우도록 하자.
- 모든 데이터 타입에 대한 예제를 출력하는 프로그램을 만들어 조사한 내용이 맞는지 검증해보자.

연습 22

스택, 범위, 전역

범위 개념은 처음으로 프로그래밍을 시작하는 사람들 중 일부를 혼란에 빠뜨리는 것 같다. 범위 개념은 원래 시스템 스택을 사용하는 과정에서 만들어졌으며(앞에서 가볍게 다룬 적이 있다), 주로 임시 변수를 저장하는 데 사용되었다. 이번 연습에서는 스택 자료구조가 동작하는 원리를 통해 범위 개념을 학습한다. 그리고는 이를 통해 현대의 C 언어가 어떻게 범위를 지정하는지를 알아볼 것이다.

하지만 이번 연습의 진정한 목적은 C 언어의 지옥은 어디인가를 배우는 것이다. 범위의 개념을 제대로 이해하지 못한다면 변수가 어디에서 생성되고 존재하며 죽는지를 거의 이해하지 못할 것이다. 일단 사물이 어디에 있는지를 알게 된다면 범위 개념은 좀 더 쉬워질 것이다.

이번 연습에서는 다음의 세 개의 파일이 필요하다.

ex22.h   헤더 파일로, 몇몇 외부 변수와 몇몇 함수를 셋업한다.

ex22.c   main 함수가 있는 평범한 파일이 아니다. 하지만 그 대신 이 소스 파일은 오브젝트 파일 ex22.o로 변환되어 ex22.h에서 정의한 함수와 변수를 갖게 될 것이다.

ex22_main.c   실제 main 함수가 있는 파일로, 나머지 두 개의 파일을 포함하게 된다. 이를 통해 각각의 파일에 들어있는 내용이 무엇인지를 확인하고 동시에 범위 개념에 대해서도 이해하게 될 것이다.

22.1 ex22.h와 ex22.c

먼저 해야 할 일은 함수와 extern 변수를 정의하는 헤더 파일 ex22.h를 작성하는 것이다.

ex22.h

```
#ifndef _ex22_h
#define _ex22_h

// ex22.c에 있는 THE_SIZE를 다른 .c 파일에서도 사용 가능하게 한다.
extern int THE_SIZE;

// ex22의 내부 static 변수를 가져오거나 설정한다.
int get_age();
void set_age(int age);

// update_ratio 내에 있는 static 변수 값을 업데이트한다.
double update_ratio(double ratio);

void print_size();

#endif
```

여기에서 중요한 부분은 extern int THE_SIZE로, ex22.c 파일을 만든 다음 설명할 것이다.

ex22.c

```
1    #include <stdio.h>
2    #include "ex22.h"
3    #include "dbg.h"
4
5    int THE_SIZE = 1000;
6
7    static int THE_AGE = 37;
8
9    int get_age()
10   {
11       return THE_AGE;
12   }
13
14   void set_age(int age)
15   {
16       THE_AGE = age;
17   }
```

```
18
19   double update_ratio(double new_ratio)
20   {
21       static double ratio = 1.0;
22
23       double old_ratio = ratio;
24       ratio = new_ratio;
25
26       return old_ratio;
27   }
28
29   void print_size()
30   {
31       log_info("I think size is: %d", THE_SIZE);
32   }
```

이 두 파일은 변수를 위한 새로운 종류의 저장소를 소개한다.

extern   이 키워드는 컴파일러에 변수가 있고 그 정의는 다른 '외부 (external)' 위치에 존재함을 알려준다. 통상적으로 하나의 .c 파일에서 다른 .c 파일에 정의된 변수를 사용하려 한다는 것을 의미하며, 여기서는 ex22.c에 변수 THE_SIZE가 있으며 나중에 ex22_main.c에서 사용된다.

static (파일)   이 키워드는 extern과는 반대다. 즉, 변수가 .c 파일 내에서만 사용되며 프로그램 내 다른 파일에서는 사용될 수 없음을 의미한다. 이때, static이 (변수 THE_AGE처럼) 파일 수준에서 사용되며 다른 곳에서 사용되는 static과는 의미가 다르다는 것에 주의해야 한다.

static (함수)   만일 함수 내에서 변수를 선언할 때 static을 사용한다면 그 변수는 위의 static과 같이 동작하면서 여기에 변수가 정의된 함수에서만 접근이 가능하다는 것을 의미한다. 아울러 함수 내 static은 함수의 상태를 점검하는 데 사용하지만 현대의 C 언어 프로그래밍에서는 스레드(thread)와 함께 사용하기가 매우 어렵다는 이유로 거의 사용되지 않는다.

이 두 파일에서 반드시 이해해야 하는 변수와 함수는 다음과 같다.

THE_SIZE   ex22_main.c에서 사용하기 위해 extern으로 선언한 변수이다.

get_age와 set_age   두 함수 모두 static 변수 THE_AGE를 사용하며, 두 함수를 통해 프로그램의 다른 부분에 이 변수를 노출시킬 수 있다. 즉, THE_AGE에 직접 접근할 수는 없지만 이 두 함수를 통해 접근할 수 있다.

update_ratio   이 함수는 새로운 ratio 값을 받고 과거 값을 반환한다. 이 함수는 함수 수준의 static 변수 ratio를 사용하여 현재의 ratio 값을 계속해서 추적할 수 있도록 한다.

print_size   현재 ex22.c 파일이 THE_SIZE 값이 무엇이라고 생각하는지를 출력한다.

22.2 ex22_main.c

앞의 두 파일 작성을 마쳤으면 이제 main 함수를 만들 차례이다. main 함수는 앞의 내용을 모두 사용할 뿐만 아니라 범위에 대한 몇 가지 규약도 추가로 보여준다.

ex22_main.c

```
1    #include "ex22.h"
2    #include "dbg.h"
3
4    const char *MY_NAME = "Zed A. Shaw";
5
6    void scope_demo(int count)
7    {
8        log_info("count is: %d", count);
9
10       if (count > 10) {
11           int count = 100; // 나쁨! 버그임!
12
13           log_info("count in this scope is %d", count);
14       }
```

```
15
16      log_info("count is at exit: %d", count);
17
18      count = 3000;
19
20      log_info("count after assign: %d", count);
21    }
22
23    int main(int argc, char *argv[])
24    {
25      // THE_AGE 접근자를 테스트
26      log_info("My name: %s, age: %d", MY_NAME, get_age());
27
28      set_age(100);
29
30      log_info("My age is now: %d", get_age());
31
32      // extern 변수 THE_SIZE를 테스트
33      log_info("THE_SIZE is: %d", THE_SIZE);
34      print_size();
35
36      THE_SIZE = 9;
37
38      log_info("THE SIZE is now: %d", THE_SIZE);
39      print_size();
40
41      // ratio 함수 내 static 변수를 테스트
42      log_info("Ratio at first: %f", update_ratio(2.0));
43      log_info("Ratio again: %f", update_ratio(10.0));
44      log_info("Ratio once more: %f", update_ratio(300.0));
45
46      // 범위에 대한 추가 내용을 테스트
47      int count = 4;
48      scope_demo(count);
49      scope_demo(count * 20);
50
51      log_info("count after calling scope_demo: %d", count);
52
53      return 0;
54    }
```

이제 행 단위로 코드를 분석할 것이다. 이와 함께 여러분은 변수들이 어디에 있는지도 확인하기 바란다.

4행   상수(constant)를 의미하는 const는 값이 변하지 않는 변수를 정의하는 데 사용하는 또 다른 방법이다.

6행	간단한 함수로, 함수 내 또 다른 범위 이슈를 보여준다.
8행	함수의 인수로 받은 count 값을 출력한다.
10행	if 명령문은 새로운 범위 블록이 시작되는 지점으로, 이 안에 또 다른 count 변수를 갖는다. 이 블록 안에 있는 count 변수는 완전히 새로운 변수로, if 명령문은 마치 새로운 미니 함수가 시작된 것처럼 범위를 결정짓는다.
11행	이 블록 안에서 선언된 count 변수는 함수의 인수로 넘어온 count와는 완전히 다른 변수이다.
13행	이 출력문을 통해 scope_demo로 넘어온 값이 아닌 100이 출력되는 것을 확인할 수 있다.
16행	이제 엉뚱한 부분이 시작된다. count 변수는 두 군데에 존재한다. 하나는 함수의 인수로 넘어왔으며, 다른 하나는 if 명령문 안에서 선언되었다. if 명령문은 새로운 블록을 생성하여 11행에 있는 count는 같은 이름으로 넘어온 함수의 인수의 영향을 전혀 받지 않는다. 하지만 if 명령문 블록 바깥에 해당하는 16행에서는 100이 아닌 함수의 인수로 넘어온 값이 출력될 것이다.
18~20행	그리고는 인수로 넘어온 count 값을 3,000으로 바꾸어 다시 출력한다. 이를 통해 함수의 인수로 넘어온 변수 값을 변경할 수 있으며, 함수 호출 시 인수로 제공한 변수의 속성에는 아무런 관계가 없음을 알 수 있다.

이 함수에서 어떤 일이 일어나고 있는지를 추적할 수 있어야 하지만, 그렇다고 해서 아직 범위를 모두 이해했다고 생각하면 안 된다. 그저 if 명령문 또는 while 루프와 같이 블록 내부에서 생성한 변수는 해당 블록에서만 존재하는 새로운 변수라는 사실을 깨닫기 시작하면 된다. 이것을 이해하는 것은 굉장히 중요하며, 또한 이것이 많은 버그의 원천이라는 것을 알아야 한다. 그래서 블록 내에서 짧게 변수를 만들어서는 안 되는 이유를 설명할 것이다.

ex22_main.c의 나머지 부분은 앞에서 설명한 내용들을 조작하고 출력하는 것을 보여준다.

26행	여기에서는 현재의 MY_NAME 값을 출력하고 접근자 함수 get_age를 이용하여 ex22.c에 있는 THE_AGE 변수의 값을 얻는다.
27~30행	ex22.c의 set_age 함수를 이용하여 THE_AGE 값을 변경한 후 그 값을 출력한다.
33~39행	그리고는 ex22.c에 정의된 THE_SIZE에 대해서도 동일한 과정을 진행하는데 이번에는 이 변수에 직접 접근한다. THE_SIZE 값을 직접 출력시켜도 보고 또 print_size 함수를 이용하여 값을 출력시키면서 실제로 이 값이 변하고 있음을 보여준다.
42~44행	여기에서는 update_ratio 함수 내부에서 정의된 static 변수 ratio가 어떻게 함수 호출 간에 유지되는지를 보여준다.
46~51행	마지막으로 scope_demo 함수를 몇 번 실행하여 실질적인 범위의 모습을 볼 수 있도록 하였다. 여기에서 주목해야 할 점은 main 함수의 지역 변수 count의 값이 바뀌지 않는다는 것이다. 이렇게 함수의 인수로 변수 값을 전달하면 전달 받은 함수에서 호출 시 전달되는 변수 값을 절대 변경할 수 없다는 것을 이해해야 한다. 만일 전달 받은 함수에서 호출 시 전달하는 변수 값을 변경하고자 한다면 우리의 오랜 친구인 포인터를 사용해야 한다. 만일 이 count 변수에 대한 포인터를 넘겨준다면 호출된 함수는 count 변수의 주소를 받을 수 있기 때문에 그 내용도 변경시킬 수 있을 것이다.

지금까지 코드에 대한 분석을 설명했다. 반드시 이 파일들을 쫓아다니면서 여러분이 공부한 대로 모든 내용이 제대로 있는지를 확인해야 한다.

22.3 실행 결과

이번에는 Makefile을 이용하지 않고 직접 두 개의 파일을 빌드하여 어떻게 컴파일러가 이 두 파일을 묶는지 보여줄 것이다. 다음의 결과 화면을 확인해보자.

```
$ cc -Wall -g -DNDEBUG   -c -o ex22.o ex22.c
$ cc -Wall -g -DNDEBUG   ex22_main.c ex22.o   -o ex22_main
$ ./ex22_main
[INFO] (ex22_main.c:26) My name: Zed A. Shaw, age: 37
[INFO] (ex22_main.c:30) My age is now: 100
[INFO] (ex22_main.c:33) THE_SIZE is: 1000
[INFO] (ex22.c:32) I think size is: 1000
[INFO] (ex22_main.c:38) THE SIZE is now: 9
[INFO] (ex22.c:32) I think size is: 9
[INFO] (ex22_main.c:42) Ratio at first: 1.000000
[INFO] (ex22_main.c:43) Ratio again: 2.000000
[INFO] (ex22_main.c:44) Ratio once more: 10.000000
[INFO] (ex22_main.c:8) count is: 4
[INFO] (ex22_main.c:16) count is at exit: 4
[INFO] (ex22_main.c:20) count after assign: 3000
[INFO] (ex22_main.c:8) count is: 80
[INFO] (ex22_main.c:13) count in this scope is 100
[INFO] (ex22_main.c:16) count is at exit: 80
[INFO] (ex22_main.c:20) count after assign: 3000
[INFO] (ex22_main.c:51) count after calling scope_demo: 4
```

모든 변수가 변경되는 방식을 추적하고 그 내용이 출력되는 줄과 일치하는지
확인하기 바란다. dbg.h 매크로로 정의한 log_info를 사용하여 변수가 출력
될 때 정확한 행 번호도 같이 출력되기 때문에 변수를 추적하는 데 많은 도움
이 될 것이다.

22.4 범위, 스택, 버그

지금까지의 작업을 제대로 했다면 C 코드와 실행 결과를 통해 변수를 배치할
수 있는 다양한 방법이 있다는 것을 알게 되었을 것이다. 변수를 전역으로 사
용하기 위해 extern을 사용하거나 get_age 같은 접근 함수를 사용할 수도 있
다. 그리고 어느 블록에서든지 새로운 변수를 생성할 수 있으며, 이 변수들은
블록이 끝날 때까지 블록 바깥의 변수와는 별개로 자신의 값을 유지한다. 또
한 변수 값을 함수로 전달할 수 있으며, 함수는 전달 받은 파라미터 변수를 자
유로이 수정하는 것이 가능하지만 함수를 호출할 때 인수로 넣은 변수 값 자
체를 변경시키지는 못한다.

그러나 정말로 여러분이 깨달아야 하는 가장 중요한 것은 바로 이 모든 것들이 버그를 유발한다는 것이다. 시스템 내 많은 곳에 무언가를 배치하고, 자유로이 접근할 수 있도록 하는 C 언어의 능력은 결국 무엇이 어디에 있는지를 쉽게 혼동할 수 있음을 의미한다. 각각의 것들이 어디에 있는지를 정확히 파악하지 못하고 있으면 관리에 허점이 생길 수밖에 없다.

이를 염두에 두고, 스택과 관련된 버그를 피할 수 있도록 C 코드를 작성할 때 따라야 할 몇 가지 규칙을 소개하겠다.

- scope_demo에서 count를 사용한 것처럼 같은 이름의 변수를 사용하지 않는다. 이렇게 하면 미묘하게 숨겨진 버그를 유발시켜 분명히 변수 값을 바꾸었다고 생각했음에도 불구하고 실제 변수 값이 변경되지 않는 일이 발생한다.
- 너무 많은 전역 변수, 특히 파일 간을 넘나드는 전역 변수 사용을 피한다. 만일 전역 변수를 사용해야 한다면 get_age 같은 접근자 함수를 사용하기 바란다. 다만 상수는 읽기 전용이기 때문에 이 규칙을 적용할 수 없다. THE_SIZE 같은 변수에 다른 사람들이 접근하여 그 값을 수정하거나 세팅할 수 있도록 하려면 접근자 함수를 만들자.
- 의심스러운 경우에는 스택 또는 특별한 위치의 의미에 의존하지 말고 차라리 힙에 저장하자. 그냥 malloc으로 만들면 된다.
- update_ratio에서 한 것처럼 함수 내에 static 변수를 절대로 만들지 않는다. 이것은 유용하지 않을 뿐만 아니라 스레드를 이용한 동시 처리 코드를 만들 때는 엄청난 고통으로 다가올 것이다. 또한 잘 만들어진 전역 변수와 비교했을 때 거의 지옥이나 다름없다.
- 함수의 인수로 넘어온 변수와 동일한 이름의 변수를 만들지 않는다. 동일한 이름의 변수를 사용하는지 인수로 넘어온 변수를 변경하는 것인지 혼란스럽게 만든다.

모든 것이 다 그렇듯이 이러한 규칙도 실전에서는 언제든지 깨질 수 있다. 사실, 언급한 모든 규칙을 어기는 코드를 실행시킨다고 해도 문제될 것이 없다고 생각한다. 다만 간혹 서로 다른 플랫폼 간의 제약으로 인해 이 규칙들이 필요한 경우가 생길 것이다.

22.5 프로그램 깨뜨리기

이번 연습에서는 프로그램을 깨뜨리기 위해 다음의 것들을 시도해 보기 바란다.

- ex22_main.c에서 직접 접근하는 것이 어려워 보이는 ex22.c 내부에 있는 변수에 직접 접근하도록 시도해보자. 예를 들어, update_ratio 내부에 있는 ratio에 접근할 수 있겠는가? 이에 대한 포인터가 있다면 어떻겠는가?
- ex22.h에서 extern 선언부를 제거하여 어떤 오류 또는 경고가 나타나는지 확인하자.
- 다른 변수에 static 또는 const 한정자를 추가한 다음 이 값을 바꾸도록 시도하자.

22.6 더 해보기

- 값에 의한 전달과 참조에 의한 전달 개념을 조사하고, 각각에 대한 예제를 작성하자.
- 포인터를 이용하여 접근할 수 없었던 것에 접근해보자.
- 디버거를 사용하여 무언가를 잘못할 때 어떤 종류의 접근을 사용하고 있는지 확인해보자.
- 자신을 호출하는 함수를 만들어 스택 오버플로를 일으키도록 만들어보자. 자신을 호출하는 함수(재귀 함수)가 무엇인지 모르는가? scope_demo 함수의 마지막에 scope_demo 자신을 호출시켜 이 함수 호출이 반복되도록 만들면 된다.
- Makefile을 다시 작성하여 이번 연습문제 코드를 빌드할 수 있도록 만들어보자.

연습 23

더프의 장치 알고리즘

이번 연습에서는 여러분의 머리를 쥐어짜게 만들 C 언어에서 가장 유명한 해 킹 중 하나인 더프의 장치(Duff's Device)를 소개한다. 더프의 장치라는 이름 은 이것을 최초로 발명한 톰 더프의 이름을 땄다. 놀라운 혹은 악랄한 이 작 은 조각은 아주 작은 하나의 꾸러미 안에 여러분이 지금까지 배운 거의 모든 내용을 담고 있다. 이것이 어떻게 동작하는지를 파악하는 것만으로도 여러분 에게 도움이 될 뿐만 아니라 퍼즐을 푸는 즐거움까지 느낄 수 있을 것이다.

> ❗ C 언어의 즐거운 부분 중 하나는 이런 미친 해킹을 생각해 내는 것이다. 하지만 동시에 이것은 C 언어를 짜증나게 만드는 요인이기도 하다. 이러한 트릭을 배우면 프로그래밍 언어와 컴퓨터 를 깊이 이해할 수 있기 때문에 유용하다. 하지만 여러분은 절대로 이와 같이 프로그래밍을 해 서는 안 된다. 항상 읽기 쉬운 코드를 작성하도록 노력하자.

톰 더프가 발견한 더프의 장치는 일종의 트릭으로, C 컴파일러는 이와 같은 방식으로 동작해서는 안 된다. 아직은 여러분이 충분히 고민하고 풀어야 하 기 때문에 자세한 내용은 나중에 설명할 것이다. 먼저 이 코드를 실행시켜 본 후 이 코드가 무엇을 하는지, 왜 이렇게 동작을 하는지 고민하기 바란다.

ex23.c

```
1    #include <stdio.h>
2    #include <string.h>
3    #include "dbg.h"
4
5    int normal_copy(char *from, char *to, int count)
6    {
7      int i = 0;
8
9      for (i = 0; i < count; i++) {
10         to[i] = from[i];
11      }
```

```
12
13      return i;
14  }
15
16  int duffs_device(char *from, char *to, int count)
17  {
18      {
19          int n = (count + 7) / 8;
20
21          switch (count % 8) {
22              case 0:
23                  do {
24                      *to++ = *from++;
25                  case 7:
26                      *to++ = *from++;
27                  case 6:
28                      *to++ = *from++;
29                  case 5:
30                      *to++ = *from++;
31                  case 4:
32                      *to++ = *from++;
33                  case 3:
34                      *to++ = *from++;
35                  case 2:
36                      *to++ = *from++;
37                  case 1:
38                      *to++ = *from++;
39                  } while (--n > 0);
40          }
41      }
42
43      return count;
44  }
45
46  int zeds_device(char *from, char *to, int count)
47  {
48      {
49          int n = (count + 7) / 8;
50
51          switch (count % 8) {
52              case 0:
53  again:      *to++ = *from++;
54
55              case 7:
56          *to++ = *from++;
57              case 6:
58          *to++ = *from++;
59              case 5:
60          *to++ = *from++;
```

```
61              case 4:
62          *to++ = *from++;
63              case 3:
64          *to++ = *from++;
65              case 2:
66          *to++ = *from++;
67              case 1:
68          *to++ = *from++;
69          if (--n > 0)
70              goto again;
71          }
72      }
73
74      return count;
75  }
76
77  int valid_copy(char *data, int count, char expects)
78  {
79      int i = 0;
80      for (i = 0; i < count; i++) {
81          if (data[i] != expects) {
82              log_err("[%d] %c != %c", i, data[i], expects);
83              return 0;
84          }
85      }
86
87      return 1;
88  }
89
90  int main(int argc, char *argv[])
91  {
92      char from[1000] = { 'a' };
93      char to[1000] = { 'c' };
94      int rc = 0;
95
96      // from 값 설정
97      memset(from, 'x', 1000);
98      // to 값은 실패 모드로 설정
99      memset(to, 'y', 1000);
100     check(valid_copy(to, 1000, 'y'), "Not initialized right.");
101
102     // 일반 복사
103     rc = normal_copy(from, to, 1000);
104     check(rc == 1000, "Normal copy failed: %d", rc);
105     check(valid_copy(to, 1000, 'x'), "Normal copy failed.");
106
107     // to 값 재설정
108     memset(to, 'y', 1000);
109
```

```
110    // 더프 버전
111    rc = duffs_device(from, to, 1000);
112    check(rc == 1000, "Duff's device failed: %d", rc);
113    check(valid_copy(to, 1000, 'x'), "Duff's device failed copy.");
114
115    // to 값 재설정
116    memset(to, 'y', 1000);
117
118    // 필자 버전
119    rc = zeds_device(from, to, 1000);
120    check(rc == 1000, "Zed's device failed: %d", rc);
121    check(valid_copy(to, 1000, 'x'), "Zed's device failed copy.");
122
123    return 0;
124  error:
125    return 1;
126  }
```

위 코드에서는 세 가지 버전의 copy 함수를 보여준다.

normal_copy 단순히 for 루프를 돌면서 원본 배열에서 대상 배열로 한 글자씩 복사한다.

duffs_device 이것이 더프의 장치로, 이 달콤하고 사악한 장치로 명성을 떨친(?) 톰 더프의 이름을 땄다.

zeds_device goto를 사용하는 버전의 더프의 장치로, do-while을 사용하는 duffs_device의 동작 원리를 이해하는 데 도움이 될 것이다.

먼저 이 세 함수를 공부한 후 다음으로 진행하기 바란다. 이때 각각의 함수가 어떻게 동작하는지 설명할 수 있도록 노력해야 한다.

23.1 실행 결과

이 프로그램은 출력되는 내용이 없이 그냥 실행하고 끝난다. 그렇기 때문에 오류를 잡고자 한다면 디버거에서 실행시켜야 한다. 연습 4에서 보여준 것처럼 직접 해보기 바란다.

23.2 퍼즐 풀이

가장 먼저 이해해야 할 점은 바로 C 언어가 일부 문법을 다소 느슨하게 다룬다는 것이다. 이것이 switch 명령문 한쪽에 do-while의 반을, 나머지 반은 다른 곳에 있도록 걸쳐놓았음에도 불구하고 여전히 코드가 잘 동작하는 이유이다. goto를 사용하는 필자의 버전을 다시 살펴보면 실제로 정확히 어떤 일이 벌어지고 있는지를 분명히 알 수 있을 것이고, 동작하는 원리를 분명히 이해해야 한다.

두 번째로 이해해야 할 점은 switch 명령문이 기본적으로 동작하는 원리가 폭포수(하향일직선) 방식이라는 것인데, 특정 case로 점프한 다음에는 switch 명령문이 끝날 때까지 아래로 계속 진행한다.

마지막으로 확인할 단서는 시작 부분에 있는 count % 8과 n을 계산하는 것이다.

이제 이 함수들이 동작하는 방법을 풀어보자. 다음과 같이 하면 된다.

- 코드를 종이에 출력하여 적을 수 있도록 한다.
- 표를 하나 그린 다음 switch 명령문이 시작되기 전 새로운 변수가 초기화될 때마다 표에 추가한다.
- switch 로직을 따라가며 해당 case로 점프한다.
- 변수들을 업데이트한다. 이때 to, from 및 이들이 가리키는 배열도 포함한다.
- while 또는 goto 부분에서는 변수 값들을 확인하여 로직에 따라 다시 do-while의 맨 위 또는 again 라벨이 있는 곳으로 이동한다.
- 코드의 로직을 이해할 때까지 지금까지의 방법대로 변수를 업데이트하며 코드를 따라간다.

23.2.1 귀찮은가?

마침내 코드가 어떻게 동작하는지를 이해하게 되었다면 결국 이런 생각이 들 것이다. "굳이 왜 이렇게까지 할까?" 이 트릭의 목적은 직접 루프 펼치기(loop unrolling)를 하는 것이다. 반복을 많이 하는 루프는 느려질 수 있기 때문에 속도 향상의 한 가지 방법으로 루프 내부에서 고정적으로 사용되는 부분을 찾아 그것을 루프 내에 여러 개 복제하는 것이다. 예를 들어 루프가 최소한 20회 넘게 도는 것을 알고 있다면 루프 안의 코드를 20개 복제하여 (루프 밖에) 놓는 것이다.[1]

더프의 장치는 기본적으로 루프 펼치기를 자동으로 처리한다. 즉, 동일한 작업을 하는 코드를 8개 단위로 반복하도록 하는 것이다. 더프의 장치는 영리할 뿐만 아니라 실제로도 잘 동작한다. 하지만 오늘날의 컴파일러들도 많이 좋아져서 이 정도의 최적화는 알아서 처리할 것이다. 그렇기 때문에 정말로 속도를 향상시킬 수 있다고 확신하는, 아주 드문 경우를 제외하고는 이와 같은 방식으로 코딩하지 말길 바란다.

23.3 더 해보기

- 이와 같은 코드를 절대 사용하지 말 것.
- 더프의 장치를 위키백과에서 찾아보고 오류를 발견할 수 있는지 확인해보자. 내용을 읽은 후 이 책에서 소개한 버전과 비교하여, 위키백과 버전이 왜 톰 더프의 환경에서는 동작하고 여기에서는 동작하지 않는지를 고민해보자.
- 더프의 장치와 같이 길이에 상관없이 동작하는 코드를 생성하는 매크로 집합을 만들어보자. 예를 들어 32개의 case 명령문을 사용하고 싶지만 이것들을 일일이 작성하지 않으려 한다면 어떻게 해야 하는가? 한 번에 8개씩 코드를 생성하는 매크로를 만들 수 있겠는가?
- main 함수를 수정하여 어떤 함수의 속도가 가장 빠른지를 확인해보자.
- memcpy, memmove, memset에 대해 조사해보고 속도를 비교해보자.
- 이와 같은 코드를 절대 사용하지 말 것!

---

1 (옮긴이) 루프 도는 횟수를 줄임으로써 비교하는 횟수를 줄일 수 있으며, 이를 통해 속도 향상을 꾀할 수 있다. 즉, 더프의 장치는 루프 비교문이 1/8 가량만 수행되는 것이기 때문에 대량의 문자열을 복사할수록 더 좋은 효율을 기대할 수 있다.

연습 24

입력, 출력, 파일

지금까지 무엇인가를 출력하기 위해 printf를 사용했다. 물론 이것만으로도 충분하지만 이제 그 이상을 알아야 할 때가 되었다. 이번 연습에서는 fscanf 와 fgets를 이용하여 Person 구조체에 정보를 채울 것이다. 먼저 간단히 입력에 관련된 내용을 소개한 다음 C에서 입출력에 사용되는 전체 함수 목록을 보여줄 것이다. 몇몇은 이미 봤거나 사용한 것이기 때문에 외우는 데 도움이 될 것이다.

ex24.c

```
1    #include <stdio.h>
2    #include "dbg.h"
3
4    #define MAX_DATA 100
5
6    typedef enum EyeColor {
7        BLUE_EYES, GREEN_EYES, BROWN_EYES,
8        BLACK_EYES, OTHER_EYES
9    } EyeColor;
10
11   const char *EYE_COLOR_NAMES[] = {
12       "Blue", "Green", "Brown", "Black", "Other"
13   };
14
15   typedef struct Person {
16       int age;
17       char first_name[MAX_DATA];
18       char last_name[MAX_DATA];
19       EyeColor eyes;
20       float income;
21   } Person;
22
23   int main(int argc, char *argv[])
24   {
25       Person you = {.age = 0 };
26       int i = 0;
```

```
27      char *in = NULL;
28
29      printf("What's your First Name? ");
30      in = fgets(you.first_name, MAX_DATA - 1, stdin);
31      check(in != NULL, "Failed to read first name.");
32
33      printf("What's your Last Name? ");
34      in = fgets(you.last_name, MAX_DATA - 1, stdin);
35      check(in != NULL, "Failed to read last name.");
36
37      printf("How old are you? ");
38      int rc = fscanf(stdin, "%d", &you.age);
39      check(rc > 0, "You have to enter a number.");
40
41      printf("What color are your eyes:\n");
42      for (i = 0; i <= OTHER_EYES; i++) {
43          printf("%d) %s\n", i + 1, EYE_COLOR_NAMES[i]);
44      }
45      printf("> ");
46
47      int eyes = -1;
48      rc = fscanf(stdin, "%d", &eyes);
49      check(rc > 0, "You have to enter a number.");
50
51      you.eyes = eyes - 1;
52      check(you.eyes <= OTHER_EYES
53              && you.eyes >= 0, "Do it right, that's not an option.");
54
55      printf("How much do you make an hour? ");
56      rc = fscanf(stdin, "%f", &you.income);
57      check(rc > 0, "Enter a floating point number.");
58
59      printf("----- RESULTS -----\n");
60
61      printf("First Name: %s", you.first_name);
62      printf("Last Name: %s", you.last_name);
63      printf("Age: %d\n", you.age);
64      printf("Eyes: %s\n", EYE_COLOR_NAMES[you.eyes]);
65      printf("Income: %f\n", you.income);
66
67      return 0;
68  error:
69
70      return -1;
71  }
```

이 프로그램은 믿기지 않을 정도로 간단하며, scanf의 파일 버전인 fscanf 함수도 선보인다. scanf 계열의 함수는 printf 버전의 반대로 동작한다. 즉,

printf가 서식을 기반으로 데이터를 출력한다면, scanf는 서식을 기반으로 입력 값을 읽는다(스캔한다).

파일의 앞부분은 특별한 내용이 없기 때문에 main 함수부터 설명하겠다.

25~27행　변수 셋업

30~32행　fgets 함수를 이용하여 first_name을 얻는다. fgets 함수는 입력(여기에서는 stdin)으로부터 문자열을 읽는데, 주어진 버퍼를 초과해서 읽지 않도록 주의해야 한다.

34~35행　다시 fgets를 이용하여 last_name을 얻는다.

38~39행　stdin으로부터 숫자를 입력 받아 you.age에 넣기 위해 fscanf 함수를 사용한다. printf가 integer를 출력하기 위해 사용했던 서식을 그대로 사용하는 것을 볼 수 있다. 또한 you.age의 주소를 전달하여 fscanf가 포인터를 이용해 you.age 값을 수정하는 부분도 눈여겨보아야 한다. 이것은 포인터를 데이터 출력 파라미터처럼 사용하는 좋은 예이다.

41~45행　눈동자 색에 대한 보기를 출력한다. 눈동자 색에 대한 번호는 EyeColor enum 값을 사용한다.

47~53행　다시 fscanf를 사용하여 you.eyes 값을 얻는다. 이때, 입력 값이 유효한지를 확인해야 하는데, 만일 EYE_COLOR_NAMES 배열에 해당하지 않는 값을 입력하면 세그먼테이션 오류를 일으킬 수 있다.[1]

55~57행　you.income 값을 입력받고 값이 유효한지 확인한다.

59~65행　전체 내용을 출력하여 제대로 입력하했는지 확인시켜준다. EyeColor enum 값을 출력하기 위해 EYE_COLOR_NAMES 배열을 사용했다는 점에 유의하기 바란다.

---

1 (옮긴이) 세그먼테이션 오류(segmentation fault)는 세그먼테이션 결함이라고 부르기도 하며, 일반적으로 다음과 같은 상황에서 발생한다.
　- 허용되지 않은 메모리 영역에 접근을 시도하는 경우(예: 배열 바깥에 접근)
　- 허용되지 않은 방법으로 메모리 영역에 접근을 시도하는 경우(예: 상수로 지정된 영역에 값을 넣음)

24.1 실행 결과

이 프로그램을 실행시키면 입력 값이 제대로 바뀌는지를 확인해야 한다. 그래서 잘못된 값을 입력해보고 이를 제대로 처리하는지 확인하기 바란다.

연습문제 24 Session

```
$ make ex24
cc -Wall -g -DNDEBUG     ex24.c    -o ex24
$ ./ex24
What's your First Name? Zed
What's your Last Name? Shaw
How old are you? 37
What color are your eyes:
1) Blue
2) Green
3) Brown
4) Black
5) Other
> 1
How much do you make an hour? 1.2345
----- RESULTS -----
First Name: Zed
Last Name: Shaw
Age: 37
Eyes: Blue
Income: 1.234500
```

24.2 프로그램 깨뜨리기

다 좋기는 하지만, 이번 연습에서 정말로 중요한 부분은 scanf가 실제로 문제가 될 수 있다는 것이다. 간단한 숫자 변환 정도는 괜찮지만 문자열을 입력받는 경우에는 읽기 전에 버퍼의 크기가 얼마나 되는지 scanf에게 알려주기가 어렵기 때문에 오류가 발생할 가능성이 있다. 아울러 gets(fgets가 아닌 f가 없는 버전이다) 함수 역시 문제가 있어서 여기서는 사용하지 않았다. 이함수는 입력 버퍼가 얼마나 큰지 알지 못하기 때문에 필요 없는 입력까지도 프로그램에 전달할 것이다.

문자열로 인한 fscanf 문제를 만들기 위해 fgets가 있는 줄을 fscanf(stdin, "%50s", you.first_name)으로 바꾼 다음 실행시켜 보자. 아마도 너무 많이 읽어서 엔터키까지도 먹어버리는 것 같을 것이다. 이것은 여러분이 의도한 대로 동작하지 않기 때문에 scanf의 이상한 이슈와 씨름하느니 차라리 fgets를 사용하는 것이 정신건강에 이롭다.

이번에는 fgets 대신 gets를 사용하도록 코드를 수정한 다음 디버거를 실행한 상태에서 ex24를 실행해 보자. 이때, 다음과 같이 입력한다.

"run << /dev/urandom"

이렇게 하면 임의의 쓰레기 값들이 프로그램으로 입력된다. 이것을 프로그램 퍼징(fuzzing)이라고 하는데, 입력 버그를 찾는 좋은 방법이다. 이 경우에는 /dev/urandom 파일에서 쓰레기 값들을 입력받아 프로그램이 충돌을 일으키는지를 확인하면 된다. 몇몇 플랫폼에서는 몇 번만 실행하거나 심지어는 MAX_DATA를 작은 값으로 정의하기만 해도 충돌을 일으킨다.

gets 함수는 너무 안좋아서 일부 플랫폼에서는 gets를 사용하는 프로그램을 실행할 때 경고를 보내기도 한다. 결론은 절대 이 함수를 사용해서는 안된다는 것이다.

마지막으로 you.eyes 입력 부분에서 정상 범위의 숫자가 들어왔는지를 확인하는 코드를 제거하자. 그런 다음 -1이나 1000 같은 잘못된 숫자를 넣어보자. 이것을 디버거 하에서 실행하면 무슨 일이 일어나는지를 확실하게 볼 수 있을 것이다.

24.3 I/O 함수

다음은 반드시 알아야 할 입출력 함수이다. 암기 카드를 만들어 여기에 소개한 함수의 동종함수까지 작성하기 바란다.

- fscanf
- fgets
- fopen
- freopen
- fdopen

- fclose
- fcloseall
- fgetpos
- fseek
- ftell
- rewind
- fprintf
- fwrite
- fread

이 함수들과 동종 계열 함수들이 각각 어떤 목적으로 어떻게 사용되는지 외워두기 바란다. 예를 들어 fscanf 카드에는 scanf, sscanf, vscanf 등이 같이 있으며, 뒷면에는 각 함수들이 하는 일을 적어야 한다.

마지막으로 man을 이용하여 동종 함수들에 대한 도움말을 읽고 암기 카드에 필요한 정보를 얻기 바란다. 예를 들어, fscanf에 대한 도움말을 확인하기 위해서는 man fscanf라고 입력하면 된다.

24.4 더 해보기

- fscanf를 사용하지 않는 버전으로 수정해보자. 문자열을 숫자로 변환하기 위해 atoi 같은 함수가 필요할 것이다.
- fscanf 대신 기본 scanf를 사용하도록 수정한 후 어떤 차이가 있는지 확인해보자.
- 입력 이름에 줄 바꿈 글자와 공백 글자가 붙지 않도록 수정하자.
- scanf를 사용하여 한 번에 한 글자씩 읽고, 이름을 채우지만 주어진 공간을 넘기지 않는 함수를 작성하자. 이 함수를 범용으로 사용할 수 있도록 문자열의 크기를 취하여 문자열이 무조건 '\0'으로 끝나도록 한다.

연습 25

가변 인수 함수

C에서는 가변 인수 함수(혹은 vararg 함수)를 작성하여 자신만의 printf 및 scanf와 같은 함수를 만들 수 있다. 이러한 함수들은 stdarg.h 헤더 파일을 사용하는데, 이를 통해 더욱 멋진 인터페이스를 라이브러리에 추가할 수 있다. 빌더 함수, 서식 함수 등 가변 인수를 사용하는 함수를 만들 때 편리하다.

　C 프로그램을 만들 때 가변 인수 함수를 이해하는 것이 필수 요소는 아니다. 필자도 지금까지 프로그래밍을 하는 동안 통틀어 20번 정도만 사용한 것 같다. 하지만 가변 인수 함수가 동작하는 원리를 이해하고 있으면 가변 인수 함수를 사용하는 프로그램을 디버깅할 때 도움이 될 뿐만 아니라 컴퓨터를 더 깊이 있게 이해하는 데 도움이 된다.

ex25.c

```
1
2
3    #include <stdlib.h>
4    #include <stdio.h>
5    #include <stdarg.h>
6    #include "dbg.h"
7
8    #define MAX_DATA 100
9
10   int read_string(char **out_string, int max_buffer)
11   {
12      *out_string = calloc(1, max_buffer + 1);
13      check_mem(*out_string);
14
15      char *result = fgets(*out_string, max_buffer, stdin);
16      check(result != NULL, "Input error.");
17
18      return 0;
19
20   error:
21      if (*out_string) free(*out_string);
```

```
22      *out_string = NULL;
23      return -1;
24  }
25
26  int read_int(int *out_int)
27  {
28      char *input = NULL;
29      int rc = read_string(&input, MAX_DATA);
30      check(rc == 0, "Failed to read number.");
31
32      *out_int = atoi(input);
33
34      free(input);
35      return 0;
36
37  error:
38      if (input) free(input);
39      return -1;
40  }
41
42  int read_scan(const char *fmt, ...)
43  {
44      int i = 0;
45      int rc = 0;
46      int *out_int = NULL;
47      char *out_char = NULL;
48      char **out_string = NULL;
49      int max_buffer = 0;
50
51      va_list argp;
52      va_start(argp, fmt);
53
54      for (i = 0; fmt[i] != '\0'; i++) {
55          if (fmt[i] == '%') {
56              i++;
57              switch (fmt[i]) {
58                  case '\0':
59                      sentinel("Invalid format, you ended with %%.");
60                      break;
61
62                  case 'd':
63                      out_int = va_arg(argp, int *);
64                      rc = read_int(out_int);
65                      check(rc == 0, "Failed to read int.");
66                      break;
67
68                  case 'c':
69                      out_char = va_arg(argp, char *);
70                      *out_char = fgetc(stdin);
```

```
71                     break;
72
73                 case 's':
74                     max_buffer = va_arg(argp, int);
75                     out_string = va_arg(argp, char **);
76                     rc = read_string(out_string, max_buffer);
77                     check(rc == 0, "Failed to read string.");
78                     break;
79
80                 default:
81                     sentinel("Invalid format.");
82             }
83         } else {
84             fgetc(stdin);
85         }
86
87         check(!feof(stdin) && !ferror(stdin), "Input error.");
88     }
89
90     va_end(argp);
91     return 0;
92
93  error:
94     va_end(argp);
95     return -1;
96  }
97
98  int main(int argc, char *argv[])
99  {
100     char *first_name = NULL;
101     char initial = ' ';
102     char *last_name = NULL;
103     int age = 0;
104
105     printf("What's your first name? ");
106     int rc = read_scan("%s", MAX_DATA, &first_name);
107     check(rc == 0, "Failed first name.");
108
109     printf("What's your initial? ");
110     rc = read_scan("%c\n", &initial);
111     check(rc == 0, "Failed initial.");
112
113     printf("What's your last name? ");
114     rc = read_scan("%s", MAX_DATA, &last_name);
115     check(rc == 0, "Failed last name.");
116
117     printf("How old are you? ");
118     rc = read_scan("%d", &age);
119
```

```
120      printf("---- RESULTS ----\n");
121      printf("First Name: %s", first_name);
122      printf("Initial: '%c'\n", initial);
123      printf("Last Name: %s", last_name);
124      printf("Age: %d\n", age);
125
126      free(first_name);
127      free(last_name);
128      return 0;
129  error:
130      return -1;
131  }
```

이 프로그램은 원하는 방식으로 문자열을 처리하는 자체 scanf 함수를 작성한 것을 제외하고는 앞의 문제와 비슷하다. main 함수 역시 read_string과 read_int 두 함수를 처리하는 것 말고는 다른 일을 하지 않는다.

read_scan은 가변 인수 함수로, va_list라는 자료구조와 관련 매크로 및 함수 등을 이용하여 scanf와 동일한 일을 한다. 그 방법은 다음과 같다.

* 함수의 마지막 인수로 ...을 사용하여 fmt 뒤로 여러 개의 인수를 받을 수 있도록 C에 알려준다. ... 인수 앞에는 몇 개든 다른 인수를 넣을 수 있지만 이 뒤로는 더 이상의 다른 인수를 넣을 수 없다.
* 변수 몇 개를 설정한 후 va_list 타입의 변수를 생성하고 va_start를 이용하여 초기화한다. 이렇게 함으로써 stdarg.h에서 제공하는 가변 인수 처리 준비가 완료된다.
* 그런 다음 for 루프를 이용하여 서식 문자열 fmt를 훑으면서 scanf에서 다루는 동일한 종류의 서식을 처리한다. 물론 여기에서는 아주 간단하게 integer, char, 문자열만 처리한다.
* 서식에 해당하는 경우, switch 명령문을 이용하여 필요한 일을 하도록 만들었다.
* va_list argp에서 변수 하나를 얻기 위해 va_arg(argp, TYPE) 매크로를 사용했다. TYPE은 얻어올 변수에 지정할 정확한 데이터 타입이다. 이와 같은 디자인의 단점은 마치 눈을 가린 채 운전하는 것처럼 어떤 내용이 얼마나 남아있는지 알 수 없다는 것이다. 그렇기 때문에 더 이상 가져올 변수가

없는 상태에서 변수를 취하려고 하면 프로그램은 충돌을 일으킬 것이다.

- read_scan 함수가 scanf와 다른 점 중에 흥미로운 부분이 있는데, 그것은 사람들이 서식 문자열에서 's'를 만났을 때 문자열까지 만들어주기를 바란다는 점을 반영했다는 것이다. 그래서 서식 문자 's'를 만나면 read_scan 함수는 va_list argp 스택에서 두 개의 파라미터를 꺼낸다. 읽고자 하는 문자열의 최대 길이인 max_buffer와 문자열을 담을 out_string이다. 그리고는 이 둘을 read_string 함수로 보내 실제 문자열을 읽도록 한다.

- 이렇게 함으로써 read_scan 함수를 scanf 함수보다 더 일관성 있게 만들어 준다. 즉, 변수를 적절하게 설정하기 위해 항상 변수 앞에 주소 값을 의미하는 &를 붙여주기 때문이다.

- 마지막으로 올바르지 않은 서식 문자를 만나면 한 글자만 읽고 건너뛰도록 한다. 어떤 글자인지는 상관하지 않고 그냥 건너뛰어야 한다.

25.1 실행 결과

실행 결과는 연습 24의 실행 결과와 비슷하다.

연습문제 25 Session

```
$ make ex25
cc -Wall -g -DNDEBUG    ex25.c   -o ex25
$ ./ex25
What's your first name? Zed
What's your initial? A
What's your last name? Shaw
How old are you? 37
---- RESULTS ----
First Name: Zed
Initial: 'A'
Last Name: Shaw
Age: 37
```

25.2 프로그램 깨뜨리기

이번 프로그램은 버퍼 오버플로에 더 강력하겠지만 scanf만큼 서식 문자열을
잘 처리하지 못한다. 이 프로그램을 깨뜨리기 위해 '%s' 서식문자와 함께 문
자열의 크기를 보내는 것을 빠뜨려 보자. MAX_DATA보다 더 많은 데이터를 보
내도 보고, read_string 함수에서 calloc을 생략하면 어떻게 동작하는지도 확
인하기 바란다. 마지막으로 fgets가 줄 바꿈 문자까지도 먹는 문제가 있으니
fgetc를 이용하여 이를 해결해보자. 다만 문자열 마지막에는 반드시 \0이 있
도록 놔두어야 한다.

25.3 더 해보기

- out_ 변수들이 하는 일을 거듭 확인하자. 이때 가장 중요한 것은 out_
  string이 무엇이고 포인터를 가리키는 포인터의 의미를 반드시 알아야 한
  다는 것이다. 이를 통해 포인터를 설정하는 시점과 내용을 넣는 시점이 중
  요하다는 사실을 이해할 수 있을 것이다.
- 가변 인수 시스템을 이용하여 printf와 비슷한 함수를 작성한 다음 main
  함수를 수정하여 새로 만든 함수를 사용하도록 하자.
- 이번 연습에서 나온 모든 내용의 man 페이지를 읽고, 여러분이 사용하는
  플랫폼에서 어떻게 동작하는지를 확인해보자. 어떤 플랫폼에서는 매크로
  를 사용할 것이고, 다른 플랫폼에서는 함수를 사용할 것이며, 아예 아무것
  도 구현하지 않은 플랫폼도 있을 것이다. 이 모든 것은 여러분이 사용하는
  컴파일러와 플랫폼에 달려있다.

연습 26
_____

logfind 프로젝트

logfind 프로젝트는 작은 프로젝트로, 여러분이 충분히 구현할 수 있으리라 믿는다. C 언어를 통해 무언가 성과를 내기 위해서는 여러분이 알고 있는 것을 문제에 적용하는 법을 배워야한다. 그래서 이번 연습에서는 여러분이 구현해야 할 툴에 대해 설명하려고 하는데, 조금 애매하게 설명할 것이다. 따라서 프로그램 구현을 위해 여러분은 할 수 있는 모든 방법을 동원해야 할 것이다. 프로그램 작성을 마치면 실행 결과를 통해 필자가 구현한 방법을 살펴보고 여러분의 코드와 비교해 보기 바란다.

이 프로젝트를 여러분이 실전에서 해결해야 할 문제라고 생각하기 바란다.

26.1 logfind 설명서

로그 파일을 통해 텍스트를 검색할 수 있는 logfind라는 이름의 툴을 작성하자. 이 툴은 grep의 특별한 버전으로, 시스템의 로그 파일만을 대상으로 동작한다. 사용 방법은 아래와 같다.

```
logfind zedshaw
```

위와 같이 입력하면 로그 파일이 저장된 일반적인 모든 장소를 탐색하며 "zedshaw"라는 단어가 들어있는 모든 파일을 출력한다.

logfind 툴의 기본 기능은 다음과 같다.

1. 연속해서 나오는 단어들은 모두 "and"로 연결된 것으로 간주한다. 즉, logfind zedshaw smart guy라고 입력하면 zedshaw, smart, guy가 모두 들어있는 파일을 검색한다.

2. 옵션으로 -o를 넣을 수 있으며, 이 옵션은 모든 단어들이 "or"로 연결된 것

으로 동작하게 만든다.

3. ~/.logfind 파일에서 검색이 허용된 로그 파일 목록을 읽어온다.

4. 파일 이름 목록에는 glob 함수가 지원하는 모든 형태가 올 수 있다. glob 함수가 하는 일에 대해서는 man 3 glob을 사용해 찾아보도록 하자. 처음에는 정확한 파일 이름으로 목록을 구성한 후 점차 glob 기능을 적용하는 방법을 권한다.

5. 반드시 로그 파일에서 단어가 검색된 줄 번호를 출력해야 하며, 최대한 빠른 속도로 탐색하도록 만든다.

26.2 실행 결과

logfind 실행 결과는 다음과 같다.

연습문제 26 Session

```
$ ./logfind MAX
logfind.c
Makefile
$ cat .logfind
*.c
*.h
Makefile
$ ./logfind -o MAX error
logfind.c
dbg.h
Makefile
$ ./logfind MAX error
Makefile
$
```

지금까지 logfind의 전체 설명을 마쳤다. 이 프로젝트가 제법 힘들 수 있기 때문에 단계적으로 진행하는 것이 좋다. 즉, 약간의 코드를 작성하고 테스트한 다음 또 코드를 작성하고 테스트하는 것이다. 그래서 우선은 동작하는 최소한의 코드로 시작한 다음, 기능을 하나씩 추가하고 수정하는 식으로 작업을 하다보면 어느새 모든 기능이 다 구현되어 있을 것이다.

연습 27

창의적 프로그래밍, 방어적 프로그래밍

지금까지 C 프로그래밍의 기본적인 것들을 배웠으며 이제야 비로소 진지한 프로그래머로 거듭날 준비가 되었다고 할 수 있겠다. 이곳은 여러분이 C 언어와 컴퓨터 과학의 핵심 개념 영역에서 초급자에서 전문가로 탈바꿈하는 곳이다. 여기에서는 모든 프로그래머가 알아야 할 몇 가지 핵심 자료구조와 알고리즘을 설명하고 필자가 수년간 실제 소프트웨어에서 사용한 흥미로운 것들을 알려줄 것이다.

그 전에 더 훌륭한 소프트웨어를 만드는 데 도움이 될 기본적인 기술과 개념 설명이 선행되어야 한다. 그래서 연습 27에서 31까지는 고급 개념에 대해 설명하면서 코딩보다는 개념 설명에 더 중점을 둘 것이다. 그리고는 이렇게 배운 내용을 바탕으로 유용한 자료구조로 구성된 핵심 라이브러리를 만들 것이다.

좀 더 나은 C 코드(사실은 모든 프로그래밍 언어)를 작성하기 위한 첫걸음은 바로 방어적 프로그래밍(defensive programming)이라는 새로운 사고방식을 배우는 것이다. 방어적 프로그래밍은 기본적으로 프로그래머가 실수를 저지른다고 가정하고 가능한 한 모든 단계에서 실수를 방지하기 위해 노력한다. 그래서 이번 연습에서는 방어적 프로그래밍 사고방식에 대해 설명할 것이다.

27.1 창의적 프로그래머 사고방식

앞으로 나올 간단한 연습으로 창의적 프로그래밍 방법을 설명할 수는 없지만, 창의적이라는 말은 위험 감수와 개방이라는 의미를 내포하고 있다. 두려움은 순식간에 창의성을 없애버리기 때문에 필자를 포함한 많은 프로그래머들은 기회를 포착해야 하거나 바보같이 보이는 것을 두려워하지 않아도 될 때 창의적 사고방식을 채택한다. 왜냐하면 두려움은 순식간에 창의성을 없애 버리기 때문이다. 다음은 필자의 사고방식이다.

- 나는 실수를 하지 않는다.
- 사람들이 생각하는 것은 중요하지 않다.
- 머릿속에서 떠오르는 모든 생각은 훌륭한 아이디어가 될 것이다.

필자는 이 사고방식을 일시적으로만 채택할 뿐만 아니라 바로 사용할 수 있는 작은 트릭도 갖고 있다. 이렇게 함으로써 아이디어를 내고, 창의적인 해결책을 찾고, 엉뚱한 방향으로 생각을 펼치고, 두려움 없이 독특한 것들을 창출해낼 수 있다. 그렇게 해서 이 사고방식을 통해 끄집어낸 아이디어를 바탕으로 끔찍하기 이를 데 없는 최초의 버전을 작성하게 된다.

 하지만 이렇게 창의적인 프로토타입을 끝내고 난 뒤에는 이것을 견고하게 만들기 위해 창의적 사고방식을 던져버리고 진지한 모드로 전환한다. 사람들은 보통 이러한 창의적인 사고방식을 구현 단계까지 가져가는 실수를 범한다. 하지만 창의적 사고방식은 그 어두운 면인 파괴적 사고방식으로 변해버린다.

- 완벽한 소프트웨어를 작성하는 것이 가능하다.
- 머릿속에서 나오는 말은 진실이며 오류라고는 절대로 찾을 수 없다. 따라서 완벽한 소프트웨어를 작성할 수 있다.
- 코드가 바로 나 자신이기 때문에, 코드의 완벽함을 비판하는 것은 나 자신을 비판하는 것이다.

다 말도 안 되는 소리다. 여러분도 아마 자신의 작품에 대해 (너무나 자연스럽게도) 대단한 자부심을 느끼는 프로그래머들을 종종 만날 것이다. 이러한 자부심은 그들로 하여금 자신의 결과물을 더욱 향상시킬 수 있는 동기부여가 되기도 한다. 하지만 그들이 만들어낸 결과물에 대한 자부심과 애착으로 인해 자신이 만드는 모든 것이 완벽하다는 착각에 빠질 수 있다. 이런 식으로 자신의 코드에 대한 다른 사람들의 비판을 지속적으로 무시하는 한 깨지기 쉬운 자존심은 지킬 수 있겠지만 결코 성장할 수 없다.

창의적인 사고방식을 유지하면서도 견고한 소프트웨어를 만들어내는 요령은 방어적 프로그래밍 사고방식을 채택하는 것이다.

27.2 방어적 프로그래머 사고방식

창의적인 프로토타입을 만들어 내고 아이디어가 좋다고 느끼는 이 시점이 바로 방어적 프로그래머 모드로 전환할 시기이다. 방어적 프로그래머는 기본적으로 여러분이 작성한 코드를 마음에 들어 하지 않으며 아래와 같은 것들을 신뢰한다.

• 소프트웨어는 오류를 내포한다.
• 당신은 당신의 소프트웨어가 아니며, 다만 오류에 대한 책임을 질 뿐이다.
• 당신은 절대 오류를 없앨 수 없다. 단지 그 가능성을 줄일 뿐이다.

방어적 프로그래머 사고방식을 통해 여러분의 코딩에 정직해지고 비판적으로 분석하는 것이 가능해지며, 이는 곧 프로그램 개선으로 이어진다. 강조컨대 여러분이 오류로 넘쳐난다는 말이 절대 아니며, 여러분의 코드가 오류로 가득하다는 것을 의미한다. 이것은 여러분이 이해해야 할 중요한 사항으로, 이것을 전제해야 다음 단계인 구현 과정에서 객관성이 힘을 얻을 수 있다.

창의적 사고방식과 마찬가지로 방어적 프로그래밍 사고방식에도 어두운 면이 있다. 방어적 프로그래머는 편집증 환자이며, 이러한 두려움은 실수 또는 오류를 예방하는 데 도움이 된다. 이러한 양면성으로 인해 극도로 일관되고 정확하려고 노력할 때는 좋지만 창조적 에너지와 집중을 죽일 수 있다.

27.3 방어적 프로그래머의 8가지 전략

방어적 사고방식을 갖추었다면 이제 프로토타입을 수정하면서 8가지 전략을 적용하여 여러분의 코드를 최대한 견고하게 만들 수 있다. 필자도 실전 업무를 할 때는 무조건 이 전략을 따르며, 이 소프트웨어를 깨뜨리고자 하는 사람의 관점에 서서 최대한 오류를 제거하기 위해 노력한다.

입력 값을 신뢰하지 않는다 제공되는 데이터를 절대로 신뢰하지 않으며 매번 제대로 된 값인가를 점검한다.

오류를 사전에 막는다 오류의 가능성을 발견한다면 그 정도에 관계없이 무조건 막도록 한다.

일찍, 공개적으로 실패한다 일찍, 깨끗하게, 공개적으로 실패를 일으키면서 무슨 일이 어디에서 발생했으며 어떻게 고쳐야 하는지를 알려주도록 한다.

가정하는 내용을 문서화한다 사전 조건, 사후 조건, 불변 조건을 명확하게 기술한다.

문서화보다 예방이 먼저다 코드화할 수 있거나 완벽하게 피할 수 있는 것에 대해서는 문서화하지 않는다.

모든 것을 자동화한다 모든 것, 특히 테스트를 자동화한다.

간결하고 명확하게 한다 항상 코드는 안전을 희생시키지 않으면서 작동하는 가장 작고 깨끗한 형태로 단순화시킨다.

권위에 의문을 가진다 맹목적으로 규칙을 따르거나 거부하지 않는다.

위의 내용은 방어적 프로그래밍 전략일 뿐만 아니라 견고하고 좋은 코드를 만들기 위해 프로그래머가 집중해야 할 핵심적인 사항이기도 하다. 이 전략들을 수행하는 방법에 대해서는 정확하게 말하지 않을 것이다. 여기에서는 각각의 전략에 대해 자세히 설명하고, 이후 몇몇 연습을 통해 전략들을 광범위하게 다룰 것이다.

27.4 8가지 전략 적용하기

이러한 아이디어는 모두 훌륭한 대중 심리학 이론에 불과하다. 그렇다면 실제 코드에는 어떻게 적용시켜야 할까? 이제 이 책의 코드에서 항상 해야 할 것들을 제공할 것이다. 이 코드들은 각각의 전략을 완전한 예제로 보여줄 것이다. 이 아이디어들은 단순히 제공하는 예제에만 국한되지 않기 때문에 여러분은 이것들을 가이드로 삼아 코드를 보다 견고하게 만드는 데 활용할 수 있을 것이다.

27.4.1 입력 값을 신뢰하지 않는다

이제 나쁜 설계와 더 나은 설계에 대한 예를 살펴볼 것이다. 좋은 설계가 아닌 더 나은 설계라고 말하는 이유는 아무리 좋은 설계라도 더 좋아질 수 있기 때문이다. 다음의 문자열을 복사하는 두 개의 함수와 어떤 것이 더 좋은지를 점검하는 main 함수를 살펴보자.

ex27_1.c

```
1    #undef NDEBUG
2    #include "dbg.h"
3    #include <stdio.h>
4    #include <assert.h>
5
6    /*
7     * 순진한 copy로 모든 입력 값이 정상이라고 가정한다.
8     * K&R C에서 인용하였으며 조금 다듬었다.
9     */
10   void copy(char to[], char from[])
11   {
12       int i = 0;
13
14       // 문자열이 '\0'으로 끝나지 않으면 while 루프는 끝나지 않을 것이다.
15       while ((to[i] = from[i]) != '\0') {
16           ++i;
17       }
18   }
19
20   /*
21    * 더 안전한 버전으로, 문자열의 길이를 이용하여 루프를 제어하고 종료시킴으로써
22    * 많은 일반적인 오류를 검출한다.
23    */
24   int safercopy(int from_len, char *from, int to_len, char *to)
25   {
26       assert(from != NULL && to != NULL && "from and to can't be NULL");
27       int i = 0;
28       int max = from_len > to_len - 1 ? to_len - 1 : from_len;
29
30       // to_len은 최소한 1바이트는 되어야 한다.
31       if (from_len < 0 || to_len <= 0)
32           return -1;
33
34       for (i = 0; i < max; i++) {
35           to[i] = from[i];
36       }
37
38       to[to_len - 1] = '\0';
```

```
39
40      return i;
41  }
42
43  int main(int argc, char *argv[])
44  {
45      // 이 문자열들의 크기를 얻는 이유를 주의깊게 이해하기 바란다.
46      char from[] = "0123456789";
47      int from_len = sizeof(from);
48
49      // 7개의 글자와 '\0'이 포함된다는 것에 주의
50      char to[] = "0123456";
51      int to_len = sizeof(to);
52
53      debug("Copying '%s':%d to '%s':%d", from, from_len, to, to_len);
54
55      int rc = safercopy(from_len, from, to_len, to);
56      check(rc > 0, "Failed to safercopy.");
57      check(to[to_len - 1] == '\0', "String not terminated.");
58
59      debug("Result is: '%s':%d", to, to_len);
60
61      // 이제 함수 깨드리기를 시도한다.
62      rc = safercopy(from_len * -1, from, to_len, to);
63      check(rc == -1, "safercopy should fail #1");
64      check(to[to_len - 1] == '\0', "String not terminated.");
65
66      rc = safercopy(from_len, from, 0, to);
67      check(rc == -1, "safercopy should fail #2");
68      check(to[to_len - 1] == '\0', "String not terminated.");
69
70      return 0;
71
72  error:
73      return 1;
74  }
```

copy 함수는 전형적인 C 코드로, 수많은 버퍼 오버플로의 원흉이다. 이 함수
가 가지고 있는 결함은 입력되는 모든 문자열이 ('\0'으로 끝나는) 정상적인
C 문자열이라고 가정하는 것과 단순히 while 루프만을 사용한다는 것이다.
문제는 가정 자체가 엄청나게 지키기 어렵다는 것이다. 게다가 제대로 처리
되지 않을 경우 while 루프가 무한 루프에 빠지게 된다. 견고한 코드를 작성
하는 초석은 무한 루프로 빠질 수 있는 루프를 절대로 만들어서는 안 된다는
것이다.

safercopy 함수는 이를 해결하기 위해 함수 호출 시 입력되는 두 개의 문자열에 대한 크기도 같이 요구한다. 이렇게 함으로써 문자열 복사가 불가능한 경우를 가려낼 수 있다. 크기에 문제가 없다면 to 문자열에 충분한 공간이 있고 항상 문자열 종료가 가능한지를 확인한다. 이렇게 함으로써 copy 함수와는 달리 무한 루프에 빠질 가능성을 배제한다.

이것이 바로 입력 값을 신뢰하지 않는 기본 아이디어다. 만일 여러분의 함수가 종료문자가 없는 문자열을 받는 경우(이런 일은 종종 일어난다)에도 문제없이 잘 돌아가도록 설계해야 한다. 만일 인수로 NULL을 받지 않아야 한다면 반드시 인수가 NULL인지 확인해야 한다. 그리고 크기가 허용된 수준 이내여야 한다면 이 또한 확인해야 한다. 그래서 아예 여러분의 프로그램을 사용하는 모든 사람이 잘못되었다고 가정하고는 애당초 잘못된 입력 값을 넣을 수 없도록 만들어야 한다.

이것은 외부 세계에서 입력을 받는 여러분의 소프트웨어로 확장된다. 어떤 유명한 프로그래머가 마지막으로 "아무도 그렇게 하지 않을 것"이라고 말했는데, 바로 그 다음날 누군가가 그 애플리케이션을 충돌시키거나 해킹하는 것을 보았다. 그러니 혹시라도 여러분이 아무도 그렇게 하지 않을 것이라고 말했다면, 차라리 암호를 입력하도록 만들어 단순한 방법으로는 애플리케이션을 해킹할 수 없도록 만들기 바란다. 꽤 만족스러울 것이다.

효과가 크지는 않지만, 필자가 C 함수를 작성할 때 지키려고 한 것들을 소개하자면 다음과 같다.

- 모든 파라미터에 대해 전제 조건이 무엇인지, 그 조건이 실패를 유발하거나 혹은 오류를 반환하는지 식별한다. 라이브러리를 작성할 때 실패보다는 차라리 오류를 선택한다.
- 모든 실패 예상 전제 조건 지점에 assert(test && "message"); 호출을 추가한다. 이 작은 노력(hack)으로 테스트 실패 시 OS는 여러분을 위해 메시지와 함께 assert 행을 출력해줄 것이다. 이것은 assert가 왜 거기에 있는지 파악하려고 할 때 매우 유용하다.
- 다른 전제 조건의 경우 오류 코드를 반환하거나 필자의 check 매크로를 사

용하여 오류 메시지를 제공토록 한다. 앞의 예제에서는 함수 간의 비교 시 혼란을 피하기 위해 check를 사용하지 않았다.

- 이러한 전제 조건이 존재하는 이유를 문서화하여 프로그래머가 오류에 부 딪쳤을 때 이 전제 조건이 정말로 필요한지를 결정할 수 있도록 한다.
- 입력 값을 수정하는 경우 함수가 종료될 때 수정한 값이 올바르게 되어 있 는지 확인하고 그렇지 않다면 중단시킨다.
- 사용하는 함수의 오류 코드를 항상 확인한다. 예를 들어 흔히 fopen이나 fread의 반환 코드 확인을 생략하는데, 이것은 반환 코드가 오류임을 나타 내는 경우에도 자원을 그냥 사용하는 상황을 만든다. 이로 인해 프로그램 이 충돌하거나 공격 경로를 열어주게 된다.
- 또한 모든 함수가 일관된 오류 코드를 반환하도록 해야 한다. 일단 이 습관 이 생기면 필자의 check 매크로가 왜 그렇게 작동하는지 이해할 수 있다.

단순히 위의 것들을 실천하는 것만으로도 여러분의 자원 관리 수준이 향상될 뿐만 아니라 꽤 많은 오류를 예방할 수 있을 것이다.

27.4.2 오류를 사전에 막는다

앞의 예에 대해 사람들은 "글쎄, 누군가가 copy를 잘못 사용하지는 않을 것"이 라고 말할 수도 있을 것이다. 이런 종류의 함수에 대한 산더미 같은 공격에도 불구하고 어떤 사람들은 여전히 이 오류의 가능성이 매우 낮다고 믿는다. 확 률이 참 재미있는 게 사람들은 어떤 사건이 일어날 확률을 제대로 추정하지 못한다는 것이다. 하지만 어떤 일이 가능한가를 판단하는 경우에는 훨씬 좋 은 결과를 얻는다. 즉, 사람들은 copy에서 오류가 일어날 확률은 없다고 말하 면서도 그 가능성에 대해서는 부인하지 못한다.

핵심은 어떤 일이 일어날 확률이 있기 위해서는 먼저 그 일이 가능해야 한 다는 것이다. 가능성을 결정하는 것은 쉽다. 왜냐하면 누구나 어떤 일이 일 어날지 상상할 수 있기 때문이다. 하지만 이 일에 대한 확률을 결정하는 것 은 쉽지 않다. 과연 copy를 잘못 사용할 확률은 어떻게 되겠는가? 20%? 10%? 1%? 아무도 모른다. 정확한 확률을 계산하기 위해서는 증거를 수집하고 많은 소프트웨어 패키지의 실패율을 살펴보고 실제 프로그래머가 함수를 어떻게 사용하는지도 조사해야 한다.

이 말은 즉, 오류를 막기 위해서는 가능한 문제를 예방하되 먼저 가능성이 높은 것에 집중해야 한다. 소프트웨어를 깨뜨릴 수 있는 모든 방법을 고려하는 것이 쉽지 않겠지만 시도는 해야 한다. 그러나 동시에 가능성이 높은 사건 순으로 집중하지 않으면, 관련 없는 공격에 공연한 시간을 낭비하게 될 것이다.

다음은 소프트웨어를 방어할 대상을 결정하는 절차이다.

- 발생 가능한 모든 오류를 나열한다. 이때 (이유를 포함한) 확률은 고려하지 않는다. "비밀 번호를 도용하기 위해 당신의 기억을 빼내는 외계인들" 같은 것도 목록에 넣지 않는다.
- 각각의 오류에 대해 취약한 명령의 비율을 확률로 지정한다. 가령, 인터넷으로부터의 요청을 처리하는 경우 이것이 오류를 유발시키는 요청 확률이 된다. 함수 호출의 경우에는 오류를 발생시키는 함수 호출 확률이 된다.
- 오류를 방지하기 위해 들인 노력을 코드 또는 시간 단위로 계산한다. 또는 난이도 지표를 제공하여 쉽게 해결할 수 있는 일이 있음에도 불구하고 불가능한 작업에 매달리지 않도록 할 수도 있다.
- 노력(가장 낮은 것부터 높은 순)과 확률(가장 높은 것부터 낮은 순) 순위로 정렬한다. 이제 이것은 여러분의 작업 목록이 된다.
- 가능성을 제거하는 방향으로 목록에 있는 모든 오류를 예방한다. 예방이 불가능한 경우에는 그 가능성을 줄인다.
- 도저히 고칠 수 없는 오류가 존재하는 경우에는 문서로 남겨 다른 사람이 고칠 수 있도록 한다.

이 간단한 절차를 통해 잘 정리된 할 일 목록이 생긴다. 그러나 더 중요한 것은 쓸모없는 일보다 중요한 일에 먼저 집중하도록 도와준다는 점이다. 물론 이 절차를 공식화할 수도 있다. 전체 보안 감사를 수행하는 경우라면, 팀 전체가 스프레드시트를 사용하여 이 절차를 더욱 훌륭하게 수행할 수도 있다. 단순히 함수를 작성하는 중이라면 코드를 검토하고 주석을 달아주면 된다.

중요한 점은 오류가 발생하지 않을 것이라는 가정을 멈추고 노력을 낭비하지 않으면서 오류를 제거하는 것이다.

27.4.3 일찍, 공개적으로 실패한다.

C에서 오류와 맞닥뜨리면 두 가지 중 하나를 선택하게 된다.

- 오류 코드 반환
- 프로세스 중단

이 방법으로 가능한 한 실패를 빨리 일으키고, 명확하게 문서화하고, 오류 메시지를 표시하며, 프로그래머가 쉽게 피할 수 있도록 해준다. 그리고 이것이 필자가 제공한 check 매크로가 그렇게 동작하는 이유이다. 이 매크로는 찾아내는 모든 오류에 대해 메시지, 파일 및 줄 번호를 출력하고 강제로 return 코드를 실행한다. 그래서 여러분이 필자의 매크로를 사용한다면 어쨌든 일을 제대로 하게 될 것이다.

필자는 프로그램을 중단시키기 위해 오류 코드를 반환하는 것을 선호하는 편이다. 만일 오류가 재앙 수준이라면 분명히 프로그램을 중단시키겠지만 그러한 오류는 많지 않다. 프로그램을 중단시키는 좋은 예로 safercopy에서 했던 것처럼 잘못된 포인터가 들어오는 경우를 들 수 있다. 그래서 프로그래머에게 세그먼테이션 오류 폭발을 경험하게 하는 대신, 필자는 즉시 그것을 잡아두고 중단시킬 것이다. 하지만 NULL을 전달하는 것이 일반적이라면 호출된 뒤에도 계속 실행되어 호출자(caller)가 알맞게 코드를 적용할 수 있도록 check로 바꿀 것이다.

그러나 라이브러리라면 중단되지 않도록 하기 위해 최대한 노력한다. 필자의 라이브러리를 사용하는 소프트웨어는 중단해야 하는지 여부를 결정할 수 있으며, 일반적으로 라이브러리가 매우 잘못 사용된 경우에만 중단된다.

마지막으로 오류와 관련된 큰 부분으로, 여러 종류의 오류에 대해 동일한 메시지 또는 오류 코드를 사용하지 않는 것이다. 이런 오류 코드는 일반적으로 외부 자원에서 오류가 발생했을 때 볼 수 있다. 가령 라이브러리가 소켓에서 오류를 수신한 다음 간단히 "bad socket"이라고 보고하면 소켓에서 오류를 반환하도록 하여 디버그하고 수정할 수 있도록 해야 한다. 오류 보고를 설계할 때 발생 가능한 다른 종류의 오류에 대해 서로 다른 오류 메시지를 제공토록 해야 한다.

27.4.4 가정하는 내용을 문서화한다

이 조언을 따르고 있다면 여러분이 하고 있는 일은 이 함수가 세상을 어떻게 예측하는지 계약서를 쓰는 것이라고 볼 수 있다. 각 인수에 대한 전제 조건을 만들었고 가능한 오류를 처리했으며 우아하게 실패하도록 만들었다면, 다음 단계는 계약을 완료하고 불변 조건과 사후 조건을 추가하는 것이다.

불변 조건은 함수가 실행되는 동안 일부 상태에서 반드시 유지되어야 하는 조건이다. 단순한 함수에서는 그다지 일반적이지 않지만, 복잡한 구조를 다룰 때는 필요하다. 불변 조건의 좋은 예는 구조체가 사용되는 동안 항상 올바르게 초기화되는 조건을 들 수 있다. 또 다른 예를 들자면, 정렬된 자료 구조가 처리 중에도 항상 정렬된 상태를 유지하는 것을 들 수 있다.

사후 조건은 함수의 종료 값 또는 함수 실행 결과 값을 보증하는 것이다. 이것은 불변 조건과 혼합될 수 있다. 하지만 이것은 "함수는 항상 0을 반환하며 오류가 있는 경우 -1을 반환한다."처럼 간단하게 정의된다. 일반적으로 이러한 조건들은 문서화되어 있지만, 함수가 할당된 자원을 반환하는 경우에는 NULL이 아닌 무언가를 반환한다는 것을 확인할 수 있도록 사후 조건을 추가할 수 있다. 또는 NULL을 사용하여 오류를 표시할 수도 있으므로 사후 조건에 오류 발생 시 자원 할당이 해제되었는지를 점검할 수도 있다.

C 프로그래밍에서 불변 조건과 사후 조건은 실제 코드나 assert 메시지보다 문서화에 더 많이 사용된다. 이것들을 처리하는 가장 좋은 방법은 가능한 한 많은 assert 호출을 추가한 다음 나머지에 대해 문서화하는 것이다. 그렇게 하면 사람들이 오류와 맞닥뜨릴 때 여러분이 함수를 작성하면서 가정한 내용을 보게 될 것이다.

27.4.5 문서화보다 예방이 먼저다

프로그래머가 코드를 작성하는 과정에서 발생하는 일반적인 문제는 단순히 버그를 수정하는 것이 아니라 일반적인 버그에 대해 문서화하는 것이다. 필자가 가장 좋아하는 사례로 루비 온 레일스 시스템이 모든 달이 30일이라고 가정했던 것을 들 수 있다. 달력을 구현하는 것이 어려웠는지 프로그래머들은 그것을 고치기보다 의도적으로 아주 작은 주석을 구석에 남겨놓고는 몇 년 동안 그것을 고치지 않았다. 그리고는 누군가가 불평할 때마다, 그들은 "이렇게 문서로 남겨놓지 않았느냐!"며 소리치기 급급했다.

실제로 문제를 해결할 수 있다면 문서는 중요하지 않으며, 함수에 치명적인 결함이 있다면 문제를 해결할 때까지 그냥 문서를 포함하지 않아야 한다. 루비 온 레일스의 경우와 같이 의도적으로 문제를 방치하여 아무짝에도 쓸모없는 날짜 함수를 포함하는 것보다 차라리 날짜 함수를 넣지 않는 것이 낫다.

방어적 프로그래밍 사고방식으로 정리를 하는 동안에는 가능한 한 모든 것을 고치도록 노력해야 한다. 고칠 수 없는 문제에 대한 문서가 늘어나고 있다면 기능을 재설계하거나 차라리 기능 자체를 없애는 것을 고려하기 바란다. 이 끔찍하게 잘못된 기능을 계속해서 유지해야 한다면, 필자는 그 사실을 정리하고 문서화한 다음 이에 대한 비난을 받기 전에 새로운 일자리를 알아볼 것을 권하겠다.

27.4.6 모든 것을 자동화한다

여러분은 프로그래머이며, 이 말은 즉 여러분의 직업이 창출하는 자동화가 다른 사람들의 일자리를 빼앗고 있다는 것을 의미한다. 이것의 절정은 여러분이 만든 자신만의 자동화가 여러분의 일에서 벗어나게 만드는 것이다. 여러분의 업무가 완전히 없어지는 것을 바라지는 않겠지만, 하루 종일 터미널을 통해 일일이 수동 테스트를 진행하고 있다면 여러분의 직업은 더 이상 프로그래머가 아닌 QA(품질보증)이다. 여러분은 자신의 업무를 자동화하여 원치 않는 이 QA 작업으로부터 벗어나야 한다.

자동화를 위한 가장 쉬운 방법은 자동화된 테스트 또는 단위 테스트를 작성하는 것이다. 이 작업을 쉽게 수행하는 방법을 이 책에서 설명하겠지만, 테스트를 작성해야 하는 시점 등의 일반적인 내용은 제외하고 테스트 작성 방법, 테스트 대상 및 테스트 효율성을 높이는 방법에 초점을 맞출 것이다.

다음은 자동화가 꼭 필요하지만 대부분의 프로그래머가 실패한 것들이다.

- 테스트 및 검증
- 빌드 절차
- 소프트웨어 배포
- 시스템 관리
- 오류 보고

이 작업을 자동화하는 데 시간을 투자해보자. 재미있는 작업을 할 시간이 많아질 것이다. 이 작업에 흥미를 느낀다면 아마도 이러한 작업을 자동화해주는 소프트웨어를 개발하게 될 것이다.

27.4.7 간결하고 명확하게 한다

간결성은 많은 사람, 특히 똑똑한 사람들이 착각하는 개념 중 하나로, 보통 이해력과 많이 혼동한다. 물론 무엇인가를 이해한다면 분명히 그것은 간단한 것이다. 간결성을 실제로 테스트하려면 그것을 더 간결하게 만들 수 있는지 확인해보면 된다. 하지만 간결한 버전은 더럽다[1]고 생각하여 최대한 복잡하게 작성하고 가능한 한 덩치가 큰 구조체를 사용하는 사람도 볼 수 있다. 복잡성을 선호하는 것은 프로그래밍 질병이라고 해도 과언이 아니다.

이러한 질병에 맞서 싸우기 위해서는 자신에게 이와 같이 다짐하는 것이다. "사람들이 무엇을 하든지 상관없이 간결하고 명확한 것은 더럽지 않다." 만일, 다른 모든 사람들이 12개의 인터페이스를 통해 19개의 클래스가 포함된 미친 방문자 패턴을 작성하고 있고 여러분은 단 두 개의 문자열 연산만으로 동일한 일을 수행할 수 있다면, 여러분이 이긴 것이다. 자신들이 만들어낸 복잡한 괴물이 얼마나 우아하다고 생각하든 관계없이 그들은 잘못되었다.

다음은 어떤 함수가 더 좋은가에 대한 가장 간단한 테스트이다.

- 두 함수 모두 오류가 없어야 한다. 함수에 오류가 있다면 빠르고 간결한 것

---

1 (옮긴이) 여기에서 '더럽다(dirty)'는 말은 코드를 (너무 간결하게 적어서) 이해하기 어려운 것을 저자가 위트 있게 표현한 것이다.

은 중요한 문제가 아니다.

- 고칠 수 없다면 차라리 다른 것을 선택한다.
- 두 함수는 모두 동일한 결과를 내보내는가? 그렇지 않다면 원하는 결과를 내보내는 함수를 선택한다.
- 동일한 결과를 내보내는 경우에는 기능이 적고 분기가 적은 것, 또는 더 단순하다고 생각하는 것을 선택한다.
- 그저 가장 인상적인 것을 선택한 것은 아닌지 확인한다. 더럽지만 간결한 것은 언제나 깨끗하지만 복잡한 것을 이긴다.

필자가 마지막에는 대부분 여러분의 판단에 맡기겠다고 말하는 것을 보게 될 것이다. 간결성은 아이러니하게도 매우 복잡한 것이어서 결국에는 자신의 성향을 따르는 것이 최선의 방법이라고 할 수 있다. 프로그래머로서 성장하고 더 많은 경험을 쌓으면서 '좋은 것'에 대한 자신만의 기준을 잡아가길 바란다.

27.4.8 권위에 의문을 가진다

마지막 전략은 방어적 프로그래밍 사고방식에서 벗어나 창의적 사고방식으로 전환시키기 때문에 가장 중요하다. 방어적 프로그래밍은 권위주의적이며 잔인할 수 있다. 이 사고방식이 하는 일은 여러분이 규칙을 따르도록 만드는 것이다. 왜냐하면 규칙을 따르지 않으면 무언가를 놓치거나 혼란스러워질 수 있기 때문이다.

이 권위주의적 태도는 독립적으로 창조적 사고를 못하게 한다는 단점이 있다. 규칙은 일을 끝내기 위해 필요하지만, 노예가 된다는 것은 곧 창의력을 죽인다는 것이다.

이 마지막 전략은 마치 여러분이 점검하는 소프트웨어와 마찬가지로 규칙에 대해 정기적으로 의문을 제기하고 규칙이 충분히 잘못될 수 있다고 가정해야 한다는 것을 의미한다. 필자가 주로 하는 방법은 프로그래밍과 관련 없는 일을 하며 휴식을 취한 다음 방어적 프로그래밍에서는 규칙을 지키려고 노력하는 것이다. 이렇게 하면 필요할 때 창의적으로 작업하고 더 방어적으로 코딩할 준비가 된다.

27.5 순서는 중요하지 않다

마지막으로 언급하고자 하는 것은 무조건 "생성! 방어! 생성! 방어!"의 순서를 지킬 필요가 없다는 것이다. 처음에는 그렇게 하고 싶은 마음도 들겠지만, 실제로 필자 역시 경우에 따라 필요한 만큼만 적용하고 있으며, 심지어는 각 전략에 대해 굳이 경계를 두지 않고 혼합하여 적용하기도 한다.

아울러 하나의 사고방식이 다른 사고방식보다 좋다고 생각하거나 사고방식 간에 엄격한 경계가 있다고 생각하지 않는다. 프로그래밍을 잘하기 위해서는 창의성과 엄격함이 모두 필요하기 때문에 여러분의 프로그래밍 실력을 향상시키고 싶다면 두 가지에 모두 힘을 쏟기 바란다.

27.6 더 해보기

- 지금까지 이 책을 통해 학습한 코드는 (나머지도 마찬가지지만) 잠재적으로 이번 연습에서 소개한 규칙을 위반한다. 돌아가서 연습문제 하나를 골라 이번 연습에서 배운 내용을 적용하여 개선하거나 버그를 찾아보자.
- 오픈 소스 프로젝트 하나를 선택한 다음 이번 연습에서 설명한 방식으로 몇 개 파일의 코드를 검토해보고 (가능하다면) 버그 수정 패치도 제출해보자.

중급 Makefile

다음의 세 개의 연습을 통해 여러분이 향후 C 프로그램을 만들 때 활용할 수 있는 skeleton 디렉터리 프로젝트를 만든다. 이 골격(skeleton) 디렉터리는 이 책의 나머지 부분에서 사용된다. 여기서는 Makefile만 다루어 여러분이 충분히 이해할 수 있도록 할 것이다.

이번 프로젝트의 목적은 설정 도구를 사용하지 않고도 중급 규모의 프로그램을 쉽게 만들 수 있게 하는 것이다. 제대로만 한다면 GNU make와 간단한 셸 스크립트의 실력이 일취월장할 것이다.

28.1 프로젝트의 기본 구조

가장 먼저 할 일은 c-skeleton 디렉터리를 만들고 많은 프로젝트에서 사용하는 몇 가지 기본적인 파일과 디렉터리를 설정하는 것이다. 필자의 환경과 시작하는 내용은 다음과 같다.

연습문제 28 Session

```
$ mkdir c-skeleton
$ cd c-skeleton/
$ touch LICENSE README.md Makefile
$ mkdir bin src tests
$ cp dbg.h src/    # Ex19에서 가져왔음
$ ls -l
total 8
-rw-r--r--  1 zedshaw  staff     0 Mar 31 16:38 LICENSE
-rw-r--r--  1 zedshaw  staff  1168 Apr  1 17:00 Makefile
-rw-r--r--  1 zedshaw  staff     0 Mar 31 16:38 README.md
drwxr-xr-x  2 zedshaw  staff    68 Mar 31 16:38 bin
drwxr-xr-x  2 zedshaw  staff    68 Apr  1 10:07 build
drwxr-xr-x  3 zedshaw  staff   102 Apr  3 16:28 src
drwxr-xr-x  2 zedshaw  staff    68 Mar 31 16:38 tests
$ ls -l src
```

```
total 8
-rw-r--r-- 1 zedshaw  staff  982 Apr  3 16:28 dbg.h
$
```

마지막의 ls -l을 통해 어떤 것들이 있는지 볼 수 있을 것이다.

다음은 각 파일 및 디렉터리에 대한 설명이다.

LICENSE	프로젝트의 소스코드를 출시할 때 라이선스를 포함시키고자 할 것이다. 여러분이 원하지 않더라도 기본적으로 소스코드의 저작권은 다른 누구도 아닌 여러분에게 있다.
README.md	여러분의 프로젝트를 사용하는 데 필요한 기본 명령으로, .md 확장자를 사용하여 마크다운(markdown)으로 처리될 것임을 명시한다.
Makefile	프로젝트의 기본 빌드 파일
bin/	사용자가 실행시킬 수 있는 프로그램이 있는 디렉터리이다. 보통 비어 있으며, 이 디렉터리가 없는 경우 Makefile이 생성한다.
build/	라이브러리 및 빌드에 필요한 파일들이 들어있다. 마찬가지로 보통 비어 있으며, 이 디렉터리가 없는 경우 Makefile이 생성한다.
src/	소스코드가 있는 디렉터리로, 보통 .c, .h 파일이 들어있다.
tests/	자동화된 테스트가 진행되는 디렉터리이다.
src/dbg.h	나중에 사용하기 위해 연습 19에서 만든 dbg.h 파일을 src/ 디렉터리에 복사해두었다.

이제 여러분의 이해를 돕기 위해 skeleton 프로젝트의 구성요소를 하나하나 설명할 것이다.

28.2 Makefile

가장 먼저 설명할 것은 Makefile이다. 왜냐하면 Makefile을 통해 전체적으로 어떻게 동작하는지를 이해할 수 있기 때문이다. 이번 연습문제의 Makefile은 지금까지 사용해온 Makefile보다 더 내용이 많기 때문에 우선 먼저 타이핑한 다음 하나하나 설명하겠다.

Makefile

```
1   CFLAGS=-g -O2 -Wall -Wextra -Isrc -rdynamic -DNDEBUG $(OPTFLAGS)
2   LIBS=-ldl $(OPTLIBS)
3   PREFIX?=/usr/local
4
5   SOURCES=$(wildcard src/**/*.c src/*.c)
6   OBJECTS=$(patsubst %.c,%.o,$(SOURCES))
7
8   TEST_SRC=$(wildcard tests/*_tests.c)
9   TESTS=$(patsubst %.c,%,$(TEST_SRC))
10
11  TARGET=build/libYOUR_LIBRARY.a
12  SO_TARGET=$(patsubst %.a,%.so,$(TARGET))
13
14  # The Target Build
15  all: $(TARGET) $(SO_TARGET) tests
16
17  dev: CFLAGS=-g -Wall -Isrc -Wall -Wextra $(OPTFLAGS)
18  dev: all
19
20  $(TARGET): CFLAGS += -fPIC
21  $(TARGET): build $(OBJECTS)
22      ar rcs $@ $(OBJECTS)
23      ranlib $@
24  $(SO_TARGET): $(TARGET) $(OBJECTS)
25      $(CC) -shared -o $@ $(OBJECTS)
26
27  build:
28      @mkdir -p build
29      @mkdir -p bin
30
31  # The Unit Tests
32  .PHONY: tests
33  tests: CFLAGS += $(TARGET)
34  tests: $(TESTS)
35      sh ./tests/runtests.sh
36
37  # The Cleaner
38  clean:
39      rm -rf build $(OBJECTS) $(TESTS)
40      rm -f tests/tests.log
41      find . -name "*.gc*" -exec rm {} \;
42      rm -rf `find . -name "*.dSYM" -print`
43
```

```
44   # The Install
45   install: all
46       install -d $(DESTDIR)/$(PREFIX)/lib/
47       install $(TARGET) $(DESTDIR)/$(PREFIX)/lib/
48
49   # The Checker
50   check:
51       @echo Files with potentially dangerous functions.
52       @egrep '[^_.>a-zA-Z0-9](str(n?cpy|n?cat|xfrm|n?dup|str|pbrk|tok|_)\
53                    |stpn?cpy|a?sn?printf|byte_)' $(SOURCES) || true
```

Makefile에서는 반드시 들여쓰기를 탭 키로 해야 한다는 사실을 기억해야 한다. 여러분이 사용하는 문서 편집기가 이 사실을 알고 제대로 동작해야 한다. 만일 제대로 동작하지 않는다면 다른 문서 편집기를 사용해야 한다. 간단한 것에 쉽게 문제를 일으키는 편집기를 사용하는 프로그래머는 아무도 없다.

28.2.1 헤더

이 Makefile은 GNU make의 특별한 기능을 사용하여 거의 대부분의 플랫폼에서 사용할 수 있는 라이브러리를 빌드하도록 디자인되었다. 이렇게 만든 라이브러리는 나중에 사용할 예정이다. 그러면 헤더부터 살펴보자.

> 1행   일반적인 CFLAGS로, 프로젝트의 모든 것을 설정하는 데 사용되며 일부 옵션은 라이브러리 빌드에 사용된다. 다른 플랫폼을 사용하는 경우 이 값들을 보정해야 할 수도 있다. 마지막에 있는 OPTFLAGS 변수는 사용자가 빌드 시 필요한 옵션을 추가하는 용도로 사용된다.
>
> 2행   이 옵션들은 라이브러리 링크 시 사용된다. 마찬가지로 OPTLIBS 변수를 이용하여 사용자가 링크 옵션을 추가할 수 있도록 하였다.
>
> 3행   이 코드는 PREFIX라는 옵션 변수를 설정하는데, 미리 PREFIX 값을 설정해놓지 않은 경우에만 지정이 되도록 ?= 서식을 사용했다.
>
> 5행   이 끝내주는 줄은 wildcard를 이용하여 make 실행 시점의 src/ 디렉터리에 있는 모든 *.c 파일을 검색한 결과를 SOURCES 변수에 넣는다. 이때 반드시 src/**/*.c와 src/*.c를 모두 넣어줘야 GNU

make가 src 디렉터리를 포함한 하위 디렉터리의 모든 *.c 파일을 포함시킨다.

6행   소스 파일 목록을 확보한 다음에는 patsubst를 이용하여 SOURCES 에 있는 *.c 파일 이름을 꺼내고 이를 이용하여 새로운 오브젝트 파일 목록을 만든다. 이때 patsubst가 모든 %.c 확장자를 %.o로 바꾼다. 이렇게 만들어진 새로운 오브젝트 파일 목록은 OBJECTS 변수에 저장된다.

8행   다시 wildcard를 사용하여 단위 테스트를 위한 모든 소스파일 목록을 만든다. 이 파일들은 라이브러리의 소스 파일과는 분리된다.

9행   마찬가지로 patsubst 트릭을 사용하여 TEST_SRC에 들어있는 모든 소스 파일에 대한 실행 파일 목록을 만들어낸다. 이 경우에는 확장자 .c를 없애버려 프로그램 이름이 소스 파일 이름과 동일하게 되도록 하였다. 앞에서는 .c를 .o로 바꾸어 오브젝트 파일이 생성되도록 했다는 점에서 차이가 있다.

11행 마지막으로 최종 목표 파일을 build/libYOUR_LIBRARY.a으로 지정한다. 나중에 원하는 라이브러리 파일 이름으로 바꿀 수 있다.

여기까지가 Makefile의 앞부분에 대한 설명이다. 추가로 사용자가 직접 빌드 옵션을 추가하는 방법은 다음의 예를 보자.

```
# 경고! 설명일 뿐이니 당장 실행하지 않아도 된다.
# 이렇게 하면 라이브러리를 /tmp에 설치한다.
$ make PREFIX=/tmp install
# 이렇게 하면 옵션으로 pthreads가 추가된다.
$ make OPTFLAGS=-pthread
```

위와 같이 Makefile에 있는 변수와 동일한 이름의 옵션을 make 실행 시 제공하면 이 내용이 빌드에 반영된다. Makefile 실행을 바꾸기 위해서는 이렇게 하면 된다. 첫 번째 명령줄에서는 PREFIX 변수 값을 바꾸어 /tmp 디렉터리에 설치되도록 하고 두 번째 명령줄에서는 OPTFLAGS 값을 설정하여 -pthread 옵션이 추가되도록 하였다.

28.2.2 타깃 빌드

계속해서 Makefile을 분석한다. 이어서 나오는 부분은 오브젝트 파일과 타깃 빌드이다.

15행 첫 번째 타깃은 make가 실행될 때 아무런 타깃이 주어지지 않는 경우에 실행되는 타깃이다. 여기에서는 타깃 이름이 all:로, $(TARGET) tests를 이용하여 빌드할 타깃들을 알려주고 있다. TARGET 변수 값을 살펴보면 앞에서 라이브러리로 지정한 것을 알 수 있다. 결국 타깃 all:은 라이브러리를 먼저 빌드한다. 타깃 tests에 대해서는 단위 테스트 부분에서 설명할 것이다.

17행 '개발자 빌드'를 만들기 위한 또 다른 타깃으로, 단 하나의 타깃을 위해서만 옵션을 바꾸는 기법을 소개하고 있다. 만일 '개발자 빌드'를 진행한다면 CFLAGS에 버그를 찾는 데 유용한 -Wextra 같은 옵션을 추가하면 편리할 것이다. 그래서 먼저 해당 옵션을 타깃 줄에 놓은 다음 다음 줄에 원래의 타깃(여기에서는 all)을 표시하면 타깃 dev에 대해서는 여러분이 설정한 옵션으로 바뀔 것이다. 필자는 이러한 기능을 활용하여 플랫폼별로 필요한 옵션을 설정하였다.

20행 무엇이든 상관없이 TARGET 라이브러리를 빌드한다. 17행에서 보여준 트릭을 사용하여 본 타깃에서만 사용할 옵션을 지정하였는데, 여기에서는 라이브러리 빌드를 위해 -fPIC 옵션을 추가하였다. +=를 사용하여 옵션 하나를 더 추가한 것을 알 수 있다.

21행 라이브러리를 빌드하는 진짜 타깃이다. 먼저 build 디렉터리를 만든 다음 모든 OBJECTS를 컴파일한다.

22행 ar 명령을 이용하여 실제로 TARGET을 만든다. $@ $(OBJECTS)는 "이 Makefile을 위한 타깃을 소스 파일 위치에 놓고 이어서 모든 OBJECTS는 놓으시오."라는 의미를 갖는다. 이 경우,

$@는 20행의 $(TARGET)에 매핑되고, 다시 $(TARGET)은 build/
libYOUR_LIBRARY.a에 매핑된다. 얼핏 봐도 여러 번의 역참조
가 일어나는데, 이것은 충분히 가능하며 제대로 동작하게 해놓
으면 최초로 지정한 TARGET 값만 바꿔도 완전히 새로운 라이브
러리를 제작할 수 있다.

23행   라이브러리를 만들기 위해 ranlib을 실행하고, TARGET 이름으
로 빌드된다.

28~29행   단순히 build/ 또는 bin/ 디렉터리가 없을 때 각각의 디렉터리
를 만든다. 이 부분은 21행에서 build/ 디렉터리가 생성된 것
을 보장하기 위해 build 타깃을 명시하면서 참조된다.

지금까지 소프트웨어를 빌드하기 위한 모든 내용을 살펴보았다. 다음은 테
스트 자동화를 위해 단위 테스트를 빌드하고 실행시키는 부분을 분석할 것
이다.

28.2.3 단위 테스트

C 언어는 다른 프로그래밍 언어와 달리 테스트하려는 각각을 작은 프로그램
으로 만들기가 쉽다. 일부 테스트 프레임워크는 다른 언어가 가지고 있는 모
듈 개념을 에뮬레이트하고 동적 로딩도 수행해보지만 C에서는 제대로 작동
하지 않는다. 어차피 각각의 테스트를 위한 단일 프로그램을 만들 수 있기 때
문에 모듈 개념이 없어도 상관없다.

계속해서 Makefile의 단위 테스트 부분을 설명한다. 나중에 make가 제대로
동작했는지 확인하기 위해 tests/ 디렉터리의 내용을 살펴보기 바란다.

32행   실제 타깃의 대상이 아니지만 타깃과 동일한 이름의 디렉터리나
파일이 존재한다면 .PHONY:를 이용하여 지정해야 한다. 이렇게 해
야 make는 타깃과 동일한 이름의 파일 또는 디렉터리 존재 여부와
상관없이 타깃에 정의된 내용을 항상 실행한다.

33행   앞에서 CFLAGS에 사용한 것과 동일한 트릭을 사용하여 모든 테스
트 프로그램이 TARGET 라이브러리와 링크되도록 CFLAGS 변수에

TARGET을 추가한다. 이 경우에는 build/libYOUR_LIBRARY.a가 링크 과정에 추가된다.

34행 실제 tests: 타깃에 대한 내용을 수행한다. 수행하는 내용은 헤더 부분에서 정의한 TESTS 변수에 들어있는 프로그램에 따라 달라진다. 이 줄은 실제로 Make에 "Make, TESTS에 들어있는 모든 프로그램에 빌드에 필요한 정보와 현재 설정된 CFLAGS 옵션을 사용해줘."라고 지시한다고 해석하면 된다.

35행 TESTS에 들어있는 모든 프로그램 빌드가 끝나면 간단한 셸 스크립트 하나를 수행하는데, 이 스크립트는 모든 테스트 프로그램을 실행시키고 그 결과를 보고하는 역할을 한다. 더 자세한 내용은 바로 아래에서 설명할 것이다.

단위 테스트를 위해서는 테스트 프로그램을 동작시킬 작은 셸 스크립트 하나가 필요하다. 그러면 바로 스크립트를 작성해보자. 스크립트 이름은 tests/runtests.sh이다.

runtests.sh

```
1    echo "Running unit tests:"
2
3    for i in tests/*_tests
4    do
5        if test -f $i
6        then
7            if $VALGRIND ./$i 2>> tests/tests.log
8            then
9                echo $i PASS
10           else
11               echo "ERROR in test $i: here's tests/tests.log"
12               echo "------"
13               tail tests/tests.log
14               exit 1
15           fi
16       fi
17   done
18
19   echo ""
```

나중에 단위 테스트 방법을 설명할 때 이 스크립트를 사용할 것이다.

28.2.4 클리너

이제 완전히 동작하는 단위 테스트까지 확보하였으니, 재설정을 위해 설치한 내용을 지워주는 부분을 만들 차례이다.

38행 　　프로젝트를 삭제할 때 사용할 타깃으로 clean:을 사용한다.

39~42행 　프로젝트 빌드를 위해 사용한 컴파일러와 툴이 남긴 부산물들을 지운다. 또한 build/ 디렉터리를 지우고, 마지막에는 약간의 트릭을 사용하여 애플의 XCode가 디버깅 목적으로 만든 *.dSYM 디렉터리도 제거한다.

삭제해야 할 별도의 내용이 있다면 clean: 타깃에 추가하기만 하면 된다.

28.2.5 설치

다음은 install로, 프로젝트를 설치하는 방법을 알려준다. 여기에서는 라이브러리를 만들기 때문에 일반적인 PREFIX에 디렉터리를 추가하는데, 라이브러리 디렉터리로는 보통 /usr/local/lib을 사용한다.

45행 　　이렇게 하면 install:은 타깃 all:에 의존적이 된다. 즉, make install이라고 입력하면 모든 것을 빌드한다.

46행 　　install 프로그램을 사용하여 lib 디렉터리를 확인하고 없으면 생성한다. 이 경우, 최대한 사용자 입장에서 유연하게 설치되도록 두 개의 변수를 이용하여 디렉터리를 지정하도록 하였다. 안전한 디렉터리나 일반적인 위치가 아닌 디렉터리에 패키지를 설치하는 경우에는 DESTDIR 변수를 설정하도록 하였으며, 그 외에는 PREFIX를 이용하여 /usr/local이 아닌 다른 곳에 프로젝트를 설치할 수 있도록 하였다.

47행 　　install을 이용하여 필요한 곳에 라이브러리를 설치한다.

install 프로그램을 사용하는 이유는 제대로 된 권한(permission)이 설정되도록 하기 위해서이다. 일반적으로 make install을 실행할 때는 root 권한을 갖고 있어야 하기 때문에, 전형적인 빌드 과정은 make && sudo make install이 된다.

28.2.6 검사기

이번 Makefile의 진짜 마지막 부분은 필자가 보너스로 추가한 부분으로, 프로 젝트에서 잘못된 C 함수를 사용하는 것을 검출해낸다. 문자열 함수 및 기타 버퍼를 보호하지 않는 함수들이 이에 해당한다.

```
49    # The Checker
50    check:
51        @echo Files with potentially dangerous functions.
52        @egrep '[^_.>a-zA-Z0-9](str(n?cpy|n?cat|xfrm|n?dup|str|pbrk|tok|_)\
53                |stpn?cpy|a?sn?printf|byte_)' $(SOURCES) || true
```

50행   타깃 check:를 통해 필요할 때는 언제든지 프로젝트 검사를 할 수 있도록 한다.

51행   단순히 메시지를 출력하며, @echo를 이용하여 명령은 출력하지 않고 그 결과만 출력되도록 하였다.

52~53행   소스 파일에 대해 egrep 명령을 실행하여 문제가 있는 패턴이 있는지를 검출한다. 마지막에 있는 || true는 egrep이 실패했을 때, 즉 아무런 문제도 발견되지 않았을 때 make가 오류라고 생각하지 않도록 하는 역할을 한다.

타깃 check:를 실행하면 잘못된 것이 없을 때 오류가 반환되는 이상한 결과를 보게 될 것이다.

28.3 실행 결과

Skeleton 디렉터리 프로젝트 빌드를 끝내기 위해서는 아직 두 개의 연습이 남았지만, 여기에서는 우선 Makefile의 기능을 테스트해 보았다.

연습문제 28 Session

```
$ make clean
rm -rf build
rm -f tests/tests.log
find . -name "*.gc*" -exec rm {} \;
rm -rf 'find . -name "*.dSYM" -print'
$ make check
$ make
```

타깃 clean:을 실행하면 동작은 하지만 아직 src/ 디렉터리에 소스 파일이 없기 때문에 실제로 작업하는 것은 없다. 이 부분에 대해서는 다음 연습에서 다룰 것이다.

28.4 더 해보기

- src/ 디렉터리에 소스 및 헤더 파일을 넣어 Makefile이 실제로 동작하게 하자. 소스 파일에는 main 함수가 필요하지 않다.
- check: 타깃에서 검출을 위해 사용하는 정규표현식에 대해 조사해보자.
- 자동화된 단위 테스트를 할 필요가 없다면 우선은 건너뛰고 나중에 필요할 때 읽어도 된다.

연습 29

라이브러리와 링크

C 프로그램에서의 핵심은 OS에서 제공하는 라이브러리에 링크(연결)시키는 기능이다. 링크를 통해 다른 사람이 시스템에서 만들고 패키지한 프로그램의 추가 기능을 사용할 수 있다. 이미 기본적으로 포함된 표준 라이브러리를 사용하고 있지만, 여기에서는 다른 유형의 라이브러리와 그 기능에 대해 설명할 것이다.

사실 제대로 된 라이브러리를 제공하는 프로그래밍 언어는 없다. 정확한 이유는 알 수 없지만, 프로그래밍 언어 디자이너는 링크란 나중에 고민하면 되는 것으로 생각하는 것 같다. 라이브러리는 대개 혼란스럽고 다루기 힘들며 버전 관리를 제대로 수행할 수 없을 뿐만 아니라 어디서나 다르게 링크된다.

C 언어 역시 다른 프로그래밍 언어와 차이가 없지만, C에서 링크 및 라이브러리가 동작하는 방법은 오래 전 UNIX 운영체제와 실행 파일 형식 설계를 통해 만들어진 결과물이기 때문에, C가 링크시키는 방법을 익히면 운영체제가 어떻게 동작하고 어떻게 프로그램을 실행시키는지를 이해하는데 도움이 된다.

그러면 먼저 라이브러리의 두 가지 형식과 함께 시작해보자.

static(정적 라이브러리) 연습 28에서 libYOUR_LIBRARY.a를 생성하기 위해 ar과 ranlib를 사용하여 만든 라이브러리가 정적 라이브러리이다. 이러한 종류의 라이브러리는 일종의 컨테이너로 .o 오브젝트 파일과 그 안에 포함된 함수 세트가 들어있으며, 프로그램을 빌드할 때 하나의 커다란 .o 파일처럼 취급할 수 있다.

dynamic(동적 라이브러리) 보통 .so, .dll로 끝나며, OS X에서는 버전에 따라

수없이 많은 다른 확장자가 붙는다. 특히, OS X은 심각하게도 .dylib, .bundle, .framework를 추가해 놓고는 제대로 구분하지도 않는다. 이러한 동적 라이브러리 파일은 빌드된 다음 공통된 위치에 배치된다. 그래서 운영체제는 프로그램이 실행될 때 이러한 라이브러리 파일을 동적으로 로드하고 실시간으로 프로그램에 연결한다.

필자는 중소 규모의 프로젝트에서 정적 라이브러리를 사용하는데, 사용하기 쉽고 많은 운영체제에서 작업할 수 있기 때문이다. 또한 모든 코드를 정적 라이브러리에 저장하여 필요 시 단위 테스트와 프로그램에 링크시키는 것을 선호한다.

동적 라이브러리는 더 큰 규모의 시스템에서 공간이 부족한 경우 또는 공통적인 기능을 사용하는 프로그램이 많은 경우에 유용하다. 이 경우 공통 기능에 대한 코드 전체를 모든 프로그램에 정적으로 링크시킬 필요 없이 동적 라이브러리에 저장하여 모든 프로그램에서 한 번만 로드되도록 한다.

연습 28에서 정적 라이브러리(.a 파일)를 만드는 방법을 설명했는데, 이 라이브러리는 이 책이 끝날 때까지 사용할 것이다. 이번 연습에서는 간단한 .so 라이브러리를 만드는 방법과 UNIX dlopen 시스템을 사용하여 동적으로 로드하는 방법을 설명한다. 이 작업을 하나하나 진행하여 여러분이 실제로 발생하는 모든 것을 이해하도록 한 다음, "더 해보기" 절에서 c-skeleton 골격을 사용하여 동적 라이브러리를 만들어보게 할 것이다.

29.1 공유 라이브러리 동적 로딩

이를 위해 두 개의 소스 파일을 만드는데, 하나는 libex29.so 라이브러리를 만드는 데 사용된다. 다른 하나는 ex29 프로그램으로, libex29.so를 로드하고 이 안에 있는 함수를 사용한다.

libex29.c

```
1    #include <stdio.h>
2    #include <ctype.h>
3    #include "dbg.h"
```

```
 4
 5
 6   int print_a_message(const char *msg)
 7   {
 8       printf("A STRING: %s\n", msg);
 9
10       return 0;
11   }
12
13
14   int uppercase(const char *msg)
15   {
16       int i = 0;
17
18       // 버그: \0 종료 문제
19       for(i = 0; msg[i] != '\0'; i++) {
20           printf("%c", toupper(msg[i]));
21       }
22
23       printf("\n");
24
25       return 0;
26   }
27
28   int lowercase(const char *msg)
29   {
30       int i = 0;
31
32       // 버그: \0 종료 문제
33       for(i = 0; msg[i] != '\0'; i++) {
34           printf("%c", tolower(msg[i]));
35       }
36
37       printf("\n");
38
39       return 0;
40   }
41
42   int fail_on_purpose(const char *msg)
43   {
44       return 1;
45   }
```

코드에 대단한 내용은 없지만 여러분이 코드에 주의를 기울이도록 몇 가지 버그를 남겨두었다. 나중에 버그를 고치기 바란다.

우리가 할 것은 위 코드의 함수를 사용하기 위해 dlopen, dlsym, dlclose 함수를 사용하는 것이다.

ex29.c

```
1    #include <stdio.h>
2    #include "dbg.h"
3    #include <dlfcn.h>
4
5    typedef int (*lib_function) (const char *data);
6
7    int main(int argc, char *argv[])
8    {
9        int rc = 0;
10       check(argc == 4, "USAGE: ex29 libex29.so function data");
11
12       char *lib_file = argv[1];
13       char *func_to_run = argv[2];
14       char *data = argv[3];
15
16       void *lib = dlopen(lib_file, RTLD_NOW);
17       check(lib != NULL, "Failed to open the library %s: %s", lib_file,
18               dlerror());
19
20       lib_function func = dlsym(lib, func_to_run);
21       check(func != NULL,
22               "Did not find %s function in the library %s: %s", func_to_run,
23               lib_file, dlerror());
24
25       rc = func(data);
26       check(rc == 0, "Function %s return %d for data: %s", func_to_run,
27               rc, data);
28
29       rc = dlclose(lib);
30       check(rc == 0, "Failed to close %s", lib_file);
31
32       return 0;
33
34   error:
35       return 1;
36   }
```

이제 위 코드 분석을 통해 이 작지만 유용한 코드가 어떻게 동작하는지 살펴
보자.

> 5행   이렇게 정의한 함수 포인터는 나중에 라이브러리에 있는 함수 호
> 출에 사용된다. 새로운 것은 없지만 어떻게 동작하는지는 이해하
> 고 있어야 한다.

16행 프로그램 셋업을 끝내고 dlopen 함수를 이용하여 lib_file에 지정된 라이브러리를 로드한다. dlopen 함수가 반환하는 핸들은 나중에 파일 오픈 등 많은 일에 사용된다.

17행 오류 여부를 체크할 때 dlerror를 사용하여 라이브러리와 관련해 어떤 문제가 있었는지 찾고 있음을 눈여겨보기 바란다.

20행 dlsym을 사용하여 라이브러리 핸들 lib에서 함수를 얻는다. 함수 이름은 func_to_run에 저장된 문자열을 사용한다. 이곳은 아주 강력한 부분으로, 명령 줄의 argv로부터 입력받은 문자열을 가지고 함수 포인터를 동적으로 얻을 수 있었다.

25행 func 함수를 호출하고 반환 값을 점검한다.

29행 파일을 닫듯이 라이브러리를 닫는다. 보통 라이브러리는 프로그램이 실행하는 전체 시간 동안 계속 열어두어야 하기 때문에 마지막 시점에서 닫는 것은 유용하지는 않지만 여기에서는 설명을 위해 넣어두었다.

29.2 실행 결과

이제 이 파일들이 하는 역할을 알았으니 libex29.so와 ex29를 빌드하고 실행시킨 결과를 보자. 다음의 결과를 보면 일일이 빌드되는 과정을 통해 무슨 일이 일어나고 있는지를 알 수 있을 것이다.

연습문제 29 Session

```
# lib 파일을 컴파일하고 .so 파일을 만든다.
# 일부 플랫폼에서는 -fPIC 옵션이 필요할 수 있으니 오류 발생 시 추가하기 바란다.
$ cc -c libex29.c -o libex29.o
$ cc -shared -o libex29.so libex29.o

# 로더 프로그램을 컴파일한다.
$ cc -Wall -g -DNDEBUG ex29.c -ldl -o ex29

# 잘 동작하는 몇 가지 것들을 넣는다.
$ ex29 ./libex29.so print_a_message "hello there"
-bash: ex29: command not found
$ ./ex29 ./libex29.so print_a_message "hello there"
A STRING: hello there
```

```
$ ./ex29 ./libex29.so uppercase "hello there"
HELLO THERE
$ ./ex29 ./libex29.so lowercase "HELLO tHeRe"
hello there
$ ./ex29 ./libex29.so fail_on_purpose "i fail"
[ERROR] (ex29.c:23: errno: None) Function fail_on_purpose return 1 for\
        data: i fail

# 잘못된 인수를 넣는다.
$ ./ex29 ./libex29.so fail_on_purpose
[ERROR] (ex29.c:11: errno: None) USAGE: ex29 libex29.so function data

# 존재하지 않는 함수를 호출한다.
$ ./ex29 ./libex29.so adfasfasdf asdfadff
[ERROR] (ex29.c:20: errno: None) Did not find adfasfasdf
 function in the library libex29.so: dlsym(0x1076009b0, adfasfasdf):\
        symbol not found

# 존재하지 않는 .so 파일을 로드시킨다.
$ ./ex29 ./libex.so adfasfasdf asdfadfas
[ERROR] (ex29.c:17: errno: No such file or directory) Failed to open
  the library libex.so: dlopen(libex.so, 2): image not found
$
```

한 가지 분명한 점은 공유 라이브러리가 잘못되었다고 생각하는 새로운 프로
그래머가 나타날 때마다 모든 운영체제, 모든 운영체제의 모든 버전 및 모든
컴파일러에서 공유 라이브러리를 실행시켜 빌드하는 방법에 변화를 시도해야
한다는 것이다. 혹시라도 libex29.so 파일을 만드는 줄이 잘못되었다면 필자
에게 알려주기 바란다. 그러면 다른 플랫폼에 대한 설명을 추가할 것이다.

때때로 자신의 생각대로 하는 것이 정상적이라고 생각하여 cc -Wall -g DNDEBUG -ldl
ex29.c -o ex29 명령을 실행하면 모든 것이 잘 동작할 것 같지만, 그렇지 않은 경우도 있다.
일부 플랫폼에서는 아무 이유 없이 컴파일 명령 실행 시 라이브러리의 위치 순서에 따라 제대
로 동작하지 않는 경우도 있다. 데비안이나 우분투 리눅스의 경우 cc -Wall -g -DNDEBUG
ex29.c -ldl -o ex29라고 입력해야 하는데, 이에 대한 명확한 이유는 없다. 그냥 그렇게 실
행해야 한다. 따라서 필자는 현재 OS X을 사용하기 때문에, 혹시라도 동적 라이브러리 링크에
문제가 생겨 함수를 찾지 못하는 일이 생긴다면 컴파일하는 순서를 바꾸어보기 바란다.
여기에서 짜증나는 점은 명령 줄에서 인수의 순서 말고는 아무런 차이가 없는 플랫폼이 실제로
존재한다는 것이다. 이성적으로 생각해보면 -ldl은 그저 옵션이기 때문에 위치에 따라 결과가
달라진다는 것은 말이 안 된다. 이 옵션의 위치를 일일이 신경 써야 하는 것은 정말 골치 아픈 일
이 아닐 수 없다.

29.3 프로그램 깨뜨리기

바이너리 파일을 편집할 수 있는 편집기로 libex29.so를 열고 몇몇 바이트를 수정한 다음 itlibex29.so라는 이름으로 저장한다. 그리고 동적 라이브러리 파일이 오염되었음에도 불구하고 dlopen 함수를 통해 로드할 수 있는지 확인해보자.

29.4 더 해보기

- libex29.c 함수에서 잘못된 코드를 신경 써서 보았는가? for 루프를 사용했음에도 불구하고 여전히 '\0' 종료문자를 점검하도록 만드는 방법을 알겠는가? 이 부분을 수정하여 함수가 호출될 때 문자열의 길이도 같이 인수로 받도록 하자.
- c-skeleton 골격을 사용하여 이 연습을 위한 새로운 프로젝트를 만들어보자. 이때 libex29.c 파일은 src/ 디렉터리에 넣고, Makefile을 수정하여 build/libex29.so로 빌드하도록 만든다.
- ex29.c 파일을 가져와 tests/ex29_tests.c에 넣고 단위 테스트로 실행시킬 수 있도록 만들자. 제대로 동작하도록 하기 위해서는 build/libex29.so 파일을 로드하도록 소스 코드를 수정해야 할 것이다. 그리고 앞에서 보여준 실행 방법과 비슷하게 테스트가 이루어지도록 셸 스크립트도 수정해야 한다
- man dlopen 문서를 읽어보고 관련된 모든 함수에 대해서도 읽어보자. 그리고 RTLD_NOW 외의 옵션을 사용하여 dlopen을 시도해보기 바란다.

연습 30

테스트 자동화

파이썬이나 루비 같은 다른 프로그래밍 언어에서는 자동화된 테스트가 자주 사용되는 반면 C 언어에서는 거의 사용되지 않는다. 그 이유 중 하나는 C 코드의 일부를 자동으로 로드하여 테스트하는 것이 쉽지 않기 때문이다. 이번 연습에서는 아주 작은 테스트 프레임워크를 만들고 여러분의 skeleton 디렉터리를 사용하여 예제 테스트를 만들 것이다.

이번 연습에서 사용할 프레임워크는 c-skeleton 골격에 포함시킬 것으로, 이름은 minunit이다. minunit은 제라 디자인(Jera Design)의 아주 작은 코드에서 출발하였다. 필자가 그것을 다음과 같이 발전시켰다.

minunit.h

```
1    #undef NDEBUG
2    #ifndef _minunit_h
3    #define _minunit_h
4
5    #include <stdio.h>
6    #include <dbg.h>
7    #include <stdlib.h>
8
9    #define mu_suite_start() char *message = NULL
10
11   #define mu_assert(test, message) if (!(test)) {\
12       log_err(message); return message; }
13   #define mu_run_test(test) debug("\n-----%s", " " #test); \
14       message = test(); tests_run++; if (message) return message;
15
16   #define RUN_TESTS(name) int main(int argc, char *argv[]) {\
17       argc = 1; \
18       debug("----- RUNNING: %s", argv[0]);\
19       printf("----\nRUNNING: %s\n", argv[0]);\
20       char *result = name();\
21       if (result != 0) {\
22           printf("FAILED: %s\n", result);\
```

```
23      }\
24      else {\
25          printf("ALL TESTS PASSED\n");\
26      }\
27      printf("Tests run: %d\n", tests_run);\
28      exit(result != 0);\
29  }
30
31  int tests_run;
32
33  #endif
```

지금은 dbg.h 매크로와 상용구 테스트 코드를 위해 만든 커다란 매크로를 사용하고 있기 때문에 실제로 초기 오리지널 코드는 남아 있지 않다. 아주 적은 양의 코드지만, 이것을 이용하여 테스트를 수행하는 셸 스크립트와 결합된 C 코드에서 사용할 수 있는 완전한 기능의 단위 테스트 시스템을 만들 것이다.

30.1 테스트 프레임워크 구성하기

내용을 이어가기 위해서는 src/libex29.c 작업을 마쳐야 한다. 여기에 ex29.c 로더 프로그램까지 정상적으로 실행되도록 연습문제 29의 "더 해보기" 절도 마쳐야 한다. 연습 29에서는 단위 테스트와 같이 작동하도록 요청했지만, 여기에서는 처음부터 다시 시작하여 minunit.h를 사용하는 방법으로 탈바꿈시킬 것이다.

가장 먼저 해야 할 일은 tests/libex29_tests.c 라는 이름의 비어있는 (empty) 단위 테스트 코드를 작성하는 것이다.

libex29_tests.c (임시 버전)

```
1   #include "minunit.h"
2
3   char *test_dlopen()
4   {
5
6       return NULL;
7   }
8
9   char *test_functions()
10  {
11
```

```
12      return NULL;
13  }
14
15  char *test_failures()
16  {
17
18      return NULL;
19  }
20
21  char *test_dlclose()
22  {
23
24      return NULL;
25  }
26
27  char *all_tests()
28  {
29      mu_suite_start();
30
31      mu_run_test(test_dlopen);
32      mu_run_test(test_functions);
33      mu_run_test(test_failures);
34      mu_run_test(test_dlclose);
35
36      return NULL;
37  }
38
39  RUN_TESTS(all_tests);
```

이 코드는 tests/minunit.h의 RUN_TESTS 매크로와 다른 테스트 실행 매크로를 사용하는 방법을 보여준다. 실제 테스트 함수들은 내용이 없기 때문에 단위 테스트를 어떻게 구조화하는지 쉽게 확인할 수 있을 것이다. 먼저 위 파일을 분석해보자.

1행   minunit.h 프레임워크를 포함시킨다.

3~7행   첫 번째 테스트이다. 테스트는 구조화되어 인수를 받지 않으며 성공 시 char * 타입으로 NULL을 반환한다. 이것은 테스트 실행 매크로에 오류 메시지를 반환할 때 다른 매크로가 사용되기 때문에 중요하다.

9~25행 첫 번째 테스트와 동일한 테스트를 몇 개 더 두었다.

27행   실행 함수로, 나머지 테스트 전체를 통제한다. all_tests 함수는 나머지 테스트 함수와 동일한 형태로 구성되었으나 몇 가지 기능이 추가되었다.

29행   mu_suite_start는 테스트를 위한 기본적인 셋업 작업을 한다.

31행   이렇게 mu_run_test 매크로를 사용하여 테스트를 진행한다.

36행   실행 테스트가 끝나면 다른 일반 테스트와 동일하게 NULL을 반환시킨다.

39행   마지막으로 커다란 RUN_TESTS 매크로를 사용하여 all_tests 시작 부분을 포함한 모든 내용이 담겨있는 main 함수를 찍어낸다.

이것이 테스트를 실행하는 전 과정이며, 이제 여러분이 skeleton 프로젝트를 가지고 테스트를 진행할 차례이다.

연습문제 30 Session

보여줄 내용이 없다.

가장 먼저 make clean을 실행한 다음, 빌드를 수행하여 libYOUR_LIBRARY.a와 libYOUR_LIBRARY.so 파일을 다시 만들었다. 이 부분은 연습 29의 "더 해보기" 절에서 이미 완료했어야 하지만 아직 못했을 경우를 가정하여 diff를 통해 필자가 현재 사용하는 Makefile과 비교해 놓았다.

ex30.Makefile.diff

```
diff --git a/code/c-skeleton/Makefile b/code/c-skeleton/Makefile
index 135d538..21b92bf 100644
--- a/code/c-skeleton/Makefile
+++ b/code/c-skeleton/Makefile
@@ -9,9 +9,10 @@ TEST_SRC=$(wildcard tests/*_tests.c)
TESTS=$(patsubst %.c,%,$(TEST_SRC))

TARGET=build/libYOUR_LIBRARY.a
+SO_TARGET=$(patsubst %.a,%.so,$(TARGET))

# The Target Build
-all: $(TARGET) tests
+all: $(TARGET) $(SO_TARGET) tests

dev: CFLAGS=-g -Wall -Isrc -Wall -Wextra $(OPTFLAGS)
dev: all
@@ -21,6 +22,9 @@ $(TARGET): build $(OBJECTS)
```

```
    ar rcs $@ $(OBJECTS)
    ranlib $@

+$(SO_TARGET): $(TARGET) $(OBJECTS)
+ $(CC) -shared -o $@ $(OBJECTS)
+
build:
    @mkdir -p build
    @mkdir -p bin
```

위와 같은 변경 내역이면 충분히 모든 것을 빌드할 수 있을 것이다. 이제 최
종적으로 테스트 함수의 내용을 채워보자.

libex29_tests.c(최종 버전)

```
1    #include "minunit.h"
2    #include <dlfcn.h>
3
4    typedef int (*lib_function) (const char *data);
5    char *lib_file = "build/libYOUR_LIBRARY.so";
6    void *lib = NULL;
7
8    int check_function(const char *func_to_run, const char *data,
9            int expected)
10   {
11       lib_function func = dlsym(lib, func_to_run);
12       check(func != NULL,
13               "Did not find %s function in the library %s: %s", func_to_run,
14               lib_file, dlerror());
15
16       int rc = func(data);
17       check(rc == expected, "Function %s return %d for data: %s",
18               func_to_run, rc, data);
19
20       return 1;
21   error:
22       return 0;
23   }
24
25   char *test_dlopen()
26   {
27       lib = dlopen(lib_file, RTLD_NOW);
28       mu_assert(lib != NULL, "Failed to open the library to test.");
29
30       return NULL;
31   }
32
33   char *test_functions()
```

```
34   {
35      mu_assert(check_function("print_a_message", "Hello", 0),
36             "print_a_message failed.");
37      mu_assert(check_function("uppercase", "Hello", 0),
38             "uppercase failed.");
39      mu_assert(check_function("lowercase", "Hello", 0),
40             "lowercase failed.");
41
42      return NULL;
43   }
44
45   char *test_failures()
46   {
47      mu_assert(check_function("fail_on_purpose", "Hello", 1),
48             "fail_on_purpose should fail.");
49
50      return NULL;
51   }
52
53   char *test_dlclose()
54   {
55      int rc = dlclose(lib);
56      mu_assert(rc == 0, "Failed to close lib.");
57
58      return NULL;
59   }
60
61   char *all_tests()
62   {
63      mu_suite_start();
64
65      mu_run_test(test_dlopen);
66      mu_run_test(test_functions);
67      mu_run_test(test_failures);
68      mu_run_test(test_dlclose);
69
70      return NULL;
71   }
72
73   RUN_TESTS(all_tests);
```

최종 버전은 check_function 함수가 추가된 것 말고는 새로운 것이 없기 때문에, 이제 위 코드가 어떻게 동작하는지 설명하지 않아도 알 것이다. 이것이 필자가 코드 덩어리를 반복적으로 사용하는 일반적인 패턴으로, 단순히 함수 또는 매크로를 통해 자동화한다. 이 경우에는 로드하는 .so에서 함수를 실행시키기 위해 필요한 함수 몇 개를 만들었다.

30.2 더 해보기

- 앞에서 만든 코드가 작동은 하겠지만 조금 지저분할 것이다. c-skeleton 디렉터리를 정리하여 프로젝트에 필요한 모든 파일을 가지고 있으면서도 연습 29와 관련된 코드는 제거하도록 하자. 이렇게 해놓으면 나중에 새로운 프로젝트를 시작할 때 정리된 디렉터리를 복사하는 것만으로도 많은 수고를 덜 수 있을 것이다.

- runtests.sh를 공부한 다음 bash 문법에 대해 읽고 이해해두자. 이 스크립트를 C 프로그램으로 만들 수 있겠는가?

연습 31

일반적인 미정의 동작

드디어 여러분이 접하게 될 미정의 동작(Undefined Behavior, UB)의 가장 일반적인 종류를 이 책에서 소개할 때가 되었다. C 언어에는 표준위원회가 표준으로 정의해놓지 않아서 결과적으로 아무렇게나 사용할 수 있는 191가지 동작이 있다. 이러한 행동 중 일부는 명백하게 컴파일러가 할 일이 아닌 것도 있지만, 대부분은 표준위원회의 나태함의 결과로, 짜증나는 일을 만들거나 최악의 경우에는 결함을 만든다. 다음은 나태함의 한 예이다.

> 토큰화 과정에서 일치하는 것이 없는 "or" 글자가 논리 소스 줄에서 발생한다.

이런 경우 C99 표준은 파싱이 실패하게 해서 위 문장에 결함이 있음을 대학교 신입생도 인지할 수 있도록 해야 한다. 도대체 왜 이런 거야? 누가 알겠는가? 어쩌면 이러한 결함이 있는 C 컴파일러와 씨름하던 표준위원회의 누군가가 컴파일러를 고치는 대신 표준에서 이를 해결하려고 했는지도 모른다. 아니면 필자가 얘기한 것처럼 단순히 게을러서 그랬을 수도 있다.

UB 문제의 핵심은 표준에서 정의하고 있는 C의 추상적 시스템(abstract machine)[1]과 실제 컴퓨터 간에 차이가 있다는 것이다. C 표준은 엄격하게 정의된 추상적 시스템에 따라 C 언어를 기술한다. 이것은 C 표준이 잘못될 경우를 빼면 프로그래밍 언어를 설계하는 완벽한 방법이다. 하지만 C 표준은 컴파일러로 하여금 이러한 추상적 시스템을 구현하고 세부사항을 준수하도록 강요하지 않는다. 그렇기 때문에 컴파일러 작성자는 C 표준에서 제시하는 191가지 사례에 대해 추상적 시스템을 완전히 무시할 수 있는 것이다. 그래

---

1 (옮긴이) 추상적 시스템은 추상적 기계 또는 추상기계로도 불리며, 컴퓨터 하드웨어나 소프트웨어의 이상적인 모형을 뜻한다.

서 사실은 "추상적 시스템이지만" 이라고 불러야 함에도 불구하고 "엄격하게 정의된 추상적 시스템이지만 ..." 이라고 불리는 것이다.

결국 이러한 암묵적인 합의를 통해 표준위원회와 컴파일러 작성자 모두 책임소재 문제를 회피할 수 있었다. 그래서 이렇게 만든 표준은 누락, 느슨한 명세 및 오류로 가득 차겠지만 이 중 하나가 발생하더라도 그들은 추상적 시스템을 가리키며 완벽한 로봇 목소리로 이렇게 말할 것이다. "추상적 시스템은 모두 그렇게 한다. 하지만 당신은 그럴 필요 없다!" 결국, 여러분에게 말한 것처럼 컴파일러 작성자 역시 191가지 사례에서 표준을 따를 필요가 없는 것이다. 아무리 여러분을 위한 프로그래밍 언어를 만들었다 하더라도 여러분은 2등 시민일 뿐이다.

다시 말하자면, 이것은 컴파일러 작성자가 아닌 여러분이 추상적 컴퓨팅 시스템의 규칙을 시행해야 함을 의미한다. 그리고 (당연하게도) 피할 수 없는 실패도 여러분의 잘못이 된다. 즉, 컴파일러는 UB에 중요 표시를 하지 않아도 될 뿐만 아니라 합리적인 어떤 일도 하지 않아도 되며, 잘못은 피해야 하는 191개 규칙을 모두 암기하지 않은 여러분에게 있다는 것이다. 당신은 어리석게도 C로 가는 길에 있는 191개의 복잡한 구멍을 외우지 않은 것이다. 이것은 뭐든지 다 아는 척하는 유형의 사람에게 끝내주는 상황이다. 짜증나는 191개의 미세한 점들을 모두 외워서 지적으로 초보자를 눌러버릴 수 있으니 말이다.

게다가 UB에는 이보다 두 배는 열 받을 만한 위선적인 내용이 있다. 만일 정상적으로 C 문자열을 사용함에도 불구하고 종료문자를 덮어 쓸 가능성이 있는 하드코어 C 코드를 보여준다면 그들은 "그건 UB이지 C 언어의 잘못이 아니다!"라고 말할 것이다. 하지만 while(x) x <<= 1이 들어있는 UB를 보여준다면 "바보야, 그건 UB야! 그 망할 코드를 고쳐!"라고 말할 것이다. 이것은 C의 하드코어 팬들로 하여금 UB를 이용해서 C의 디자인 순수성을 방어하고, 당신이 나쁜 코드를 작성하는 바보인 것처럼 때려눕히는 것도 가능케 한다. 어떤 UB는 "이것은 C 언어의 잘못이 아니기 때문에 이 보안 기능을 무시할 수 있다."라고 해석되는 반면, 또 다른 UB는 "이런 코드를 작성하는 당신은 바보다."라는 의미로 사용되기도 하는데, 표준에는 이 두 관점을 구분하는 것에 대해서는 명시된 바가 없다.

위의 내용을 보면 알겠지만 필자는 거대한 UB 목록을 달가워하지 않는다. 필자는 C99 표준 이전에 이것들을 모두를 외워야만 했고, 변경 사항까지 암기하는 것도 개의치 않았다. 가능한 UB를 피할 수 있는 길을 찾아 다녔고, 실제 시스템에서 작업할 때도 추상적 시스템 사양을 유지하려고 노력했다. 하지만 결국 이것은 거의 불가능한 것으로 판명되었고, 그래서 너무나도 명백한 UB 문제 때문에 더 이상 완전히 새로운 C 코드는 작성하지 않는다.

C 언어의 UB가 잘못된 이유에 대한 기술적 설명은 앨런 튜링(Alan Turing)으로부터 시작한다.

1. C의 UB에는 어휘적, 의미론적, 실행 기반의 동작이 포함되어 있다.

2. 어휘적, 의미론적 동작은 컴파일러에서 감지할 수 있다.

3. 실행 기반의 동작은 튜링의 정지 문제(halting problem)[2] 정의에 해당되므로 NP-완전(NP-complete)[3]이다.

4. 결국 C의 UB를 피하기 위해서는 컴퓨터 과학의 가장 오랜 난제 중 하나를 해결해야 한다는 뜻이며, 이는 곧 컴퓨터가 UB를 효과적으로 피할 수 없다는 것을 의미한다.

좀 더 간결하게 말하자면 다음과 같다. "UB로 추상적 시스템을 깨뜨렸다는 것을 알 수 있는 유일한 방법이 C 프로그램을 실행하는 것이라면, UB를 완전히 피할 수 없을 것이다."

31.1 20가지 UB

이러한 이유로 인해 C 언어의 20가지 미정의 동작(UB)을 소개하고 이것들을 최대한 피하기 위한 필자만의 노하우도 알려줄 것이다. 일반적으로 UB를 피하는 방법은 깨끗한 코드를 작성하는 것인데, 이러한 행동주의자들 중 일부

---

2 (옮긴이) 정지 문제(halting problem)는 가능/불가능을 판정하는 판정문제 중 하나로, 앨런 튜링은 1936년에 정지 문제를 풀 수 있는 일반적인 알고리즘이 존재하지 않음을 증명했다. 문제는 다음과 같다.
"프로그램과 입력 값이 주어졌을 때, 이 프로그램을 실행하면 계산을 끝낼지 영원히 멈추지 않을지 판정하시오."

3 (옮긴이) NP-완전(NP-complete)을 이야기하기 위해서는 먼저 P-NP 문제에 대해 알아야 한다. P-NP 문제는 현대 컴퓨터과학 알고리즘 분야에서 활발히 연구 중인 주제로, 책 한권 분량으로도 모자라는 어려운 개념이다. (그럼에도 불구하고) 개념만 이해할 수 있도록 최대한 쉽게 설명하자면 다음과 같다.

1) P(Polynomial time) 문제: 다항시간 안에 풀 수 있는 문제이다. 컴퓨터과학에서는 쉬운 문제로 간주한다. 대표적인 P 문제로는 정렬 문제, 2진 트리 탐색 문제 등이 있다.

2) NP(Non-deterministic Polynomial time) 문제: 다항시간으로 풀 수 있는지 아직 결정되지 않은(알지 못하는) 문제이다. 컴퓨터과학에서는 어려운 문제로 간주한다. 대표적인 NP 문제로는 외판원 문제, 해밀턴 경로 문제, 그래프 색칠 문제 등이 있다.

3) NP-완전(NP-complete) 문제: NP에 속하면서 동시에 NP-난해에 속하는 문제이다. 한마디로 표현하자면 무식하게 푸는 방법을 대신하는 쉬운 알고리즘이 알려지지 않은 문제라고 할 수 있다. 테트리스 문제도 NP-완전 문제임이 증명되었다.

4) NP-난해(NP-hard) 문제: '외판원 문제'와 같이 모든 경우의 수를 전부 확인하지 않으면 답을 알기 어려운 문제를 가리킨다.

는 UB를 피하는 데 실패한다. 예를 들어, C 문자열의 끝을 넘어서 저장하는 것은 미정의 동작이다. 그렇기 때문에 이것은 예상치 못한 상황에서 발생할 수도 있으며, 외부의 침입자가 접근할 수도 있다. 이 목록에는 동일한 카테고리에 속하지만 다른 내용을 가진 UB도 포함된다.

31.1.1 일반적인 UB

1. 수명이 끝난 오브젝트가 참조된다(6.2.4).[4]
   - 수명이 끝난 오브젝트를 가리키는 포인터 값이 사용된다(6.2.4).
   - 자동 저장 기간을 갖는 오브젝트가 그 값이 결정되지 않은 시점에 사용된다(6.2.4, 6.7.8, 6.8).
2. 정수 타입으로 변환하거나 정수 타입으로부터 변환시킨 결과 표현할 수 있는 범위 밖의 값을 생성한다(6.3.1.4).
   - 하나의 실수 부동소수점 타입을 다른 타입으로 강등시킨 결과 표현할 수 있는 범위 밖의 값을 생성한다(6.3.1.5).
3. 동일한 오브젝트 또는 함수에 대해 서로 다른 타입을 지정하는 두 개의 선언을 한다(6.2.7).
4. 배열 타입을 갖는 좌변 값(lvalue)은 배열의 초기 요소를 가리키는 포인터로 변환되고 배열 오브젝트는 레지스터 저장 클래스를 갖는다(6.3.2.1).
   - void 표현식의 값을 사용하려고 시도하거나, (void를 제외한) 암묵적 또는 명시적 변환이 void 표현식에 적용된다(6.3.2.2).
   - integer 타입을 가리키는 포인터 변환이 표현할 수 있는 범위 밖의 값을 생성한다(6.3.2.3).
   - 두 개의 포인터 타입 간 변환으로 생성된 결과가 부정확하게 정렬된다(6.3.2.3).
   - 가리키는 타입과 호환되지 않는 타입의 함수 호출을 위해 포인터가 사용된다(6.3.2.3).

---

4 (옮긴이) 괄호 안의 번호는 C 표준문서의 챕터 번호이다.

- 단항 연산자 *의 피연산자가 잘못된 값을 갖는다(6.5.3.2).
- 포인터가 integer 또는 포인터 타입이 아닌 다른 타입으로 변환된다 (6.5.4).
- 배열 오브젝트 및 integer 타입에 대한 포인터 간 덧셈, 또는 뺄셈 연산 의 결과로 동일한 배열 오브젝트를 가리키지 않는다(6.5.6).
- 배열 오브젝트 및 integer 타입에 대한 포인터 간 덧셈, 또는 뺄셈 연산 의 결과 배열 오브젝트를 넘어서는 곳을 가리키면서 단항 연산자 *의 피연산자로 평가된다(6.5.6).
- 동일한 배열 오브젝트를 가리키지 않는 포인터들 간 뺄셈 연산을 한다 (6.5.6).
- 오브젝트가 명시된 첨자로 명백하게 접근 가능할지라도, 배열 첨자가 범위를 벗어난다(int a[4][5]로 선언한 후 a[1][7]으로 좌변 값(lvalue) 표현식을 사용)(6.5.6).
- 두 포인터의 차를 ptrdiff_t 타입의 오브젝트로 표현할 수 없다(6.5.6).
- 관계(비교) 연산자를 사용하여 동일한 구조체 또는 union을 가리키지 않는 포인터(또는 동일한 배열 오브젝트를 넘어서는 곳을 가리키는 포 인터)를 비교한다(6.5.8).
- 참조되는 오브젝트가 해당 배열에 대한 요소를 제공하지 않는 상황에서 구조체의 유연한 배열 멤버(flexible array member)에 접근을 시도하거 나 이를 참조하는 포인터 생성을 시도한다(6.7.2.1).
- 호환되어야 하는 두 포인터 타입이 동일하게 한정되지 않거나 호환 가 능한 타입의 포인터가 아니다(6.7.5.1).
- 배열 선언문에 있는 크기 표현식이 상수 표현식이 아니고 프로그램 실 행 시간에 음수로 평가된다(6.7.5.2).
- 라이브러리 함수의 배열 파라미터로 전달되는 포인터에는 모든 주소 계 산 및 오브젝트 접근에 유효한 값이 없다(7.1.4).

5. 프로그램이 문자열 상수를 수정하려고 시도한다(6.4.5).

6. 오브젝트에 허용된 타입의 좌변 값(lvalue) 외의 것으로 접근하는 값이 저장되어 있다(6.5).

7. 함수 호출, 조건부 연산자, 대입 연산자, 쉼표 연산자의 결과를 수정하거나 다음 시퀀스 포인트(sequence point) 이후에 접근하려고 한다 (6.5.2.2, 6.5.15, 6.5.16, 6.5.17).

8. 연산자 / 또는 %의 두 번째 피연산자가 0이다(6.5.5).

9. 오브젝트가 부정확하게 겹치는 오브젝트에 지정되거나, 정확히 겹치지만 호환되지 않는 타입의 오브젝트에 지정된다(6.5.16.1).

10. 상수 표현식이 다음과 같은 값으로 초기화되거나 평가되지 않는다: 산술적 상수 표현식, NULL 포인터 상수 값, 주소 상수 값, 오브젝트 타입에 대한 주소 상수 값에 정수 상수 값을 더하거나 빼는 표현식(6.6)
    - 산술적 상수 표현식이 산술 형태의 타입을 갖지 않거나, 피연산자가 정수 상수 값/부동소수 상수 값/열거형 상수 값/문자 상수 값/sizeof 표현식이 아니거나, 산술 타입에서 산술 타입으로의 타입 변환이 아닌 (sizeof 연산자에 대한 외부 피연산자로의) 타입 변환을 포함한다(6.6).

11. const 한정자 타입을 이용하여 정의된 오브젝트를 const 한정자 타입이 아닌 좌변 값(lvalue)으로 사용한다(6.7.3).

12. 외부 연결이 있는 함수를 inline 함수 지정자를 사용하여 선언해 놓고 같은 공간에서 정의하지 않는다(6.7.4).

13. 구조체 또는 union의 이름 없는 멤버 값을 사용한다(6.7.8).

14. 함수가 끝나는 }에 도달하고 함수 호출 값이 호출자에 의해 사용된다 (6.9.1).

15. 표준 헤더파일과 같은 이름의 파일이 구현부의 일부로 제공되는 것이 아니라 include 소스 파일을 검색하는 표준 위치에 있다(7.1.2).

16. 글자를 처리하는 함수의 인수 값이 EOF 값도 아니고 unsigned char로 표시할 수도 없다(7.4).

17. 정수 산술 또는 변환 함수의 결과 값을 표현할 수 없다(7.8.2.1, 7.8.2.2, 7.8.2.3, 7.8.2.4, 7.20.6.1, 7.20.6.2, 7.20.1).

18. 닫힌 파일에 대한 FILE 오브젝트를 가리키는 포인터 값이 사용된다 (7.19.3).
    - fflush 함수에 사용될 스트림이 입력 스트림을 가리키거나 가장 최근 명

령이었던 입력 명령을 통해 업데이트된 스트림을 가리킨다(7.19.5.2).

- fopen 함수 호출 시 mode 인수로 사용될 문자열이 지정된 글자와 정확히 일치하지 않는다(7.19.5.3).

- 업데이트 스트림에 대한 출력 명령 이후 fflush 함수 또는 파일 위치 지정 함수 호출 없이 입력 명령이 수행되거나, 업데이트 스트림에 대한 입력 명령 이후 파일 위치 지정 함수 호출과 함께 출력 명령이 수행된다 (7.19.5.3).

19. 서식 있는 출력 함수를 위한 변환 지정자로 약속되지 않은 변환 지정자와 함께 # 또는 0 플래그를 사용한다(7.19.6.1, 7.24.2.1).

- 서식 있는 출력 함수에 변환 지정자 s를 사용하면서 이에 대한 인수로 종료문자 null이 없는 문자열을 사용한다(종료문자 null을 요구하지 않는 수준으로 떨어질 때까지)(7.19.6.1, 7.24.2.1).

- fgets, gets, fgetws 함수 호출을 통해 제공된 배열의 내용이 읽기 오류가 발생된 직후에 사용된다(7.19.7.2, 7.19.7.7, 7.24.3.2).

20. calloc, malloc, realloc 함수 호출 시 요청 크기를 0으로 지정한 후 반환된 null이 아닌 포인터가 오브젝트에 접근하는 데 사용된다(7.20.3).

- free 또는 realloc 함수 호출을 통해 메모리 할당이 해제된 공간을 참조하는 포인터 값이 사용된다(7.20.3).

- free 또는 realloc 함수의 포인터 인수가 과거 calloc, malloc, realloc 함수의 결과로 반환된 포인터와 일치하지 않거나 이미 free 및 realloc 함수를 통해 할당이 해제된 공간을 가리킨다.

더 많은 UB가 있지만 여기에 소개된 것들은 필자가 C 코드를 작성하면서 가장 많이 접하는 것들이면서 동시에 회피하기도 가장 어려운 것들이다. 따라서 최소한 여기에서 보여준 UB만이라도 기억해 놓는다면 적어도 주요 문제는 회피할 수 있을 것이다.

연습 32

이중 연결 리스트

이 책의 목적은 컴퓨터가 실제로 어떻게 동작하는지를 설명하는 것이며, 이를 통해 다양한 자료구조와 알고리즘 함수들이 동작하는 원리를 이해시키는 것이다. 컴퓨터 자체로는 많은 유용한 작업을 수행하지 않는다. 그래서 컴퓨터가 유용한 일을 하도록 만들기 위해서는 자료들을 구조화하고, 이렇게 구조화된 것들을 조직적으로 처리해야 한다. 프로그래밍 언어 중에는 이러한 자료구조를 모두 구현하거나 자료구조를 직접 다룰 수 있는 문법을 제공하는 것도 있지만, C 언어에서는 이러한 모든 자료구조를 여러분이 직접 구현해야 한다. 결과적으로 C는 자료구조가 실제로 동작하는 원리를 배울 수 있는 완벽한 언어다.

필자의 목표는 여러분이 다음의 세 가지를 할 수 있도록 도와주는 것이다.

- `data = {"name": "Zed"}`와 같은 코드가 파이썬, 루비, 자바스크립트에서 실제로 어떻게 동작하는지 이해한다.
- 이미 해결한 문제에 자료구조를 적용해 봄으로써 C 코드를 더 효과적으로 활용한다.
- 자료구조와 알고리즘의 핵심을 학습하여 특정 상황에서 어떤 것을 적용하는 것이 좋은지 잘 알게 된다.

32.1 자료구조란?

자료구조(data structure)라는 이름은 이름 자체가 설명이다. 즉, 특정 모델에 잘 맞게 구조화된 자료를 일컫는다. 어쩌면 모델이 새로운 방법으로 데이터를 처리할 수 있도록 설계되었을 수도 있고 디스크에 효율적으로 저장할 수 있도록 구조화될 수도 있다. 이 책에서는 제대로 동작하는 자료구조를 만들기 위해 다음과 같은 단순한 패턴을 따를 것이다.

- 외부 구조를 위한 구조를 정의한다.
- 콘텐츠를 위한 구조를 정의한다. 콘텐츠는 보통 노드와 링크(노드를 연결)로 구성된다.
- 이 두 구조에 대한 연산 함수를 만든다.

C에서는 다른 형태의 자료구조도 있지만 위와 같은 패턴이 잘 동작할 뿐만 아니라 다른 대부분의 자료구조에도 일관성 있게 동작한다.

32.2 라이브러리 만들기

이 책의 나머지 부분에서 활용할 수 있는 라이브러리를 만들 것이다. 이 라이브러리는 다음과 같은 요소를 갖는다.

- 각각의 자료구조에 대한 헤더 파일(.h)
- 알고리즘에 대한 구현 파일(.c)
- 모든 것들이 제대로 동작하는지 점검하는 단위 테스트
- 헤더 파일에서 자동으로 생성되는 문서

앞에서 c-skeleton을 만들었으니 이것을 이용하여 liblcthw 프로젝트를 생성하자.

연습문제 32 Session

```
$ cp -r c-skeleton liblcthw
$ cd liblcthw/
$ ls
LICENSE    Makefile    README.md    bin    build    src    tests
$ vim Makefile
$ ls src/
dbg.h              libex29.c        libex29.o
$ mkdir src/lcthw
$ mv src/dbg.h src/lcthw
$ vim tests/minunit.h
$ rm src/libex29.* tests/libex29*
$ make clean
rm -rf build  tests/libex29_tests
```

```
rm -f tests/tests.log
find . -name "*.gc*" -exec rm {} \;
rm -rf `find . -name "*.dSYM" -print`
$ ls tests/
minunit.h runtests.sh
$
```

위 내용을 설명하면 다음과 같다.

- c-skeleton을 복사한다.
- Makefile을 편집하여 새로운 TARGET으로 기존에 있던 libYOUR_LIBRARY.a를 liblcthw.a로 바꾼다.
- 코드를 보관할 src/lcthw 디렉터리를 생성한다.
- src/dbg.h를 방금 생성한 디렉터리로 이동시킨다.
- tests/minunit.h 파일 내에 #include <lcthw/dbg.h>를 추가하여 dbg.h를 사용하도록 한다.
- 필요 없는 libe29.* 파일들을 src와 tests 디렉터리에서 제거한다.
- 나머지 필요 없는 것들을 정리한다.

이제 새로운 라이브러리를 빌드할 수 있는 환경을 마련하였다. 그러면 본격적으로 자료구조를 만들어보자. 첫 번째 자료구조는 이중 연결 리스트이다.

32.3 이중 연결 리스트

liblcthw에 제일 먼저 추가할 자료구조는 이중 연결 리스트(doubly linked list)이다. 이것은 여러분이 만들 수 있는 가장 단순한 자료구조로, 특정 연산에 유용한 속성을 가지고 있다. 연결 리스트는 다음 또는 이전 요소를 가리키는 포인터 하나만 갖고 있는 노드로 동작하는 반면, 이중 연결 리스트는 양쪽에 대한 두 포인터를 모두 갖는다.

모든 노드가 다음과 이전 요소를 가리키는 포인터를 갖고 있으며, 리스트의 처음과 마지막 요소를 계속 쫓기 때문에 이중 연결 리스트를 이용하면 일부 연산을 굉장히 빠르게 처리할 수 있다. 즉, 요소의 추가/삭제가 수반되는 작업이 굉장히 빠르게 이루어질 것이다. 또한 거의 모든 프로그래머들이 이것을 쉽게 구현할 수 있다.

이중 연결 리스트의 가장 큰 단점은 리스트 탐색을 위해서는 연결된 포인터를 따라가야 한다는 것이다. 이 말은 리스트 내 요소들을 탐색, 정렬, 반복하는 것들이 느려진다는 의미이다. 또한, 리스트 내 요소에 무작위로 접근할수 없다. 가령, 배열은 인덱스를 이용하여 배열의 중간에 바로 접근할 수 있다. 그러나 연결 리스트는 포인터의 흐름을 이용하기 때문에 10번째 요소에접근하기 위해서는 그 앞에 있는 9개의 요소들을 거쳐야 한다.

32.3.1 정의

이번 연습의 도입부에서 설명한 바와 같이, 먼저 정확한 C 구조체 명령문을사용하여 헤더 파일을 작성한다.

list.h

```
#ifndef lcthw_List_h
#define lcthw_List_h

#include <stdlib.h>

struct ListNode;

typedef struct ListNode {
struct ListNode *next;
struct ListNode *prev;
void *value;
} ListNode;

typedef struct List {
int count;
ListNode *first;
ListNode *last;
} List;

List *List_create();
void List_destroy(List * list);
void List_clear(List * list);
void List_clear_destroy(List * list);

#define List_count(A) ((A)->count)
#define List_first(A) ((A)->first != NULL ? (A)->first->value : NULL)
#define List_last(A) ((A)->last != NULL ? (A)->last->value : NULL)
```

```
void List_push(List * list, void *value);
void *List_pop(List * list);

void List_unshift(List * list, void *value);
void *List_shift(List * list);

void *List_remove(List * list, ListNode * node);

#define LIST_FOREACH(L, S, M, V) ListNode *_node = NULL;\
                                 ListNode *V = NULL;\
for(V = _node = L->S; _node != NULL; V = _node = _node->M)

#endif
```

먼저 노드를 싣는 데 사용할 두 개의 구조체 ListNode와 List를 만든다. 이렇게 만든 자료구조는 앞으로 정의할 함수나 매크로에서 사용된다. 이러한 함수들을 읽어보면 꽤나 단순하다는 것을 알게 될 것이다. 각 함수와 매크로는 구현 섹션에서 설명할 것이지만 이것들이 무엇을 하는지 예상할 수 있을 것이다.

모든 ListNode는 자료구조 내에 세 개의 구성 요소를 가지고 있다.

- value는 무엇이든 가리키는 포인터로, 리스트에 넣고자 하는 것을 저장한다.
- ListNode *next 포인터는 리스트의 다음 요소를 갖고 있는 ListNode를 가리킨다.
- ListNode *prev는 이전 요소를 가리킨다. 복잡하지 않은가? 이전(previous) 것을 "previous"라고 부르면 된다. "전치(anterior)", "후치(posterior)"를 사용할 수도 있었겠지만 미치지 않고서는 이런 표현을 쓰지 않을 것이다.

List 구조체는 사슬 형태로 서로가 연결된 ListNode 구조체를 담는 컨테이너에 불과하다. List 구조체는 리스트의 count, first, last 값을 계속해서 추적한다.

마지막으로 src/lcthw/list.h의 37행을 보면 LIST_FOREACH 매크로 정의 부분이 있다. 이것은 일반적인 프로그래밍 관용구와 같은 것으로, 반복문 코드를 생성하여 사람들이 실수하지 않도록 한다. 자료구조를 가지고 이러한 종류의 작업을 제대로 하는 것은 어려울 수 있기 때문에 이와 같은 매크로를 통해 사람들을 도와주는 것이다. 32.3.2 "구현"에서 이 매크로를 사용하는 것을 보게 될 것이다.

32.3.2 구현

구현을 위해서는 이중 연결 리스트가 어떻게 동작하는지 대부분 이해하고 있어야 한다. 이중 연결 리스트는 리스트의 이전과 다음 요소를 가리키는 두 개의 포인터를 포함하는 노드로 구성된 리스트에 불과하다. 그러면 이제 src/lcthw/list.c 코드를 작성하여 리스트 연산이 어떻게 구현되는지 살펴보자.

list.c

```
1    #include <lcthw/list.h>
2    #include <lcthw/dbg.h>
3
4    List *List_create()
5    {
6        return calloc(1, sizeof(List));
7    }
8
9    void List_destroy(List * list)
10   {
11       LIST_FOREACH(list, first, next, cur) {
12           if (cur->prev) {
13               free(cur->prev);
14           }
15       }
16
17       free(list->last);
18       free(list);
19   }
20
21   void List_clear(List * list)
22   {
23       LIST_FOREACH(list, first, next, cur) {
24           free(cur->value);
25       }
26   }
27
28   void List_clear_destroy(List * list)
29   {
30       List_clear(list);
31       List_destroy(list);
```

```
32  }
33
34  void List_push(List * list, void *value)
35  {
36      ListNode *node = calloc(1, sizeof(ListNode));
37      check_mem(node);
38
39      node->value = value;
40
41      if (list->last == NULL) {
42          list->first = node;
43          list->last = node;
44      } else {
45          list->last->next = node;
46          node->prev = list->last;
47          list->last = node;
48      }
49
50      list->count++;
51
52  error:
53      return;
54  }
55
56  void *List_pop(List * list)
57  {
58      ListNode *node = list->last;
59      return node != NULL ? List_remove(list, node) : NULL;
60  }
61
62  void List_unshift(List * list, void *value)
63  {
64      ListNode *node = calloc(1, sizeof(ListNode));
65      check_mem(node);
66
67      node->value = value;
68
69      if (list->first == NULL) {
70          list->first = node;
71          list->last = node;
72      } else {
73          node->next = list->first;
74          list->first->prev = node;
75          list->first = node;
76      }
77
78      list->count++;
79
80  error:
```

```
81      return;
82  }
83
84  void *List_shift(List * list)
85  {
86      ListNode *node = list->first;
87      return node != NULL ? List_remove(list, node) : NULL;
88  }
89
90  void *List_remove(List * list, ListNode * node)
91  {
92      void *result = NULL;
93
94      check(list->first && list->last, "List is empty.");
95      check(node, "node can't be NULL");
96
97      if (node == list->first && node == list->last) {
98          list->first = NULL;
99          list->last = NULL;
100     } else if (node == list->first) {
101         list->first = node->next;
102         check(list->first != NULL,
103                 "Invalid list, somehow got a first that is NULL.");
104         list->first->prev = NULL;
105     } else if (node == list->last) {
106         list->last = node->prev;
107         check(list->last != NULL,
108                 "Invalid list, somehow got a next that is NULL.");
109         list->last->next = NULL;
110     } else {
111         ListNode *after = node->next;
112         ListNode *before = node->prev;
113         after->prev = before;
114         before->next = after;
115     }
116
117     list->count--;
118     result = node->value;
119     free(node);
120
121 error:
122     return result;
123 }
```

위와 같이 간단한 매크로만으로는 구현하기 힘든 이중 연결 리스트에 대
한 모든 연산을 구현했다. 이번 코드 분석은 행 단위에서 한 단계 더 올라가
list.h와 list.c 파일에 구현된 연산 단위로 할 것이다. 전체 코드를 읽는 것

은 여러분에게 맡기겠다.

list.h:List_count	리스트에 들어있는 요소의 개수를 반환한다. 리스트 내 요소의 개수는 요소가 추가/삭제될 때마다 갱신된다.
list.h:List_first	리스트의 첫 번째 요소를 반환한다. 이때 요소를 리스트에서 삭제하지 않는다.
list.h:List_last	리스트의 맨 마지막 요소를 반환한다. 이때 요소를 리스트에서 삭제하지 않는다.
list.h:LIST_FOREACH	리스트의 모든 요소를 지나간다.
list.c:List_create	단순히 List 구조체를 생성한다.
list.c:List_destroy	List를 제거하면서 리스트 내에 있는 모든 요소를 삭제한다.
list.c:List_clear	노드 자체가 아니라 노드가 갖고 있는 value를 반납시켜 주는 편리한 함수이다.
list.c:List_clear_destroy	리스트를 정리(clear)하고 삭제(destroy) 한다. 이 함수는 리스트를 두 번 훑기 때문에 매우 비효율적이다.
list.c:List_push	연결 리스트의 장점을 보여주는 첫 번째 연산으로, 새로운 요소를 리스트의 맨 마지막에 추가한다. 두 번의 포인터 지정만으로 끝나기 때문에 아주 빠르게 동작한다.
list.c:List_pop	List_push와는 반대로 리스트의 마지막 요소를 빼내어 반환시킨다.
list.c:List_unshift	연결 리스트여서 쉽게 할 수 있는 또 다른 연산으로, 아주 빠르게 리스트의 맨 앞에 새로운 요소를 추가한다. List_unshift보다 더 나은 이름을 찾지 못해 이렇게 이름을 붙였다.

list.c:List_shift	List_pop과 동일하게 리스트의 맨 앞에 있는 요소를 빼내어 반환시킨다.
list.c:List_remove	List_pop이나 List_shift가 동작할 때 실제로 요소 제거를 수행하는 함수이다. 자료구조에서 항상 어렵게 여겨지는 부분이 무엇인가를 제거하는 것인데, 이 함수 역시 마찬가지이다. 조건에 따라 리스트의 맨 앞/맨 뒤/맨 앞과 맨 뒤/중간에서 요소를 제거한다.

여기에 구현된 대부분의 함수들은 특별한 것이 없기 때문에 코드를 읽고 이해하는 데 큰 어려움이 없을 것이다. 다만 List_destroy 함수에서 LIST_FOREACH 매크로가 어떻게 사용되었는지 주의 깊게 살펴보기 바란다. 매크로를 통해 일반적인 연산을 어떻게 단순화시켰는지 이해하게 될 것이다.

32.4 테스트

컴파일이 끝나면 각각의 연산들이 잘 동작하는지를 확인하기 위한 테스트 프로그램을 작성한다.

list_tests.c

```
1    #include "minunit.h"
2    #include <lcthw/list.h>
3    #include <assert.h>
4
5    static List *list = NULL;
6    char *test1 = "test1 data";
7    char *test2 = "test2 data";
8    char *test3 = "test3 data";
9
10   char *test_create()
11   {
12      list = List_create();
13      mu_assert(list != NULL, "Failed to create list.");
14
15      return NULL;
```

```
16   }
17
18   char *test_destroy()
19   {
20       List_clear_destroy(list);
21
22       return NULL;
23
24   }
25
26   char *test_push_pop()
27   {
28       List_push(list, test1);
29       mu_assert(List_last(list) == test1, "Wrong last value.");
30
31       List_push(list, test2);
32       mu_assert(List_last(list) == test2, "Wrong last value");
33
34       List_push(list, test3);
35       mu_assert(List_last(list) == test3, "Wrong last value.");
36       mu_assert(List_count(list) == 3, "Wrong count on push.");
37
38       char *val = List_pop(list);
39       mu_assert(val == test3, "Wrong value on pop.");
40
41       val = List_pop(list);
42       mu_assert(val == test2, "Wrong value on pop.");
43
44       val = List_pop(list);
45       mu_assert(val == test1, "Wrong value on pop.");
46       mu_assert(List_count(list) == 0, "Wrong count after pop.");
47
48       return NULL;
49   }
50
51   char *test_unshift()
52   {
53       List_unshift(list, test1);
54       mu_assert(List_first(list) == test1, "Wrong first value.");
55
56       List_unshift(list, test2);
57       mu_assert(List_first(list) == test2, "Wrong first value");
58
59       List_unshift(list, test3);
60       mu_assert(List_first(list) == test3, "Wrong last value.");
61       mu_assert(List_count(list) == 3, "Wrong count on unshift.");
62
63       return NULL;
64   }
```

```
65
66   char *test_remove()
67   {
68       // 이미 push와 shift를 통해 remove 함수를 테스트하였기 때문에
69       // 중간에 있는 요소를 제거하는 테스트만 하면 된다.
70
71       char *val = List_remove(list, list->first->next);
72       mu_assert(val == test2, "Wrong removed element.");
73       mu_assert(List_count(list) == 2, "Wrong count after remove.");
74       mu_assert(List_first(list) == test3, "Wrong first after remove.");
75       mu_assert(List_last(list) == test1, "Wrong last after remove.");
76
77       return NULL;
78   }
79
80   char *test_shift()
81   {
82       mu_assert(List_count(list) != 0, "Wrong count before shift.");
83
84       char *val = List_shift(list);
85       mu_assert(val == test3, "Wrong value on shift.");
86
87       val = List_shift(list);
88       mu_assert(val == test1, "Wrong value on shift.");
89       mu_assert(List_count(list) == 0, "Wrong count after shift.");
90
91       return NULL;
92   }
93
94   char *all_tests()
95   {
96       mu_suite_start();
97
98       mu_run_test(test_create);
99       mu_run_test(test_push_pop);
100      mu_run_test(test_unshift);
101      mu_run_test(test_remove);
102      mu_run_test(test_shift);
103      mu_run_test(test_destroy);
104
105      return NULL;
106  }
107
108  RUN_TESTS(all_tests);
```

이 테스트는 간단히 모든 연산을 실행하여 제대로 동작하는지를 확인한다.
테스트를 단순화하기 위해 전체 프로그램에 단 한 개의 List *list만을 만들

어 사용하였다. 이렇게 하면 매 테스트마다 List를 만드는 수고를 덜 수 있지만, 어떤 테스트는 바로 앞의 테스트 결과에 따라 그냥 통과시키기만 해야 할 수도 있다. 그래서 여기에서는 매 테스트마다 리스트를 정리하거나 앞의 테스트 결과를 사용하도록 하였다.

32.5 실행 결과

모든 것을 제대로 했다면 단위 테스트를 빌드하고 실행시켰을 때 아래와 같은 결과를 보게 될 것이다.

연습문제 32.build Session

```
$ make
cc -g -O2 -Wall -Wextra -Isrc -rdynamic -DNDEBUG  -fPIC   -c -o\
   src/lcthw/list.o src/lcthw/list.c
ar rcs build/liblcthw.a src/lcthw/list.o
ranlib build/liblcthw.a
cc -shared -o build/liblcthw.so src/lcthw/list.o
cc -g -O2 -Wall -Wextra -Isrc -rdynamic -DNDEBUG  build/liblcthw.a
tests/list_tests.c   -o tests/list_tests
sh ./tests/runtests.sh
Running unit tests:
----
RUNNING: ./tests/list_tests
ALL TESTS PASSED
Tests run: 6
tests/list_tests PASS
$
```

6개의 테스트가 제대로 실행되는지, 경고나 오류 없이 빌드되었는지, build/liblcthw.a와 build/liblcthw.so 파일이 생성되는지 확인하도록 하자.

32.6 더 좋게 만들기

이번에는 코드를 깨뜨리는 방법 대신 더 좋게 만드는 방법을 설명할 것이다.

• LIST_FOREACH를 사용하여 매 루프마다 두 번의 free 호출을 하면 List_clear_destroy를 훨씬 효율적으로 만들 수 있다.

- assert를 추가하여 List *list 파라미터로 NULL 값이 넘어왔는지를 점검할 수 있다.
- count 값이 절대 < 0이 될 수 없으며, count > 0인 경우에는 first가 NULL이 아닌 것과 같이 리스트의 내용이 항상 올바른지를 확인하는 불변 조건을 추가할 수 있다.
- 헤더 파일에 주석 형태로 문서를 넣어 각각의 구조체, 함수, 매크로가 무슨 일을 하는지 기술할 수 있다.

이러한 개선 사항들은 모두 앞에서 이야기한 방어적 프로그래밍을 훈련하는 방식으로, 이를 통해 결함이 적은 코드를 만들고 사용성을 향상시킬 수 있다. 지금 즉시 이것들을 적용시켜보고, 코드를 향상시킬 수 있는 또 다른 방법도 찾아보기 바란다.

32.7 더 해보기

- 이중 연결 리스트와 단일 연결 리스트를 조사하고 각각이 어떤 경우에 더 선호되는지 조사해보자.
- 이중 연결 리스트의 한계를 조사하자. 예를 들어, 요소를 추가하고 지우는 것은 효율적이지만 모든 요소를 반복하는 것은 매우 느리다.
- 더 필요한 연산에는 어떤 것이 있을까? 예를 들면 복사, 병합, 분리 등이 있을 것이다. 이러한 연산들을 구현하고 이를 위한 단위 테스트도 작성해 보자.

연습 33

연결 리스트 알고리즘

이번 연습에서는 연결 리스트에 대한 정렬 알고리즘 두 가지를 다룬다. 시작하기 전에 먼저 경고를 하자면, 연결 리스트를 정렬에 사용하지 않는 것이 좋다. 정렬 작업에서 연결 리스트는 아주 끔찍하며, 정렬을 해야 하는 상황이라면 더 좋은 자료구조가 얼마든지 있다. 다만, 이 두 알고리즘을 설명하는 이유는 연결 리스트를 분리하고 효율적으로 다루는 방법을 생각하기가 어렵기 때문이다.

내용 진행을 위해 두 알고리즘을 list_algos.h와 list_algos.c라는 두 개의 다른 파일에 넣었으며, list_algos_test.c에 테스트 코드를 작성하였다. 지금 당장은 필자의 구조를 따르기 바란다. 이 구조는 깨끗한 상태를 유지하지만, 다른 라이브러리에서 작업하는 경우 이것이 일반적인 구조는 아니라는 사실을 기억해야 한다.

이번 연습에서는 또 하나의 도전 과제를 제시할 예정인데, 부디 속임수를 사용하지 않기를 바란다. 먼저 단위 테스트를 제시하는데, 여러분은 제시한 단위 테스트 코드를 입력하기만 하면 된다. 그런 다음 위키백과의 설명을 바탕으로 두 알고리즘을 여러분이 직접 구현하고 필자의 코드와 비슷한지 비교하자.

33.1 버블 정렬과 병합 정렬

인터넷은 정말 대단한 것 같다. 그저 위키백과의 "버블 정렬"과 "병합 정렬" 페이지만 알려주어 읽어보라고 얘기하기만 하면 된다. 이것만으로도 여러분에게 설명할 내용을 많이 줄일 수 있다. 그러면 위키백과에 실려 있는 의사코드(pseudo-code)를 이용하여 실제 코드로 구현하는 방법을 설명하겠다.

알고리즘을 코드로 구현하는 방법은 다음과 같다.

- 알고리즘에 대한 설명을 읽고 시각화된 부분을 주의 깊게 본다.
- 네모와 선을 사용하여 종이에 알고리즘을 그리거나, 실제 트럼프 카드(또는 숫자가 있는 카드)의 한 벌을 가져와서 알고리즘을 수동으로 시도해본다. 이를 통해 알고리즘이 어떻게 작동하는지 구체적인 내용을 알 수 있다.
- list_algos.c 파일에 함수 뼈대를 만들고, 동작만 하도록 list_algos.h 파일을 만든 다음 테스트 환경을 설정한다.
- 실패하겠지만 어쨌든 첫 번째 테스트 버전을 작성하고 모든 것을 컴파일한다.
- 위키백과 페이지로 돌아가서 의사 코드를(C 코드가 아니다!) 복사하여 여러분이 작성한 첫 번째 함수에 붙여 넣는다.
- 그동안 설명한 방식으로 의사 코드를 좋은 C 코드로 변환시킨다. 이때, 단위 테스트를 이용하여 잘 동작하는지 확인해야 한다.
- 비어있는 리스트, 이미 정렬된 리스트 등과 같은 예외 사례에 대한 몇 가지 테스트를 작성한다.
- 다음 알고리즘에 대해 지금까지의 과정을 반복하고 테스트한다.

방금 알고리즘의 대부분을 알아내는 비밀을 여러분에게 알려주었다. 이 방법은 조금 더 괴상한 알고리즘을 만날 때까지는 유효할 것이다. 이 경우에는 위키백과를 통해 버블 정렬과 병합 정렬을 구현하고 있지만, 이는 아주 좋은 출발점이 될 것이다.

33.2 단위 테스트

의사 코드를 위해 반드시 사용해야 하는 단위 테스트는 다음과 같다.

list_alogs_tests.c

```
1    #include "minunit.h"
2    #include <lcthw/list_algos.h>
3    #include <assert.h>
4    #include <string.h>
```

```
5
6    char *values[] = { "XXXX", "1234", "abcd", "xjvef", "NDSS" };
7
8    #define NUM_VALUES 5
9
10   List *create_words()
11   {
12       int i = 0;
13       List *words = List_create();
14
15       for (i = 0; i < NUM_VALUES; i++) {
16           List_push(words, values[i]);
17       }
18
19       return words;
20   }
21
22   int is_sorted(List * words)
23   {
24       LIST_FOREACH(words, first, next, cur) {
25           if (cur->next && strcmp(cur->value, cur->next->value) > 0) {
26               debug("%s %s", (char *)cur->value,
27                       (char *)cur->next->value);
28               return 0;
29           }
30       }
31
32       return 1;
33   }
34
35   char *test_bubble_sort()
36   {
37       List *words = create_words();
38
39       // 정렬이 필요한 리스트에서 동작해야 한다.
40       int rc = List_bubble_sort(words, (List_compare) strcmp);
41       mu_assert(rc == 0, "Bubble sort failed.");
42       mu_assert(is_sorted(words),
43               "Words are not sorted after bubble sort.");
44
45       // 이미 정렬된 리스트에서 동작해야 한다.
46       rc = List_bubble_sort(words, (List_compare) strcmp);
47       mu_assert(rc == 0, "Bubble sort of already sorted failed.");
48       mu_assert(is_sorted(words),
49               "Words should be sort if already bubble sorted.");
50
51       List_destroy(words);
52
53       // 비어 있는 리스트에서 동작해야 한다.
```

```
54      words = List_create(words);
55      rc = List_bubble_sort(words, (List_compare) strcmp);
56      mu_assert(rc == 0, "Bubble sort failed on empty list.");
57      mu_assert(is_sorted(words), "Words should be sorted if empty.");
58
59      List_destroy(words);
60
61      return NULL;
62   }
63
64   char *test_merge_sort()
65   {
66      List *words = create_words();
67
68      // 정렬이 필요한 리스트에서 동작해야 한다.
69      List *res = List_merge_sort(words, (List_compare) strcmp);
70      mu_assert(is_sorted(res), "Words are not sorted after merge sort.");
71
72      List *res2 = List_merge_sort(res, (List_compare) strcmp);
73      mu_assert(is_sorted(res),
74              "Should still be sorted after merge sort.");
75      List_destroy(res2);
76      List_destroy(res);
77
78      List_destroy(words);
79      return NULL;
80   }
81
82   char *all_tests()
83   {
84      mu_suite_start();
85
86      mu_run_test(test_bubble_sort);
87      mu_run_test(test_merge_sort);
88
89      return NULL;
90   }
91
92   RUN_TESTS(all_tests);
```

먼저 버블 정렬을 구현하여 동작하는 것을 확인한 후, 병합 정렬을 진행하는 것이 좋다. 필자의 방법을 소개하자면, 먼저 함수의 프로토타입과 뼈대를 만들어 파일 세 개가 컴파일되도록 한다. 물론 이때는 테스트를 통과하지 못한다. 그리고는 제대로 동작할 때까지 구현 부분을 채우는 것이다.

33.3 구현

속임수를 사용하였는가? 앞으로의 연습에서는 단위 테스트만 제시하고 구현
은 직접 하도록 할 것이기 때문에 여기에서 미리 연습을 해두는 것이 좋을 것
이다. 그렇다면 list_algos.c와 list_algos.h 코드를 살펴보자.

list_algos.h

```
#ifndef lcthw_List_algos_h
#define lcthw_List_algos_h

#include <lcthw/list.h>

typedef int (*List_compare) (const void *a, const void *b);

int List_bubble_sort(List * list, List_compare cmp);

List *List_merge_sort(List * list, List_compare cmp);

#endif
```

list_algos.c

```
1    #include <lcthw/list_algos.h>
2    #include <lcthw/dbg.h>
3
4    inline void ListNode_swap(ListNode * a, ListNode * b)
5    {
6        void *temp = a->value;
7        a->value = b->value;
8        b->value = temp;
9    }
10
11   int List_bubble_sort(List * list, List_compare cmp)
12   {
13       int sorted = 1;
14
15       if (List_count(list) <= 1) {
16           return 0; // 이미 정렬되었다.
17       }
18
19       do {
20           sorted = 1;
21           LIST_FOREACH(list, first, next, cur) {
22               if (cur->next) {
23                   if (cmp(cur->value, cur->next->value) > 0) {
```

```
24                        ListNode_swap(cur, cur->next);
25                        sorted = 0;
26                   }
27              }
28         }
29    } while (!sorted);
30
31    return 0;
32 }
33
34 inline List *List_merge(List * left, List * right, List_compare cmp)
35 {
36    List *result = List_create();
37    void *val = NULL;
38
39    while (List_count(left) > 0 || List_count(right) > 0) {
40        if (List_count(left) > 0 && List_count(right) > 0) {
41            if (cmp(List_first(left), List_first(right)) <= 0) {
42                val = List_shift(left);
43            } else {
44                val = List_shift(right);
45            }
46
47            List_push(result, val);
48        } else if (List_count(left) > 0) {
49            val = List_shift(left);
50            List_push(result, val);
51        } else if (List_count(right) > 0) {
52            val = List_shift(right);
53            List_push(result, val);
54        }
55    }
56
57    return result;
58 }
59
60 List *List_merge_sort(List * list, List_compare cmp)
61 {
62    if (List_count(list) <= 1) {
63        return list;
64    }
65
66    List *left = List_create();
67    List *right = List_create();
68    int middle = List_count(list) / 2;
69
70    LIST_FOREACH(list, first, next, cur) {
71        if (middle > 0) {
72            List_push(left, cur->value);
```

```
73          } else {
74              List_push(right, cur->value);
75          }
76
77          middle--;
78      }
79
80      List *sort_left = List_merge_sort(left, cmp);
81      List *sort_right = List_merge_sort(right, cmp);
82
83      if (sort_left != left)
84          List_destroy(left);
85      if (sort_right != right)
86          List_destroy(right);
87
88      return List_merge(sort_left, sort_right, cmp);
89  }
```

버블 정렬은 정말 느리지만 쉽게 이해할 수 있다. 병합 정렬이 훨씬 복잡하며, 솔직히 명료성을 희생시킬 수 있었다면 코드 최적화에 더 많은 시간을 썼을 것이다.

병합 정렬을 구현하는 또 다른 방법으로 상향식 방법이 있지만 이해하는 것이 더 어려워 수록하지 않았다. 이미 언급하였듯이 연결 리스트를 이용한 정렬은 아무런 의미가 없다. 연결 리스트를 이용한 정렬 속도를 향상시키겠다고 하루 종일 노력해봤자 정렬 가능한 거의 모든 자료구조를 이길 수 없다. 결론은 정렬이 필요하다면 연결 리스트를 사용하면 안 된다는 것이다.

33.4 실행 결과

제대로 동작한다면 다음과 같은 결과를 보여줄 것이다.

연습문제 33 Session

```
$ make clean all
rm -rf build src/lcthw/list.o src/lcthw/list_algos.o\
    tests/list_algos_tests tests/list_tests
rm -f tests/tests.log
find . -name "*.gc*" -exec rm {} \;
rm -rf `find . -name "*.dSYM" -print`
cc -g -O2 -Wall -Wextra -Isrc -rdynamic -DNDEBUG  -fPIC   -c -o\
    src/lcthw/list.o src/lcthw/list.c
```

```
cc -g -O2 -Wall -Wextra -Isrc -rdynamic -DNDEBUG  -fPIC   -c -o\
    src/lcthw/list_algos.o src/lcthw/list_algos.c
ar rcs build/liblcthw.a src/lcthw/list.o src/lcthw/list_algos.o
ranlib build/liblcthw.a
cc -shared -o build/liblcthw.so src/lcthw/list.o src/lcthw/list_algos.o
cc -g -O2 -Wall -Wextra -Isrc -rdynamic -DNDEBUG  build/liblcthw.a\
    tests/list_algos_tests.c   -o tests/list_algos_tests
cc -g -O2 -Wall -Wextra -Isrc -rdynamic -DNDEBUG  build/liblcthw.a\
    tests/list_tests.c   -o tests/list_tests
sh ./tests/runtests.sh
Running unit tests:
----
RUNNING: ./tests/list_algos_tests
ALL TESTS PASSED
Tests run: 2
tests/list_algos_tests PASS
----
RUNNING: ./tests/list_tests
ALL TESTS PASSED
Tests run: 6
tests/list_tests PASS
$
```

앞으로는 반드시 필요한 경우가 아니면 실행 결과를 보여주지 않을 것이다. 기본적으로 테스트를 수행하고, 모든 과정을 통과했을 뿐만 아니라 모든 것을 컴파일했다고 인식해야 한다.

33.5 더 좋게 만들기

알고리즘을 설명한 부분으로 돌아가 보면, 이러한 구현 부분을 향상시킬 수 있는 몇 가지 방법이 있다. 그 중 확실한 몇 가지는 다음과 같다.

- 병합 정렬은 엄청난 양의 리스트를 복사하고 생성하는데, 이 과정을 줄일 수 있는 방법을 찾아보자.
- 위키백과에서 버블 정렬 설명을 보면 몇 가지 최적화를 언급하고 있다. 이것을 구현해보자.
- (만일 구현했다면) List_split와 List_join을 사용하여 병합 정렬을 개선시킬 수 있겠는가?
- 방어적 프로그래밍 점검 항목을 전수 확인하여 앞에서 구현한 것의 약점

을 없애보자. 예를 들면 잘못된 NULL 포인터로부터 보호한 다음, 정렬 후에 바로 is_sorted 같은 선택적 디버그 작업을 넣는 것을 들 수 있다.

33.6 더 해보기

- 두 알고리즘의 성능을 비교하는 단위 테스트를 작성해보자. 아마도 간단한 타이머 함수를 위해 man 3 time을 이용하고 수 초 동안 프로그램을 동작시키기 위해 충분히 반복해야 할 것이다.

- 일정량의 데이터를 정렬시키며 정렬 시간이 변화되는지를 확인해보자.

- 크기가 다른 리스트를 무작위로 채우는 방법을 찾아보고 얼마나 걸리는지도 측정하자. 그런 다음, 결과를 그래프로 나타내 알고리즘의 설명과 얼마나 차이 나는지 비교해보자.

- 연결 리스트를 이용한 정렬이 왜 나쁜 방법인지 설명해보자.

- 정렬된 상태를 유지하며 주어진 값을 추가하는 List_insert_sorted를 구현해보자. 이때, List_compare를 사용해서 요소가 제 위치에 추가되어 리스트가 정렬된 상태를 유지하는지를 점검하자. 리스트를 먼저 만든 후 나중에 정렬하는 방법과 비교하면 어떤 차이가 있는가?

- 상향식 병합 정렬을 위키백과에서 설명한 방식대로 구현해보자. 이미 C 코드로 구현되어 있어서 재구현하기가 쉽겠지만, 앞에서 설명했던 조금 느린 버전과 비교하여 어떤 차이가 있는지 이해해보자.

연습 34

동적 배열

동적 배열(Dynamic Array)은 자체 크기를 지니면서 확장될 수 있는 배열로, 연결 리스트와 기능이 대부분 비슷하다. 동적 배열은 보통 더 적은 공간을 사용하고 더 빠르게 동작하는 등 좋은 점이 많다. 이번 연습에서는 앞에서부터 매우 느리게 제거되는 것과 같은 동적 배열의 몇 가지 단점에 대해 다룰 것이다. 물론 이를 해결하는 방법도 마지막에 설명할 것이다.

동적 배열은 간단히 말해 void** 포인터의 배열이며 이것이 해당 데이터를 가리킨다. 연결 리스트에서는 void *value 포인터가 저장된 전체 구조체가 필요했지만, 동적 배열에서는 데이터 전체를 가리키는 배열 한 개만 있을 뿐이다. 즉, 이전 또는 다음 레코드를 가리키는 포인터 없이 인덱스 값을 이용하여 동적 배열을 직접 참조할 수 있다.

시작하기 위해 구현에 필요한 헤더 파일을 입력하자.

darray.h

```
#ifndef _DArray_h
#define _DArray_h
#include <stdlib.h>
#include <assert.h>
#include <lcthw/dbg.h>

typedef struct DArray {
int end;
int max;
size_t element_size;
size_t expand_rate;
void **contents;
} DArray;

DArray *DArray_create(size_t element_size, size_t initial_max);

void DArray_destroy(DArray * array);
```

```
void DArray_clear(DArray * array);

int DArray_expand(DArray * array);

int DArray_contract(DArray * array);

int DArray_push(DArray * array, void *el);

void *DArray_pop(DArray * array);

void DArray_clear_destroy(DArray * array);

#define DArray_last(A) ((A)->contents[(A)->end - 1])
#define DArray_first(A) ((A)->contents[0])
#define DArray_end(A) ((A)->end)
#define DArray_count(A) DArray_end(A)
#define DArray_max(A) ((A)->max)

#define DEFAULT_EXPAND_RATE 300

static inline void DArray_set(DArray * array, int i, void *el)
{
check(i < array->max, "darray attempt to set past max");
if (i > array->end)
    array->end = i;
array->contents[i] = el;
error:
return;
}

static inline void *DArray_get(DArray * array, int i)
{
check(i < array->max, "darray attempt to get past max");
return array->contents[i];
error:
return NULL;
}

static inline void *DArray_remove(DArray * array, int i)
{
void *el = array->contents[i];

array->contents[i] = NULL;

return el;
}

static inline void *DArray_new(DArray * array)
{
```

```
check(array->element_size > 0,
        "Can't use DArray_new on 0 size darrays.");

return calloc(1, array->element_size);

error:
return NULL;
}

#define DArray_free(E) free((E))

#endif
```

위 헤더 파일은 새로운 기법인 static inline 함수를 보여준다. 이 함수 정의는 #define 매크로와 비슷하게 동작하지만 조금 더 명확하고 쉽게 작성할 수 있다. 만일 매크로에 필요한 코드 블록을 만들 때 자동으로 생성되는 코드를 사용할 일이 없다면 static inline 함수를 사용하기 바란다.

리스트를 위해 for 루프를 생성해주는 LIST_FOREACH 매크로와 이 기법을 비교해보자. 아마도 static inline 함수로는 이 작업을 할 수 없을 것이다. 왜냐하면 루프의 안쪽에 해당하는 블록에 사용되는 코드를 실제로 생성해야 하기 때문이다. 함수를 사용하여 이러한 일이 가능하게 하기 위해서는 콜백 함수를 써야 하는데, 이 방법은 빠르지도 않을 뿐만 아니라 사용하기도 어렵다.

그러면 DArray를 위한 단위 테스트 코드를 만들어보자.

darray_tests.c

```
1    #include "minunit.h"
2    #include <lcthw/darray.h>
3
4    static DArray *array = NULL;
5    static int *val1 = NULL;
6    static int *val2 = NULL;
7
8    char *test_create()
9    {
10     array = DArray_create(sizeof(int), 100);
11     mu_assert(array != NULL, "DArray_create failed.");
12     mu_assert(array->contents != NULL, "contents are wrong in darray");
13     mu_assert(array->end == 0, "end isn't at the right spot");
14     mu_assert(array->element_size == sizeof(int),
15             "element size is wrong.");
16     mu_assert(array->max == 100, "wrong max length on initial size");
```

```
17
18        return NULL;
19    }
20
21    char *test_destroy()
22    {
23        DArray_destroy(array);
24
25        return NULL;
26    }
27
28    char *test_new()
29    {
30        val1 = DArray_new(array);
31        mu_assert(val1 != NULL, "failed to make a new element");
32
33        val2 = DArray_new(array);
34        mu_assert(val2 != NULL, "failed to make a new element");
35
36        return NULL;
37    }
38
39    char *test_set()
40    {
41        DArray_set(array, 0, val1);
42        DArray_set(array, 1, val2);
43
44        return NULL;
45    }
46
47    char *test_get()
48    {
49        mu_assert(DArray_get(array, 0) == val1, "Wrong first value.");
50        mu_assert(DArray_get(array, 1) == val2, "Wrong second value.");
51
52        return NULL;
53    }
54
55    char *test_remove()
56    {
57        int *val_check = DArray_remove(array, 0);
58        mu_assert(val_check != NULL, "Should not get NULL.");
59        mu_assert(*val_check == *val1, "Should get the first value.");
60        mu_assert(DArray_get(array, 0) == NULL, "Should be gone.");
61        DArray_free(val_check);
62
63        val_check = DArray_remove(array, 1);
64        mu_assert(val_check != NULL, "Should not get NULL.");
65        mu_assert(*val_check == *val2, "Should get the first value.");
```

```
66      mu_assert(DArray_get(array, 1) == NULL, "Should be gone.");
67      DArray_free(val_check);
68
69      return NULL;
70  }
71
72  char *test_expand_contract()
73  {
74      int old_max = array->max;
75      DArray_expand(array);
76      mu_assert((unsigned int)array->max == old_max + array->expand_rate,
77              "Wrong size after expand.");
78
79      DArray_contract(array);
80      mu_assert((unsigned int)array->max == array->expand_rate + 1,
81              "Should stay at the expand_rate at least.");
82
83      DArray_contract(array);
84      mu_assert((unsigned int)array->max == array->expand_rate + 1,
85              "Should stay at the expand_rate at least.");
86
87      return NULL;
88  }
89
90  char *test_push_pop()
91  {
92      int i = 0;
93      for (i = 0; i < 1000; i++) {
94          int *val = DArray_new(array);
95          *val = i * 333;
96          DArray_push(array, val);
97      }
98
99      mu_assert(array->max == 1201, "Wrong max size.");
100
101     for (i = 999; i >= 0; i--) {
102         int *val = DArray_pop(array);
103         mu_assert(val != NULL, "Shouldn't get a NULL.");
104         mu_assert(*val == i * 333, "Wrong value.");
105         DArray_free(val);
106     }
107
108     return NULL;
109 }
110
111 char *all_tests()
112 {
113     mu_suite_start();
114
```

```
115    mu_run_test(test_create);
116    mu_run_test(test_new);
117    mu_run_test(test_set);
118    mu_run_test(test_get);
119    mu_run_test(test_remove);
120    mu_run_test(test_expand_contract);
121    mu_run_test(test_push_pop);
122    mu_run_test(test_destroy);
123
124    return NULL;
125 }
126
127 RUN_TESTS(all_tests);
```

단위 테스트 코드를 보면 각각의 연산이 어떻게 사용되는지 알 수 있다. 이를
이용하면 DArray를 구현하는 것이 훨씬 쉬워진다.

darray.c

```
1    #include <lcthw/darray.h>
2    #include <assert.h>
3
4    DArray *DArray_create(size_t element_size, size_t initial_max)
5    {
6        DArray *array = malloc(sizeof(DArray));
7        check_mem(array);
8        array->max = initial_max;
9        check(array->max > 0, "You must set an initial_max > 0.");
10
11       array->contents = calloc(initial_max, sizeof(void *));
12       check_mem(array->contents);
13
14       array->end = 0;
15       array->element_size = element_size;
16       array->expand_rate = DEFAULT_EXPAND_RATE;
17
18       return array;
19
20   error:
21       if (array)
22           free(array);
23       return NULL;
24   }
25
26   void DArray_clear(DArray * array)
27   {
28       int i = 0;
29       if (array->element_size > 0) {
```

```
30          for (i = 0; i < array->max; i++) {
31              if (array->contents[i] != NULL) {
32                  free(array->contents[i]);
33              }
34          }
35      }
36  }
37
38  static inline int DArray_resize(DArray * array, size_t newsize)
39  {
40      array->max = newsize;
41      check(array->max > 0, "The newsize must be > 0.");
42
43      void *contents = realloc(
44              array->contents, array->max * sizeof(void *));
45      // contents를 점검한다.
46      // realloc에서 오류 발생 시 기존 데이터는 손상시키지 않는다고 가정한다.
47      check_mem(contents);
48
49      array->contents = contents;
50
51      return 0;
52  error:
53      return -1;
54  }
55
56  int DArray_expand(DArray * array)
57  {
58      size_t old_max = array->max;
59      check(DArray_resize(array, array->max + array->expand_rate) == 0,
60              "Failed to expand array to new size: %d",
61              array->max + (int)array->expand_rate);
62
63      memset(array->contents + old_max, 0, array->expand_rate + 1);
64      return 0;
65
66  error:
67      return -1;
68  }
69
70  int DArray_contract(DArray * array)
71  {
72      int new_size = array->end < (int)array->expand_rate ?
73              (int)array->expand_rate : array->end;
74
75      return DArray_resize(array, new_size + 1);
76  }
77
78  void DArray_destroy(DArray * array)
```

```
79   {
80       if (array) {
81           if (array->contents)
82               free(array->contents);
83           free(array);
84       }
85   }
86
87   void DArray_clear_destroy(DArray * array)
88   {
89       DArray_clear(array);
90       DArray_destroy(array);
91   }
92
93   int DArray_push(DArray * array, void *el)
94   {
95       array->contents[array->end] = el;
96       array->end++;
97
98       if (DArray_end(array) >= DArray_max(array)) {
99           return DArray_expand(array);
100      } else {
101          return 0;
102      }
103  }
104
105  void *DArray_pop(DArray * array)
106  {
107      check(array->end - 1 >= 0, "Attempt to pop from empty array.");
108
109      void *el = DArray_remove(array, array->end - 1);
110      array->end--;
111
112      if (DArray_end(array) > (int)array->expand_rate
113              && DArray_end(array) % array->expand_rate) {
114          DArray_contract(array);
115      }
116
117      return el;
118  error:
119      return NULL;
120  }
```

위 코드는 복잡한 코드를 다루는 다른 방법을 보여준다. 즉, 곧바로 .c 구현에 뛰어드는 대신 헤더 파일을 본 다음 단위 테스트를 읽는 것이다. 이렇게 하면 조각들이 어떻게 함께 동작하는지 개념부터 실제까지 명확하게 이해할 수 있을 뿐만 아니라 기억하기도 더 쉽다.

34.1 장점과 단점

다음과 같은 연산을 최적화할 때는 DArray가 더 좋다.

- 반복: 기본적인 for 루프와 DArray_count를 DArray_get과 함께 사용하면 간단하게 끝난다. 특별한 매크로를 사용할 필요도 없으며, 포인터를 훑는 것도 아니기 때문에 속도도 빠르다.
- 인덱싱: DArray_get과 DArray_set을 사용하여 어떤 요소든지 무작위로 접근하는 것이 가능하다. 하지만 List를 사용하면 N+1번째 요소에 접근하기 위해 N개의 요소를 거쳐야 한다.
- 제거: 단 두 개의 연산만으로 구조체와 contents를 반납할 수 있다. 반면에 List에서는 모든 요소를 거치면서 일일이 free를 호출해야 한다.
- 복제: 복제 역시 구조체와 contents를 복사하는 단 두 개의 연산만으로 가능하다. 마찬가지로 리스트의 경우에는 모든 요소를 지나며 ListNode와 그 안에 들어있는 값을 일일이 복사해야 한다.
- 정렬: 구현해봐서 알겠지만, 정렬된 데이터를 지속적으로 유지할 때 List는 절망적이다. 하지만 DArray를 사용하면 무작위로 요소에 접근할 수 있기 때문에 모든 수준의 훌륭한 정렬 알고리즘을 적용할 수 있다.
- 대규모 데이터: 만일 많은 양의 데이터를 유지해야 한다면 동일한 개수의 내용을 저장할 때 ListNode 구조체에 비해 더 적은 메모리를 차지하는 DArray가 더 좋다.

하지만 다음의 연산에 대해서는 List가 더 좋다.

- 맨 앞에 데이터 추가 또는 삭제(shift라고 부르는 연산): DArray의 경우 이 작업을 효율적으로 수행하기 위해 별도의 처리가 필요하며, 보통 몇 번의 복사가 진행되어야 한다.
- 분리 또는 병합(Splitting 또는 Joining): List는 몇몇 포인터만 복사하는 것으로 간단하게 끝나지만, DArray를 사용하면 관련된 모든 배열을 복사해야 한다.

- 소규모 데이터(Small Data): 몇 개의 요소만 저장하는 경우라면 DArray보다 List가 더 적은 저장 공간을 차지한다. 왜냐하면 DArray는 향후에 추가될 내용을 위해 미리 백업 저장소를 확보해야 하지만 List는 필요한 만큼만 메모리를 사용하기 때문이다.

결론적으로, 필자는 많은 사람들이 List를 사용할 때에도 DArray를 사용하는 편이다. 다만, 적은 수의 노드를 사용하며 양쪽 끝에서 추가 또는 제거되어야 하는 자료구조에 한해서만 List를 사용한다. 그 예로, 나중에 Stack과 Queue라는 두 개의 비슷하면서도 아주 중요한 자료구조를 선보일 것이다.

34.2 더 좋게 만들기

마찬가지로 각각의 함수와 연산을 살펴보고 방어적 프로그래밍 점검, 사전 조건, 불변 조건 등 보다 완벽하게 구현할 수 있는 것들을 찾아보기 바란다.

34.3 더 해보기

- 더 많은 연산을 다룰 수 있도록 단위 테스트를 개선하고, for 루프를 이용하여 제대로 동작하는지 확인하자.
- DArray를 이용하여 버블 정렬과 병합 정렬을 구현하기 위해 필요한 것을 조사하되 아직 구현하지는 않는다. 다음번에 DArray 알고리즘을 다룰 것이기 때문에 그때 자세히 살펴보도록 하자.
- 일반적인 연산에 대한 성능 테스트 프로그램을 작성하여 List의 동일한 연산과 비교해보자. 일부는 이미 만들어 놓았지만 이번에는 문제의 연산을 반복적으로 수행하는 단위 테스트를 작성한 다음, 메인 실행 부분에 시간 측정 코드를 작성한다.
- DArray_expand를 구현한 것을 보면 현재 크기에 상수 값 300만큼 증가시키는 것을 알 수 있다. 일반적으로 동적 배열은 ((현재 크기) × 2)와 같이 배수로 증가하도록 구현되지만, 이 방법은 실제 성능 향상에 반영되지도 않는, 불필요한 메모리 비용이 드는 것으로 나타났다. 필자의 주장을 테스

트하고 어떤 경우에 동적 배열 크기가 상수 값이 아닌 배수로 증가해야 하
는지도 찾아보자.

연습 35

정렬과 탐색

여기서는 네 개의 정렬 알고리즘과 한 개의 탐색 알고리즘을 다룬다. 먼저 네 개의 정렬 알고리즘인 빠른 정렬(quick sort), 힙 정렬(heap sort), 병합 정렬 (merge sort), 기수 정렬(radix sort)을 다룬 다음 이어서 이진 탐색(binary search)을 살펴볼 것이다.

하지만 필자는 게으른 사람이기 때문에 힙 정렬, 빠른 정렬, 병합 정렬에 대해서는 대부분의 표준 C 라이브러리에서 이미 구현해 놓은 것을 사용할 것이다. 그 방법은 다음과 같다.

darray_algos.c

```
1    #include <lcthw/darray_algos.h>
2    #include <stdlib.h>
3
4    int DArray_qsort(DArray * array, DArray_compare cmp)
5    {
6        qsort(array->contents, DArray_count(array), sizeof(void *), cmp);
7        return 0;
8    }
9
10   int DArray_heapsort(DArray * array, DArray_compare cmp)
11   {
12       return heapsort(array->contents, DArray_count(array),
13               sizeof(void *), cmp);
14   }
15
16   int DArray_mergesort(DArray * array, DArray_compare cmp)
17   {
18       return mergesort(array->contents, DArray_count(array),
19               sizeof(void *), cmp);
20   }
```

이것이 darray_algos.c를 구현한 파일 전체이다. 그리고 대부분의 UNIX 시스템에서 잘 동작한다. 각각의 알고리즘은 제공되는 DArray_compare를 사용하여 void 포인터가 가리키는 곳에 저장된 contents를 정렬하는 방식으로 동작한다. 이어서 헤더 파일을 살펴보자.

darray_algos.h

```
#ifndef darray_algos_h
#define darray_algos_h

#include <lcthw/darray.h>

typedef int (*DArray_compare) (const void *a, const void *b);

int DArray_qsort(DArray * array, DArray_compare cmp);

int DArray_heapsort(DArray * array, DArray_compare cmp);

int DArray_mergesort(DArray * array, DArray_compare cmp);

#endif
```

헤더 파일은 구현 파일과 크기가 거의 같으며, 내용도 여러분이 예상한 대로일 것이다. 그러면 이 세 정렬 함수가 단위 테스트에서 어떻게 사용되는지 살펴보자.

darray_algos_tests.c

```
1    #include "minunit.h"
2    #include <lcthw/darray_algos.h>
3
4    int testcmp(char **a, char **b)
5    {
6        return strcmp(*a, *b);
7    }
8
9    DArray *create_words()
10   {
11       DArray *result = DArray_create(0, 5);
12       char *words[] = { "asdfasfd",
13           "werwar", "13234", "asdfasfd", "oioj" };
14       int i = 0;
15
16       for (i = 0; i < 5; i++) {
17           DArray_push(result, words[i]);
18       }
19
20       return result;
```

```
21  }
22
23  int is_sorted(DArray * array)
24  {
25      int i = 0;
26
27      for (i = 0; i < DArray_count(array) - 1; i++) {
28          if (strcmp(DArray_get(array, i), DArray_get(array, i + 1)) > 0) {
29              return 0;
30          }
31      }
32
33      return 1;
34  }
35
36  char *run_sort_test(int (*func) (DArray *, DArray_compare),
37          const char *name)
38  {
39      DArray *words = create_words();
40      mu_assert(!is_sorted(words), "Words should start not sorted.");
41
42      debug("--- Testing %s sorting algorithm", name);
43      int rc = func(words, (DArray_compare) testcmp);
44      mu_assert(rc == 0, "sort failed");
45      mu_assert(is_sorted(words), "didn't sort it");
46
47      DArray_destroy(words);
48
49      return NULL;
50  }
51
52  char *test_qsort()
53  {
54      return run_sort_test(DArray_qsort, "qsort");
55  }
56
57  char *test_heapsort()
58  {
59      return run_sort_test(DArray_heapsort, "heapsort");
60  }
61
62  char *test_mergesort()
63  {
64      return run_sort_test(DArray_mergesort, "mergesort");
65  }
66
67  char *all_tests()
68  {
69      mu_suite_start();
```

```
70
71      mu_run_test(test_qsort);
72      mu_run_test(test_heapsort);
73      mu_run_test(test_mergesort);
74
75      return NULL;
76    }
77
78    RUN_TESTS(all_tests);
```

여기에서 주의할 점은 4행에 있는 testcmp 정의 부분이다. 필자도 이것 때문에 하루 종일 고생했는데, 그것은 바로 char *가 아니라 char **를 사용해야 한다는 것이다. 왜냐하면 qsort는 contents 배열의 포인터를 가리키는 포인터를 제공하기 때문이다. qsort 및 비슷한 부류의 함수는 모두 배열을 스캔하면서 배열 내에 있는 요소에 대한 포인터를 비교 함수에 넘겨주는데, contents 배열에 포인터가 있기 때문에 포인터에 대한 포인터를 얻게 되는 것이다.

이렇게 약 20행의 코드만으로 3개의 어려운 정렬 알고리즘을 구현했다. 물론 여기에서 정렬에 대한 학습을 멈출 수도 있겠지만, 이 책의 목적 중 하나는 이 알고리즘들이 동작하는 방식을 배우는 것이므로 "더 해보기"를 통해 각각의 알고리즘을 구현토록 하였다.

35.1 기수 정렬과 이진 탐색

빠른 정렬, 힙 정렬, 병합 정렬은 여러분이 직접 구현할 것이기 때문에 여기에서는 기수 정렬(radix sort)이라는 조금은 독특한 알고리즘을 살펴볼 것이다. 기수 정렬은 정수 배열을 정렬할 때만 사용해서 활용폭이 좁지만 알고리즘 자체는 마법처럼 동작한다. 기수 정렬 구현을 위해 하나의 정수를 다른 정수로 매핑하는 데 사용되는 RadixMap이라는 특별한 자료구조를 만들 것이다.

다음은 새로운 알고리즘에 대한 헤더 파일로, 알고리즘과 자료구조가 모두 들어있다.

radixmap.h

```
#ifndef _radixmap_h
#include <stdint.h>

typedef union RMElement {
uint64_t raw;
struct {
   uint32_t key;
   uint32_t value;
} data;
} RMElement;

typedef struct RadixMap {
size_t max;
size_t end;
uint32_t counter;
RMElement *contents;
RMElement *temp;
} RadixMap;

RadixMap *RadixMap_create(size_t max);

void RadixMap_destroy(RadixMap * map);

void RadixMap_sort(RadixMap * map);

RMElement *RadixMap_find(RadixMap * map, uint32_t key);

int RadixMap_add(RadixMap * map, uint32_t key, uint32_t value);

int RadixMap_delete(RadixMap * map, RMElement * el);

#endif
```

Dynamic Array나 List 자료구조와 동일한 연산이 많다는 것을 알 수 있다. 하지만 여기에서는 오직 32비트 크기의 uint32_t 정수만을 사용한다. 아울러, 이 헤더 파일을 통해 유니온이라는 새로운 C 언어 개념도 소개한다.

35.1.1 C 유니온

유니온(Union)은 동일한 메모리 조각을 여러 가지 다른 방식으로 참조하는 방법이다. 유니온은 struct와 동일하게 정의할 수 있으며, 모든 요소가 동일한 공간을 공유한다는 점만 다를 뿐이다. 이를테면, 유니온을 메모리의 그림이라고 가정한다면 유니온의 요소는 서로 다른 색깔이 입혀진 렌즈이고, 필요에 따라 원하는 렌즈를 사용하여 그림을 보는 것이라고 생각하면 된다.

유니온은 메모리를 절약하거나 메모리 덩어리의 서식 또는 구조를 변환하는 용도로 사용된다. 첫 번째 용도는 전형적으로 여러 가지 타입과 함께 사용되는 방식으로, 타입에 대한 태그가 있는 구조를 생성한 다음 각 타입에 대해 유니온이 들어가는 형태로 사용된다. 메모리의 서식을 변환하는 용도로 사용하는 경우에는 간단하게 두 개의 구조체를 정의한 다음 필요한 것에 접근하면 된다.

그럼 먼저 C 유니온을 이용하여 여러 가지의 타입을 만드는 방법을 살펴보자.

ex35.c

```c
1    #include <stdio.h>
2
3    typedef enum {
4        TYPE_INT,
5        TYPE_FLOAT,
6        TYPE_STRING,
7    } VariantType;
8
9    struct Variant {
10       VariantType type;
11       union {
12           int as_integer;
13           float as_float;
14           char *as_string;
15       } data;
16   };
17
18   typedef struct Variant Variant;
19
20   void Variant_print(Variant * var)
21   {
22       switch (var->type) {
23           case TYPE_INT:
24               printf("INT: %d\n", var->data.as_integer);
25               break;
26           case TYPE_FLOAT:
27               printf("FLOAT: %f\n", var->data.as_float);
28               break;
29           case TYPE_STRING:
30               printf("STRING: %s\n", var->data.as_string);
31               break;
```

```
32          default:
33              printf("UNKNOWN TYPE: %d", var->type);
34      }
35  }
36
37  int main(int argc, char *argv[])
38  {
39      Variant a_int = {.type = TYPE_INT, .data.as_integer = 100 };
40      Variant a_float = {.type = TYPE_FLOAT, .data.as_float = 100.34 };
41      Variant a_string = {.type = TYPE_STRING,
42          .data.as_string = "YO DUDE!" };
43
44      Variant_print(&a_int);
45      Variant_print(&a_float);
46      Variant_print(&a_string);
47
48      // 이것들을 사용하는 방법이다.
49      a_int.data.as_integer = 200;
50      a_float.data.as_float = 2.345;
51      a_string.data.as_string = "Hi there.";
52
53      Variant_print(&a_int);
54      Variant_print(&a_float);
55      Variant_print(&a_string);
56
57      return 0;
58  }
```

위와 같은 모습은 동적 프로그래밍 언어에서 많이 볼 수 있다. 즉, 기본 변수 타입을 정의하면서 프로그래밍 언어에서 지원하는 기본 타입에 대한 태그를 붙여준다. 그런 다음 생성하려는 일반 오브젝트에 생성한 태그를 붙여주는 것이다. 이러한 방식의 장점은 위 코드의 Variant 타입이 VariantType type 태그의 크기와 유니온의 가장 큰 멤버의 크기를 더한 공간만을 사용한다는 것이다. 왜냐하면 C가 Variant.data 유니온의 각 요소를 겹쳐놓기 때문이다. 이를 위해 C는 유니온의 가장 큰 요소를 보유할 수 있을 만큼의 크기만 확보한다.

radixmap.h 파일에는 RMElement 유니온이 있는데, 이 유니온을 사용하여 메모리 블록의 타입을 변환하는 방법을 보여준다. 이 경우 정렬을 위해 uint64_t 크기의 정수를 저장하면서 동시에 key와 value 쌍을 나타내는 두 개의 uint32_t 정수 데이터가 필요한데, 필자는 유니온을 사용하여 각각의 방식으로 똑같은 메모리 블록에 아무 문제없이 접근할 수 있었다.

35.1.2 구현

다음은 RadixMap 연산을 구현한 코드이다.

radixmap.c

```
1    /*
2    * 안드레 레이날드의 코드를 기반으로 제드 쇼가 엄청나게 뜯어고침
3    */
4
5    #include <stdio.h>
6    #include <stdlib.h>
7    #include <assert.h>
8    #include <lcthw/radixmap.h>
9    #include <lcthw/dbg.h>
10
11   RadixMap *RadixMap_create(size_t max)
12   {
13       RadixMap *map = calloc(sizeof(RadixMap), 1);
14       check_mem(map);
15
16       map->contents = calloc(sizeof(RMElement), max + 1);
17       check_mem(map->contents);
18
19       map->temp = calloc(sizeof(RMElement), max + 1);
20       check_mem(map->temp);
21
22       map->max = max;
23       map->end = 0;
24
25       return map;
26   error:
27       return NULL;
28   }
29
30   void RadixMap_destroy(RadixMap * map)
31   {
32       if (map) {
33           free(map->contents);
34           free(map->temp);
35           free(map);
36       }
37   }
38
39   #define ByteOf(x,y) (((uint8_t *)x)[(y)])
40
41   static inline void radix_sort(short offset, uint64_t max,
42           uint64_t * source, uint64_t * dest)
43   {
```

```
44      uint64_t count[256] = { 0 };
45      uint64_t *cp = NULL;
46      uint64_t *sp = NULL;
47      uint64_t *end = NULL;
48      uint64_t s = 0;
49      uint64_t c = 0;
50
51      // 모든 바이트 값에 대해 숫자가 있는 것으로 간주하여 1씩 더한다.
52      for (sp = source, end = source + max; sp < end; sp++) {
53          count[ByteOf(sp, offset)]++;
54      }
55
56      // count 배열의 값을 누적하면서 동일한 배열에 누적 값을 넣는 방식으로
57      // 카운트 값을 인덱스 값으로 변환시킨다.
58      for (s = 0, cp = count, end = count + 256; cp < end; cp++) {
59          c = *cp;
60          *cp = s;
61          s += c;
62      }
63
64      // dest의 정확한 위치에 정확한 값을 채운다.
65      for (sp = source, end = source + max; sp < end; sp++) {
66          cp = count + ByteOf(sp, offset);
67          dest[*cp] = *sp;
68          ++(*cp);
69      }
70  }
71
72  void RadixMap_sort(RadixMap * map)
73  {
74      uint64_t *source = &map->contents[0].raw;
75      uint64_t *temp = &map->temp[0].raw;
76
77      radix_sort(0, map->end, source, temp);
78      radix_sort(1, map->end, temp, source);
79      radix_sort(2, map->end, source, temp);
80      radix_sort(3, map->end, temp, source);
81  }
82
83  RMElement *RadixMap_find(RadixMap * map, uint32_t to_find)
84  {
85      int low = 0;
86      int high = map->end - 1;
87      RMElement *data = map->contents;
88
89      while (low <= high) {
90          int middle = low + (high - low) / 2;
91          uint32_t key = data[middle].data.key;
92
```

```
93          if (to_find < key) {
94              high = middle - 1;
95          } else if (to_find > key) {
96              low = middle + 1;
97          } else {
98              return &data[middle];
99          }
100    }
101
102    return NULL;
103 }
104
105 int RadixMap_add(RadixMap * map, uint32_t key, uint32_t value)
106 {
107    check(key < UINT32_MAX, "Key can't be equal to UINT32_MAX.");
108
109    RMElement element = {.data = {.key = key,.value = value} };
110    check(map->end + 1 < map->max, "RadixMap is full.");
111
112    map->contents[map->end++] = element;
113
114    RadixMap_sort(map);
115
116    return 0;
117
118 error:
119    return -1;
120 }
121
122 int RadixMap_delete(RadixMap * map, RMElement * el)
123 {
124    check(map->end > 0, "There is nothing to delete.");
125    check(el != NULL, "Can't delete a NULL element.");
126
127    el->data.key = UINT32_MAX;
128
129    if (map->end > 1) {
130        // 길이가 1인 맵은 다시 정렬시킬 필요가 없다.
131        RadixMap_sort(map);
132    }
133
134    map->end--;
135
136    return 0;
137 error:
138    return -1;
139 }
```

마찬가지로 단위 테스트까지 입력하여 먼저 동작시킨 후에 자세히 설명하겠다. radix_sort 함수는 사용 방법이 독특한 만큼 특별히 주의해서 보도록 하자.

radixmap_tests.c

```
1    #include "minunit.h"
2    #include <lcthw/radixmap.h>
3    #include <time.h>
4
5    static int make_random(RadixMap * map)
6    {
7        size_t i = 0;
8
9        for (i = 0; i < map->max - 1; i++) {
10           uint32_t key = (uint32_t) (rand() | (rand() << 16));
11           check(RadixMap_add(map, key, i) == 0, "Failed to add key %u.",
12                   key);
13       }
14
15       return i;
16
17   error:
18       return 0;
19   }
20
21   static int check_order(RadixMap * map)
22   {
23       RMElement d1, d2;
24       unsigned int i = 0;
25
26       // 시그널 오류만 발생 가능 (절대 일어나서는 안 됨)
27       for (i = 0; map->end > 0 && i < map->end - 1; i++) {
28           d1 = map->contents[i];
29           d2 = map->contents[i + 1];
30
31           if (d1.data.key > d2.data.key) {
32               debug("FAIL:i=%u, key: %u, value: %u, equals max? %d\n", i,
33                       d1.data.key, d1.data.value,
34                       d2.data.key == UINT32_MAX);
35               return 0;
36           }
37       }
38
39       return 1;
40   }
41
```

```
42   static int test_search(RadixMap * map)
43   {
44       unsigned i = 0;
45       RMElement *d = NULL;
46       RMElement *found = NULL;
47
48       for (i = map->end / 2; i < map->end; i++) {
49           d = &map->contents[i];
50           found = RadixMap_find(map, d->data.key);
51           check(found != NULL, "Didn't find %u at %u.", d->data.key, i);
52           check(found->data.key == d->data.key,
53                   "Got the wrong result: %p:%u looking for %u at %u", found,
54                   found->data.key, d->data.key, i);
55       }
56
57       return 1;
58   error:
59       return 0;
60   }
61
62   // 많은 수의 요소 테스트
63   static char *test_operations()
64   {
65       size_t N = 200;
66
67       RadixMap *map = RadixMap_create(N);
68       mu_assert(map != NULL, "Failed to make the map.");
69       mu_assert(make_random(map), "Didn't make a random fake radix map.");
70
71       RadixMap_sort(map);
72       mu_assert(check_order(map),
73               "Failed to properly sort the RadixMap.");
74
75       mu_assert(test_search(map), "Failed the search test.");
76       mu_assert(check_order(map),
77               "RadixMap didn't stay sorted after search.");
78
79       while (map->end > 0) {
80           RMElement *el = RadixMap_find(map,
81                   map->contents[map->end / 2].data.key);
82           mu_assert(el != NULL, "Should get a result.");
83
84           size_t old_end = map->end;
85
86           mu_assert(RadixMap_delete(map, el) == 0, "Didn't delete it.");
87           mu_assert(old_end - 1 == map->end, "Wrong size after delete.");
88
89           // test that the end is now the old value,
90           // but uint32 max so it trails off
```

```
 91          mu_assert(check_order(map),
 92                  "RadixMap didn't stay sorted after delete.");
 93      }
 94
 95      RadixMap_destroy(map);
 96
 97      return NULL;
 98  }
 99
100  char *all_tests()
101  {
102      mu_suite_start();
103      srand(time(NULL));
104
105      mu_run_test(test_operations);
106
107      return NULL;
108  }
109
110  RUN_TESTS(all_tests);
```

단위 테스트는 많은 설명이 필요 없다. 그저 임의의 정수를 RadixMap에 배치한 다음 제대로 꺼낼 수 있는지를 확인하는 것뿐이다. 크게 흥미로운 부분은 없다.

radixmap.c 파일의 코드를 보면 대부분의 연산들을 쉽게 이해할 수 있을 것이다. 다음은 기본적인 함수들이 하는 일과 동작 방법에 대한 설명이다.

RadixMap_create 마찬가지로, radixmap.h에서 정의된 구조체에 필요한 모든 메모리를 할당받는다. 나중에 radix_sort 설명에서 temp와 contents를 사용할 것이다.

RadixMap_destroy 역시나 제거 함수이다.

radix_sort 자료구조의 핵심이다. 자세한 내용은 이후에 설명할 것이다.

RadixMap_sort radix_sort 함수를 사용하여 실제로 contents를 정렬시킨다. RadixMap_sort 함수는 contents가 정렬될 때까지 contents와 temp 사이를 반복해서 정렬시킨다. 이 부분에 대한 자세한 내용은 나중에 radix_sort 부분에서 설명할 것이다.

RadixMap_find	이진 탐색 알고리즘을 이용하여 키(key)를 찾는다. 나중에 이 과정에 대해 간략하게 설명할 것이다.
RadixMap_add	RadixMap_sort 함수를 이용하여 마지막에 키와 값을 추가한 다음 다시 정렬해서 모든 내용이 제 위치를 찾도록 만든다. 모든 내용이 정렬되고 나면 RadixMap_find가 잘 동작할 것이다. 왜냐하면 RadixMap_find는 이진 탐색이기 때문이다.
RadixMap_delete	RadixMap_add와 동일하게 동작하는데, 지우려는 대상의 키 값을 unsigned 32비트 정수의 최대값인 UINT32_MAX로 지정하는 것만으로 구조체의 요소를 지울 수 있다는 것이 다르다. 이 말은 즉, UINT32_MAX 값을 키 값으로 사용할 수는 없지만 요소를 쉽게 삭제할 수 있게 한다는 것이다. 단순히 키 값을 그렇게 설정한 다음 정렬시켜버리면 이 값은 맨 끝으로 이동하는 것이다. 결국 이 값은 지워진 것이나 다름없다.

지금까지 설명한 함수에 대한 코드를 꼭 공부해두자. 그러면 이제 RadixMap_sort, radix_sort, RadixMap_find만 남았다.

35.1.3 RadixMap_find와 이진 탐색

이제 이진 탐색을 구현하는 방법에 대해 설명할 것이다. 이진 탐색(Binary search)은 간단한 알고리즘으로 대부분의 사람들이 직관적으로 이해할 수 있다. 사실, 트럼프 카드를 이용해서 이 알고리즘을 직접 해볼 수도 있다. 그러면 RadixMap_find 함수와 이진 탐색의 동작 방법에 대해 차근차근 살펴보자.

- 배열의 크기에 따라 high 값과 low 값을 설정한다.
- low 값과 high 값 중간에 있는 요소를 선택한다.
- 키 값이 더 작다면 키 값은 중간 값보다 아래에 있다는 뜻이다. high 값을 중간 값보다 1 작게 지정한다.
- 키 값이 더 크다면 키 값은 중간 값보다 위에 있다는 뜻이다. low 값을 중

간 값보다 1 크게 지정한다.

- 만일 값이 같다면 원하는 값을 찾은 것이다. 여기에서 멈춘다.
- low 값과 high 값이 교차할 때까지 반복한다. 루프가 끝나면 원하는 값을 찾지 못한 것이다.

탐색 과정이 효과적인 것은 중간을 집어 비교하여 키 값이 어디에 있는지를 짐작하기 때문이다. 데이터가 정렬되어 있기 때문에 키 값이 추측한 값보다 높거나 낮을 수밖에 없다. 따라서 만일 추측한 값보다 낮다면 탐색 공간을 아래쪽 반으로 나누어버리면 된다. 이 과정은 원하는 값을 찾거나 경계가 겹치고 검색 공간을 다 소진할 때까지 반복된다.

35.1.4 RadixMap_sort와 radix_sort

기수 정렬은 먼저 손으로 직접 해봐야 쉽게 이해할 수 있다. 알고리즘이 하는 일은 숫자가 가장 낮은 자릿수에서 가장 높은 자릿수 순으로 저장된다는 사실을 이용한다. 즉, 자릿수별로 숫자들을 선택하고 묶는 과정을 모든 자릿수마다 진행하고 나면 정렬이 끝난다. 아마도 처음에는 마술처럼 보일 것이다. 솔직히 코드를 보면 진짜 마법 같이 느껴진다. 그러니 직접 해보기 바란다.

이 알고리즘이 동작하는 예를 보여주기 위해 세 자릿수의 숫자 여러 개를 무작위로 적었다. 이 숫자들은 223, 912, 275, 100, 633, 120, 380이다.

- 1의 자리 숫자순으로 묶는다: [380, 100, 120], [912], [633, 223], [275]
- 순서를 유지하며 10의 자리 숫자순으로 묶는다: [100], [912], [120, 223], [633], [275], [380]
- 이제 각 묶음에서 10의 자리와 1의 자리순으로 정렬되었다. 이제 이 순서를 유지하면서 마지막 자릿수인 100의 자리 숫자순으로 묶는다: [100, 120], [223, 275], [380], [633], [912]
- 이제 각 묶음을 100, 10, 1의 자리 순으로 정렬했다. 그리고 묶음의 순서를 유지하면서 숫자를 가져오면 최종 정렬된 리스트를 얻게 된다: 100, 120, 223, 275, 380, 633, 912

몇 번 해보면 어떻게 동작하는지 이해할 것이다. 기수 정렬은 정말 매끄럽고 작은 알고리즘이다. 가장 중요한 점은 임의의 크기의 숫자에서도 동작하기 때문에 한 번에 1바이트씩 진행하는 것만으로도 정말 큰 숫자들까지 정렬시킬 수 있다.

필자의 경우, 숫자(위치 값이라고도 함)는 8비트로 된 개개의 바이트이므로, 같은 숫자의 분포를 저장하기 위해서는 256개의 묶음이 필요하다. 또한 저장하기 위해 너무 많은 공간을 사용하지 않는 방법도 고민해야 한다. radix_sort를 보면, 가장 먼저 count 히스토그램을 만들어 offset으로 지정된 자릿수마다 숫자가 나타난 횟수를 기록하였다.

각 숫자(총 256개)에 대한 빈도를 알기 때문에, 이 빈도를 대상 배열에 배치할 위치로 활용할 수 있다. 예를 들어 10개의 바이트가 모두 0x00이라면, 대상 배열의 처음 10개 슬롯에 배치하면 된다. 이것은 radix_sort의 두 번째 for 루프인 대상 배열에 들어갈 위치 인덱스를 제공한다.

이제 source 배열의 offset 자릿수 숫자들이 대상 배열의 어디에 들어가면 되는지를 알았기 때문에 순서대로 대상 배열의 슬롯에 넣기만 하면 된다. ByteOf 매크로는 포인터 해킹과 비슷한 기법을 사용하는데, 이 매크로를 사용하면 코드를 깨끗하게 유지하는 데 도움이 된다. 최종 for 루프가 끝나면 모든 정수가 해당 숫자의 묶음에 배치된다.

흥미로운 점은 RadixMap_sort를 사용할 때 64비트 정수를 정렬하기 위해 앞의 32비트만 쓴다는 것이다. RMElement 타입에 유니온으로 key와 value를 같이 정의했던 것을 기억하는가? 즉, 키 값만 가지고 정렬시키기 때문에 모든 숫자의 첫 4바이트(바이트 당 8비트이므로 총 32비트)만 있으면 된다.

RadixMap_sort를 보면 contents와 temp에 대한 포인터를 각각 소스와 대상 배열로 사용하고, radix_sort 함수를 네 번 호출하는 것을 알 수 있다. 호출할 때마다 소스와 대상을 바꾸면서 그다음 바이트 자릿수에 대해 정렬토록 하였다. 그래서 네 번의 호출이 끝나면 최종 정렬된 배열은 contents에 남아있게 된다.

35.2 더 좋게 만들기

이번 구현에는 커다란 단점이 있는데, 그것은 배열 전체를 네 번이나 복사해야 한다는 것이다. 물론 빠르게 작업하지만, 배열에 들어있는 요소 개수만큼만 정렬시킨다면 더 좋을 것이다.

이번 구현을 개선할 수 있는 두 가지 방법을 소개하겠다.

- 이진 탐색을 사용하여 새로운 요소가 들어갈 수 있는 맨 앞의 위치를 찾은 다음, 이 위치부터 마지막까지만 정렬한다. 즉, 최소의 위치를 찾고 새로운 요소를 맨 뒤에 넣은 다음 최소의 위치부터 정렬을 시키는 것이다. 이 방법은 대부분의 경우 정렬을 위한 공간을 엄청나게 줄여줄 것이다.
- 현재 사용되고 있는 가장 큰 키 값을 추적하면서 이 키 값을 처리하기에 충분한 숫자만 정렬한다. 가장 작은 숫자를 추적하여 범위에 필요한 숫자만 정렬할 수도 있다. 이때 CPU의 엔디안(endian)에 주의해야 한다.[1]

이와 같은 최적화를 시도해보기 바란다. 단, 일부 타이밍 정보를 사용하여 단위 테스트를 보완한 후에야 구현 속도가 실제로 향상되는지 확인할 수 있다.

35.3 더 해보기

- 빠른 정렬, 힙 정렬, 병합 정렬을 구현한 다음 #define을 제공하여 세 알고리즘 중 하나를 선택할 수 있도록 하거나 두 번째 함수 집합을 만들어 호출할 수 있도록 해보자. 앞에서 설명한 기법을 활용하기 위해 위키백과에서 설명하는 알고리즘을 읽고, 거기에서 제공하는 의사코드를 사용하기 바란다.
- 원래 구현된 버전과 여러분이 최적화한 버전의 성능을 비교해보자.
- 이 정렬 함수를 이용하여 DArray_sort_add 함수를 만들어보자. DArray_sort_add 함수는 DArray에 요소를 추가하고 바로 정렬을 수행한다.

---

1 (옮긴이) 엔디안(endian)은 CPU가 데이터를 메모리에 저장하는 방식을 말하며, 크게 빅 엔디안(Big endian)과 리틀 엔디안(Little endian)이 있다. 빅 엔디안은 앞자리를 앞 번지수부터 저장하는 방식이고, 리틀 엔디안은 뒷자리를 앞 번지수부터 저장하는 방식이다. 예를 들어, 0x12345678을 빅 엔디안 방식으로 저장하면 0x12/0x34/0x56/0x78과 같이 저장되며, 리틀 엔디안 방식으로 저장하면 0x78/0x56/0x34/0x12와 같이 저장된다.

- 정렬된 DArray에서 요소를 찾는 DArray_find와 DArray_compare 함수를 작성하자. DArray_find 함수는 RadixMap_find의 이진 탐색 알고리즘을 사용한다.

연습 36

더 안전한 문자열

이번 연습에서는 왜 C 문자열이 지독하게 나쁜 아이디어였는지를 설명하면서 bstring을 사용하는 방법을 알려준 다음, liblcthw 코드를 bstring을 사용하는 코드로 바꾼다.

36.1 왜 C 문자열이 끔찍한 아이디어였을까?

사람들은 C 언어의 문제점에 대해 이야기할 때 문자열 개념이 최고 결함 중 하나라고 말한다. 이미 여러분은 이것들을 광범위하게 사용해왔고, 필자도 이에 대한 결함의 종류를 언급하기도 했지만, C 문자열에 결함이 있는 이유와 왜 그것이 절대로 없어지지 않을 것인지에 대해서는 정확히 설명하지 않았다. 그래서 여기에서 그것을 설명할 것이다. 수십 년간 C 문자열을 사용한 끝에 이것이 나쁜 아이디어였음을 주장할 수 있는 충분한 증거도 있다.

　주어진 C 문자열이 유효하다는 것을 확인하는 것은 불가능하다.

- '\0'으로 끝나지 않으면 유효한 C 문자열이 아니다.
- 유효하지 않은 C 문자열을 처리하는 루프는 무한반복에 빠질 것이다(또는 버퍼 오버플로를 일으킬 것이다).
- C 문자열은 길이를 알 수 없기 때문에, 문자열이 제대로 종료되는지를 확인하기 위해서는 문자열을 따라 루프를 돌아야 한다.
- 따라서 무한반복에 빠질 수 있는 루프 없이는 C 문자열이 유효한지를 판별하는 것이 불가능하다.

간단한 논리이다. 유효하지 않은 C 문자열은 루프를 무한반복으로 빠뜨리기 때문에 C 문자열이 유효한지를 판별하는 루프를 작성할 수 없다. 그렇기 때문에 해결책은 오직 크기를 추가하는 것뿐이다. 크기를 알면 무한루프 문제를 피할 수 있다. 연습 27에서 본 두 함수는 다음과 같다.

ex36.c

```
1    void copy(char to[], char from[])
2    {
3        int i = 0;
4
5        // 종료문자 '\0'이 없다면 while 루프는 끝나지 않을 것이다.
6        while ((to[i] = from[i]) != '\0') {
7            ++i;
8        }
9    }
10
11   int safercopy(int from_len, char *from, int to_len, char *to)
12   {
13       int i = 0;
14       int max = from_len > to_len - 1 ? to_len - 1 : from_len;
15
16       // to_len은 적어도 1바이트 이상은 되어야 한다.
17       if (from_len < 0 || to_len <= 0)
18           return -1;
19
20       for (i = 0; i < max; i++) {
21           to[i] = from[i];
22       }
23
24       to[to_len - 1] = '\0';
25
26       return i;
27   }
```

copy 함수에 문자열이 유효한지 확인하는 코드를 추가한다고 상상해보자. 어떻게 할 것인가? 아마도 문자열이 '\0'으로 끝나는지를 점검하는 루프를 작성해야 할 것이다. 그런데 잠깐만. 만일 문자열인 '\0'으로 끝나지 않는다면 루프가 끝나는 것을 어떻게 확인하겠는가? 할 수가 없다. 외통수다.

길이를 알지 못하면 어떻게 해서도 C 문자열이 유효한지를 점검할 수 없다. 그래서 safercopy에는 길이 정보가 포함된다. 이 함수는 루프가 항상 끝나기 때문에 동일한 문제에 봉착되지 않는다. 심지어 길이를 거짓으로 알려주어도 어쨌든 유한한 길이임에는 변함이 없다.

bstrlib 라이브러리(Better String Library)가 하는 일은 문자열 저장소의 크기를 항상 포함하는 구조체를 만드는 것이다. 그래서 bstring에는 항상 길이 정보가 존재하기 때문에 관련된 모든 연산은 더 안전해진다. 루프도 종료될 것이며 내용도 확인될 것이다. 그리고 문자열에 대한 주요 결함도 더 이상 없을 것이다. 이 라이브러리는 또한 분리, 서식, 탐색 등 문자열에 필요한 수많은 연산을 제공할 뿐만 아니라 이 모든 것들이 제대로 동작하고 더 안전하다.

물론 bstring에도 결함이 있을 수 있지만, 이미 오랫동안 사용된 만큼 그 결함은 거의 극소량일 것이다. glibc에서도 여전히 결함이 발견되고 있다. 구더기 무서워 장 못 담글 수는 없는 노릇이다.

36.2 bstrlib 사용하기

개선된 문자열 라이브러리는 많은 종류가 있지만, 필자는 bstrlib를 좋아한다. 그 이유는 한 개의 파일에 기본적으로 문자열 작업에 필요한 것들이 다 들어있기 때문이다. 여기서는 bstrlib 라이브러리의 두 파일, bstrlib.c와 bstrlib.h가 필요할 것이다.

다음은 프로젝트 디렉터리 liblcthw에서 작업한 내용이다.

연습문제 36 Session

```
$ mkdir bstrlib
$ cd bstrlib/
$ unzip ~/Downloads/bstrlib-05122010.zip
Archive:  /Users/zedshaw/Downloads/bstrlib-05122010.zip
...
$ ls
bsafe.c          bstraux.c        bstrlib.h
bstrwrap.h       license.txt      test.cpp
bsafe.h          bstraux.h        bstrlib.txt
cpptest.cpp      porting.txt      testaux.c
bstest.c  bstrlib.c      bstrwrap.cpp
gpl.txt          security.txt
$ mv bstrlib.h bstrlib.c ../src/lcthw/
$ cd ../
$ rm -rf bstrlib
# make the edits
$ vim src/lcthw/bstrlib.c
$ make clean all
```

```
...
$
```

17행을 보면 bstrlib.c 파일을 편집하는 것이 보이는데, 이 파일을 새로운 위치에 이동시키고 OS X 버그를 고치기 위해 내용을 수정하였다. 고친 부분은 다음과 같다.

ex36.diff

```
25c25
< #include "bstrlib.h"
---
> #include <lcthw/bstrlib.h>
2759c2759
< #ifdef __GNUC__
---
> #if defined(__GNUC__) && !defined(__APPLE__)
```

고친 부분을 보면, 헤더 파일 include 위치를 <lcthw/bstrlib.h>로 수정하였으며, 2759행에서 ifdef를 수정하였다.

36.3 라이브러리 학습

이번 연습은 남은 연습에서 사용할 더 좋은 문자열 라이브러리를 준비하기 위한 것이다. 이어지는 두 개의 연습에서는 hashmap 자료구조를 만들기 위해 bstrlib.c를 사용할 것이다.

이제 라이브러리의 헤더 파일과 구현 파일을 읽고 이 라이브러리에 친숙해져야 한다. 그리고는 다음의 함수를 테스트하는 **test/bstr_tests.c**를 작성하도록 하자.

bfromcstr	C 스타일의 상수로부터 bstring을 생성한다.
blk2bstr	같은 일을 하지만 버퍼의 길이를 제공한다.
bstrcpy	bstring을 복사한다.
bassign	bstring을 지정한다.
bassigncstr	bstring을 C 문자열 내용으로 설정한다.
bassignblk	bstring을 C 문자열로 설정하면서 길이도 제공한다.

bdestroy	bstring을 제거한다.
bconcat	bstring 하나를 다른 bstring에 붙인다.
bstricmp	두 개의 bstring을 비교한다. 반환 값은 strcmp와 동일하다.
biseq	두 개의 bstring이 같은지 점검한다.
binstr	bstring이 다른 bstring에 포함되었는지 알려준다.
bfindreplace	bstring을 다른 bstring에서 검색한 다음 다른 문자열로 대체한다.
bsplit	bstring을 나누어 bstrList에 넣는다.
bformat	서식 문자열을 수행하는데, 아주 편리하다.
blength	bstring의 길이를 얻는다.
bdata	bstring의 데이터를 얻는다.
bchar	bstring으로부터 char를 얻는다.

테스트 프로그램은 이 모든 연산을 수행해야 한다. 또한 헤더 파일에서 몇 가지 흥미로운 것을 더 찾아야 한다.

연습 37

해시맵

해시맵(Hash map, 해시맵, 해시, 해시 테이블 또는 간혹 사전이라고도 부름)
은 동적 프로그래밍에서 키/값 데이터를 저장하는 용도로 빈번하게 사용된
다. 해시맵은 키(key)에 대한 해시 계산을 통해 얻은 정수 값을 이용하여 값
(value)이 있는 장소를 찾아 값을 얻거나 변경시킨다. 해시맵은 아주 빠르며
실질적인 자료구조다. 왜냐하면 거의 모든 데이터에서 동작할 뿐만 아니라
구현하기도 쉽기 때문이다.

다음은 파이썬에서 해시맵(다른 표현으로는 사전)을 사용하는 예이다.

ex37.py

```python
fruit_weights = {'Apples': 10, 'Oranges': 100, 'Grapes': 1.0}

for key, value in fruit_weights.items():
    print key, "=", value
```

대부분의 현대 프로그래밍 언어는 이와 같은 기능을 제공하기 때문에 많은
사람들은 코드만 작성할 줄 알 뿐 해시맵이 동작하는 원리를 절대 이해하지
못한다. 하지만 C 언어에서 Hashmap 자료구조를 만들기 위해서는 해시맵이
동작하는 원리를 알고 있어야 한다. 그러면 자료구조를 위한 헤더 파일부터
시작해보자.

hashmap.h

```c
#ifndef _lcthw_Hashmap_h
#define _lcthw_Hashmap_h

#include <stdint.h>
#include <lcthw/darray.h>

#define DEFAULT_NUMBER_OF_BUCKETS 100
```

```
typedef int (*Hashmap_compare) (void *a, void *b);
typedef uint32_t(*Hashmap_hash) (void *key);

typedef struct Hashmap {
DArray *buckets;
Hashmap_compare compare;
Hashmap_hash hash;
} Hashmap;

typedef struct HashmapNode {
void *key;
void *data;
uint32_t hash;
} HashmapNode;

typedef int (*Hashmap_traverse_cb) (HashmapNode * node);

Hashmap *Hashmap_create(Hashmap_compare compare, Hashmap_hash);
void Hashmap_destroy(Hashmap * map);

int Hashmap_set(Hashmap * map, void *key, void *data);
void *Hashmap_get(Hashmap * map, void *key);

int Hashmap_traverse(Hashmap * map, Hashmap_traverse_cb traverse_cb);

void *Hashmap_delete(Hashmap * map, void *key);

#endif
```

구조체는 몇 개의 HashmapNode 구조체가 있는 Hashmap으로 구성되어 있다.
Hashmap을 살펴보면 다음과 같이 구성된 것을 알 수 있다.

DArray *buckets	동적 배열로, 고정 값인 100개의 버킷 (bucket)으로 설정될 것이다. 각각의 버킷은 HashmapNode 쌍을 보유할 DArray가 차례로 포함된다.
Hashmap_compare compare	비교 함수로, Hashmap이 키로 요소를 찾는 데 사용된다. 다른 모든 비교 함수와 비슷하게 동작해야 하며, 키가 bstring이기 때문에 기본적으로 bstrcmp를 사용한다.
Hashmap_hash hash	해시 함수로, 키의 내용을 처리하여 uint32_

t 타입의 인덱스 숫자를 얻는다. 나중에 기본 적인 것을 보게 될 것이다.

아직 DArray 버킷은 만들지 않았지만 구조체를 통해 데이터가 어떻게 저장되는지를 알 수 있다. 기억해야 할 점은 이 구조체가 일종의 2단계 매핑이라는 것이다.

• 1단계로 100개의 버킷이 만들어진 다음, 내용들이 그 해시 값에 따라 이 버킷에 들어간다.
• 각각의 버킷은 HashmapNode 구조체를 보유하는 DArray로, 이 구조체는 추가될 때 마지막에 붙는다.

HashmapNode는 다음의 세 가지 요소로 구성된다.

void *key	키=값 쌍을 위한 키
void *value	값
uint32_t hash	계산된 해시로 노드를 더 빨리 찾을 수 있도록 한다. 그래서 해시 값이 같은 경우에만 키가 같은지 점검하면 된다.

헤더 파일의 나머지는 새로운 것이 없으므로, 이제 hashmap.c 파일을 통해 구현된 내용을 살펴보자.

hashmap.c

```
1    #undef NDEBUG
2    #include <stdint.h>
3    #include <lcthw/hashmap.h>
4    #include <lcthw/dbg.h>
5    #include <lcthw/bstrlib.h>
6
7    static int default_compare(void *a, void *b)
8    {
9        return bstrcmp((bstring) a, (bstring) b);
10   }
11
12   /**
13    * 위키백과 설명을 기반으로 구현한 밥 젠킨스의
14    * 간단한 해시 알고리즘
15    */
```

```
16  static uint32_t default_hash(void *a)
17  {
18      size_t len = blength((bstring) a);
19       char *key = bdata((bstring) a);
20       uint32_t hash = 0;
21      uint32_t i = 0;
22
23      for (hash = i = 0; i < len; ++i) {
24          hash += key[i];
25          hash += (hash << 10);
26          hash ^= (hash >> 6);
27      }
28
29       hash += (hash << 3);
30       hash ^= (hash >> 11);
31      hash += (hash << 15);
32
33      return hash;
34  }
35
36  Hashmap *Hashmap_create(Hashmap_compare compare, Hashmap_hash hash)
37  {
38      Hashmap *map = calloc(1, sizeof(Hashmap));
39       check_mem(map);
40
41      map->compare = compare == NULL ? default_compare : compare;
42      map->hash = hash == NULL ? default_hash : hash;
43      map->buckets = DArray_create(
44              sizeof(DArray *), DEFAULT_NUMBER_OF_BUCKETS);
45      map->buckets->end = map->buckets->max;   // 가짜로 확장함
46      check_mem(map->buckets);
47
48      return map;
49
50  error:
51      if (map) {
52          Hashmap_destroy(map);
53      }
54
55      return NULL;
56  }
57
58  void Hashmap_destroy(Hashmap * map)
59  {
60       int i = 0;
61      int j = 0;
62
63      if (map) {
64          if (map->buckets) {
```

```
65              for (i = 0; i < DArray_count(map->buckets); i++) {
66                  DArray *bucket = DArray_get(map->buckets, i);
67                  if (bucket) {
68                      for (j = 0; j < DArray_count(bucket); j++) {
69                          free(DArray_get(bucket, j));
70                      }
71                      DArray_destroy(bucket);
72                  }
73              }
74              DArray_destroy(map->buckets);
75          }
76
77          free(map);
78      }
79  }
80
81  static inline HashmapNode *Hashmap_node_create(int hash, void *key,
82          void *data)
83  {
84      HashmapNode *node = calloc(1, sizeof(HashmapNode));
85      check_mem(node);
86
87      node->key = key;
88      node->data = data;
89       node->hash = hash;
90
91      return node;
92
93  error:
94      return NULL;
95  }
96
97  static inline DArray *Hashmap_find_bucket(Hashmap * map, void *key,
98          int create,
99          uint32_t * hash_out)
100 {
101     uint32_t hash = map->hash(key);
102     int bucket_n = hash % DEFAULT_NUMBER_OF_BUCKETS;
103     check(bucket_n >= 0, "Invalid bucket found: %d", bucket_n);
104     // 반환 값을 저장하여 호출자가 사용할 수 있도록 한다.
105     *hash_out = hash;
106
107     DArray *bucket = DArray_get(map->buckets, bucket_n);
108
109      if (!bucket && create) {
110          // 새로운 버킷이므로 셋업한다.
111         bucket = DArray_create(
112                 sizeof(void *), DEFAULT_NUMBER_OF_BUCKETS);
113         check_mem(bucket);
```

```
114        DArray_set(map->buckets, bucket_n, bucket);
115    }
116
117    return bucket;
118
119 error:
120      return NULL;
121 }
122
123 int Hashmap_set(Hashmap * map, void *key, void *data)
124 {
125    uint32_t hash = 0;
126    DArray *bucket = Hashmap_find_bucket(map, key, 1, &hash);
127    check(bucket, "Error can't create bucket.");
128
129     HashmapNode *node = Hashmap_node_create(hash, key, data);
130     check_mem(node);
131
132    DArray_push(bucket, node);
133
134    return 0;
135
136 error:
137    return -1;
138 }
139
140 static inline int Hashmap_get_node(Hashmap * map, uint32_t hash,
141        DArray * bucket, void *key)
142 {
143    int i = 0;
144
145    for (i = 0; i < DArray_end(bucket); i++) {
146        debug("TRY: %d", i);
147        HashmapNode *node = DArray_get(bucket, i);
148        if (node->hash == hash && map->compare(node->key, key) == 0) {
149            return i;
150        }
151    }
152
153    return -1;
154 }
155
156 void *Hashmap_get(Hashmap * map, void *key)
157 {
158    uint32_t hash = 0;
159     DArray *bucket = Hashmap_find_bucket(map, key, 0, &hash);
160     if (!bucket) return NULL;
161
162    int i = Hashmap_get_node(map, hash, bucket, key);
```

```
163    if (i == -1) return NULL;
164
165    HashmapNode *node = DArray_get(bucket, i);
166    check(node != NULL,
167            "Failed to get node from bucket when it should exist.");
168
169     return node->data;
170
171  error:                    // 실패
172     return NULL;
173  }
174
175  int Hashmap_traverse(Hashmap * map, Hashmap_traverse_cb traverse_cb)
176  {
177     int i = 0;
178     int j = 0;
179      int rc = 0;
180
181     for (i = 0; i < DArray_count(map->buckets); i++) {
182         DArray *bucket = DArray_get(map->buckets, i);
183         if (bucket) {
184             for (j = 0; j < DArray_count(bucket); j++) {
185                 HashmapNode *node = DArray_get(bucket, j);
186                 rc = traverse_cb(node);
187                 if (rc != 0)
188                     return rc;
189             }
190         }
191     }
192
193     return 0;
194  }
195
196  void *Hashmap_delete(Hashmap * map, void *key)
197  {
198     uint32_t hash = 0;
199      DArray *bucket = Hashmap_find_bucket(map, key, 0, &hash);
200      if (!bucket)
201         return NULL;
202
203     int i = Hashmap_get_node(map, hash, bucket, key);
204     if (i == -1)
205         return NULL;
206
207     HashmapNode *node = DArray_get(bucket, i);
208     void *data = node->data;
209      free(node);
210
211     HashmapNode *ending = DArray_pop(bucket);
```

```
212
213    if (ending != node) {
214        // 마지막 한 개가 아닌 것 같으니 이것으로 바꾼다.
215        DArray_set(bucket, i, ending);
216    }
217
218    return data;
219 }
```

구현상에 아주 복잡한 것은 없지만 default_hash와 Hashmap_find_bucket 함수는 설명이 조금 필요하다. Hashmap_create를 사용할 때는 원하는 비교 함수 및 해시 함수를 넘겨줄 수 있다. 하지만 함수를 전달하지 않는다면 기본 함수로 default_compare와 default_hash 함수를 사용한다.

첫 번째로 눈여겨봐야 할 것은 default_hash가 동작하는 방법이다. 이 함수는 간단한 해시 함수로, 밥 젠킨스가 작성했다고 해서 젠킨스 해시라고 부른다. 필자는 위키백과에서 "젠킨스 해시" 알고리즘을 가져왔다. 이 알고리즘은 간단하게 키의 각 바이트를 (bstring으로) 해시하는데, 비트 작업이 끝나면 그 결과로 uint32_t 타입의 숫자를 내보낸다. 해시 작업은 약간의 덧셈과 XOR 연산으로 구성되어 있다.

해시 함수는 다양한 종류가 있고 그 특징도 서로 다르다. 하지만 하나를 선택한 이상, 이것을 사용하여 원하는 버킷을 찾을 수 있어야 한다. Hashmap_find_bucket 함수는 다음과 같이 동작한다.

- map->hash(key)를 호출하여 키에 대한 해시 값을 얻는다.
- 그리고는 hash % DEFAULT_NUMBER_OF_BUCKETS를 통해 버킷을 찾는다. 즉, 그 크기에 관계없이 모든 해시는 버킷을 찾는다.
- DArray 버킷을 얻게 되는데, 만일 버킷이 없다면 새로 생성한다. 이때 create 변수 값에 따라 생성 여부를 결정한다.
- 정확한 해시를 통해 DArray 버킷을 찾았다면 반환한다. 그리고 hash_out 변수를 사용하여 호출자에게 해시를 찾았음을 알린다.

다른 모든 함수는 Hashmap_find_bucket을 사용하여 작업을 수행한다.

- 키/값을 설정하는 작업은 버킷을 찾고, HashmapNode를 만들어 버킷에 추가

하는 과정을 수반한다.

- 키를 얻는 작업은 버킷을 찾고, hash와 key가 일치하는 HashmapNode를 찾는 과정을 수반한다.
- 아이템을 지우는 작업은 버킷을 찾고 요청한 노드가 어디에 있는지 찾은 다음, 마지막 노드를 지우려는 아이템 위치로 옮겨서 제거한다.

나머지 함수 중 여러분이 공부해야 하는 것은 Hashmap_traverse이다. 이 함수는 모든 버킷을 다니면서 버킷에 들어있는 값에 대해 traverse_cb 함수를 호출한다. 이것이 해시맵의 값을 위해 전체 Hashmap을 스캔하는 방법이다.

37.1 단위 테스트

앞에서 설명한 모든 연산을 테스트하는 단위 테스트를 살펴보자.

hashmap_tests.c

```
1   #include "minunit.h"
2   #include <lcthw/hashmap.h>
3   #include <assert.h>
4   #include <lcthw/bstrlib.h>
5
6   Hashmap *map = NULL;
7   static int traverse_called = 0;
8   struct tagbstring test1 = bsStatic("test data 1");
9   struct tagbstring test2 = bsStatic("test data 2");
10  struct tagbstring test3 = bsStatic("xest data 3");
11  struct tagbstring expect1 = bsStatic("THE VALUE 1");
12  struct tagbstring expect2 = bsStatic("THE VALUE 2");
13  struct tagbstring expect3 = bsStatic("THE VALUE 3");
14
15  static int traverse_good_cb(HashmapNode * node)
16  {
17      debug("KEY: %s", bdata((bstring) node->key));
18      traverse_called++;
19       return 0;
20  }
21
22  static int traverse_fail_cb(HashmapNode * node)
23  {
24      debug("KEY: %s", bdata((bstring) node->key));
25      traverse_called++;
26
```

```
27      if (traverse_called == 2) {
28          return 1;
29      } else {
30          return 0;
31      }
32  }
33
34  char *test_create()
35  {
36      map = Hashmap_create(NULL, NULL);
37      mu_assert(map != NULL, "Failed to create map.");
38
39      return NULL;
40  }
41
42  char *test_destroy()
43  {
44      Hashmap_destroy(map);
45
46      return NULL;
47  }
48
49  char *test_get_set()
50  {
51      int rc = Hashmap_set(map, &test1, &expect1);
52      mu_assert(rc == 0, "Failed to set &test1");
53      bstring result = Hashmap_get(map, &test1);
54      mu_assert(result == &expect1, "Wrong value for test1.");
55
56      rc = Hashmap_set(map, &test2, &expect2);
57      mu_assert(rc == 0, "Failed to set test2");
58      result = Hashmap_get(map, &test2);
59      mu_assert(result == &expect2, "Wrong value for test2.");
60
61      rc = Hashmap_set(map, &test3, &expect3);
62      mu_assert(rc == 0, "Failed to set test3");
63      result = Hashmap_get(map, &test3);
64      mu_assert(result == &expect3, "Wrong value for test3.");
65
66      return NULL;
67  }
68
69  char *test_traverse()
70  {
71      int rc = Hashmap_traverse(map, traverse_good_cb);
72      mu_assert(rc == 0, "Failed to traverse.");
73      mu_assert(traverse_called == 3, "Wrong count traverse.");
74
75      traverse_called = 0;
```

```
76      rc = Hashmap_traverse(map, traverse_fail_cb);
77      mu_assert(rc == 1, "Failed to traverse.");
78      mu_assert(traverse_called == 2, "Wrong count traverse for fail.");
79
80       return NULL;
81  }
82
83  char *test_delete()
84  {
85      bstring deleted = (bstring) Hashmap_delete(map, &test1);
86      mu_assert(deleted != NULL, "Got NULL on delete.");
87      mu_assert(deleted == &expect1, "Should get test1");
88      bstring result = Hashmap_get(map, &test1);
89       mu_assert(result == NULL, "Should delete.");
90
91      deleted = (bstring) Hashmap_delete(map, &test2);
92      mu_assert(deleted != NULL, "Got NULL on delete.");
93      mu_assert(deleted == &expect2, "Should get test2");
94      result = Hashmap_get(map, &test2);
95      mu_assert(result == NULL, "Should delete.");
96
97      deleted = (bstring) Hashmap_delete(map, &test3);
98      mu_assert(deleted != NULL, "Got NULL on delete.");
99       mu_assert(deleted == &expect3, "Should get test3");
100       result = Hashmap_get(map, &test3);
101      mu_assert(result == NULL, "Should delete.");
102
103      return NULL;
104  }
105
106  char *all_tests()
107  {
108      mu_suite_start();
109
110       mu_run_test(test_create);
111      mu_run_test(test_get_set);
112      mu_run_test(test_traverse);
113      mu_run_test(test_delete);
114      mu_run_test(test_destroy);
115
116      return NULL;
117  }
118
119  RUN_TESTS(all_tests);
```

단위 테스트를 통해 유일하게 배울 점은 맨 앞에서 bstring 기능을 사용하여
테스트 내에서 사용할 static 문자열을 만드는 것이다. 7~13행에서 tagbstring

과 bsStatic을 사용하여 문자열을 생성하였다.

37.2 더 좋게 만들기

이것은 이 책의 다른 자료구조와 마찬가지로 Hashmap을 매우 단순하게 구현한 것이다. 필자의 목표는 여러분에게 대단히 훌륭하면서 아주 빠른, 잘 조율된 자료구조를 제공하는 것이 아니다. 일반적으로 이렇게 훌륭한 자료구조는 논의하기에는 너무 복잡하기 때문에 직장에서 필요한 실질적이고 기본적인 자료구조에 집중하지 못하게 만들 수 있다. 필자의 목표는 여러분에게 이해할 수 있는 출발점을 제공하여 구현된 내용을 쉽게 이해할 수 있도록 하거나더 개선할 수 있도록 하는 것이다.

이번 연습문제의 경우, 구현된 내용으로 할 수 있는 것이 몇 가지 있다.

- 각각의 버킷에 sort를 사용하여 항상 정렬된 상태를 유지하게 할 수 있다. 이렇게 하면 아이템을 추가하는 시간은 증가하는 대신, 노드를 찾기 위해 이진 탐색을 사용해서 탐색 시간은 줄어든다. 현재 버전은 단 한 개를 찾기 위해 버킷 내의 모든 노드를 뒤져야 한다.
- 버킷의 숫자를 동적으로 변환시키거나 Hashmap을 생성할 때마다 호출자가 지정토록 할 수 있다.
- 더 좋은 default_hash를 사용할 수 있다. 세상에는 수없이 많은 해시 함수들이 있다.
- 이것은(그리고 거의 모든 Hashmap은) 하나의 버킷만 채우는 키를 선택하여 프로그램이 이를 처리하도록 만드는 사람들에게 취약하다. 이렇게 하면 Hashmap이 단 하나의 DArray만을 처리하게 되어 프로그램이 느려진다. 물론 버킷을 정렬시켜 약간의 성능 향상을 꾀할 수 있겠지만 더 좋은 해시 함수를 사용하는 방법도 있으며, 편집증적인 프로그래머라면 키를 예측할 수 없도록 무작위 값을 가미할 수도 있을 것이다.
- 공간 절약을 위해 노드가 없는 버킷을 지우거나, 빈 버킷을 캐시에 담아 버킷을 생성/제거하는 시간을 절약할 수도 있다.
- 현재 버전은 같은 요소가 존재함에도 그냥 추가해버린다. 이를 수정하여

존재하지 않는 요소만 추가할 수도 있다.

마찬가지로, 각각의 함수가 방어적으로 동작하도록 만들어야 한다. Hashmap 또한 불변 값 검사 수행을 위해 디버그 설정을 사용할 수도 있다.

37.3 더 해보기

- 여러분이 선호하는 프로그래밍 언어로 구현된 Hashmap을 조사하여 어떤 기능이 구현되었는지 확인해보자.
- Hashmap의 주요 단점을 찾아보고, 이를 피할 수 있는 방법을 고민해보자. 예를 들어 특별한 변경 없이는 요청 내역을 보관하지 않으며, 키의 일부분 으로는 내용을 찾을 수 없다.
- 동일한 버킷을 사용하는 키를 채우는 결함을 보여주고는 이것이 성능에 어떤 영향을 미치는지 보여주는 단위 테스트를 작성해보자. 이를 위한 좋 은 방법은 버킷의 수를 다섯 개 등과 같이 바보 같은 수준으로 줄이는 것 이다.

연습 38

해시맵 알고리즘

이번 연습에서는 세 개의 해시 함수를 구현할 것이다.

FNV-1a 개발자인 그렌 폴러(Glenn Fowler), 퐁 보(Phong Vo), 랜던 커트 놀(Landon Curt Noll)의 이름을 따서 만든 이 해시 함수는 좋은 해시 결과를 보여주며 상당히 빠르다.

Adler-32 개발자 마크 애들러(Mark Adler)의 이름을 따서 만든 이 해시 함수는 해시 알고리즘이 끔찍하지만 오랜 시간 사용되었으며 학습용으로 좋다.

DJB Hash 이 해시 알고리즘은 댄 J. 번스타인(Dan J. Bernstein)이 만들었지만, 알고리즘에 대한 논의는 쉽지 않다. 알고리즘 속도는 빠르지만 결과는 썩 좋다고 하기 어렵다.

여러분은 이미 해시맵 자료구조를 통해 기본 해시로 사용된 젠킨스 해시를 살펴보았다. 이번 연습에서는 추가적으로 새로운 세 개의 해시 함수를 공부한다고 보면 된다. 코드 규모는 작으며, 최적화되어 있지도 않다. 늘 그렇듯 속도보다는 이해에 중점을 두어 진행할 것이다.

 헤더 파일은 아주 간단하다. 헤더 파일부터 시작하자.

hashmap_algos.h

```
#ifndef hashmap_algos_h
#define hashmap_algos_h

#include <stdint.h>

uint32_t Hashmap_fnv1a_hash(void *data);

uint32_t Hashmap_adler32_hash(void *data);
```

```
uint32_t Hashmap_djb_hash(void *data);

#endif
```

단순히 세 개의 함수를 선언한 것이다. 그러면 이제 hashmap_algos.c 파일을
통해 구현된 내용을 살펴보자.

hashmap_algos.c

```
1    #include <lcthw/ hashmap_algos.h>
2    #include <lcthw/ bstrlib.h>
3
4    // 설정 값은 다음 사이트를 참조하였다.
5    // http://www.isthe.com/chongo/tech/comp/fnv/index.html#FNV-param
6    const uint32_t FNV_PRIME = 16777619;
7    const uint32_t FNV_OFFSET_BASIS = 2166136261;
8
9    uint32_t Hashmap_fnv1a_hash(void *data)
10   {
11       bstring s = (bstring) data;
12       uint32_t hash = FNV_OFFSET_BASIS;
13       int i = 0;
14
15       for (i = 0; i < blength(s); i++) {
16           hash ^= bchare(s, i, 0);
17           hash *= FNV_PRIME;
18       }
19
20   return hash;
21   }
22
23   const int MOD_ADLER = 65521;
24
25   uint32_t Hashmap_adler32_hash(void *data)
26   {
27       bstring s = (bstring) data;
28       uint32_t a = 1, b = 0;
29       int i = 0;
30
31       for (i = 0; i < blength(s); i++) {
32           a = (a + bchare(s, i, 0)) % MOD_ADLER;
33           b = (b + a) % MOD_ADLER;
34       }
35
36       return (b << 16) | a;
37   }
38
```

```
39  uint32_t Hashmap_djb_hash(void *data)
40  {
41      bstring s = (bstring) data;
42      uint32_t hash = 5381;
43      int i = 0;
44
45      for (i = 0; i < blength(s); i++) {
46          hash = ((hash << 5) + hash) + bchare(s, i, 0); /* hash * 33 + c */
47      }
48
49      return hash;
50  }
```

이 파일에는 세 개의 알고리즘이 모두 있다. 필자가 키로 bstring을 사용하는 것을 확인해야 한다. 그리고 bstring에서 글자 하나를 추출하기 위해 bchare 함수를 사용하였다. 이때, 글자가 문자열의 길이를 벗어나는 경우에는 0을 반환하였다.

각각의 알고리즘은 온라인에서 찾을 수 있으니 각 알고리즘의 내용을 조사하여 읽어보기 바란다. 먼저 위키 백과를 살펴본 후 다른 출처도 참조하자.

이제, 이 알고리즘을 테스트하는 단위 테스트를 작성할 차례이다. 이번 단위 테스트에서는 알고리즘이 버킷을 잘 분산시키는지도 테스트하였다.

hashmap_algos_tests.c

```
1   #include <lcthw/bstrlib.h>
2   #include <lcthw/hashmap.h>
3   #include <lcthw/hashmap_algos.h>
4   #include <lcthw/darray.h>
5   #include "minunit.h"
6
7   struct tagbstring test1 = bsStatic("test data 1");
8   struct tagbstring test2 = bsStatic("test data 2");
9   struct tagbstring test3 = bsStatic("xest data 3");
10
11  char *test_fnv1a()
12  {
13      uint32_t hash = Hashmap_fnv1a_hash(&test1);
14      mu_assert(hash != 0, "Bad hash.");
15
16      hash = Hashmap_fnv1a_hash(&test2);
17      mu_assert(hash != 0, "Bad hash.");
18
19      hash = Hashmap_fnv1a_hash(&test3);
```

```
20        mu_assert(hash != 0, "Bad hash.");
21
22        return NULL;
23    }
24
25    char *test_adler32()
26    {
27        uint32_t hash = Hashmap_adler32_hash(&test1);
28        mu_assert(hash != 0, "Bad hash.");
29
30        hash = Hashmap_adler32_hash(&test2);
31        mu_assert(hash != 0, "Bad hash.");
32
33        hash = Hashmap_adler32_hash(&test3);
34        mu_assert(hash != 0, "Bad hash.");
35
36        return NULL;
37    }
38
39    char *test_djb()
40    {
41        uint32_t hash = Hashmap_djb_hash(&test1);
42        mu_assert(hash != 0, "Bad hash.");
43
44        hash = Hashmap_djb_hash(&test2);
45        mu_assert(hash != 0, "Bad hash.");
46
47        hash = Hashmap_djb_hash(&test3);
48        mu_assert(hash != 0, "Bad hash.");
49
50        return NULL;
51    }
52
53    #define BUCKETS 100
54    #define BUFFER_LEN 20
55    #define NUM_KEYS BUCKETS * 1000
56    enum { ALGO_FNV1A, ALGO_ADLER32, ALGO_DJB };
57
58    int gen_keys(DArray * keys, int num_keys)
59    {
60        int i = 0;
61        FILE *urand = fopen("/dev/urandom", "r");
62        check(urand != NULL, "Failed to open /dev/urandom");
63
64        struct bStream *stream = bsopen((bNread) fread, urand);
65        check(stream != NULL, "Failed to open /dev/urandom");
66
67        bstring key = bfromcstr("");
68        int rc = 0;
```

```
69
70          // FNV1a 히스토그램
71          for (i = 0; i < num_keys; i++) {
72              rc = bsread(key, stream, BUFFER_LEN);
73              check(rc >= 0, "Failed to read from /dev/urandom.");
74
75              DArray_push(keys, bstrcpy(key));
76          }
77
78          bsclose(stream);
79          fclose(urand);
80          return 0;
81
82      error:
83          return -1;
84      }
85
86      void destroy_keys(DArray * keys)
87      {
88          int i = 0;
89          for (i = 0; i < NUM_KEYS; i++) {
90              bdestroy(DArray_get(keys, i));
91          }
92
93          DArray_destroy(keys);
94      }
95
96      void fill_distribution(int *stats, DArray * keys,
97              Hashmap_hash hash_func)
98      {
99          int i = 0;
100         uint32_t hash = 0;
101
102         for (i = 0; i < DArray_count(keys); i++) {
103             hash = hash_func(DArray_get(keys, i));
104             stats[hash % BUCKETS] += 1;
105         }
106
107     }
108
109     char *test_distribution()
110     {
111         int i = 0;
112         int stats[3][BUCKETS] = { {0} };
113         DArray *keys = DArray_create(0, NUM_KEYS);
114
115         mu_assert(gen_keys(keys, NUM_KEYS) == 0,
116                 "Failed to generate random keys.");
117
```

```
118    fill_distribution(stats[ALGO_FNV1A], keys, Hashmap_fnv1a_hash);
119    fill_distribution(stats[ALGO_ADLER32], keys, Hashmap_adler32_hash);
120    fill_distribution(stats[ALGO_DJB], keys, Hashmap_djb_hash);
121
122    fprintf(stderr, "FNV\tA32\tDJB\n");
123
124    for (i = 0; i < BUCKETS; i++) {
125        fprintf(stderr, "%d\t%d\t%d\n",
126                stats[ALGO_FNV1A][i],
127                stats[ALGO_ADLER32][i], stats[ALGO_DJB][i]);
128    }
129
130    destroy_keys(keys);
131
132    return NULL;
133 }
134
135 char *all_tests()
136 {
137    mu_suite_start();
138
139    mu_run_test(test_fnv1a);
140    mu_run_test(test_adler32);
141    mu_run_test(test_djb);
142    mu_run_test(test_distribution);
143
144    return NULL;
145 }
146
147 RUN_TESTS(all_tests);
```

컴퓨터가 충분히 빠르기 때문에 이 코드 세트에서 사용한 BUCKETS 값을 상당
히 높게 잡았다. 그리고 느리게 실행되는 경우에는 NUM_KEYS 값만 낮췄다. 이
테스트에서 수행한 작업은 테스트를 실행한 후, 각 해시 함수에 대한 키 분포
확인을 위해 R이라는 프로그래밍 언어의 도움을 받아 분석하였다.

이 작업을 위해 gen-keys 함수를 사용해서 커다란 키 리스트를 만들었다.
이 키들은 /dev/urandom 장치에서 가져온 무작위의 바이트 키다. 그런 다음,
이 키들을 이용해 fill_distribution 함수가 stats 배열을 채우도록 하였다.
이때 키가 이론적인 버킷 세트에서 해시되는 위치에 채운다. 이 모든 함수는
모든 키에 대해 해시를 수행한 다음, Hashmap이 해당 버킷을 찾기 위해 수행
하는 일을 한다.

마지막으로 각각의 버킷에 대한 최종 결과를 세 개의 열로 구성된 표로 출력하는데, 각 버킷에 몇 개의 키가 무작위로 배치되었는지를 보여준다. 이렇게 하면 출력된 숫자를 통해 해시 함수가 키를 균등하게 분배하였는지를 알 수 있다.

38.1 실행 결과

R 언어에 대한 설명은 이 책의 범주를 벗어나지만 *www.r-project.org*를 통해 관련 내용을 찾아보기를 권한다.

다음은 요약한 셸 세션으로, tests/hashmap_algos_test를 실행하고, 그 결과로 test_distribution에 의해 표가 생성되며(여기에서는 나타나지 않는다), R을 사용하여 요약된 통계로 정리한다.

연습문제 38 Session

```
$ tests/hashmap_algos_tests
# copy-paste the table it prints out
$ vim hash.txt
$ R
> hash <- read.table("hash.txt", header=T)
> summary(hash)
  FNV             A32             DJB
Min.   : 945    Min.   : 908.0  Min.   : 927
1st Qu.: 980    1st Qu.: 980.8  1st Qu.: 979
Median : 998    Median :1000.0  Median : 998
Mean   :1000    Mean   :1000.0  Mean   :1000
3rd Qu.:1016    3rd Qu.:1019.2  3rd Qu.:1021
Max.   :1072    Max.   :1075.0  Max.   :1082
>
```

테스트를 실행하면 화면에 결과 표가 출력된다. 이 표를 copy-paste로 복사한 다음 vim hash.txt를 이용하여 데이터를 저장하였다. 데이터를 살펴보면 세 알고리즘에 대해 각각 FNV A32 DJB라는 이름의 열 제목이 있을 것이다.

이어서 R을 실행하고 read.table 명령을 이용하여 데이터를 로드하였다. 이것은 탭 글자로 구분된 데이터를 가지고 알아서 작업하는 똑똑한 함수로, 여기에 header=T를 입력하여 데이터에 열 제목이 있음을 알려주기만 하면 된다.

마지막으로 데이터가 로드된 상태에서 summary 명령을 사용하여 각 열에
대한 최종 통계 요약을 출력토록 하였다. 출력물을 통해 각 함수가 무작위 데
이터를 사용하여 제대로 된 결과를 만들어냈는지 확인할 수 있다. 다음은 출
력물 각 행의 의미가 무엇인지를 알려준다.

Min.   이 열에 있는 데이터 중 가장 작은 값을 나타낸다. FNV-1a가 이
           번 실행의 승자로 보인다. 가장 큰 숫자를 가지고 있기 때문이
           다. 즉, 하위 마지막 단에서 더 엄격한 범위를 갖고 있다는 것
           이다.

1st Qu.   1/4 지점의 데이터 값을 나타낸다.

Median   정렬된 리스트의 경우 중앙 값이 된다. 중앙 값은 평균 값과 가
           장 많이 비교되는 값이다.

Mean   평균 값이다. 즉, 전체의 합을 개수로 나눈 값이다. 신기하게도
           세 알고리즘 모두 평균이 1,000이다. 그리고 중앙 값과 비교해
           보면 거의 평균에 근접한 것을 알 수 있다. 이 말은 데이터가 한
           쪽으로 치우치지 않았고 이 데이터는 신뢰할 만하다는 것을 의
           미한다.

3rd Qu.   3/4 지점의 데이터 값으로, 숫자들의 마지막 부분을 나타낸다.

Max.   데이터 중 가장 큰 값으로, 데이터 그룹의 최상단 경계를 나타
           낸다.

이 데이터를 살펴보면 모든 해시들이 무작위 키에 대해 잘 동작하고, 평균 값
은 설정한 NUM_KEYS와 일치하는 것을 알 수 있다. 버킷 당 1,000개의 키를 만
들면(BUCKETS × 1000) 평균적으로 각 버킷에 1,000개의 키가 있어야 한다는
것이 필자가 찾던 결과이다. 해시 함수가 제대로 작동하지 않으면 이러한 요
약 통계는 평균 값으로 1,000이 아닌 값을 나타낼 것이며, 1/4지점 및 3/4지
점이 매우 높은 범위로 나타날 것이다. 좋은 해시 함수는 평균 값이 1,000개
로 고정되면서 가능한 한 엄격한 범위를 가져야 한다.

여러분이 실행한 결과는 이 단위 테스트와는 다른 실행이기 때문에 당연히
다르게 나타날 것이다.

38.2 프로그램 깨뜨리기

이번 연습에서는 몇 가지 깨뜨릴 수 있는 것들을 알려줄 것이다. 먼저 여러분이 만들 수 있는 최악의 해시 함수를 만든 다음 데이터를 사용하여 이것이 정말로 나쁘다는 것을 증명해보자. 필자가 한 것처럼 R 언어를 사용할 수도 있고, 동일한 요약 통계를 나타내는 다른 툴을 사용해도 무방하다.

이번 섹션의 목표는 교육받지 않은 시각으로는 정상적인 것처럼 보이는 해시 함수를 만드는 것이다. 그래서 실제로 실행하면 나쁜 평균 값을 보이고 데이터 분포도 조밀하지 않게 된다. 이 말은 즉, 1을 반환하지 못하게 만드는 것이다. 정상적으로 보이지만 그렇지 않은 숫자들을 제공해야 하며 해시 함수는 일부 버킷에 몰리도록 해야 한다.

추가로 지금까지 학습한 4개의 알고리즘 중 하나를 선택하고, 이 알고리즘을 최소한으로 수정하여 최악의 해시 함수를 만들어볼 수도 있다.

이번 섹션의 목적은 일부 친숙한 코더가 여러분에게 와서 해시 함수를 향상시키겠다고 하고, 실제로는 Hashmap을 망가뜨리는 뒷문을 만드는 상황을 가정해보는 것이다.

왕립학회의 말처럼 "누구의 말도 곧이곧대로 받아들이지 말라."[1]

38.3 더 해보기

- default_hash를 hashmap.c 파일 바깥으로 빼내어 hashmap_algos.c의 알고리즘 중 하나로 만든 다음, 모든 테스트가 잘 동작하도록 해보자.
- hashmap_algos_tests.c 파일에 default_hash를 추가하여 통계 결과를 다른 해시 함수의 그것과 비교해보자.
- 해시 함수 몇 개를 더 찾아 추가하자. 너무 많은 해시 함수를 찾을 필요는 없다.

---

1 (옮긴이) "Nullius in verba(누구의 말도 곧이곧대로 받아들이지 말라)"는 영국 왕립학회의 모토이다. 실험을 통해 검증한 것을 믿어야 한다는, 실증적 과학을 중시하는 말이다.

연습 39

문자열 알고리즘

이번 연습에서는 좀 더 빠른 문자열 탐색 알고리즘 binstr을 소개하고 bstrlib.c의 그것과 비교한다. binstr 문서에는 간단한 "무차별 대입(brute force)" 문자열 탐색을 사용하여 첫 번째 인스턴스를 찾는다고 언급하고 있다. 필자가 구현할 버전은 BMH(Boyer-Moore-Horspool) 알고리즘으로, 이론적 시간은 더 빠른 것으로 되어 있지만 필자의 구현에 결함이 없다고 가정했을 때 실제 측정 시간은 binstr의 간단한 무차별 대입 방법보다도 훨씬 나쁘다.

이번 설명의 요점은 알고리즘을 설명하는 것이 아니다. 위키백과에서 "Boyer-Moore-Horspool 알고리즘" 페이지만 읽어도 충분할 정도로 알고리즘은 간단하다. 이 알고리즘의 요지는 건너뜀 문자(skip character) 목록을 첫 번째 연산으로 계산한 다음, 이 목록을 사용하여 문자열을 신속하게 스캔한다는 것이다. 보통 무차별 공격보다 빠르다고 본다. 코드를 살펴보기로 하자.

먼저, 헤더 파일이다.

string_algos.h

```
#ifndef string_algos_h
#define string_algos_h

#include <lcthw/bstrlib.h>
#include <lcthw/darray.h>

typedef struct StringScanner {
    bstring in;
    const unsigned char *haystack;
    ssize_t hlen;
    const unsigned char *needle;
    ssize_t nlen;
    size_t skip_chars[UCHAR_MAX + 1];
} StringScanner;
```

```
int String_find(bstring in, bstring what);

StringScanner *StringScanner_create(bstring in);

int StringScanner_scan(StringScanner * scan, bstring tofind);

void StringScanner_destroy(StringScanner * scan);

#endif
```

건너뜀 문자 목록의 효과를 보기 위해 BMH 알고리즘을 두 개의 버전으로 만들 것이다.

String_find	단순히 문자열의 첫 번째 인스턴스를 다른 문자열에서 찾는다. 이때, 전체 알고리즘을 한번에 돌린다.
StringScanner_scan	StringScanner 상태 구조체를 사용하여 건너뜀 목록 생성을 실제 탐색과 분리시킨다. 이렇게 하면 성능상의 어떤 효과가 있는지를 볼 수 있다. 이 모델은 또한 점진적 스캔의 장점을 제공하여 모든 인스턴스를 빠르게 찾는다.

다음은 구현 파일이다.

string_algos.c

```
1    #include <lcthw/string_algos.h>
2    #include <limits.h>
3
4    static inline void String_setup_skip_chars(size_t * skip_chars,
5            const unsigned char *needle,
6            ssize_t nlen)
7    {
8        size_t i = 0;
9        size_t last = nlen - 1;
10
11       for (i = 0; i < UCHAR_MAX + 1; i++) {
12           skip_chars[i] = nlen;
13       }
14
15        for (i = 0; i < last; i++) {
```

```
16              skip_chars[needle[i]] = last - i;
17      }
18  }
19
20  static inline const unsigned char *String_base_search(const unsigned
21          char *haystack,
22          ssize_t hlen,
23          const unsigned
24          char *needle,
25          ssize_t nlen,
26          size_t *
27          skip_chars)
28  {
29      size_t i = 0;
30      size_t last = nlen - 1;
31
32      assert(haystack != NULL && "Given bad haystack to search.");
33      assert(needle != NULL && "Given bad needle to search for.");
34
35      check(nlen > 0, "nlen can't be <= 0");
36      check(hlen > 0, "hlen can't be <= 0");
37
38      while (hlen >= nlen) {
39          for (i = last; haystack[i] == needle[i]; i--) {
40              if (i == 0) {
41                  return haystack;
42              }
43          }
44
45          hlen -= skip_chars[haystack[last]];
46          haystack += skip_chars[haystack[last]];
47      }
48
49  error:                      // 실패
50      return NULL;
51  }
52
53  int String_find(bstring in, bstring what)
54  {
55      const unsigned char *found = NULL;
56
57      const unsigned char *haystack = (const unsigned char *)bdata(in);
58      ssize_t hlen = blength(in);
59      const unsigned char *needle = (const unsigned char *)bdata(what);
60      ssize_t nlen = blength(what);
61      size_t skip_chars[UCHAR_MAX + 1] = { 0 };
62
63      String_setup_skip_chars(skip_chars, needle, nlen);
64
```

```
65          found = String_base_search(haystack, hlen,
66                      needle, nlen, skip_chars);
67
68      return found != NULL ? found - haystack : -1;
69  }
70
71  StringScanner *StringScanner_create(bstring in)
72  {
73      StringScanner *scan = calloc(1, sizeof(StringScanner));
74       check_mem(scan);
75
76       scan->in = in;
77      scan->haystack = (const unsigned char *)bdata(in);
78      scan->hlen = blength(in);
79
80      assert(scan != NULL && "fuck");
81      return scan;
82
83  error:
84       free(scan);
85       return NULL;
86  }
87
88  static inline void StringScanner_set_needle(StringScanner * scan,
89          bstring tofind)
90  {
91      scan->needle = (const unsigned char *)bdata(tofind);
92      scan->nlen = blength(tofind);
93
94       String_setup_skip_chars(scan->skip_chars, scan->needle, scan->nlen);
95  }
96
97  static inline void StringScanner_reset(StringScanner * scan)
98  {
99      scan->haystack = (const unsigned char *)bdata(scan->in);
100     scan->hlen = blength(scan->in);
101 }
102
103 int StringScanner_scan(StringScanner * scan, bstring tofind)
104 {
105      const unsigned char *found = NULL;
106      ssize_t found_at = 0;
107
108     if (scan->hlen <= 0) {
109         StringScanner_reset(scan);
110         return -1;
111     }
112
113     if ((const unsigned char *)bdata(tofind) != scan->needle) {
```

```
114             StringScanner_set_needle(scan, tofind);
115     }
116
117     found = String_base_search(scan->haystack, scan->hlen,
118                 scan->needle, scan->nlen,
119                 scan->skip_chars);
120
121     if (found) {
122         found_at = found - (const unsigned char *)bdata(scan->in);
123         scan->haystack = found + scan->nlen;
124          scan->hlen -= found_at - scan->nlen;
125     } else {
126         // 끝났다. 설정을 리셋한다.
127         StringScanner_reset(scan);
128         found_at = -1;
129     }
130
131     return found_at;
132 }
133
134 void StringScanner_destroy(StringScanner * scan)
135 {
136     if (scan) {
137         free(scan);
138     }
139 }
```

전체 알고리즘은 두 개의 static inline 함수인 String_setup_skip_chars와 String_base_search에 들어있다. 두 함수는 다른 함수에서 실제로 원하는 탐색 스타일을 구현하는 데 사용된다. 두 함수를 공부하고 위키 백과 설명과 비교하여 어떻게 동작하는지를 이해하기 바란다.

String_find는 단순히 앞의 두 함수를 사용하여 탐색을 수행한 다음 찾아낸 위치를 반환한다. 이것은 아주 간단하며, 나중에 이 함수를 이용하여 skip-chars 구문이 실제로 성능에 어떤 영향을 미치는지 확인할 것이다. 물론 이 함수를 더 빠르게 만들 수도 있겠지만 알고리즘 구현 후 이론적인 속도를 측정하는 방법을 배우는 중임을 기억하자.

StringScanner_scan 함수는 일반적인 패턴인 생성, 스캔, 제거의 순서를 따른다. 그리고 이 함수는 점진적 스캔에 사용되어 하나의 문자열을 다른 문자열에서 스캔하는 데 사용된다. 단위 테스트에서 이 함수를 사용하는 방법을 확인하게 될 것이다.

마지막으로 단위 테스트를 통해 지금까지 구현한 것들이 잘 동작하는지 확인하고, 주석 처리한 부분에서 탐색 알고리즘 세 개 모두의 성능을 간단히 테스트한다.

string_algos_tests.c

```
1    #include "minunit.h"
2    #include <lcthw/string_algos.h>
3    #include <lcthw/bstrlib.h>
4    #include <time.h>
5
6    struct tagbstring IN_STR = bsStatic(
7            "I have ALPHA beta ALPHA and oranges ALPHA");
8    struct tagbstring ALPHA = bsStatic("ALPHA");
9    const int TEST_TIME = 1;
10
11   char *test_find_and_scan()
12   {
13       StringScanner *scan = StringScanner_create(&IN_STR);
14        mu_assert(scan != NULL, "Failed to make the scanner.");
15
16        int find_i = String_find(&IN_STR, &ALPHA);
17       mu_assert(find_i > 0, "Failed to find 'ALPHA' in test string.");
18
19       int scan_i = StringScanner_scan(scan, &ALPHA);
20       mu_assert(scan_i > 0, "Failed to find 'ALPHA' with scan.");
21       mu_assert(scan_i == find_i, "find and scan don't match");
22
23       scan_i = StringScanner_scan(scan, &ALPHA);
24        mu_assert(scan_i > find_i,
25               "should find another ALPHA after the first");
26
27       scan_i = StringScanner_scan(scan, &ALPHA);
28       mu_assert(scan_i > find_i,
29               "should find another ALPHA after the first");
30
31       mu_assert(StringScanner_scan(scan, &ALPHA) == -1,
32               "shouldn't find it");
33
34        StringScanner_destroy(scan);
35
36        return NULL;
37   }
38
39   char *test_binstr_performance()
40   {
41       int i = 0;
```

```
42      int found_at = 0;
43      unsigned long find_count = 0;
44       time_t elapsed = 0;
45       time_t start = time(NULL);
46
47      do {
48          for (i = 0; i < 1000; i++) {
49              found_at = binstr(&IN_STR, 0, &ALPHA);
50              mu_assert(found_at != BSTR_ERR, "Failed to find!");
51              find_count++;
52          }
53
54          elapsed = time(NULL) - start;
55      } while (elapsed <= TEST_TIME);
56
57      debug("BINSTR COUNT: %lu, END TIME: %d, OPS: %f",
58              find_count, (int)elapsed, (double)find_count / elapsed);
59      return NULL;
60  }
61
62  char *test_find_performance()
63  {
64      int i = 0;
65      int found_at = 0;
66      unsigned long find_count = 0;
67      time_t elapsed = 0;
68      time_t start = time(NULL);
69
70      do {
71          for (i = 0; i < 1000; i++) {
72              found_at = String_find(&IN_STR, &ALPHA);
73              find_count++;
74          }
75
76          elapsed = time(NULL) - start;
77      } while (elapsed <= TEST_TIME);
78
79      debug("FIND COUNT: %lu, END TIME: %d, OPS: %f",
80              find_count, (int)elapsed, (double)find_count / elapsed);
81
82      return NULL;
83  }
84
85  char *test_scan_performance()
86  {
87      int i = 0;
88      int found_at = 0;
89      unsigned long find_count = 0;
90      time_t elapsed = 0;
```

```
91     StringScanner *scan = StringScanner_create(&IN_STR);
92
93     time_t start = time(NULL);
94
95      do {
96         for (i = 0; i < 1000; i++) {
97            found_at = 0;
98
99            do {
100               found_at = StringScanner_scan(scan, &ALPHA);
101               find_count++;
102            } while (found_at != -1);
103         }
104
105         elapsed = time(NULL) - start;
106      } while (elapsed <= TEST_TIME);
107
108     debug("SCAN COUNT: %lu, END TIME: %d, OPS: %f",
109            find_count, (int)elapsed, (double)find_count / elapsed);
110
111     StringScanner_destroy(scan);
112
113     return NULL;
114 }
115
116 char *all_tests()
117 {
118     mu_suite_start();
119
120     mu_run_test(test_find_and_scan);
121
122     // 이것은 일단의 코드 섹션을 주석 처리하는 관용적인 표현이다.
123 #if 0
124     mu_run_test(test_scan_performance);
125     mu_run_test(test_find_performance);
126     mu_run_test(test_binstr_performance);
127 #endif
128
129     return NULL;
130 }
131
132 RUN_TESTS(all_tests);
```

위 코드에서 #if 0을 사용하였는데, 이것은 C 전처리기를 사용하여 일단의
코드 섹션을 주석 처리하는 방법이다. 이렇게 작성한 다음 #if 0과 #endif만
제거하면 성능 테스트가 실행되는 것을 볼 수 있을 것이다. 이 책을 진행하면

서 이와 같은 방법으로 간단히 주석 처리를 하면 테스트로 인해 개발 시간을 까먹는 일을 많이 줄일 수 있을 것이다.

단위 테스트에는 특별히 놀랄만한 부분은 없다. 샘플링을 수 초간 수행할 수 있을 정도로 오래 도는 루프에서 각기 다른 함수를 실행시킨다. 첫 번째 테스트(test_find_and_scan)는 필자가 작성한 것만 확인한다. 작동하지 않는 것들의 속도를 테스트할 필요는 없기 때문이다. 그런 다음, 나머지 세 함수는 각자의 함수를 사용하여 많은 수의 검색을 실행한다.

참고할 만한 트릭이 있는데 그것은 처음 시작 시각을 기록한 다음 적어도 TEST_TIME초(second)가 지나갈 때까지 루프를 반복한다는 것이다. 이렇게 하면 세 가지 알고리즘을 비교할 수 있는 충분한 샘플이 확보된다. 그리고는 여러 가지 다른 TEST_TIME을 설정하여 같은 테스트를 진행한 후 결과를 분석할 것이다.

39.1 실행 결과

다음은 필자의 노트북에서 실행한 결과이다.

연습문제 39.1 Session

```
$ ./tests/string_algos_tests
DEBUG tests/string_algos_tests.c:124: ----- RUNNING:
 ./tests/string_algos_tests
----
RUNNING: ./tests/string_algos_tests
DEBUG tests/string_algos_tests.c:116:
----- test_find_and_scan
DEBUG tests/string_algos_tests.c:117:
----- test_scan_performance
DEBUG tests/string_algos_tests.c:105: SCAN COUNT:\
      110272000, END TIME: 2, OPS: 55136000.000000
DEBUG tests/string_algos_tests.c:118:
----- test_find_performance
DEBUG tests/string_algos_tests.c:76: FIND COUNT:\
      12710000, END TIME: 2, OPS: 6355000.000000
DEBUG tests/string_algos_tests.c:119:
----- test_binstr_performance
DEBUG tests/string_algos_tests.c:54: BINSTR COUNT:\
      72736000, END TIME: 2, OPS: 36368000.000000
ALL TESTS PASSED
```

```
Tests run: 4
$
```

이 결과를 확인하고는 매 실행마다 2초 이상씩 더 진행하고 더 여러 번 실행
해야겠다고 생각했다. 그리고 앞에서와 같이 R 언어를 사용하여 결과를 정리
했다. 다음은 10개의 샘플을 각각 10초 정도씩 실행한 결과이다.

```
scan find binstr
71195200 6353700 37110200
75098000 6358400 37420800
74910000 6351300 37263600
74859600 6586100 37133200
73345600 6365200 37549700
74754400 6358000 37162400
75343600 6630400 37075000
73804800 6439900 36858700
74995200 6384300 36811700
74781200 6449500 37383000
```

이러한 결과를 얻기 위해 셸의 도움을 약간 받고, 출력 결과를 편집하였다.

연습문제 39.2 Session

```
$ for i in 1 2 3 4 5 6 7 8 9 10
> do echo "RUN --- $i" >> times.log
> ./tests/string_algos_tests 2>&1 | grep COUNT >> times.log
> done
$ less times.log
$ vim times.log
```

이미 scan 시스템이 나머지 두 개를 앞지르고 있다는 것을 확인했겠지만, 이
내용을 R에서 열어 결과를 확인하겠다.

연습문제 39.3 Session

```
> times <- read.table("times.log", header=T)
> summary(times)
    scan             find            binstr
Min.   :71195200   Min.   :6351300   Min.   :36811700
1st Qu.:74042200   1st Qu.:6358100   1st Qu.:37083800
Median :74820400   Median :6374750   Median :37147800
Mean   :74308760   Mean   :6427680   Mean   :37176830
3rd Qu.:74973900   3rd Qu.:6447100   3rd Qu.:37353150
Max.   :75343600   Max.   :6630400   Max.   :37549700
>
```

요약 통계를 구하는 이유를 이해하기 위해서는 몇 가지 통계를 설명해야 한다. 이 숫자들을 통해 찾고자 하는 것은 다음의 질문에 대한 답이다. "이 세 함수(scan, find, binstr)가 실제로 다른가?" 테스터 함수를 실행할 때마다 조금씩 다른 숫자가 생기고 이 숫자들은 특정 범위를 형성한다. 결과를 보면 1/4 지점과 3/4 지점이 각 샘플의 범위 형성에 기여한다는 것을 알 수 있다.

제일 먼저 볼 것은 평균 값이다. 각 샘플의 평균이 서로 다른지 보고 싶었는데, 결과적으로 분명히 scan이 binstr보다 우세하고, find보다도 앞섰다. 그러나 문제가 있다. 평균만 사용하면 각 샘플의 범위가 겹치는 것을 놓칠 수 있다는 것이다.

평균은 다르지만 1/4 지점과 3/4 지점이 겹치는 경우라면 어떻겠는가? 이 경우 샘플을 다시 실행하면 평균이 다르지 않는 경우가 생길 가능성이 있다고 말할 수 있다. 범위에서 겹치는 부분이 많을수록 두 샘플(그리고 두 함수)이 실제로 다르지 않을 확률은 높아진다. 두 가지(이 경우에는 세 가지)에서 볼 수 있는 차이점은 임의의 기회이다.

이 문제를 해결하는 데 사용할 수 있는 툴은 많지만, 이 경우에는 세 가지 샘플 모두 1/4, 3/4 지점과 평균 값을 본다. 만일 평균 값이 다르고 1/4, 3/4 지점이 겹쳐질 가능성이 없다면 샘플은 서로 다르다고 말할 수 있다.

세 개의 샘플 결과를 통해 scan, find, binstr이 서로 다르고 범위가 겹치지 않는다고 말할 수 있으며, (전체적으로) 이 샘플을 신뢰할 수 있다.

39.2 결과 분석

결과를 보면 String_find가 다른 두 개보다 훨씬 느리다는 것을 알 수 있다. 너무 느려서 구현 방법에 문제가 있다고 생각했다. 그러나 이것을 StringScanner_scan과 비교하면 건너뜀 목록을 만드는 부분에서 가장 많은 시간을 소요하고 있음을 알 수 있다. find가 더 느릴 뿐만 아니라 scan보다 더 적게 수행하는데, 그 이유는 scan이 모든 문자열을 찾는 동안 find는 첫 번째 문자열만을 찾기 때문이다.

또한 scan이 binstr보다도 큰 차이로 앞서는 것을 확인할 수 있는데, scan

이 나머지 두 알고리즘보다 더 많은 일을 함에도 불구하고 훨씬 빠르다.

이 분석에는 몇 가지 주의사항이 있다.

- 구현이나 테스트를 엉망으로 만들었을 수도 있다. 현재 시점에서 필자는 BMH 알고리즘을 수행하고 그것을 개선하기 위한 가능한 모든 방법을 연구하고 있을 것이다. 또한 제대로 테스트하는지도 검증하고 있을 것이다.
- 테스트 실행 시간을 바꾸면 다른 결과를 얻게 될 것이다. 테스트에는 워밍업 기간이 있으며, 이 기간에는 결과를 수집하지 않았다.
- test_scan_performance 단위 테스트는 다른 것과 같지 않지만 다른 테스트보다 더 많은 일을 수행하기 때문에 괜찮을 것이다.
- 오직 한 개의 문자열을 다른 문자열에서 검색하는 테스트를 수행하고 있을 뿐이다. 교란 요인으로 작용하는 위치와 길이를 찾기 위해 문자열을 무작위로 추출할 수 있다.
- binstr이 단순한 무차별 대입보다 더 잘 구현됐을 수도 있다.
- 운 나쁜 순서로 이들을 실행할 수 있다. 어쩌면 무작위로 먼저 실행하는 것이 더 나은 결과를 얻을 수도 있다.

이를 통해 알 수 있는 한 가지 사실은, 알고리즘을 올바르게 구현했다 하더라도 실제 성능을 확인해야 한다는 것이다. 이번 경우 BMH 알고리즘이 binstr 알고리즘을 이길 것이라는 주장이 있었지만, 간단한 테스트에서 그렇지 않다는 것이 입증되었다. 이 테스트를 수행하지 않았다면 이런 사실을 모른 채 하위의 알고리즘을 사용했을 것이다. 이러한 측정 기준을 통해 구현을 보정하거나 단순히 스크랩하고 다른 것을 찾을 수도 있다.

39.3 더 해보기

- Scan_find를 더 빠르게 만들 수 있는가? 왜 필자의 구현 방식이 느린가?
- 스캔 시간을 다르게 하여 다른 결과가 도출되는지 확인해보자. 테스트 실행에 걸리는 시간은 scan 시간에 어떤 영향을 미치는가? 그 결과에 대해 무엇을 말할 수 있는가?

- 단위 테스트를 변경하여 워밍업 시간을 없애고, 처음부터 짧은 시간동안 각각의 함수를 집중적으로 실행하도록 한 다음 타이밍 부분이 시작되도록 하자. 그렇게 하면 테스트 실행 시간에 대한 의존성을 변화시키는가? 가능한 초당 작업 수를 변경시키는가?

- 단위 테스트에서 찾고자 하는 문자열을 무작위로 선택하게 한 다음 성능을 측정해보자. 이 작업을 수행하는 한 가지 방법은 bstrlib.h의 bsplit 함수를 사용하여 공백의 IN_STR을 분할하는 것이다. 그러면, bstrList 구조체를 사용하여 반환되는 각 문자열에 접근할 수 있다. 이는 또한 문자열 처리에 bstrList 작업을 사용하는 방법도 알려줄 것이다.

- 순서를 다르게 하여 테스트를 실행한 후 다른 결과가 도출되는지 확인해보자.

연습 40

이진 탐색 트리

이진 트리(Binary tree)는 가장 간단한 트리 형태의 자료구조로, 다수의 프로그래밍 언어에서 해시맵으로 대체되었음에도 불구하고 여전히 많은 애플리케이션에서 유용하게 사용되고 있다. 이진 트리는 데이터베이스 인덱스, 탐색 알고리즘 구조, 심지어 그래픽 등에서까지 다양하게 변형해서 사용하고 있다.

이번에 구현할 이진 탐색 트리(Binary search tree)는 BSTree로, 쉽게 말해서 Hashmap 스타일의 키/값을 저장하는 또 다른 방법이라고 할 수 있다. 해시와의 차이점이라면 해시의 경우 키를 해싱하여 위치를 찾는데 반해 BSTree는 노드를 비교하는 방법으로 트리상의 노드에 있는 키를 비교하여 트리에서 저장하기 가장 좋은 위치로 탐색해 들어간다는 것이다.

자세한 동작 방법 설명에 앞서 bstree.h 헤더 파일을 보면서 자료구조를 살펴본 다음, 이를 이용하여 자료구조를 만드는 방법을 설명할 것이다.

bstree.h

```
#ifndef _lcthw_BSTree_h
#define _lcthw_BSTree_h

typedef int (*BSTree_compare) (void *a, void *b);

typedef struct BSTreeNode {
 void *key;
 void *data;

 struct BSTreeNode *left;
 struct BSTreeNode *right;
 struct BSTreeNode *parent;
} BSTreeNode;

typedef struct BSTree {
```

```
  int count;
  BSTree_compare compare;
  BSTreeNode *root;
} BSTree;

typedef int (*BSTree_traverse_cb) (BSTreeNode * node);

BSTree *BSTree_create(BSTree_compare compare);
void BSTree_destroy(BSTree * map);

int BSTree_set(BSTree * map, void *key, void *data);
void *BSTree_get(BSTree * map, void *key);

int BSTree_traverse(BSTree * map, BSTree_traverse_cb traverse_cb);

void *BSTree_delete(BSTree * map, void *key);

#endif
```

이것은 필자가 지금까지 사용한 것과 동일한 패턴으로, BSTree라는 이름의 기본 컨테이너를 가지고 있고 이 안에 실제 내용을 구성하는 BSTreeNode라는 노드가 있다. 지루한가? 상관없다. 이런 종류의 자료구조에 머리를 쓸 필요는 없다.

중요한 점은 BSTreeNode를 구성하는 방법과 set, get, delete 등의 연산에 사용하는 방법이다. 먼저 가장 쉬운 get 연산부터 설명한 다음 자료구조로 이어갈 것이다.

- 여러분이 찾고자 하는 키를 가지고 root부터 시작한다. 제일 먼저 하는 일은 그 노드(root 노드)의 키와 찾고자 하는 키를 비교하는 것이다.
- 만약 키가 node.key보다 작다면 left 포인터를 따라 탐색한다.
- 만약 키가 node.key보다 크다면 right 포인터를 따라 탐색한다.
- 2, 3단계를 반복하다 보면 node.key와 같거나 더 이상 left 또는 right가 없는 노드에 도달하게 된다. 키가 같은 경우 node.data를 반환하고, 그렇지 않은 경우에는 NULL을 반환한다.

이것이 get의 전부이다. 그러면 이제 set을 살펴보자. set 연산은 새로운 노드를 넣을 곳을 찾는다는 것을 제외하고는 get 연산과 거의 비슷하다.

- 만약 BSTree.root이 없다면 이것을 만들고 끝낸다. 이것이 첫 번째 노드가 된다.
- 그 다음, root부터 시작하여 추가하고자 하는 키와 node.key를 비교한다.
- 만약 키가 node.key보다 작거나 같으면 왼쪽으로 이동한다. 만일 node.key 보다 크면 오른쪽으로 이동한다.
- 3단계를 반복하다 보면 왼쪽/오른쪽이 더 이상 존재하지 않는 노드에 도달 하게 된다. 하지만 움직여야 할 방향은 아직 존재한다.
- 이제 움직이고자 하는 방향(left 또는 right)에 추가하려는 키에 대한 새로 운 노드를 만들어 지정한 다음, 새로운 노드의 parent에 마지막에 도착한 노드를 지정한다. 나중에 parent 노드는 delete 연산에서 사용된다.

get 동작 방법이 의미가 있기 때문에 set의 동작 방법도 의미가 있다. 즉, 노드를 찾는 과정이 키를 비교하는 방법에 따라 왼쪽 또는 오른쪽으로 움직이는 것이라면, 노드를 설정하는 과정 역시 왼쪽 또는 오른쪽에 새로운 노드를 설정할 때까지 동일한 과정을 거친다.

종이에 트리 그림을 그리고 직접 get과 set 연산을 노드를 그려가며 수행하다 보면 이 연산들이 어떻게 동작하는지 이해할 수 있을 것이다. 이렇게 하면 아래의 구현 코드를 읽을 준비가 다 된 것이다. 물론 delete 연산도 설명할 것이다. 트리에서 노드를 지우는 것은 제법 힘든 부분에 해당하므로 줄 단위로 코드를 설명할 것이다.

bstree.c

```
1    #include <lcthw/dbg.h>
2    #include <lcthw/bstree.h>
3    #include <stdlib.h>
4    #include <lcthw/bstrlib.h>
5
6    static int default_compare(void *a, void *b)
7    {
8        return bstrcmp((bstring) a, (bstring) b);
9    }
10
11   BSTree *BSTree_create(BSTree_compare compare)
12   {
13       BSTree *map = calloc(1, sizeof(BSTree));
```

```
14      check_mem(map);
15
16      map->compare = compare == NULL ? default_compare : compare;
17
18      return map;
19
20  error:
21      if (map) {
22          BSTree_destroy(map);
23      }
24      return NULL;
25  }
26
27  static int BSTree_destroy_cb(BSTreeNode * node)
28  {
29      free(node);
30      return 0;
31  }
32
33  void BSTree_destroy(BSTree * map)
34  {
35      if (map) {
36          BSTree_traverse(map, BSTree_destroy_cb);
37          free(map);
38      }
39  }
40
41  static inline BSTreeNode *BSTreeNode_create(BSTreeNode * parent,
42          void *key, void *data)
43  {
44      BSTreeNode *node = calloc(1, sizeof(BSTreeNode));
45      check_mem(node);
46
47      node->key = key;
48      node->data = data;
49      node->parent = parent;
50      return node;
51
52  error:
53      return NULL;
54  }
55
56  static inline void BSTree_setnode(BSTree * map, BSTreeNode * node,
57          void *key, void *data)
58  {
59      int cmp = map->compare(node->key, key);
60
61      if (cmp <= 0) {
62          if (node->left) {
```

```
63              BSTree_setnode(map, node->left, key, data);
64          } else {
65              node->left = BSTreeNode_create(node, key, data);
66          }
67      } else {
68          if (node->right) {
69              BSTree_setnode(map, node->right, key, data);
70          } else {
71              node->right = BSTreeNode_create(node, key, data);
72          }
73      }
74  }
75
76  int BSTree_set(BSTree * map, void *key, void *data)
77  {
78      if (map->root == NULL) {
79          // 첫 번째이므로 노드를 만들고 끝낸다.
80          map->root = BSTreeNode_create(NULL, key, data);
81          check_mem(map->root);
82      } else {
83          BSTree_setnode(map, map->root, key, data);
84      }
85
86      return 0;
87  error:
88      return -1;
89  }
90
91  static inline BSTreeNode *BSTree_getnode(BSTree * map,
92          BSTreeNode * node, void *key)
93  {
94      int cmp = map->compare(node->key, key);
95
96      if (cmp == 0) {
97          return node;
98      } else if (cmp < 0) {
99          if (node->left) {
100             return BSTree_getnode(map, node->left, key);
101         } else {
102             return NULL;
103         }
104     } else {
105         if (node->right) {
106             return BSTree_getnode(map, node->right, key);
107         } else {
108             return NULL;
109         }
110     }
111 }
```

```
112
113  void *BSTree_get(BSTree * map, void *key)
114  {
115      if (map->root == NULL) {
116          return NULL;
117      } else {
118          BSTreeNode *node = BSTree_getnode(map, map->root, key);
119          return node == NULL ? NULL : node->data;
120      }
121  }
122
123  static inline int BSTree_traverse_nodes(BSTreeNode * node,
124          BSTree_traverse_cb traverse_cb)
125  {
126      int rc = 0;
127
128      if (node->left) {
129          rc = BSTree_traverse_nodes(node->left, traverse_cb);
130          if (rc != 0)
131              return rc;
132      }
133
134      if (node->right) {
135          rc = BSTree_traverse_nodes(node->right, traverse_cb);
136          if (rc != 0)
137              return rc;
138      }
139
140      return traverse_cb(node);
141  }
142
143  int BSTree_traverse(BSTree * map, BSTree_traverse_cb traverse_cb)
144  {
145      if (map->root) {
146          return BSTree_traverse_nodes(map->root, traverse_cb);
147      }
148
149      return 0;
150  }
151
152  static inline BSTreeNode *BSTree_find_min(BSTreeNode * node)
153  {
154      while (node->left) {
155          node = node->left;
156      }
157
158      return node;
159  }
160
```

```
161  static inline void BSTree_replace_node_in_parent(BSTree * map,
162          BSTreeNode * node,
163          BSTreeNode * new_value)
164  {
165      if (node->parent) {
166          if (node == node->parent->left) {
167              node->parent->left = new_value;
168          } else {
169              node->parent->right = new_value;
170          }
171      } else {
172          // 여기가 root이므로 새로운 노드로 바꾼다.
173          map->root = new_value;
174      }
175
176      if (new_value) {
177          new_value->parent = node->parent;
178      }
179  }
180
181  static inline void BSTree_swap(BSTreeNode * a, BSTreeNode * b)
182  {
183      void *temp = NULL;
184      temp = b->key;
185      b->key = a->key;
186      a->key = temp;
187      temp = b->data;
188      b->data = a->data;
189      a->data = temp;
190  }
191
192  static inline BSTreeNode *BSTree_node_delete(BSTree * map,
193          BSTreeNode * node,
194          void *key)
195  {
196      int cmp = map->compare(node->key, key);
197
198      if (cmp < 0) {
199          if (node->left) {
200              return BSTree_node_delete(map, node->left, key);
201          } else {
202              // 못찾음
203              return NULL;
204          }
205      } else if (cmp > 0) {
206          if (node->right) {
207              return BSTree_node_delete(map, node->right, key);
208          } else {
209              // 못찾음
```

```
210                        return NULL;
211                    }
212            } else {
213                if (node->left && node->right) {
214                    // 이 노드와 우리의 노드보다 큰 노드 중 가장 작은 노드를 바꾼다.
215                    BSTreeNode *successor = BSTree_find_min(node->right);
216                    BSTree_swap(successor, node);
217
218                    // successor에는 right child가 있을 가능성이 있으니
219                    // 이것을 right child로 대체한다.
220                    BSTree_replace_node_in_parent(map, successor,
221                            successor->right);
222
223                    // 결국 바뀌었기 때문에 노드 대신 successor를 반환한다.
224                    return successor;
225                } else if (node->left) {
226                    BSTree_replace_node_in_parent(map, node, node->left);
227                } else if (node->right) {
228                    BSTree_replace_node_in_parent(map, node, node->right);
229                } else {
230                    BSTree_replace_node_in_parent(map, node, NULL);
231                }
232
233                return node;
234            }
235    }
236
237    void *BSTree_delete(BSTree * map, void *key)
238    {
239        void *data = NULL;
240
241        if (map->root) {
242            BSTreeNode *node = BSTree_node_delete(map, map->root, key);
243
244            if (node) {
245                data = node->data;
246                free(node);
247            }
248        }
249
250        return data;
251    }
```

BSTree_delete가 어떻게 동작하는지 알아보기 전에 먼저 재귀 함수(recur-sive function, 자기 호출 함수) 호출 패턴에 대해 설명할 것이다. 재귀 패턴을 사용하면 단일 재귀 함수로 구현하는 것이 가능하기 때문에 트리 기반의 많

은 자료구조 작성이 쉽다는 것을 알게 될 것이다. 하지만 문제는 최초의 명령을 위한 초기 값을 지정한 다음 자료구조 내에서 재귀 호출이 이루어지도록 해야 하는데, 이것을 단일 함수에서 동작토록 하는 것이 쉬운 일은 아니다.

이를 해결하기 위해 두 개의 함수를 사용한다. 즉, 첫 번째 함수가 자료구조를 설정하고 초기 재귀호출 조건을 지정하여 두 번째 함수가 실제 작업을 할수 있도록 만드는 것이다. BSTree_get을 먼저 살펴보면 이 말이 무슨 뜻인지 이해할 수 있을 것이다.

- 초기 조건을 지정한다. 만약 map->root가 NULL이라면 NULL을 반환하고 재 귀호출을 끝낸다.
- 실질적인 재귀호출이 일어나는 BSTree_getnode를 설정한다. 먼저 키와 맵으로 시작하는 root 노드의 초기 조건을 생성한다.
- 이어서 BSTree_getnode 내에 재귀호출 논리를 만든다. map->compare(node ->key, key)를 이용하여 키를 비교한 다음 결과에 따라 왼쪽, 오른쪽, 같음 처리를 한다.
- BSTree_getnode 함수가 자기유사성(self-similar)을 가지며 초기 조건을 처리할 필요도 없기 때문에(BSTree_get에서 처리) 아주 간결하게 구성할 수 있다. 함수가 끝나면 호출자에 반환하고 최종 결과가 BSTree_get으로 반환된다.
- 마침내 BSTree_get은 node.data를 처리할 수 있게 된다. 단, NULL이 아닌 경우에 한한다.

재귀 알고리즘을 구성하는 이와 같은 방법은 필자가 재귀적 자료구조를 구조화하는 방법과 일치한다. 즉, 초기화를 위한 기본 함수를 만들어 초기 조건과 몇몇 가능한 조건을 설정한 다음 실제로 일할 깨끗한 재귀함수를 호출한다. BSTree의 기본 구조가 트리에서 서로를 참조하는 재귀적인 BSTreeNode 구조와 결합된 방법과 비교해보기 바란다. 이 패턴을 사용하면 재귀호출을 쉽게 처리하고 직관적으로 유지할 수 있다.

다음으로, 완전히 동일한 패턴을 보여주는 BSTree_set과 BSTree_setnode를 살펴보자. BSTree_set을 이용하여 초기 조건과 가능 조건을 설정한다. 흔히 일어나는 가능 조건은 root 노드가 없는 경우로, 이러한 때에는 노드를 만들면서 시작한다.

이 패턴은 여러분이 학습해야 하는 거의 모든 재귀 알고리즘에서 작동하며, 필자의 방식도 이 패턴을 따른 것이다.

- 초기 변수, 변경 방법 및 각 재귀 단계의 중지 조건을 파악한다.
- 자신을 호출하면서 중지 조건 및 초기 변수에 대한 인수가 있는 재귀 함수를 작성한다.
- 알고리즘의 초기 시작 조건을 설정하고 가능한 조건을 처리하는 설정 함수를 작성한 다음 재귀 함수를 호출한다.
- 마지막으로 설정 함수가 최종 결과를 반환한다. 이때, 재귀 함수가 최종 가능 조건을 처리하지 못하는 경우 최종 결과를 바꿀 수 있다.

이제 마지막으로 BSTree_delete와 BSTree_node_delete이다. 먼저, BSTree_delete를 보면서 이 함수가 설정 함수인지를 확인할 수 있다. BSTree_delete 함수가 하는 일은 최종 노드 데이터를 획득하여 찾아낸 노드를 free시키는 것이다. BSTree_node_delete 함수는 트리에서 임의의 노드를 지워야 하기 때문에 조금 더 복잡한데, 노드의 자식을 부모로 돌려야 한다. 이 함수에 대해서는 조금 더 분석해보자.

196행	비교 함수를 실행하여 어느 방향으로 갈 것인지 결정한다.
198~204행	일반적인 '작은 경우'에 대한 분기점으로, 왼쪽으로 이동할 때 사용한다. left가 없는 경우에는 '못찾았다'는 의미로 NULL을 반환하여 BSTree에 없는 것을 지우는 작업도 한다.
205~211행	오른쪽으로 이동하는 것을 처리하는 것만 다를 뿐 바로 앞 코드와 하는 일은 동일하다. 다른 함수와 마찬가지로 하위단으로 재귀호출이 이어지며 right가 없는 경우에는 NULL을 반환한다.
212행	노드를 찾은 곳으로, 키 값이 동일하다(compare 함수가 0을 반환하였다).

213행 이 노드는 left와 right 양쪽을 모두 갖고 있기 때문에 조금 더 깊이 트리를 파고들 것이다.

215행 이 노드를 제거하기 위해 먼저 이 노드보다 큰 노드 중 가장 작은 노드를 찾아야 한다. 그래서 BSTree_find_min 함수를 오른쪽 자식을 대상으로 호출하였다.

216행 노드를 찾았다면 현재 노드의 키/값과 찾은 노드의 키/값을 맞바꾼다. 이렇게 하면 현재 노드를 트리의 맨 밑으로 보내버리는 효과를 얻어 복잡한 포인터 연산을 하지 않아도 된다.

220행 이제 successor는 현재 노드의 값으로 채워진 죽은 노드가 되었다. 물론 바로 삭제해도 되겠지만 혹시라도 오른쪽 노드를 가지고 있을 수 있기 때문에 successor의 오른쪽 노드를 위로 올려 successor 노드를 완전히 분리시켜야 한다.

224행 이 시점에서 successor는 트리에서 제거된다. successor 노드의 값은 현재 노드의 값으로 바뀌었고, 자식 노드는 부모 노드와 연결시켰기 때문에 successor 노드를 현재 노드인 것처럼 반환시킬 수 있다.

225행 여기에서는 왼쪽 노드는 있지만 오른쪽 노드가 없기 때문에 이 노드를 왼쪽 노드로 대체하면 된다.

226행 다시 한번 BSTree_replace_node_in_parent를 사용하여 왼쪽 노드를 위로 올린다.

227행 여기에서는 오른쪽 노드는 있지만 왼쪽 노드가 없기 때문에 오른쪽 노드를 위로 올려주면 된다.

228행 다시 한번 BSTree_replace_node_in_parent를 사용하는데 이번에는 오른쪽 노드를 위로 올린다.

230행 마지막으로 남은 조건은 찾은 노드에 자식 노드가 없는 경우이다. 이번에는 간단하게 앞에서 작업한 함수들을 이용하여 현재 노드를 NULL로 대체하기만 하면 된다.

233행 모든 작업이 끝나면 현재 노드는 자식 노드 또는 NULL로 대체되었기 때문에 반환할 수 있게 된다. 따라서 현재 노드를 반환하여 free 되도록 한다.

이 연산은 매우 복잡하다. 솔직히 말하자면 필자의 소프트웨어는 일부 트리 자료구조에서는 삭제 작업을 신경 쓰지 않고 상수 데이터처럼 취급한다. 만일 추가와 삭제가 빈번히 일어나는 경우에는 Hashmap을 대신 사용한다.

　그러면 단위 테스트를 통해 어떻게 테스트하는지 살펴보자.

bstree_tests.c

```
1    #include "minunit.h"
2    #include <lcthw/bstree.h>
3    #include <assert.h>
4    #include <lcthw/bstrlib.h>
5    #include <stdlib.h>
6    #include <time.h>
7
8    BSTree *map = NULL;
9    static int traverse_called = 0;
10   struct tagbstring test1 = bsStatic("test data 1");
11   struct tagbstring test2 = bsStatic("test data 2");
12   struct tagbstring test3 = bsStatic("xest data 3");
13   struct tagbstring expect1 = bsStatic("THE VALUE 1");
14   struct tagbstring expect2 = bsStatic("THE VALUE 2");
15   struct tagbstring expect3 = bsStatic("THE VALUE 3");
16
17   static int traverse_good_cb(BSTreeNode * node)
18   {
19       debug("KEY: %s", bdata((bstring) node->key));
20       traverse_called++;
21       return 0;
22   }
23
24   static int traverse_fail_cb(BSTreeNode * node)
25   {
26       debug("KEY: %s", bdata((bstring) node->key));
27       traverse_called++;
28
29       if (traverse_called == 2) {
30           return 1;
31       } else {
32           return 0;
33       }
34   }
35
36   char *test_create()
37   {
```

```
38      map = BSTree_create(NULL);
39      mu_assert(map != NULL, "Failed to create map.");
40
41      return NULL;
42  }
43
44  char *test_destroy()
45  {
46      BSTree_destroy(map);
47
48      return NULL;
49  }
50
51  char *test_get_set()
52  {
53      int rc = BSTree_set(map, &test1, &expect1);
54      mu_assert(rc == 0, "Failed to set &test1");
55      bstring result = BSTree_get(map, &test1);
56      mu_assert(result == &expect1, "Wrong value for test1.");
57
58      rc = BSTree_set(map, &test2, &expect2);
59      mu_assert(rc == 0, "Failed to set test2");
60      result = BSTree_get(map, &test2);
61      mu_assert(result == &expect2, "Wrong value for test2.");
62
63      rc = BSTree_set(map, &test3, &expect3);
64      mu_assert(rc == 0, "Failed to set test3");
65      result = BSTree_get(map, &test3);
66      mu_assert(result == &expect3, "Wrong value for test3.");
67
68      return NULL;
69  }
70
71  char *test_traverse()
72  {
73      int rc = BSTree_traverse(map, traverse_good_cb);
74      mu_assert(rc == 0, "Failed to traverse.");
75      mu_assert(traverse_called == 3, "Wrong count traverse.");
76
77      traverse_called = 0;
78      rc = BSTree_traverse(map, traverse_fail_cb);
79      mu_assert(rc == 1, "Failed to traverse.");
80      mu_assert(traverse_called == 2, "Wrong count traverse for fail.");
81
82      return NULL;
83  }
84
85  char *test_delete()
86  {
```

```
87      bstring deleted = (bstring) BSTree_delete(map, &test1);
88      mu_assert(deleted != NULL, "Got NULL on delete.");
89      mu_assert(deleted == &expect1, "Should get test1");
90      bstring result = BSTree_get(map, &test1);
91      mu_assert(result == NULL, "Should delete.");
92
93      deleted = (bstring) BSTree_delete(map, &test1);
94      mu_assert(deleted == NULL, "Should get NULL on delete");
95
96      deleted = (bstring) BSTree_delete(map, &test2);
97      mu_assert(deleted != NULL, "Got NULL on delete.");
98      mu_assert(deleted == &expect2, "Should get test2");
99      result = BSTree_get(map, &test2);
100     mu_assert(result == NULL, "Should delete.");
101
102     deleted = (bstring) BSTree_delete(map, &test3);
103     mu_assert(deleted != NULL, "Got NULL on delete.");
104     mu_assert(deleted == &expect3, "Should get test3");
105     result = BSTree_get(map, &test3);
106     mu_assert(result == NULL, "Should delete.");
107
108     // 존재하지 않는 것을 삭제하는 테스트
109     deleted = (bstring) BSTree_delete(map, &test3);
110     mu_assert(deleted == NULL, "Should get NULL");
111
112     return NULL;
113 }
114
115 char *test_fuzzing()
116 {
117     BSTree *store = BSTree_create(NULL);
118     int i = 0;
119     int j = 0;
120     bstring numbers[100] = { NULL };
121     bstring data[100] = { NULL };
122     srand((unsigned int)time(NULL));
123
124     for (i = 0; i < 100; i++) {
125         int num = rand();
126         numbers[i] = bformat("%d", num);
127         data[i] = bformat("data %d", num);
128         BSTree_set(store, numbers[i], data[i]);
129     }
130
131     for (i = 0; i < 100; i++) {
132         bstring value = BSTree_delete(store, numbers[i]);
133         mu_assert(value == data[i],
134                 "Failed to delete the right number.");
135
```

```
136            mu_assert(BSTree_delete(store, numbers[i]) == NULL,
137                    "Should get nothing.");
138
139            for (j = i + 1; j < 99 - i; j++) {
140                bstring value = BSTree_get(store, numbers[j]);
141                mu_assert(value == data[j],
142                        "Failed to get the right number.");
143            }
144
145            bdestroy(value);
146            bdestroy(numbers[i]);
147        }
148
149        BSTree_destroy(store);
150
151        return NULL;
152    }
153
154    char *all_tests()
155    {
156        mu_suite_start();
157
158        mu_run_test(test_create);
159        mu_run_test(test_get_set);
160        mu_run_test(test_traverse);
161        mu_run_test(test_delete);
162        mu_run_test(test_destroy);
163        mu_run_test(test_fuzzing);
164
165        return NULL;
166    }
167
168    RUN_TESTS(all_tests);
```

단위 테스트에서 강조하고 싶은 것은 test_fuzzing 함수로, 복잡한 자료구조를 테스트하는 흥미로운 기술을 보여준다. BSTree_node_delete의 가능한 모든 경우를 포함하는 키 세트를 만드는 것은 어려울 뿐만 아니라 일부 가능 조건은 놓칠 수도 있다. 이와 같은 문제를 극복하는 더 좋은 방법은 fuzz 함수를 만드는 것이다. fuzz 함수는 모든 연산을 끔찍할 만큼 무작위로 수행한다. 이 경우에는, 임의의 문자열 키 세트를 추가한 다음 하나씩 삭제하면서 삭제할 때마다 나머지를 모두 얻도록 한다.

이와 같은 테스트는 여러분이 알고 있는 작업에 대해서만 테스트하는 것을 방지하기 때문에 여러분이 놓친 부분도 점검할 수 있다. 자료구조에 무작위 데이터를 던져줌으로써 여러분이 전혀 예상치 못한 부분에서 버그를 찾아낼 수 있다.

40.1 더 좋게 만들기

아직 이 섹션을 진행하지 말고 그냥 건너뛰기 바란다. 다음 연습에서는 이번 단위 테스트를 사용하여 몇 가지 성능 튜닝에 대한 트릭을 가르쳐줄 것이다. 따라서 연습 41을 완료한 후에 다시 돌아와 이 섹션을 수행하기 바란다.

- 평상시와 마찬가지로 모든 방어적 프로그래밍 검사를 한 다음, 발생해서는 안되는 상황에 대한 assert를 추가한다. 예를 들어, 재귀 함수에 대해 NULL 값을 가져서는 안된다.
- traverse 함수는 왼쪽, 오른쪽, 그리고 현재 노드를 순회하면서 순서대로 트리를 탐색한다. 마찬가지로 역순으로 탐색하는 traverse 함수를 만들 수도 있다.
- 모든 노드에서 전체 문자열 compare를 수행하지만, 속도를 높이기 위해 Hashmap 해시 함수를 사용할 수도 있다. 즉, 키를 해시한 다음 해시 값을 BSTreeNode에 보관하는 것이다. 그런 다음, 각 설정 함수에서 키를 미리 해시하고 재귀 함수로 전달할 수 있다. 이러한 해시를 사용하여 Hashmap에서 수행하는 것과 비슷한 방식으로 각 노드를 훨씬 더 빨리 비교할 수 있다.

40.2 더 해보기

- 재귀호출을 사용하지 않고 이 자료구조를 수행하는 다른 방법이 있다. 위키백과에서는 재귀호출을 사용하지 않으면서 동일한 작업을 하는 대안을 보여준다. 어느 쪽이 더 좋은 걸까?
- 트리 구조과 관련된 모든 내용을 찾아 읽어보자. 여기에는 조지 애덜슨-벨스키(Georgy Adelson-Velsky)와 E.M. 랜디스(E.M. Landis)의 이름을 딴

AVL 트리, red-black 트리를 비롯하여 skip 리스트와 같은 비(非) 트리 구조 등도 있다.

연습 41

devpkg 프로젝트

여러분은 이제 devpkg라는 새로운 프로젝트와 마주하게 되었다. 이 프로젝트를 통해 이 책을 위해 특별히 제작된 devpkg라는 소프트웨어를 다시 만들 것이다. 그런 다음 몇 가지 주요 방법으로 코드를 확장하고 개선한 후 가장 중요한 단위 테스트를 작성할 것이다.

이번 연습은 나중에 여러분이 어려움을 겪을 때 참조할 수 있도록 GitHub (*https://github.com/zedshaw/learn-c-the-hard-way-lectures*)에 프로젝트가 제공된다. 앞으로 다른 책으로도 코드 작성 방법을 배우게 될 테니, 지금 아래의 설명을 바탕으로 연습해보는 것이 좋을 것이다.

문제에 봉착하여 타개할 방법을 찾지 못하는 상황이라면 GitHub 프로젝트를 참조하여 여러분의 코드를 필자의 것과 비교해보기 바란다.

41.1 devpkg란?

devpkg는 다른 소프트웨어를 설치하는 간단한 C 프로그램으로, 이 책을 위해 특별히 제작했다. 실제 소프트웨어 프로젝트가 어떻게 구성되어 있는지, 아울러 다른 사람들의 라이브러리는 어떻게 재사용하지를 가르치기 위해서이다. devpkg는 APR(Apache Portable Runtime)이라는 이식성 있는 라이브러리를 사용하는데, 이 라이브러리는 윈도우를 비롯한 수많은 플랫폼에서 작동하는 많은 편리한 C 함수들을 제공한다. 그 외에도 인터넷(또는 로컬 파일)의 코드를 가져오기도 하고, 모든 프로그램이 수행하는 일반적인 ./configure, make, make install도 수행한다.

이번 연습에서 여러분의 목표는 소스 코드로 devpkg를 빌드하고, 제공되는 각각의 과제를 완료하고, 소스 코드를 통해 devpkg가 수행하는 작업과 그 이유를 이해하는 것이다.

41.1.1 만들고자 하는 것

다음의 명령을 수행할 수 있는 툴을 만들고자 한다.

devpkg -S   컴퓨터에 새로운 설치를 설정한다.

devpkg -I   URL로 소프트웨어 일부를 설치한다.

devpkg -L   설치된 모든 소프트웨어 목록을 보여준다.

devpkg -F   수동으로 빌드할 때 필요한 소스 코드 일부를 획득한다.

devpkg -B   소프트웨어가 이미 설치되었어도 소스 코드를 빌드하고 설치한다.

우리는 devpkg가 거의 모든 URL을 가져올 수 있고, 어떤 종류의 프로젝트인지 파악하여 다운로드하고 설치한 다음, 해당 소프트웨어를 등록할 수 있도록 만들고자 한다. 아울러 devpkg가 간단한 의존성 목록을 처리하여 프로젝트가 필요로 하는 모든 소프트웨어를 설치하도록 할 것이다.

41.1.2 디자인

devpkg는 이러한 목표를 달성하기 위해 아주 간단하게 설계되었다.

외부 명령 사용 대부분의 작업은 curl, git, tar 같은 외부 명령을 통해 이루어질 것이다. 이렇게 함으로써 devpkg의 코드량을 엄청나게 줄일 수 있다.

단순한 파일 데이터베이스 데이터베이스를 복잡하게 만들 수도 있겠지만, 간단하게 단일 파일 데이터베이스를 /usr/local/.devpkg/db에 만들어 어떤 것이 설치되는지 계속 쫓게 할 것이다.

항상 /usr/local 사용 물론 이것을 더 발전시킬 수도 있겠지만 우선은 UNIX에서 대부분의 소프트웨어가 설치되는 표준 디렉터리인 /usr/local을 항상 사용하는 것으로 가정한다.

configure, make, make install 대부분의 소프트웨어를 configure, make, make install로 설치할 수 있다(물론 configure는 생략될 수 있다). 최소한 소프트웨어가 이렇게 할 수 없을 때 명령을 수정할 수 있는 몇 가지 옵선이 있지만, 그 외의 경우에 devpkg는 신경 쓰지 않을 것이다.

사용자 계정은 root가 될 수 있음 sudo를 통해 사용자 계정이 root로 될 수 있다고 가정하겠지만 끝날 때까지 root 권한이 유지되는 것을 원하지는 않는다.

이 프로그램의 크기를 작게 유지하려 하지만 충분히 잘 작동할 것이다. 이후 과정에서 연습을 위해 이 프로그램을 수정할 수도 있다.

41.1.3 Apache Portable Runtime

한 가지 더 할 일은 APR 라이브러리를 활용하여 이러한 종류의 작업을 수행하는 데 유용한 일련의 휴대용 루틴을 얻는 것이다. 물론 APR이 필수 조건은 아니며, APR이 없이도 이 프로그램을 작성할 수는 있겠지만 생각보다 많은 코드가 필요하다. APR 사용을 권하는 또 다른 이유는 이를 통해 다른 라이브러리를 연결하고 사용하는 데 익숙해지기 때문이다. 마지막으로, APR은 윈도우에서도 동작하기 때문에 다른 플랫폼으로도 이전될 수 있다.

APR을 사용하기 위해서는 apr-1.5.2와 apr-util-1.5.4 라이브러리를 모두 구해야 한다. 관련 문서는 기본 APR 사이트 *http://apr.apache.org*에서 구할 수 있다.

다음은 여러분에게 필요한 모든 설치 과정이 담긴 셸 스크립트이다. 이 내용을 직접 작성하여 오류 없이 APR이 설치될 때까지 실행시키기 바란다.

연습문제 41.1 Session

```
set -e

# go somewhere safe
cd /tmp

# get the source to base APR 1.5.2
curl -L -O http://archive.apache.org/dist/apr/apr-1.5.2.tar.gz

# extract it and go into the source
tar -xzvf apr-1.5.2.tar.gz
cd apr-1.5.2

# configure, make, make install
```

```
./configure
make
sudo make install

# reset and cleanup
cd /tmp
rm -rf apr-1.5.2 apr-1.5.2.tar.gz

# do the same with apr-util
curl -L -O http://archive.apache.org/dist/apr/apr-util-1.5.4.tar.gz

# extract
tar -xzvf apr-util-1.5.4.tar.gz
cd apr-util-1.5.4

# configure, make, make install
./configure --with-apr=/usr/local/apr
# you need that extra parameter to configure because
# apr-util can't really find it because...who knows.

make
sudo make install

#cleanup
cd /tmp
rm -rf apr-util-1.5.4* apr-1.5.2*
```

이 스크립트를 직접 작성해보라고 하는 이유는 이 안에 devpkg가 수행하기를
원하는 내용과 추가 옵션과 검사가 있기 때문이다. 사실 적은 코드만으로도
셸에서 이 모든 작업을 수행할 수 있지만, C를 배우는 책이라는 관점에서 보
면 그렇게 좋은 방법은 아닐 것이다. 그렇지 않겠는가?

그냥 이 스크립트를 실행시킨 다음 제대로 동작할 때까지 고치다 보면 이
프로젝트의 나머지를 완성시킬 라이브러리를 얻게 될 것이다.

41.2 프로젝트 레이아웃

시작하기 위해서는 몇 가지 간단한 프로젝트 파일을 설정해야 한다. 다음은 새로운 프로젝트를 다루는 방법을 보여준다.

연습문제 41.2 Session

```
mkdir devpkg
cd devpkg
touch README Makefile
```

41.2.1 기타 의존성

이미 apr-1.5.2와 apr-util-1.5.4를 설치했기 때문에 기본 의존성으로 사용할 몇 가지 파일만 더 구하면 된다.

* 연습 20의 dbg.h
* *http://bstring.sourceforge.net*에서 제공하는 bstrlib.h와 bstrlib.c의 zip 파일을 다운 받고 압축을 푼 다음 이 두 파일만 복사하면 된다.
* make bstrlib.o라고 입력한다. 만일 제대로 실행되지 않으면 bstring을 고치기 위해 다음 내용을 읽어보기 바란다.

일부 플랫폼에서는 bstring.c 파일이 다음과 같은 오류를 낼 것이다.

```
bstrlib.c:2762: error: expected declaration\
specifiers or '...' before numeric constant
```

이것은 저자가 추가한 좋지 않은 define으로, 항상 동작하지는 않는다. 여러분은 2759행의 #ifdef __GNUC__를 다음과 같이 고치면 된다.

```
#if defined(__GNUC__) && !defined(__APPLE__)
```

이와 같이 하면 OS X에서 잘 돌아갈 것이다.

모든 작업이 끝나면 Makefile, README, dbg.h, bstrlib.h, bstrlib.c가 있어야 된다.

41.3 Makefile

Makefile로 시작해보자. Makefile을 보면 어떤 소스 파일을 만들어야 할지와 어떻게 만들어지는지를 알 수 있다.

Makefile

```
PREFIX?=/usr/local
CFLAGS=-g -Wall -I${PREFIX}/apr/include/apr-1
CFLAGS+=-I${PREFIX}/apr/include/apr-util-1
LDFLAGS=-L${PREFIX}/apr/lib -lapr-1 -pthread -laprutil-1

all: devpkg

devpkg: bstrlib.o db.o shell.o commands.o

install: all
 install -d $(DESTDIR)/$(PREFIX)/bin/
 install devpkg $(DESTDIR)/$(PREFIX)/bin/

clean:
 rm -f *.o
 rm -f devpkg
 rm -rf *.dSYM
```

그동안 본 것과 큰 차이는 없다. 다만 ?= 표현이 생소할 텐데, 이것은 "PREFIX 가 설정되지 않았다면 이와 같이 설정하시오."라는 의미이다.

 더 최신 버전의 우분투(Ubuntu)를 사용하고 있고 apr_off_t 또는 off64_t 오류가 발생했다면 CFLAGS에 -D_LARGEFILE64_SOURCE=1을 추가하기 바란다.
또 /etc/ld.conf.so.d/ 파일에 /usr/local/apr/lib을 추가한 다음 ldconfig를 실행시켜 라이브러리가 제대로 선택되도록 해야 한다.

41.4 소스 파일

Makefile을 보면 devpkg에 대한 다섯 개의 의존성이 있다는 것을 알 수 있다.

bstrlib.o   이것은 이미 갖고 있는 bstrlib.c와 bstrlib.h을 가지고 만든다.

db.o   이것은 데이터베이스 루틴을 위한 코드가 있는 db.c와 db.h

로부터 생성된다.

shell.o 이것은 shell.c와 shell.h로부터 생성되는데, curl과 같은 명령을 좀 더 쉽게 실행시키는 몇 가지 함수가 들어있다.

commands.o 이것은 command.c와 command.h로부터 생성되며, devpkg에 필요한 모든 명령이 들어있어 유용할 것이다.

devpkg 명시적으로 언급되지 않았지만 Makefile의 타깃이다. 이것은 전체 프로그램의 main 함수가 있는 devpkg.c로부터 생성된다.

이제 할 일은 각각의 파일을 만들고 그 내용을 입력한 다음 제대로 했는지 확인하는 것이다.

> 지금까지의 설명을 읽고 어쩌면 다음과 같이 생각할지도 모른다. "와우! 제드는 완전 똑똑한 것 같아요. 그냥 앉은 자리에서 이 모든 것을 만들었잖아요? 난 절대 그렇게 하지 못할 겁니다." 필자는 코딩 실력이 정말 뛰어나서 마법같이 devpkg를 만들어낸 것이 아니다. 다음과 같이 했을 뿐이다.
>
> - 그것이 어떻게 동작했으면 좋겠는지에 대한 아이디어를 README 파일에 빠르게 작성했다.
> - (여러분도 작성해보았을) 간단한 bash 스크립트를 만들어 필요한 모든 내용을 파악했다.
> - 한 개의 .c 파일을 만들어 며칠간 아이디어와 씨름하며 개선했다.
> - 이렇게 제대로 동작하게끔 만들고 디버깅까지 마친 후 한 개의 큰 파일을 4개로 나누었다.
> - 그리고는 함수와 자료구조를 다듬고 이름도 고쳐가며 조금 더 논리적이고 좋게 보이도록 개선했다.
> - 마지막으로, 똑같은 방식으로 새로운 구조로 작업하는 방식으로 -F 및 -B 옵션과 같은 몇 가지 기능을 추가했다.
>
> 여러분은 필자가 가르치고 싶은 순서대로 이것을 읽고 있지만, 이것이 필자가 항상 소프트웨어를 만드는 방법이라고 생각하면 안된다. 때로는 이미 주제를 알고 있으면서 계획에 더 많은 시간을 할애하기도 하고, 때때로 아이디어에 집중하여 그것이 얼마나 잘 동작하는지를 보기도 한다. 혹은 가끔 하나를 만든 다음 이것을 버리고 더 좋은 것을 계획하기도 한다. 그것은 내 경험에 비추어 최선이라고 생각하는 것이 무엇인지, 작업하는 순간 떠오르는 것이 무엇인지에 따라 다르다.
> 프로그래밍 문제를 해결할 수 있는 유일한 방법이 있다고 말하는 전문가를 만난다면 그냥 거짓말이라고 생각하면 된다. 아마 무슨 편법을 사용하거나 실력이 좋지 않은 사람일 것이다.

41.4.1 DB 함수

이미 설치된 URL을 기록하고, 이 URL 목록을 나열하고, (이미 설치되었다면 건너 뛸 수 있도록) 이미 설치되어 있는지 여부를 확인하는 방법이 있어야 한다. 이를 위해 간단하고 단순한 파일 데이터베이스와 bstrlib.h 라이브러리를 사용할 것이다.

우선 db.h 헤더 파일을 만들어 구현할 내용이 무엇인지 알 수 있도록 하자.

db.h

```
#ifndef _db_h
#define _db_h

#define DB_FILE "/ usr/ local/ .devpkg/ db"
#define DB_DIR "/ usr/ local/ .devpkg"

int DB_init();
int DB_list();
int DB_update(const char *url);
int DB_find(const char *url);

#endif
```

이제 위 함수들을 db.c에 구현하고 깔끔하게 빌드 및 컴파일하기 위해 make를 사용한다.

db.c

```
1    #include <unistd.h>
2    #include <apr_errno.h>
3    #include <apr_file_io.h>
4
5    #include "db.h"
6    #include "bstrlib.h"
7    #include "dbg.h"
8
9    static FILE *DB_open(const char *path, const char *mode)
10   {
11       return fopen(path, mode);
12   }
13
14   static void DB_close(FILE * db)
15   {
16       fclose(db);
17   }
```

```
18
19   static bstring DB_load()
20   {
21       FILE *db = NULL;
22       bstring data = NULL;
23
24       db = DB_open(DB_FILE, "r");
25       check(db, "Failed to open database: %s", DB_FILE);
26
27       data = bread((bNread) fread, db);
28       check(data, "Failed to read from db file: %s", DB_FILE);
29
30       DB_close(db);
31       return data;
32
33   error:
34       if (db)
35           DB_close(db);
36       if (data)
37           bdestroy(data);
38       return NULL;
39   }
40
41   int DB_update(const char *url)
42   {
43       if (DB_find(url)) {
44           log_info("Already recorded as installed: %s", url);
45       }
46
47       FILE *db = DB_open(DB_FILE, "a+");
48       check(db, "Failed to open DB file: %s", DB_FILE);
49
50       bstring line = bfromcstr(url);
51       bconchar(line, '\n');
52       int rc = fwrite(line->data, blength(line), 1, db);
53       check(rc == 1, "Failed to append to the db.");
54
55       return 0;
56   error:
57       if (db)
58           DB_close(db);
59       return -1;
60   }
61
62   int DB_find(const char *url)
63   {
64       bstring data = NULL;
65       bstring line = bfromcstr(url);
66       int res = -1;
```

```
67
68      data = DB_load();
69      check(data, "Failed to load: %s", DB_FILE);
70
71      if (binstr(data, 0, line) == BSTR_ERR) {
72          res = 0;
73      } else {
74          res = 1;
75      }
76
77  error:                    // 계속 진행
78      if (data)
79          bdestroy(data);
80      if (line)
81          bdestroy(line);
82
83      return res;
84  }
85
86  int DB_init()
87  {
88      apr_pool_t *p = NULL;
89      apr_pool_initialize();
90      apr_pool_create(&p, NULL);
91
92      if (access(DB_DIR, W_OK | X_OK) == -1) {
93          apr_status_t rc = apr_dir_make_recursive(DB_DIR,
94                  APR_UREAD | APR_UWRITE
95                  | APR_UEXECUTE |
96                  APR_GREAD | APR_GWRITE
97                  | APR_GEXECUTE, p);
98          check(rc == APR_SUCCESS, "Failed to make database dir: %s",
99                  DB_DIR);
100     }
101
102     if (access(DB_FILE, W_OK) == -1) {
103         FILE *db = DB_open(DB_FILE, "w");
104         check(db, "Cannot open database: %s", DB_FILE);
105         DB_close(db);
106     }
107
108     apr_pool_destroy(p);
109     return 0;
110
111 error:
112     apr_pool_destroy(p);
113     return -1;
114 }
115
```

```
116  int DB_list()
117  {
118      bstring data = DB_load();
119      check(data, "Failed to read load: %s", DB_FILE);
120
121      printf("%s", bdata(data));
122      bdestroy(data);
123      return 0;
124
125  error:
126      return -1;
127  }
```

도전 1: 코드 검토

다음으로 넘어가기 전에 이 파일의 모든 행을 주의 깊게 읽고 책에 표시된 대로 정확히 입력했는지 확인하기 바란다. 그리고 연습을 위해 한 줄씩 뒤로도 읽어보자. 아울러, 각 함수 호출을 추적하고 check를 사용하여 반환 코드의 유효성도 확인하기 바란다. 마지막으로, 모르는 함수를 모두 찾아보기 바란다. APR 웹 사이트 문서 또는 bstrlib.h 및 bstrlib.c 소스코드 등을 통해 확인할 수 있을 것이다.

41.4.2 셸 함수

devpkg 설계의 핵심은 curl, tar, git와 같은 외부 툴을 사용하여 대부분의 작업을 수행하는 것이다. 물론, 이 모든 것을 내부적으로 할 수 있는 라이브러리를 찾을 수도 있겠지만, 이러한 프로그램들의 기본 기능만 필요하다면 굳이 직접 구현할 필요는 없다. UNIX에서 다른 명령을 실행하는 것이 부끄러운 일은 아니다.

이를 위해 apr_thread_proc.h 함수를 사용하여 프로그램을 실행시킬 것이다. 또한 간단한 종류의 템플릿 시스템도 만들 것이다. 즉, 프로그램을 실행시키는 데 필요한 모든 정보를 가지고 있는 struct Shell을 사용할 것이다. 이때, 인수 목록에는 공간이 있어 다른 값으로 바꾸어줄 수 있다.

shell.h 파일을 통해 앞으로 사용할 구조체와 명령들을 볼 수 있다. 그리고 extern을 사용하여 다른 .c 파일들이 shell.c에서 정의한 변수에 접속하는 방법도 확인할 수 있을 것이다.

shell.h

```
#ifndef _shell_h
#define _shell_h

#define MAX_COMMAND_ARGS 100

#include <apr_thread_proc.h>

typedef struct Shell {
 const char *dir;
 const char *exe;

 apr_procattr_t *attr;
 apr_proc_t proc;
 apr_exit_why_e exit_why;
 int exit_code;

 const char *args[MAX_COMMAND_ARGS];
} Shell;

int Shell_run(apr_pool_t * p, Shell * cmd);
int Shell_exec(Shell cmd, ...);

extern Shell CLEANUP_SH;
extern Shell GIT_SH;
extern Shell TAR_SH;
extern Shell CURL_SH;
extern Shell CONFIGURE_SH;
extern Shell MAKE_SH;
extern Shell INSTALL_SH;

#endif
```

shell.h 파일을 만들 때 이 책에 실려 있는 대로 정확히 입력해야 한다. 그리
고 extern Shell 변수의 이름과 개수도 동일해야 한다. 이것들은 Shell_run
과 Shell_exec 함수에서 명령을 실행하는 데 사용된다. 이제 shell.c에서 이
두 함수를 정의하고, 실제 변수도 만들 것이다.

shell.c

```
1    #include "shell.h"
2    #include "dbg.h"
3    #include <stdarg.h>
4
5    int Shell_exec(Shell template, ...)
```

```
6   {
7       apr_pool_t *p = NULL;
8       int rc = -1;
9       apr_status_t rv = APR_SUCCESS;
10      va_list argp;
11      const char *key = NULL;
12      const char *arg = NULL;
13      int i = 0;
14
15      rv = apr_pool_create(&p, NULL);
16      check(rv == APR_SUCCESS, "Failed to create pool.");
17
18      va_start(argp, template);
19
20      for (key = va_arg(argp, const char *);
21              key != NULL; key = va_arg(argp, const char *)) {
22          arg = va_arg(argp, const char *);
23
24          for (i = 0; template.args[i] != NULL; i++) {
25              if (strcmp(template.args[i], key) == 0) {
26                  template.args[i] = arg;
27                  break;               // 찾았다
28              }
29          }
30      }
31
32      rc = Shell_run(p, &template);
33      apr_pool_destroy(p);
34      va_end(argp);
35      return rc;
36
37  error:
38      if (p) {
39          apr_pool_destroy(p);
40      }
41      return rc;
42  }
43
44  int Shell_run(apr_pool_t * p, Shell * cmd)
45  {
46      apr_procattr_t *attr;
47      apr_status_t rv;
48      apr_proc_t newproc;
49
50      rv = apr_procattr_create(&attr, p);
51      check(rv == APR_SUCCESS, "Failed to create proc attr.");
52
53      rv = apr_procattr_io_set(attr, APR_NO_PIPE, APR_NO_PIPE,
54              APR_NO_PIPE);
```

```
55          check(rv == APR_SUCCESS, "Failed to set IO of command.");
56
57          rv = apr_procattr_dir_set(attr, cmd->dir);
58          check(rv == APR_SUCCESS, "Failed to set root to %s", cmd->dir);
59
60          rv = apr_procattr_cmdtype_set(attr, APR_PROGRAM_PATH);
61          check(rv == APR_SUCCESS, "Failed to set cmd type.");
62
63          rv = apr_proc_create(&newproc, cmd->exe, cmd->args, NULL, attr, p);
64          check(rv == APR_SUCCESS, "Failed to run command.");
65
66          rv = apr_proc_wait(&newproc, &cmd->exit_code, &cmd->exit_why,
67                  APR_WAIT);
68          check(rv == APR_CHILD_DONE, "Failed to wait.");
69
70          check(cmd->exit_code == 0, "%s exited badly.", cmd->exe);
71          check(cmd->exit_why == APR_PROC_EXIT, "%s was killed or crashed",
72                  cmd->exe);
73
74          return 0;
75
76      error:
77          return -1;
78      }
79
80      Shell CLEANUP_SH = {
81          .exe = "rm",
82          .dir = "/tmp",
83          .args = {"rm", "-rf", "/tmp/pkg-build", "/tmp/pkg-src.tar.gz",
84              "/tmp/pkg-src.tar.bz2", "/tmp/DEPENDS", NULL}
85      };
86
87      Shell GIT_SH = {
88          .dir = "/tmp",
89          .exe = "git",
90          .args = {"git", "clone", "URL", "pkg-build", NULL}
91      };
92
93      Shell TAR_SH = {
94          .dir = "/tmp/pkg-build",
95          .exe = "tar",
96          .args = {"tar", "-xzf", "FILE", "--strip-components", "1", NULL}
97      };
98
99      Shell CURL_SH = {
100         .dir = "/tmp",
101         .exe = "curl",
102         .args = {"curl", "-L", "-o", "TARGET", "URL", NULL}
103     };
```

```
104
105  Shell CONFIGURE_SH = {
106      .exe = "./configure",
107      .dir = "/tmp/pkg-build",
108      .args = {"configure", "OPTS", NULL}
109      ,
110  };
111
112  Shell MAKE_SH = {
113      .exe = "make",
114      .dir = "/tmp/pkg-build",
115      .args = {"make", "OPTS", NULL}
116  };
117
118  Shell INSTALL_SH = {
119      .exe = "sudo",
120      .dir = "/tmp/pkg-build",
121      .args = {"sudo", "make", "TARGET", NULL}
122  };
```

shell.c(일반적인 C 소스 코드 레이아웃이다)를 밑에서 위로 읽어보면 shell. h에 extern으로 선언했던 실제 Shell 변수를 만드는 방법을 알 수 있다. 이 변수들은 파일 안에 있지만 프로그램의 나머지 파일에서 모두 사용이 가능하다. 이것이 하나의 .o 파일에 전역변수를 만들어 나머지 모든 파일에서 사용할 수 있도록 하는 방법이다. 이러한 전역변수를 많이 만드는 것은 좋은 방법이 아니지만, 확실히 편리하다.

계속 올라가다보면 Shell_run 함수를 만나는데, 이것은 Shell 구조체에 있는 내용을 명령으로 실행시키는 기본 함수이다. 이 함수는 apr_thread_proc. h에 정의된 수많은 함수를 사용하고 있으니 각각의 함수를 찾아 어떻게 작동하는지 확인해보자. 이것은 System 함수 호출을 사용하는 것보다 훨씬 작업이 많아 보이지만 다른 프로그램의 실행을 보다 잘 제어할 수 있다. 예를 들면, Shell 구조체에서는 .dir 속성을 사용하여 프로그램이 특정 디렉터리에서 실행되는 것처럼 할 수 있다.

마지막으로 Shell_exec 함수는 여러 인수를 갖는 함수로, 이전 연습에서도 이와 같은 형태의 함수를 봐서 알겠지만 stdarg.h 함수들을 꽉 잡고 있어야 한다. 도전 2에서 이 함수를 분석할 것이다.

도전 2: Shell_exec 분석

(도전 1에서 했던 전체 코드 검토에 추가로) 이 파일들에 대한 도전 과제는 Shell_exec를 완전히 분석해서 그것이 어떻게 동작하는지 정확하게 알아내는 것이다. 코드의 각 행, 두 개의 for 루프 동작방식, 인수를 바꾸는 방법을 이해할 수 있어야 한다.

분석이 끝나면 대체되어야 할 변수 args의 수를 제공하는 필드를 struct Shell에 추가한다. 모든 명령을 업데이트하여 args 개수가 올바르게 계산되도록 하고, 오류 검사를 통해 args가 제대로 대체되었는지 확인한 다음 오류가 사라지는지 확인해보자.

41.4.3 명령 함수

이제 작업을 수행하는 실제 명령을 내릴 수 있게 되었다. 이 명령들은 APR, db.h, shell.h의 함수를 사용하여 원하는 소프트웨어를 다운로드하고 빌드하는 실제 작업을 수행한다. 이것은 가장 복잡한 파일 세트이므로 주의 깊게 수행해야 한다. 앞에서와 마찬가지로 commands.h 파일을 만든 다음 commands.c 파일에 함수를 구현한다.

commands.h

```
#ifndef _commands_h
#define _commands_h

#include <apr_pools.h>

#define DEPENDS_PATH "/tmp/DEPENDS"
#define TAR_GZ_SRC "/tmp/pkg-src.tar.gz"
#define TAR_BZ2_SRC "/tmp/pkg-src.tar.bz2"
#define BUILD_DIR "/tmp/pkg-build"
#define GIT_PAT "*.git"
#define DEPEND_PAT "*DEPENDS"
#define TAR_GZ_PAT "*.tar.gz"
#define TAR_BZ2_PAT "*.tar.bz2"
#define CONFIG_SCRIPT "/tmp/pkg-build/configure"

enum CommandType {
 COMMAND_NONE, COMMAND_INSTALL, COMMAND_LIST, COMMAND_FETCH,
 COMMAND_INIT, COMMAND_BUILD
};
```

```
int Command_fetch(apr_pool_t * p, const char *url, int fetch_only);

int Command_install(apr_pool_t * p, const char *url,
    const char *configure_opts, const char *make_opts,
    const char *install_opts);

int Command_depends(apr_pool_t * p, const char *path);

int Command_build(apr_pool_t * p, const char *url,
    const char *configure_opts, const char *make_opts,
    const char *install_opts);

#endif
```

그렇게 새로운 것은 없다. 다만 어디서든 사용될 문자열을 정의하는 define 부분은 꼭 봐야 한다. 정말 재미있는 코드는 commands.c에 있다.

commands.c

```
1    #include <apr_uri.h>
2    #include <apr_fnmatch.h>
3    #include <unistd.h>
4
5    #include "commands.h"
6    #include "dbg.h"
7    #include "bstrlib.h"
8    #include "db.h"
9    #include "shell.h"
10
11   int Command_depends(apr_pool_t * p, const char *path)
12   {
13       FILE *in = NULL;
14       bstring line = NULL;
15
16       in = fopen(path, "r");
17       check(in != NULL, "Failed to open downloaded depends: %s", path);
18
19       for (line = bgets((bNgetc) fgetc, in, '\n');
20               line != NULL;
21               line = bgets((bNgetc) fgetc, in, '\n'))
22       {
23           btrimws(line);
24           log_info("Processing depends: %s", bdata(line));
25           int rc = Command_install(p, bdata(line), NULL, NULL, NULL);
26           check(rc == 0, "Failed to install: %s", bdata(line));
27           bdestroy(line);
28       }
29
```

```
30        fclose(in);
31        return 0;
32
33   error:
34        if (line) bdestroy(line);
35        if (in) fclose(in);
36        return -1;
37   }
38
39   int Command_fetch(apr_pool_t * p, const char *url, int fetch_only)
40   {
41        apr_uri_t info = {.port = 0 };
42        int rc = 0;
43        const char *depends_file = NULL;
44        apr_status_t rv = apr_uri_parse(p, url, &info);
45
46        check(rv == APR_SUCCESS, "Failed to parse URL: %s", url);
47
48        if (apr_fnmatch(GIT_PAT, info.path, 0) == APR_SUCCESS) {
49            rc = Shell_exec(GIT_SH, "URL", url, NULL);
50            check(rc == 0, "git failed.");
51        } else if (apr_fnmatch(DEPEND_PAT, info.path, 0) == APR_SUCCESS) {
52            check(!fetch_only, "No point in fetching a DEPENDS file.");
53
54            if (info.scheme) {
55                depends_file = DEPENDS_PATH;
56                rc = Shell_exec(CURL_SH, "URL", url, "TARGET", depends_file,
57                        NULL);
58                check(rc == 0, "Curl failed.");
59            } else {
60                depends_file = info.path;
61            }
62
63            // 재귀적으로 devpkg 목록을 처리
64            log_info("Building according to DEPENDS: %s", url);
65            rv = Command_depends(p, depends_file);
66            check(rv == 0, "Failed to process the DEPENDS: %s", url);
67
68            // 더 이상 처리할 것이 없음을 나타냄
69            return 0;
70
71        } else if (apr_fnmatch(TAR_GZ_PAT, info.path, 0) == APR_SUCCESS) {
72            if (info.scheme) {
73                rc = Shell_exec(CURL_SH,
74                        "URL", url, "TARGET", TAR_GZ_SRC, NULL);
75                check(rc == 0, "Failed to curl source: %s", url);
76            }
77
78            rv = apr_dir_make_recursive(BUILD_DIR,
```

```
79                         APR_UREAD | APR_UWRITE |
80                         APR_UEXECUTE, p);
81              check(rv == APR_SUCCESS, "Failed to make directory %s",
82                      BUILD_DIR);
83
84              rc = Shell_exec(TAR_SH, "FILE", TAR_GZ_SRC, NULL);
85              check(rc == 0, "Failed to untar %s", TAR_GZ_SRC);
86          } else if (apr_fnmatch(TAR_BZ2_PAT, info.path, 0) == APR_SUCCESS) {
87              if (info.scheme) {
88                  rc = Shell_exec(CURL_SH, "URL", url, "TARGET", TAR_BZ2_SRC,
89                          NULL);
90                  check(rc == 0, "Curl failed.");
91              }
92
93              apr_status_t rc = apr_dir_make_recursive(BUILD_DIR,
94                      APR_UREAD | APR_UWRITE
95                      | APR_UEXECUTE, p);
96
97              check(rc == 0, "Failed to make directory %s", BUILD_DIR);
98              rc = Shell_exec(TAR_SH, "FILE", TAR_BZ2_SRC, NULL);
99              check(rc == 0, "Failed to untar %s", TAR_BZ2_SRC);
100         } else {
101             sentinel("Don't now how to handle %s", url);
102         }
103
104         // 설치가 실제로 실행되어야 함을 나타냄
105         return 1;
106     error:
107         return -1;
108     }
109
110     int Command_build(apr_pool_t * p, const char *url,
111             const char *configure_opts, const char *make_opts,
112             const char *install_opts)
113     {
114         int rc = 0;
115
116         check(access(BUILD_DIR, X_OK | R_OK | W_OK) == 0,
117                 "Build directory doesn't exist: %s", BUILD_DIR);
118
119         // 실제로 설치를 수행
120         if (access(CONFIG_SCRIPT, X_OK) == 0) {
121             log_info("Has a configure script, running it.");
122             rc = Shell_exec(CONFIGURE_SH, "OPTS", configure_opts, NULL);
123             check(rc == 0, "Failed to configure.");
124         }
125
126         rc = Shell_exec(MAKE_SH, "OPTS", make_opts, NULL);
127         check(rc == 0, "Failed to build.");
```

```
128
129     rc = Shell_exec(INSTALL_SH,
130             "TARGET", install_opts ? install_opts : "install",
131             NULL);
132     check(rc == 0, "Failed to install.");
133
134     rc = Shell_exec(CLEANUP_SH, NULL);
135     check(rc == 0, "Failed to cleanup after build.");
136
137     rc = DB_update(url);
138     check(rc == 0, "Failed to add this package to the database.");
139
140     return 0;
141
142 error:
143     return -1;
144 }
145
146 int Command_install(apr_pool_t * p, const char *url,
147         const char *configure_opts, const char *make_opts,
148         const char *install_opts)
149 {
150     int rc = 0;
151     check(Shell_exec(CLEANUP_SH, NULL) == 0,
152             "Failed to cleanup before building.");
153
154     rc = DB_find(url);
155     check(rc != -1, "Error checking the install database.");
156
157     if (rc == 1) {
158         log_info("Package %s already installed.", url);
159         return 0;
160     }
161
162     rc = Command_fetch(p, url, 0);
163
164     if (rc == 1) {
165         rc = Command_build(p, url, configure_opts, make_opts,
166                 install_opts);
167         check(rc == 0, "Failed to build: %s", url);
168     } else if (rc == 0) {
169         // 설치가 필요없음
170         log_info("Depends successfully installed: %s", url);
171     } else {
172         // 오류가있음
173         sentinel("Install failed: %s", url);
174     }
175
176     Shell_exec(CLEANUP_SH, NULL);
```

```
177        return 0;
178
179  error:
180        Shell_exec(CLEANUP_SH, NULL);
181        return -1;
182  }
```

코드를 입력하고 컴파일한 후에 분석할 수 있다. 앞의 도전 과제를 모두 해결했다면 shell.c 함수들이 셸 실행을 위해 어떻게 사용되고 인수가 대체되는 방식도 볼 수 있어야 한다. 만일 그렇지 않다면 돌아가서 Shell_exec가 실제로 어떻게 동작하는지 확실하게 이해할 때까지 진행을 멈추어야 한다.

도전 3: 필자의 설계 평가

앞에서와 마찬가지로 이 코드를 완전히 검토하여 정확히 동일하게 입력되었는지 확인해야 한다. 그런 다음 각각의 함수를 검토하고 동작 방식과 수행 중인 기능을 확인한다. 또한 서로 다른 파일에 작성한 함수들 간 호출하는 과정도 추적해야 한다. 마지막으로, 여기에서 APR로 일컬어지는 모든 함수를 이해해야 한다.

일단 파일이 정확하다는 것을 확인하고 파일의 내용도 분석이 끝나면, 다시 돌아가서 필자가 바보라고 생각하기 바란다. 즉, 필자의 설계를 비판하며 가능한 모든 개선 방법을 찾는 것이다. 이때, 실제로 코드를 변경하지 말고 notes.txt 파일을 만들어 그 안에 변경하려는 것에 대한 의견을 적으면 된다.

41.4.4 devpkg Main 함수

마지막으로 가장 중요한 파일이지만 어쩌면 가장 간단한 파일이기도 한 devpkg.c 파일을 다룰 것이다. 이 파일에 main 함수가 있으며, 이 파일에 대한 별도의 .h 파일이 없기 때문에 필요한 모든 파일을 include한다. 대신, Makefile을 통해 나머지 .o 파일과 묶이면서 최종 실행파일인 devpkg가 만들어진다. 이제 devpkg.c의 내용을 입력하자.

devpkg.c

```
1   #include <stdio.h>
2   #include <apr_general.h>
3   #include <apr_getopt.h>
4   #include <apr_strings.h>
5   #include <apr_lib.h>
6
7   #include "dbg.h"
8   #include "db.h"
9   #include "commands.h"
10
11  int main(int argc, const char const *argv[])
12  {
13      apr_pool_t *p = NULL;
14      apr_pool_initialize();
15      apr_pool_create(&p, NULL);
16
17      apr_getopt_t *opt;
18      apr_status_t rv;
19
20      char ch = '\0';
21      const char *optarg = NULL;
22      const char *config_opts = NULL;
23      const char *install_opts = NULL;
24      const char *make_opts = NULL;
25      const char *url = NULL;
26      enum CommandType request = COMMAND_NONE;
27
28      rv = apr_getopt_init(&opt, p, argc, argv);
29
30      while (apr_getopt(opt, "I:Lc:m:i:d:SF:B:", &ch, &optarg) ==
31              APR_SUCCESS) {
32          switch (ch) {
33              case 'I':
34                  request = COMMAND_INSTALL;
35                  url = optarg;
36                  break;
37
38              case 'L':
39                  request = COMMAND_LIST;
40                  break;
41
42              case 'c':
43                  config_opts = optarg;
44                  break;
45
46              case 'm':
47                  make_opts = optarg;
```

```
48                      break;
49
50              case 'i':
51                  install_opts = optarg;
52                  break;
53
54              case 'S':
55                  request = COMMAND_INIT;
56                  break;
57
58              case 'F':
59                  request = COMMAND_FETCH;
60                  url = optarg;
61                  break;
62
63              case 'B':
64                  request = COMMAND_BUILD;
65                  url = optarg;
66                  break;
67          }
68      }
69
70      switch (request) {
71          case COMMAND_INSTALL:
72              check(url, "You must at least give a URL.");
73              Command_install(p, url, config_opts, make_opts, install_opts);
74              break;
75
76          case COMMAND_LIST:
77              DB_list();
78              break;
79
80          case COMMAND_FETCH:
81              check(url != NULL, "You must give a URL.");
82              Command_fetch(p, url, 1);
83              log_info("Downloaded to %s and in /tmp/", BUILD_DIR);
84              break;
85
86          case COMMAND_BUILD:
87              check(url, "You must at least give a URL.");
88              Command_build(p, url, config_opts, make_opts, install_opts);
89              break;
90
91          case COMMAND_INIT:
92              rv = DB_init();
93              check(rv == 0, "Failed to make the database.");
94              break;
95
96          default:
```

```
97              sentinel("Invalid command given.");
98      }
99
100     return 0;
101
102 error:
103     return 1;
104 }
```

도전 4: README와 테스트 파일

이번 도전은 이 파일에서 인수가 처리되는 방식과 어떤 인수들이 있는지를 이해한 후, README 파일을 만들어 그 안에 이 프로그램을 어떻게 사용하는지에 대한 설명서를 작성하는 것이다. 또한, README 파일을 작성할 때 ./devpkg를 실행하는 간단한 test.sh도 작성하여 각 명령이 실제 코드에서 제대로 작동하는지 확인해보자. 스크립트 맨 위에 set -e를 넣어 첫 번째 오류에서 중단되도록 만든다.

마지막으로, 디버거상에서 프로그램을 실행시켜 제대로 동작하는지 확인하고 나면 바야흐로 최종 도전 단계로 갈 준비가 된 것이다.

41.5 최종 도전

여러분의 마지막 도전은 미니 시험으로, 다음의 세 가지를 포함한다.

- 온라인에서 제공되는 필자의 코드와 여러분의 코드를 비교해보자. 이때, 100%에서 시작하여 여러분이 잘못 작성한 줄이 나올 때마다 1% 포인트씩 차감한다.
- 앞에서 만든 notes.txt를 가져와 여러분이 생각한 개선 사항을 devpkg 코드에 반영하자.
- 여러분이 선호하는 다른 프로그래밍 언어나 이 일을 하기에 가장 적합하다고 생각하는 프로그래밍 언어를 사용하여 devpkg의 새로운 버전을 만들어보자. 두 가지 devpkg를 비교하면서 배운 내용을 바탕으로 C 언어 버전의 devpkg를 개선하기 바란다.

여러분의 코드와 필자의 코드를 비교하기 위해서는 다음과 같이 하면 된다.

```
cd .. # 현재 작업 중인 디렉터리에서 한 단계 상위 디렉터리로 이동한다
git clone git://gitorious.org/devpkg/devpkg.git devpkgzed
diff -r devpkg devpkgzed
```

이렇게 하면 필자의 devpkg가 devpkgzed 디렉터리에 복제되므로 diff를 사용하여 여러분의 코드와 비교할 수 있게 된다. 이 책에서 작업 중인 파일은 이 프로젝트에서 직접 가져온 것이므로 다른 줄이 생기면 잘못된 것이다.

이번 연습에서는 사실상 통과/낙제가 없음을 명심하기 바란다. 이것이 여러분 스스로 가능한 정확하고 세심한 자세로 도전할 수 있도록 만드는 유일한 방법이다.

스택과 큐

이 시점쯤 되면 여러분은 다른 모든 자료구조를 작성할 때 사용하는 대부분의 자료구조를 알아야 한다. 만약 List, DArray, Hashmap, Tree의 몇몇 종류를 알고 있다면, 그 밖의 거의 모든 것을 만들어낼 수 있다. 여러분이 실행하는 다른 모든 것들은 결국 이것들이나 혹은 그 변형이다. 그렇지 않다면 아마도 필요로 하지 않을 이상한 형태의 자료구조일 가능성이 크다.

스택(Stack)과 큐(Queue)는 굉장히 간단한 자료구조로, List의 변형이다. 스택과 큐가 하는 일은 요소를 List 끝에 배치하는 규칙 또는 규정을 만들어 List를 사용하는 것뿐이다. 스택의 경우 앞에서 push하면 앞에서 pop된다. 그러나 큐의 경우에는 앞에서 넣으면 뒤에서 나온다.

필자는 두 자료구조를 C 전처리기와 두 개의 헤더 파일만을 사용하여 구현할 수 있다. 헤더 파일은 총 21행이며, 다른 멋진 define 없이도 Stack과 Queue의 모든 연산을 수행한다.

여러분이 제대로 이해했는지 확인하기 위해 단위 테스트를 보여준 후에 단위 테스트 수행에 필요한 헤더 파일을 구현할 것이다. 이번 연습문제를 통과하기 위해서는 stack.c 또는 queue.c 구현 파일을 만들면 안된다. 오직 stack.h과 queue.h 파일만 사용하여 테스트가 동작하도록 해야 한다.

stack_tests.c

```
1    #include "minunit.h"
2    #include <lcthw/stack.h>
3    #include <assert.h>
4
5    static Stack *stack = NULL;
6    char *tests[] = { "test1 data", "test2 data", "test3 data" };
7
8    #define NUM_TESTS 3
9
```

```
10   char *test_create()
11   {
12       stack = Stack_create();
13       mu_assert(stack != NULL, "Failed to create stack.");
14
15       return NULL;
16   }
17
18   char *test_destroy()
19   {
20       mu_assert(stack != NULL, "Failed to make stack #2");
21       Stack_destroy(stack);
22
23       return NULL;
24   }
25
26   char *test_push_pop()
27   {
28       int i = 0;
29       for (i = 0; i < NUM_TESTS; i++) {
30           Stack_push(stack, tests[i]);
31           mu_assert(Stack_peek(stack) == tests[i], "Wrong next value.");
32       }
33
34       mu_assert(Stack_count(stack) == NUM_TESTS, "Wrong count on push.");
35
36       STACK_FOREACH(stack, cur) {
37           debug("VAL: %s", (char *)cur->value);
38       }
39
40       for (i = NUM_TESTS - 1; i >= 0; i--) {
41           char *val = Stack_pop(stack);
42           mu_assert(val == tests[i], "Wrong value on pop.");
43       }
44
45       mu_assert(Stack_count(stack) == 0, "Wrong count after pop.");
46
47       return NULL;
48   }
49
50   char *all_tests()
51   {
52       mu_suite_start();
53
54       mu_run_test(test_create);
55       mu_run_test(test_push_pop);
56       mu_run_test(test_destroy);
57
58       return NULL;
```

```
59    }
60
61    RUN_TESTS(all_tests);
```

다음은 queue_tests.c로 Queue만 사용할 뿐 거의 동일하다.

queue_tests.c

```
1     #include "minunit.h"
2     #include <lcthw/queue.h>
3     #include <assert.h>
4
5     static Queue *queue = NULL;
6     char *tests[] = { "test1 data", "test2 data", "test3 data" };
7
8     #define NUM_TESTS 3
9
10    char *test_create()
11    {
12        queue = Queue_create();
13        mu_assert(queue != NULL, "Failed to create queue.");
14
15        return NULL;
16    }
17
18    char *test_destroy()
19    {
20        mu_assert(queue != NULL, "Failed to make queue #2");
21        Queue_destroy(queue);
22
23        return NULL;
24    }
25
26    char *test_send_recv()
27    {
28        int i = 0;
29        for (i = 0; i < NUM_TESTS; i++) {
30            Queue_send(queue, tests[i]);
31            mu_assert(Queue_peek(queue) == tests[0], "Wrong next value.");
32        }
33
34        mu_assert(Queue_count(queue) == NUM_TESTS, "Wrong count on send.");
35
36        QUEUE_FOREACH(queue, cur) {
37            debug("VAL: %s", (char *)cur->value);
38        }
39
40        for (i = 0; i < NUM_TESTS; i++) {
```

```
41              char *val = Queue_recv(queue);
42              mu_assert(val == tests[i], "Wrong value on recv.");
43          }
44
45          mu_assert(Queue_count(queue) == 0, "Wrong count after recv.");
46
47          return NULL;
48      }
49
50      char *all_tests()
51      {
52          mu_suite_start();
53
54          mu_run_test(test_create);
55          mu_run_test(test_send_recv);
56          mu_run_test(test_destroy);
57
58          return NULL;
59      }
60
61      RUN_TESTS(all_tests);
```

42.1 실행 결과

단위 테스트는 앞에서 보여준 테스트 코드의 변경 없이 실행되어야 하며, 디버거상에서 메모리 오류 없이 실행되어야 한다. 다음은 필자가 stack_tests를 직접 실행한 결과이다.

연습문제 42.1 Session

```
$ ./tests/stack_tests
DEBUG tests/stack_tests.c:60: ----- RUNNING: ./tests/stack_tests
----
RUNNING: ./tests/stack_tests
DEBUG tests/stack_tests.c:53:
----- test_create
DEBUG tests/stack_tests.c:54:
----- test_push_pop
DEBUG tests/stack_tests.c:37: VAL: test3 data
DEBUG tests/stack_tests.c:37: VAL: test2 data
DEBUG tests/stack_tests.c:37: VAL: test1 data
DEBUG tests/stack_tests.c:55:
----- test_destroy
ALL TESTS PASSED
Tests run: 3
$
```

queue_test는 동일한 형태의 실행 결과를 보여주기 때문에 군이 여기에 싣지 않았다.

42.2 더 좋게 만들기

여러분이 할 수 있는 유일한 개선 사항은 List에서 DArray로 전환하는 것이다. Queue 자료구조는 DArray로 구현하는 것이 더 어려운데, 그 이유는 작업이 리스트의 양쪽 끝에서 이루어지기 때문이다.

이 작업을 온전히 헤더 파일에서만 수행할 때의 한 가지 단점은 성능 튜닝을 쉽게 할 수 없다는 것이다. 이 기법을 사용하여 수행하는 작업은 특정 스타일로 List를 사용하는 방법에 대한 프로토콜을 만드는 것이다. 성능 튜닝을 할 때, List를 빠르게 만든다면 두 자료구조가 모두 개선될 것이다.

42.3 더 해보기

• List 대신 DArray를 사용하여 스택을 구현해보자. 단, 단위 테스트는 변경하지 않는다. 이를 위해서는 자신만의 STACK_FOREACH를 만들어야 한다.

연습 43

___

간단한 통계 엔진

이것은 간단한 알고리즘으로, 온라인으로 요약 통계를 수집하거나 모든 표본을 저장하지 않는 환경에서 사용한다. 필자는 평균, 표준편차, 합계 등의 통계를 유지해야 하면서도 필요한 모든 표본을 저장할 수 없는 소프트웨어에 이 알고리즘을 사용한다. 표본을 모두 저장하지 않는 대신, 5가지 계산 결과를 저장하여 사용한다.

43.1 표준편차와 평균 사용

가장 먼저 일련의 표본이 필요하다. 표본의 종류는 무엇이든 될 수 있다. 즉, 작업을 완료하는 데 걸리는 시간부터 누군가 웹 사이트에서 등급을 평가하기 위해 무언가에 접근하는 횟수에 이르기까지 다양하다. 내용이 무엇인지는 중요하지 않다. 그저 긴긴 숫자의 흐름만이 있어서 이것에 대한 다음의 통계 요약만을 알 수 있으면 그만이다.

sum	모든 숫자를 서로 더한 결과이다.
sum squared (sumsq)	각 숫자의 제곱의 합이다.
count (n)	사용하는 표본 수이다.
min	가장 작은 표본이다.
max	가장 큰 표본이다.
mean	가장 가능성이 높은 중간 값이다. 중앙 값이 아니기 때문에 실제 중간 값은 아니지만 중간 값에 대한 허용된 근사값이다.
stddev	이것은 $sqrt((sumsq - (sum \times mean)) / (n - 1))$ 수식을 계산한 결과로, 이때 sqrt는 math.h 헤더

파일에 있는 제곱근을 구하는 함수이다.

R 언어가 이 값들을 제대로 구하기 때문에 이 수식을 R 언어를 이용하여 확인
시켜줄 것이다.

연습문제 43.1 Session

```
1    > s <- runif(n=10, max=10)
2    > s
3     [1] 6.1061334 9.6783204 1.2747090 8.2395131 0.3333483 6.9755066 1.0626275
4     [8] 7.6587523 4.9382973 9.5788115
5    > summary(s)
6     Min. 1st Qu.  Median   Mean 3rd Qu.   Max.
7     0.3333  2.1910  6.5410  5.5850  8.0940  9.6780
8    > sd(s)
9    [1] 3.547868
10   > sum(s)
11   [1] 55.84602
12   > sum(s * s)
13   [1] 425.1641
14   > sum(s) * mean(s)
15   [1] 311.8778
16   > sum(s * s) - sum(s) * mean(s)
17   [1] 113.2863
18   > (sum(s * s) - sum(s) * mean(s)) / (length(s) - 1)
19   [1] 12.58737
20   > sqrt((sum(s * s) - sum(s) * mean(s)) / (length(s) - 1))
21   [1] 3.547868
22   >
```

여러분은 R을 몰라도 된다. 그저 수학 계산 확인을 위해 어떻게 계산식을 분
해했는지만 따라가면 된다.

1~4행	runif 함수를 사용하여 임의의 균일한 숫자 분포를 얻은 다음 출력한다. 나중에 이것들을 단위 테스트에서 사용할 것이다.
5~7행	이것이 표본에 대한 요약이다. R이 계산한 결과를 볼 수 있을 것이다.
8~9행	sd 함수를 이용하여 계산한 stddev이다.
10~11행	이제 앞의 식을 직접 만들어 갈 것이다. 먼저 sum이다.
12~13행	stddev 수식의 다음 조각은 sumsq로, sum(s * s)를 통해 구한

다. 이것은 R에게 s 리스트의 요소들끼리 곱한 다음 곱한 결과 들의 합계를 구하라고 얘기한다. 이와 같이 자료구조 전체에 대해 수학 계산을 할 수 있다는 것이 R의 힘이다.

14~15행 수식을 보면 다음으로 필요한 것이 sum과 mean을 곱하는 것이다. 그래서 sum(s) * mean(s)를 수행한다.

16~17행 그리고는 위 결과에 sumsq를 연결하여 수식을 sum(s * s) − sum(s) * mean(s)으로 만든다.

18~19행 여기에 $n-1$로 나눈다. 그래서 수식은 (sum(s * s) − sum(s) * mean(s)) / (length(s) − 1)이 된다.

20~21행 sqrt를 통해 최종적으로 **3.547868**이라는 값을 얻었다. 이 값은 앞에서 R이 계산한 값과 동일하다.

43.2 구현

지금까지 stddev 계산 방법에 대해 알아보았다. 이제, 이 계산식을 구현하기 위한 간단한 코드를 작성해보자.

stats.h

```
#ifndef lcthw_stats_h
#define lcthw_stats_h

typedef struct Stats {
 double sum;
 double sumsq;
 unsigned long n;
 double min;
 double max;
} Stats;

Stats *Stats_recreate(double sum, double sumsq, unsigned long n,
     double min, double max);

Stats *Stats_create();

double Stats_mean(Stats * st);

double Stats_stddev(Stats * st);
```

```
void Stats_sample(Stats * st, double s);

void Stats_dump(Stats * st);

#endif
```

위 코드를 보면 계산 결과를 저장하기 위한 struct가 있으며, 표본 및 통계 값 계산을 위한 몇 가지 함수도 보인다. 구현 코드는 앞에서 본 예제를 옮긴 것에 불과하다.

stats.c

```
1    #include <math.h>
2    #include <lcthw/stats.h>
3    #include <stdlib.h>
4    #include <lcthw/dbg.h>
5
6    Stats *Stats_recreate(double sum, double sumsq, unsigned long n,
7            double min, double max)
8    {
9        Stats *st = malloc(sizeof(Stats));
10       check_mem(st);
11
12       st->sum = sum;
13       st->sumsq = sumsq;
14       st->n = n;
15       st->min = min;
16       st->max = max;
17
18       return st;
19
20   error:
21       return NULL;
22   }
23
24   Stats *Stats_create()
25   {
26       return Stats_recreate(0.0, 0.0, 0L, 0.0, 0.0);
27   }
28
29   double Stats_mean(Stats * st)
30   {
31       return st->sum / st->n;
32   }
33
34   double Stats_stddev(Stats * st)
35   {
```

```
36        return sqrt((st->sumsq - (st->sum * st->sum / st->n)) /
37            (st->n - 1));
38  }
39
40  void Stats_sample(Stats * st, double s)
41  {
42      st->sum += s;
43      st->sumsq += s * s;
44
45      if (st->n == 0) {
46          st->min = s;
47          st->max = s;
48      } else {
49          if (st->min > s)
50              st->min = s;
51          if (st->max < s)
52              st->max = s;
53      }
54
55      st->n += 1;
56  }
57
58  void Stats_dump(Stats * st)
59  {
60      fprintf(stderr,
61          "sum: %f, sumsq: %f, n: %ld, "
62          "min: %f, max: %f, mean: %f, stddev: %f",
63          st->sum, st->sumsq, st->n, st->min, st->max, Stats_mean(st),
64          Stats_stddev(st));
65  }
```

다음은 stats.c에 구현된 함수에 대한 설명이다.

Stats_recreate   일종의 데이터베이스에서 숫자를 가져오려고 할 때 이
                 함수를 통해 Stats 구조체를 다시 만든다.

Stats_create   단순히 Stats_recreate를 호출하는데, 이때 모든 값을 0
                으로 한다.

Stats_mean   sum과 n을 이용하여 평균 값을 구한다.

Stats_stddev   앞에서 작업한 수식을 구현한 함수이다. 유일한 차이점
               이라면 수식에서와 같이 Stats_mean을 호출하는 대신
               st->sum / st->n으로 직접 평균 값을 계산한다.

Stats_sample   Stats 구조체의 숫자들을 관리한다. 맨 첫 번째 값을 넣

기 위한 호출 시에는 n이 0임을 확인하고는 바로 min과 max에 동시에 지정한다. 이후에는 Stats_sample 함수를 호출할 때마다 sum, sumsq, n 값을 계속 증가시키고, 새로운 표본이 새로운 min 값인지 max 값인지도 확인한다.

Stats_dump   간단한 디버그 함수로, 현재의 통계를 출력시켜 그 내용을 확인할 수 있도록 한다.

이제 마지막으로 해야 할 일은 계산들이 맞는지 확인하는 것이다. 이를 위해 R 언어 세션에서 사용했던 숫자를 그대로 사용하여 결과를 비교할 것이다.

stats_tests.c

```
1    #include "minunit.h"
2    #include <lcthw/stats.h>
3    #include <math.h>
4
5    const int NUM_SAMPLES = 10;
6    double samples[] = {
7        6.1061334, 9.6783204, 1.2747090, 8.2395131, 0.3333483,
8        6.9755066, 1.0626275, 7.6587523, 4.9382973, 9.5788115
9    };
10
11   Stats expect = {
12       .sumsq = 425.1641,
13       .sum = 55.84602,
14       .min = 0.333,
15       .max = 9.678,
16       .n = 10,
17   };
18
19   double expect_mean = 5.584602;
20   double expect_stddev = 3.547868;
21
22   #define EQ(X,Y,N) (round((X) * pow(10, N)) == round((Y) * pow(10, N)))
23
24   char *test_operations()
25   {
26       int i = 0;
27       Stats *st = Stats_create();
28       mu_assert(st != NULL, "Failed to create stats.");
29
30       for (i = 0; i < NUM_SAMPLES; i++) {
31           Stats_sample(st, samples[i]);
32       }
```

```
33
34      Stats_dump(st);
35
36      mu_assert(EQ(st->sumsq, expect.sumsq, 3), "sumsq not valid");
37      mu_assert(EQ(st->sum, expect.sum, 3), "sum not valid");
38      mu_assert(EQ(st->min, expect.min, 3), "min not valid");
39      mu_assert(EQ(st->max, expect.max, 3), "max not valid");
40      mu_assert(EQ(st->n, expect.n, 3), "max not valid");
41      mu_assert(EQ(expect_mean, Stats_mean(st), 3), "mean not valid");
42      mu_assert(EQ(expect_stddev, Stats_stddev(st), 3),
43              "stddev not valid");
44
45      return NULL;
46  }
47
48  char *test_recreate()
49  {
50      Stats *st = Stats_recreate(
51              expect.sum, expect.sumsq, expect.n, expect.min, expect.max);
52
53      mu_assert(st->sum == expect.sum, "sum not equal");
54      mu_assert(st->sumsq == expect.sumsq, "sumsq not equal");
55      mu_assert(st->n == expect.n, "n not equal");
56      mu_assert(st->min == expect.min, "min not equal");
57      mu_assert(st->max == expect.max, "max not equal");
58      mu_assert(EQ(expect_mean, Stats_mean(st), 3), "mean not valid");
59      mu_assert(EQ(expect_stddev, Stats_stddev(st), 3),
60              "stddev not valid");
61
62      return NULL;
63  }
64
65  char *all_tests()
66  {
67      mu_suite_start();
68
69      mu_run_test(test_operations);
70      mu_run_test(test_recreate);
71
72      return NULL;
73  }
74
75  RUN_TESTS(all_tests);
```

단위 테스트는 EQ 매크로를 제외하고는 새로운 것은 없다. 이 매크로는 두 개
의 double 값이 얼마나 가까운지를 알 수 있는 표준적인 방법을 찾는 것이 귀
찮아서 만들었다. double 타입이 갖는 문제는 '같음'을 완전히 동일한 결과로

가정한다고 해도 반올림 오차가 약간씩 나는 두 개의 서로 다른 시스템을 사용하는 경우에는 '같음'을 보장하지 못한다는 것이다. 이를 해결하기 위해서는 숫자를 '소수점 이하 X 자릿수까지만 같도록' 만들면 된다.

그래서 EQ를 이용하여 10의 거듭제곱만큼 숫자를 올린 다음, round 함수를 사용하여 정수를 얻는다. 이것은 소수점 이하 N 자리에서 반올림하고 결과를 정수로 비교하는 간단한 방법이다. 분명히 동일한 일을 하는 수십억 가지의 다른 방법이 있을 것이라고 확신하지만, 지금은 이 매크로만으로 충분하다.

이제 예상되는 결과는 Stats struct에 들어있으니 이 결과가 R에서 얻은 값과 가까워졌는지 확인하기만 하면 된다.

43.3 활용하기

표준편차와 평균을 사용하면 새로운 표본이 흥미로운지 여부를 판별할 수 있고 이를 사용하여 통계에 대한 통계를 수집할 수도 있다. 첫 번째 질문은 쉽게 이해할 수 있으므로 로그인 시간 예제를 가지고 빠르게 설명하겠다.

사용자가 서버에 머무는 시간을 추적하고 이를 통계로 사용하여 분석한다고 가정해보자. 누군가 로그인할 때마다 얼마나 오래 있는지 추적한 다음 Stats_sample을 호출한다. 이때 너무 오랫동안 혹은 너무 짧게 머무는 사람들을 찾고자 한다.

필자의 방법은 이렇다. 누군가가 얼마나 오래 있었는지를 판단하기 위해 특정 수준을 설정하는 대신, 평균 값을 기준으로 ±2 * stddev 범위에 들어있는지를 비교한다. 즉, 평균 값과 2 * stddev를 얻은 다음 이 두 범위를 벗어나면 로그인 시간이 흥미로웠다고 판단하는 것이다. 이러한 통계 값들은 롤링(rolling) 알고리즘으로 유지되며, 이 방식은 굉장히 계산이 빠르다. 이로써 범위를 벗어난 사용자를 표시할 수 있는 소프트웨어를 갖게 되었다.

물론 이 프로그램이 잘못된 행동을 하는 사람들을 반드시 잡아내는 것은 아니다. 하지만 표시를 통해 잠재적인 문제를 알려주어 무슨 일이 일어나고 있는지를 검토하도록 해준다. 또한 이 프로그램은 모든 사용자의 행동을 기반으로 하고 있으며, 그렇기 때문에 실제로 일어나지 않을 상황의 경우를 선택하는 문제를 피할 수 있다.

여기서 얻을 수 있는 일반적인 규칙은 다음과 같다. 평균값을 기준으로 하는 ±2 * stddev 범위는 어떤 값이 포함될 가능성이 90%가 된다고 추정하는 구간이며, 그렇기 때문에 이 범위를 벗어나는 것이 흥미롭다고 판단할 수 있는 것이다.

이 통계를 활용하는 두 번째 방법은 통계 데이터를 메타 데이터로 사용하여 다른 Stats 계산에 이용하는 것이다. 즉, 정상적으로 Stats_sample을 실행한 다음 실행한 결과에 대해 Stats_sample을 추가로 실행하여 1차 표본 결과에 대한 min, max, n, mean, stddev를 구한다. 이것은 2단계 측정을 제공하며 표본에 대한 표본을 비교할 수 있다.

혼란스러울 것이다. 이해를 돕기 위해 앞의 예제를 계속 사용해보자. 이번에는 100대의 서버가 있어서 각기 다른 애플리케이션을 보유하고 있다고 가정해보자. 각각의 애플리케이션 서버에 대한 사용자의 로그인 시간을 추적하고 있을 때, 100개의 애플리케이션 전체를 비교하여 장시간 접속한 모든 사용자를 표시하려고 한다. 이 통계를 계산하는 가장 쉬운 방법은 사람이 로그인할 때마다 새 로그인 통계를 계산한 다음 해당 Stats struct의 요소를 두 번째 Stats에 추가하는 것이다.

아마도 다음과 같은 이름의 통계 시리즈가 될 것이다.

mean of means	이것은 완전한 Stats struct로, 모든 서버의 평균에 대한 평균과 표준편차를 제공한다. 이 범위를 벗어나는 서버 또는 사용자에 대해서는 서버군(群) 전체 수준에서 조사할 가치가 있다.
mean of stddevs	모든 서버 범위의 통계를 생성하는 또 다른 Stats struct이다. stddev 통계의 평균을 이용하여, stddev가 stddev의 평균과 차이가 큰 서버가 있는지 조사할 수도 있다.

물론 각각의 항목에 대해 모두 통계화할 수 있겠지만, 위 두 개가 가장 유용하다. 로그인 시간이 의심되는 서버를 모니터한다면, 다음의 작업을 수행해보자.

- 사용자 John이 서버 A에 로그인했다가 로그아웃했다. 서버 A의 통계를 잡아 업데이트시킨다.
- mean of means 통계를 잡은 다음 A의 평균을 표본으로 추가한다. 앞으로 이것을 m_of_m이라고 부를 것이다.
- mean of stddevs 통계를 잡은 다음 A의 표준편차를 표본으로 추가한다. 앞으로 이것을 m_of_s라고 부를 것이다.
- A의 평균이 m_of_m.mean + 2 * m_of_m.stddev 밖에 있으면 문제가 있을 가능성이 있다고 표시한다.
- A의 표준편차가 m_of_s.mean + 2 * m_of_s.stddev 밖에 있으면 의심스러운 행동을 하고 있을 가능성이 있다고 표시한다.
- John의 접속 시간이 A의 범위를 넘거나 A의 m_of_m 범위를 넘는다면 John이 흥미를 느낀다고 표시한다.

이러한 mean of means와 mean of stddevs 계산을 사용하면 최소한의 처리량과 저장 공간만을 사용하여 많은 지표를 효율적으로 추적할 수 있다.

43.4 더 해보기

- Stats_stddev와 Stats_mean을 stats.c 파일이 아닌 stats.h 파일 내에 존재하는 static inline 함수로 바꿔보자.
- 이 코드를 이용하여 string_algos_test.c의 성능 테스트 부분을 작성하자. 이때 이 코드를 선택 사항으로 동작하도록 만들고, 일련의 표본을 이용하는 기본 테스트로 실행시킨 다음 결과를 출력하도록 한다.
- 이 프로그램을 여러분이 알고 있는 다른 프로그래밍 언어로 작성해보자. 필자가 했던 것처럼 다른 프로그래밍 언어로 작성한 프로그램이 정확한지 확인하자.
- 숫자로 가득 찬 파일을 받아 통계를 결과로 내놓는 작은 프로그램을 작성하자.
- 첫 번째 줄에 제목이 있고 나머지 줄에는 숫자들이 여러 개의 공백으로 구분되어 들어있는 데이터 테이블을 입력 받아 통계를 출력하는 프로그램을

작성해보자. 이때 첫 번째 줄에서 입력 받은 제목이 각 열의 제목으로 출력
되도록 해야 한다.

연습 44

원형 버퍼

원형 버퍼(Ring buffer)는 비동기 입출력(asynchronous I/O)을 처리할 때 매우 유용하다. 원형 버퍼는 한쪽으로는 임의의 크기의 데이터를 무작위 간격으로 수신할 수 있도록 허용하고, 다른 한쪽으로는 설정된 크기 또는 간격으로 데이터 덩어리를 내보낸다. 원형 버퍼는 자료구조 큐(Queue)의 변형이지만 포인터 목록 대신 바이트 블록에 초점을 둔다. 이번 연습에서는 RingBuffer 코드를 보고 이에 대한 전체 단위 테스트를 작성할 것이다.

ringbuffer.h

```
1    #ifndef _lcthw_RingBuffer_h
2    #define _lcthw_RingBuffer_h
3
4    #include <lcthw/bstrlib.h>
5
6    typedef struct {
7        char *buffer;
8        int length;
9        int start;
10       int end;
11   } RingBuffer;
12
13   RingBuffer *RingBuffer_create(int length);
14
15   void RingBuffer_destroy(RingBuffer * buffer);
16
17   int RingBuffer_read(RingBuffer * buffer, char *target, int amount);
18
19   int RingBuffer_write(RingBuffer * buffer, char *data, int length);
20
21   int RingBuffer_empty(RingBuffer * buffer);
22
23   int RingBuffer_full(RingBuffer * buffer);
24
25   int RingBuffer_available_data(RingBuffer * buffer);
26
```

```
27    int RingBuffer_available_space(RingBuffer * buffer);
28
29    bstring RingBuffer_gets(RingBuffer * buffer, int amount);
30
31    #define RingBuffer_available_data(B) (\
32            ((B)->end + 1) % (B)->length - (B)->start - 1)
33
34    #define RingBuffer_available_space(B) (\
35            (B)->length - (B)->end - 1)
36
37    #define RingBuffer_full(B) (RingBuffer_available_data((B))\
38            - (B)->length == 0)
39
40    #define RingBuffer_empty(B) (\
41            RingBuffer_available_data((B)) == 0)
42
43    #define RingBuffer_puts(B, D) RingBuffer_write(\
44            (B), bdata((D)), blength((D)))
45
46    #define RingBuffer_get_all(B) RingBuffer_gets(\
47            (B), RingBuffer_available_data((B)))
48
49    #define RingBuffer_starts_at(B) (\
50            (B)->buffer + (B)->start)
51
52    #define RingBuffer_ends_at(B) (\
53            (B)->buffer + (B)->end)
54
55    #define RingBuffer_commit_read(B, A) (\
56            (B)->start = ((B)->start + (A)) % (B)->length)
57
58    #define RingBuffer_commit_write(B, A) (\
59            (B)->end = ((B)->end + (A)) % (B)->length)
60
61    #endif
```

자료구조를 보면 buffer, start, end가 있는 것을 볼 수 있다. RingBuffer는 버퍼를 돌며 start와 end를 움직이는 것이 하는 일의 전부이다. 따라서 버퍼의 끝에 다다르면 맨 앞으로 다시 돌린다. 이렇게 함으로써 작은 공간만으로도 무한히 읽을 수 있다는 착각을 줄 수 있다. 헤더 파일의 나머지는 다양한 원형 버퍼 계산을 하는 매크로로 이루어져 있다.

　이번에는 구현 코드를 살펴보자. 구현 코드는 원형 버퍼가 어떻게 동작하는지를 잘 나타내고 있다.

ringbuffer.c

```
1    #undef NDEBUG
2    #include <assert.h>
3    #include <stdio.h>
4    #include <stdlib.h>
5    #include <string.h>
6    #include <lcthw/dbg.h>
7    #include <lcthw/ringbuffer.h>
8
9    RingBuffer *RingBuffer_create(int length)
10   {
11       RingBuffer *buffer = calloc(1, sizeof(RingBuffer));
12       buffer->length = length + 1;
13       buffer->start = 0;
14       buffer->end = 0;
15       buffer->buffer = calloc(buffer->length, 1);
16
17       return buffer;
18   }
19
20   void RingBuffer_destroy(RingBuffer * buffer)
21   {
22       if (buffer) {
23           free(buffer->buffer);
24           free(buffer);
25       }
26   }
27
28   int RingBuffer_write(RingBuffer * buffer, char *data, int length)
29   {
30       if (RingBuffer_available_data(buffer) == 0) {
31           buffer->start = buffer->end = 0;
32       }
33
34       check(length <= RingBuffer_available_space(buffer),
35               "Not enough space: %d request, %d available",
36               RingBuffer_available_data(buffer), length);
37
38       void *result = memcpy(RingBuffer_ends_at(buffer), data, length);
39       check(result != NULL, "Failed to write data into buffer.");
40
41       RingBuffer_commit_write(buffer, length);
42
43       return length;
44   error:
45       return -1;
46   }
47
```

```
48  int RingBuffer_read(RingBuffer * buffer, char *target, int amount)
49  {
50      check_debug(amount <= RingBuffer_available_data(buffer),
51              "Not enough in the buffer: has %d, needs %d",
52              RingBuffer_available_data(buffer), amount);
53
54      void *result = memcpy(target, RingBuffer_starts_at(buffer), amount);
55      check(result != NULL, "Failed to write buffer into data.");
56
57      RingBuffer_commit_read(buffer, amount);
58
59      if (buffer->end == buffer->start) {
60          buffer->start = buffer->end = 0;
61      }
62
63      return amount;
64  error:
65      return -1;
66  }
67
68  bstring RingBuffer_gets(RingBuffer * buffer, int amount)
69  {
70      check(amount > 0, "Need more than 0 for gets, you gave: %d ",
71              amount);
72      check_debug(amount <= RingBuffer_available_data(buffer),
73              "Not enough in the buffer.");
74
75      bstring result = blk2bstr(RingBuffer_starts_at(buffer), amount);
76      check(result != NULL, "Failed to create gets result.");
77      check(blength(result) == amount, "Wrong result length.");
78
79      RingBuffer_commit_read(buffer, amount);
80      assert(RingBuffer_available_data(buffer) >= 0
81              && "Error in read commit.");
82
83      return result;
84  error:
85      return NULL;
86  }
```

이것이 기본적인 RingBuffer를 전부 구현한 것이다. 이제 여러분은 원형 버퍼를 이용하여 데이터 블록을 읽고 쓸 수 있으며, 버퍼 안에 데이터가 얼마나 있고 공간이 얼마나 많이 남았는지를 물어볼 수 있다. 운영체제의 트릭을 사용하여 가상의 무한 저장 공간을 만드는 멋진 원형 버퍼들도 많지만, 이러한 코드들은 이식성이 없다.

RingBuffer가 메모리 블록을 읽고 쓰는 것을 다루기 때문에, 언제든지 end == start가 될 때마다 end와 start를 모두 0으로 설정하여 버퍼의 맨 앞으로 가도록 했다. 위키백과 버전에서는 데이터를 블록 단위로 쓰지 않기 때문에 end와 start가 원 형태로 움직이도록 해주기만 하면 된다. 하지만 블록을 더 잘 처리하기 위해서는 데이터가 비어있을 때마다 내부 버퍼의 시작 부분으로 이동시켜야 한다.

44.1 단위 테스트

단위 테스트의 경우 최대한 많은 조건을 테스트하고자 할 것이다. 이를 위한 가장 쉬운 방법은 다른 RingBuffer 구조체를 사전에 생성한 다음 함수와 계산이 제대로 작동하는지 수동으로 확인하는 것이다. 예를 들어, end를 버퍼의 끝에 두고 start는 버퍼의 시작 바로 앞에 두어 이런 경우에는 어떻게 실패하는지를 확인할 수 있다.

44.2 실행 결과

다음은 필자의 ringbuffer_tests 실행 결과이다.

연습문제 44.1 Session

```
$ ./tests/ringbuffer_tests
DEBUG tests/ringbuffer_tests.c:60: ----- RUNNING: ./tests/ringbuffer_tests
----
RUNNING: ./tests/ringbuffer_tests
DEBUG tests/ringbuffer_tests.c:53:
----- test_create
DEBUG tests/ringbuffer_tests.c:54:
----- test_read_write
DEBUG tests/ringbuffer_tests.c:55:
----- test_destroy
ALL TESTS PASSED
Tests run: 3
$
```

기본 연산을 모두 확인하는 테스트가 최소한 세 가지는 있어야 하며, 필자의 방법을 훨씬 뛰어 넘는 테스트 방법을 찾아보길 바란다.

44.3 더 좋게 만들기

항상 그렇듯이 방어적 프로그래밍 점검사항을 추가해야 한다. liblcthw의 대부분의 기본 코드에는 필자가 설명하는 일반적인 방어적 프로그래밍 점검 부분이 없기 때문에 이 작업을 수행해두면 좋다. 이러한 추가 점검을 사용하여 코드를 개선하는 데 익숙해지도록 이 부분은 여러분에게 맡긴다.

예를 들어, 이 원형 버퍼에는 실제로 버퍼 내부에서 접근이 일어나고 있는지 확인해야 할 곳이 많이 있다.

위키백과에서 "Circular buffer" 페이지를 읽으면 POSIX(Portable Operating System Interface) 전용 호출을 사용하여 무한 공간을 만드는 "최적화된 POSIX 구현"을 볼 수 있다. 이 내용은 "더 해보기"에서 사용할 예정이니 공부해두기 바란다.[1]

44.4 더 해보기

- POSIX 트릭을 사용하는 RingBuffer 버전을 구현한 다음, 이를 위한 단위 테스트를 작성해보자.
- 이 단위 테스트에 대한 성능 비교 테스트를 추가한 다음, 임의의 데이터에 대해 무작위로 읽기/쓰기 명령을 수행토록 하는 성능 테스트를 진행하여 두 버전을 비교해보자. 이때, 각각의 버전에서 동일한 명령이 수행되도록 해야 한다.

---

1 (옮긴이) 위키백과 영문판에서 제공하며, 이마저도 2014년 7월에 위키백과는 코드 저장소가 아니라는 이유로 삭제되었다. 하지만 위키백과는 콘텐츠 버전 관리를 하기 때문에 과거 버전을 통해 해당 내용을 조회할 수 있다. 최적화된 POSIX 구현(Optimized POSIX implementation)이 실려 있는 가장 최근의 위키백과 페이지는 다음과 같다.
https://en.wikipedia.org/w/index.php?title=Circular_buffer&oldid=616721206

연습 45

간단한 TCP/IP 클라이언트

RingBuffer를 이용하여 netclient라는 이름의 아주 단순한 네트워크 테스트 툴을 만들 것이다. 이를 위해 Makefile에 몇 가지를 추가하여 bin/ 디렉터리에 있는 작은 프로그램들을 다룰 수 있도록 해야 한다.

45.1 보완된 Makefile

먼저 단위 테스트의 TESTS와 TEST_SRC 같은 프로그램 변수를 추가한다.

```
PROGRAMS_SRC=$(wildcard bin/*.c)
PROGRAMS=$(patsubst %.c,%,$(PROGRAMS_SRC))
```

그런 다음 타깃 all에 PROGRAMS를 추가한다.

```
all: $(TARGET) $(SO_TARGET) tests $(PROGRAMS)
```

그리고는 타깃 clean의 rm 부분에도 PROGRAMS를 추가한다.

```
rm -rf build $(OBJECTS) $(TESTS) $(PROGRAMS)
```

마지막으로 맨 끝에 모든 내용을 빌드하도록 타깃을 지정하면 된다.

```
$(PROGRAMS): CFLAGS += $(TARGET)
```

이러한 변경 사항을 통해 간단한 .c 파일을 bin에 넣은 다음 make를 실행하여 단위 테스트처럼 빌드하고 라이브러리에 링크할 수 있다.

45.2 netclient 코드

작은 netclient를 위한 코드는 다음과 같다.

netclient.c

```
1    #undef NDEBUG
2    #include <stdlib.h>
3    #include <sys/select.h>
4    #include <stdio.h>
5    #include <lcthw/ringbuffer.h>
6    #include <lcthw/dbg.h>
7    #include <sys/socket.h>
8    #include <sys/types.h>
9    #include <sys/uio.h>
10   #include <arpa/inet.h>
11   #include <netdb.h>
12   #include <unistd.h>
13   #include <fcntl.h>
14
15   struct tagbstring NL = bsStatic("\n");
16   struct tagbstring CRLF = bsStatic("\r\n");
17
18   int nonblock(int fd)
19   {
20       int flags = fcntl(fd, F_GETFL, 0);
21       check(flags >= 0, "Invalid flags on nonblock.");
22
23       int rc = fcntl(fd, F_SETFL, flags | O_NONBLOCK);
24       check(rc == 0, "Can't set nonblocking.");
25
26       return 0;
27   error:
28       return -1;
29   }
30
31   int client_connect(char *host, char *port)
32   {
33       int rc = 0;
34       struct addrinfo *addr = NULL;
35
36       rc = getaddrinfo(host, port, NULL, &addr);
37       check(rc == 0, "Failed to lookup %s:%s", host, port);
38
39       int sock = socket(AF_INET, SOCK_STREAM, 0);
40       check(sock >= 0, "Cannot create a socket.");
41
42       rc = connect(sock, addr->ai_addr, addr->ai_addrlen);
```

```
43        check(rc == 0, "Connect failed.");
44
45        rc = nonblock(sock);
46        check(rc == 0, "Can't set nonblocking.");
47
48        freeaddrinfo(addr);
49        return sock;
50
51    error:
52        freeaddrinfo(addr);
53        return -1;
54    }
55
56    int read_some(RingBuffer * buffer, int fd, int is_socket)
57    {
58        int rc = 0;
59
60        if (RingBuffer_available_data(buffer) == 0) {
61            buffer->start = buffer->end = 0;
62        }
63
64        if (is_socket) {
65            rc = recv(fd, RingBuffer_starts_at(buffer),
66                    RingBuffer_available_space(buffer), 0);
67        } else {
68            rc = read(fd, RingBuffer_starts_at(buffer),
69                    RingBuffer_available_space(buffer));
70        }
71
72        check(rc >= 0, "Failed to read from fd: %d", fd);
73
74        RingBuffer_commit_write(buffer, rc);
75
76        return rc;
77
78    error:
79        return -1;
80    }
81
82    int write_some(RingBuffer * buffer, int fd, int is_socket)
83    {
84        int rc = 0;
85        bstring data = RingBuffer_get_all(buffer);
86
87        check(data != NULL, "Failed to get from the buffer.");
88        check(bfindreplace(data, &NL, &CRLF, 0) == BSTR_OK,
89                "Failed to replace NL.");
90
91        if (is_socket) {
```

```
92              rc = send(fd, bdata(data), blength(data), 0);
93          } else {
94              rc = write(fd, bdata(data), blength(data));
95          }
96
97      check(rc == blength(data), "Failed to write everything to fd: %d.",
98              fd);
99      bdestroy(data);
100
101     return rc;
102
103 error:
104     return -1;
105 }
106
107 int main(int argc, char *argv[])
108 {
109     fd_set allreads;
110     fd_set readmask;
111
112     int socket = 0;
113     int rc = 0;
114     RingBuffer *in_rb = RingBuffer_create(1024 * 10);
115     RingBuffer *sock_rb = RingBuffer_create(1024 * 10);
116
117     check(argc == 3, "USAGE: netclient host port");
118
119     socket = client_connect(argv[1], argv[2]);
120     check(socket >= 0, "connect to %s:%s failed.", argv[1], argv[2]);
121
122     FD_ZERO(&allreads);
123     FD_SET(socket, &allreads);
124     FD_SET(0, &allreads);
125
126     while (1) {
127         readmask = allreads;
128         rc = select(socket + 1, &readmask, NULL, NULL, NULL);
129         check(rc >= 0, "select failed.");
130
131         if (FD_ISSET(0, &readmask)) {
132             rc = read_some(in_rb, 0, 0);
133             check_debug(rc != -1, "Failed to read from stdin.");
134         }
135
136         if (FD_ISSET(socket, &readmask)) {
137             rc = read_some(sock_rb, socket, 0);
138             check_debug(rc != -1, "Failed to read from socket.");
139         }
140
```

```
141          while (!RingBuffer_empty(sock_rb)) {
142              rc = write_some(sock_rb, 1, 0);
143              check_debug(rc != -1, "Failed to write to stdout.");
144          }
145
146          while (!RingBuffer_empty(in_rb)) {
147              rc = write_some(in_rb, socket, 1);
148              check_debug(rc != -1, "Failed to write to socket.");
149          }
150      }
151
152      return 0;
153
154  error:
155      return -1;
156  }
```

이 코드는 select를 사용하여 stdin(파일 기술자 0)과 서버와의 통신에 사용되는 socket의 이벤트를 처리한다. 이 코드는 RingBuffers를 사용하여 데이터를 저장하고 복사한다. read_some과 write_some 함수를 RingBuffer 라이브러리의 유사 함수에 대한 초기 프로토타입 함수로 볼 수 있다.

이 작은 코드에는 여러분이 아직 모르고 있는 네트워크 함수가 많이 포함되어 있다. 그러니 모르는 함수를 만나면 바로 man 페이지에서 찾아보도록 하자. 이 작은 파일 하나로 간단한 서버를 C 언어로 작성하는 데 필요한 모든 API를 조사하게 될 것이다.

45.3 실행 결과

이 코드를 테스트하기 위한 가장 빠른 방법은 *http://learncodethehardway.org*에서 제공하는 특별한 파일을 얻을 수 있는지 확인하는 것이다.

연습문제 45.1 Session

```
$
$ ./bin/netclient learncodethehardway.org 80
GET /ex45.txt HTTP/1.1
Host: learncodethehardway.org

HTTP/1.1 200 OK
Date: Fri, 27 Apr 2012 00:41:25 GMT
Content-Type: text/plain
```

```
Content-Length: 41
Last-Modified: Fri, 27 Apr 2012 00:42:11 GMT
ETag: 4f99eb63-29
Server: Mongrel2/1.7.5

Learn C The Hard Way, Exercise 45 works.
^C
$
```

여기에서 필자가 하는 일은 /ex45.txt 파일에 대한 HTTP 요청에 필요한 구문을 입력하고 Host: 헤더 줄을 입력한 다음 ENTER 키를 눌러 빈 줄을 보내는 것이다. 그렇게 하면 응답으로 헤더와 그 내용을 받는다. 그 후 CTRL-C를 눌러 종료한다.

45.4 프로그램 깨뜨리기

이 코드에는 분명히 버그가 있을 수 있으며, 이 책의 초안을 작성하는 현재도 계속 작업하는 중이다. 그동안 이 책에서 설명한 코드를 분석하여 다른 서버와 비교해보기 바란다. 이러한 종류의 서버를 설정하는 데 유용한 netcat이라는 툴이 있다. 또, 파이썬이나 루비 같은 프로그래밍 언어를 사용하여 정크 서버를 만든 다음 불량 데이터를 제공하고 임의로 연결을 닫는 등의 불쾌한 일을 하도록 만들어보자.

　만일 버그를 발견한다면 그 내용을 알려주기 바란다. 그러면 해당 사항을 고칠 것이다.

45.5 더 해보기

- 앞에서 언급했듯이, 모르는 함수에 대한 내용을 찾아보자. 이미 알고 있다고 생각하는 함수에 대해서도 찾아보기 바란다.
- 이 프로그램을 디버거에서 실행하고 오류를 찾아보자.
- 기능 개선을 위해 함수에 다양한 방어적 프로그래밍 검사를 추가하자.
- getopt 함수를 사용하여 \n을 \r\n으로 변환하지 않는 옵션을 사용자에게 제공하자. 이것은 줄 종료를 요구하는 HTTP와 같은 프로토콜에서만 필요하다. 변환하는 것을 원치 않을 수도 있으니 사용자에게 옵션을 제공하자.

연습 46

3진 탐색 트리

마지막으로 보여줄 자료구조는 3진 탐색 트리(Ternary Search Tree)로 TSTree라고 부르며, BSTree와 비슷하지만 이것은 low, equal, high라는 3개의 가지가 있다. TSTree는 BSTree와 Hashmap과 같이 주로 키/값 데이터를 저장하는 데 사용되지만, 키의 개별 문자로 동작한다. 이를 통해 TSTree는 BSTree나 Hashmap에서는 볼 수 없는 기능을 제공한다.

TSTree에서의 모든 키는 문자열로, 문자열은 그대로 삽입되어 문자열 내에 있는 글자를 기준으로 트리를 만든다. root에서 시작하여 해당 노드의 글자를 보고, 그 노드가 해당 노드의 문자보다 작거나 같거나 크면 해당 방향으로 이동한다. 이에 대한 내용은 헤더 파일에서 볼 수 있다.

tstree.h

```
#ifndef _lcthw_TSTree_h
#define _lcthw_TSTree_h

#include <stdlib.h>
#include <lcthw/darray.h>

typedef struct TSTree {
    char splitchar;
    struct TSTree *low;
    struct TSTree *equal;
    struct TSTree *high;
    void *value;
} TSTree;

void *TSTree_search(TSTree * root, const char *key, size_t len);

void *TSTree_search_prefix(TSTree * root, const char *key, size_t len);

typedef void (*TSTree_traverse_cb) (void *value, void *data);

TSTree *TSTree_insert(TSTree * node, const char *key, size_t len,
```

```
        void *value);

void TSTree_traverse(TSTree * node, TSTree_traverse_cb cb, void *data);

void TSTree_destroy(TSTree * root);

#endif
```

TSTree는 다음과 같은 요소로 구성되어 있다.

splitchar	트리의 이 위치에 있는 글자
low	splitchar보다 작을 때 이동하는 곳을 가리키는 포인터
equal	splitchar와 같을 때 이동하는 곳을 가리키는 포인터
high	splitchar보다 클 때 이동하는 곳을 가리키는 포인터
value	splitchar가 있는 해당 지점의 문자열에 설정된 값

구현에 필요한 다음과 같은 연산도 볼 수 있다.

search	key에 해당하는 값을 찾는 전형적인 연산이다.
search_prefix	key의 prefix를 갖는 첫 번째 값을 찾는 연산이다. 이것은 BSTree 또는 Hashmap에서 쉽게 수행할 수 없는 연산이다.
insert	각각의 글자로 key를 쪼개 트리에 삽입한다.
traverse	트리 사이를 다니는 연산으로, 모든 노드에 들어있는 키와 값을 모으거나 분석할 수 있다.

여기에 누락된 유일한 연산은 TSTree_delete로, 이것은 BSTree_delete보다 더 비싼 연산이기 때문이다. TSTree 구조체를 사용할 때 여러 번 트리를 탐색할 계획이지만 트리의 내용을 모두 상수로 간주하여 아무것도 제거하지 않을 것이다. TSTree는 이러한 연산에는 매우 빠르지만, 빠르게 삽입하고 삭제하는 것에는 그다지 좋지 않다. 이러한 경우에는 BSTree와 TSTree를 모두 능가하는 Hashmap을 사용한다.

TSTree 구현 코드는 실제로 간단하지만 처음에는 따라가기가 어려울 수 있다. 그래서 이 코드에 대한 분석도 같이 진행할 것이다.

tstree.c

```
1   #include <stdlib.h>
2   #include <stdio.h>
3   #include <assert.h>
4   #include <lcthw/dbg.h>
5   #include <lcthw/tstree.h>
6
7   static inline TSTree *TSTree_insert_base(TSTree * root, TSTree * node,
8           const char *key, size_t len,
9           void *value)
10  {
11      if (node == NULL) {
12          node = (TSTree *) calloc(1, sizeof(TSTree));
13
14          if (root == NULL) {
15              root = node;
16          }
17
18          node->splitchar = *key;
19      }
20
21      if (*key < node->splitchar) {
22          node->low = TSTree_insert_base(
23                  root, node->low, key, len, value);
24      } else if (*key == node->splitchar) {
25          if (len > 1) {
26              node->equal = TSTree_insert_base(
27                      root, node->equal, key + 1, len - 1, value);
28          } else {
29              assert(node->value == NULL && "Duplicate insert into tst.");
30              node->value = value;
31          }
32      } else {
33          node->high = TSTree_insert_base(
34                  root, node->high, key, len, value);
35      }
36
37      return node;
38  }
39
40  TSTree *TSTree_insert(TSTree * node, const char *key, size_t len,
41          void *value)
42  {
43      return TSTree_insert_base(node, node, key, len, value);
44  }
45
46  void *TSTree_search(TSTree * root, const char *key, size_t len)
47  {
48      TSTree *node = root;
```

```
49        size_t i = 0;
50
51        while (i < len && node) {
52            if (key[i] < node->splitchar) {
53                node = node->low;
54            } else if (key[i] == node->splitchar) {
55                i++;
56                if (i < len)
57                    node = node->equal;
58            } else {
59                node = node->high;
60            }
61        }
62
63        if (node) {
64            return node->value;
65        } else {
66            return NULL;
67        }
68    }
69
70    void *TSTree_search_prefix(TSTree * root, const char *key, size_t len)
71    {
72        if (len == 0)
73            return NULL;
74
75        TSTree *node = root;
76        TSTree *last = NULL;
77        size_t i = 0;
78
79        while (i < len && node) {
80            if (key[i] < node->splitchar) {
81                node = node->low;
82            } else if (key[i] == node->splitchar) {
83                i++;
84                if (i < len) {
85                    if (node->value)
86                        last = node;
87                    node = node->equal;
88                }
89            } else {
90                node = node->high;
91            }
92        }
93
94        node = node ? node : last;
95
96        // equal 체인에 있는 첫 번째 값을 찾을 때까지 반복한다.
97        // 이렇게 찾은 노드는 이 prefix를 갖는 첫 번째 노드이다.
```

```
98        while (node && !node->value) {
99            node = node->equal;
100       }
101
102       return node ? node->value : NULL;
103   }
104
105   void TSTree_traverse(TSTree * node, TSTree_traverse_cb cb, void *data)
106   {
107       if (!node)
108           return;
109
110       if (node->low)
111           TSTree_traverse(node->low, cb, data);
112
113       if (node->equal) {
114           TSTree_traverse(node->equal, cb, data);
115       }
116
117       if (node->high)
118           TSTree_traverse(node->high, cb, data);
119
120       if (node->value)
121           cb(node->value, data);
122   }
123
124   void TSTree_destroy(TSTree * node)
125   {
126       if (node == NULL)
127           return;
128
129       if (node->low)
130           TSTree_destroy(node->low);
131
132       if (node->equal) {
133           TSTree_destroy(node->equal);
134       }
135
136       if (node->high)
137           TSTree_destroy(node->high);
138
139       free(node);
140   }
```

TSTree_insert를 보면 실제 재귀함수를 호출하는 작은 함수가 있는 재귀 구조와 동일한 패턴을 사용하고 있다. 여기에서는 추가적인 검사를 하고 있지는 않지만, 여러분은 반드시 일반적인 방어적 프로그래밍 검사를 추가해야 한다. 한 가지 명심해야 할 점은 별도의 TSTree_create 함수를 사용하지 않는 약간 다른 디자인을 사용한다는 것이다. 그러나 node 값으로 NULL을 전달하면 노드를 만들고 최종 값으로 반환한다.

이 말은 즉, 삽입 연산을 이해하기 위해 TSTree_insert_base 함수를 분석해야 한다는 뜻이다.

11~19행	앞에서 언급한 것처럼, NULL이 들어오면 노드를 만들고 *key (현재 글자)를 지정해야 한다. 이것은 삽입된 키를 이용하여 트리를 만드는 데 사용된다.
21~23행	*key가 splitchar보다 작으면 low 분기 쪽으로 재귀 호출을 한다.
24행	splitchar와 같은 경우를 처리한다. 이 경우는 노드를 생성할 때만 일어나므로 이 지점에서 트리를 만들 것이다.
26~27행	처리할 글자가 여전히 있으므로 equal 분기로 재귀 호출을 한다. 이때 그다음 *key 글자를 넘겨준다.
29~30행	마지막 글자이므로 여기에 값을 설정하면 끝난다. 중복 입력 검출을 위해 assert를 넣어두었다.
33~34행	마지막 조건은 *key가 splitchar보다 큰 경우로, high 분기 쪽으로 재귀 호출을 한다.

이 자료구조의 핵심은 splitchar가 같은 경우에만 글자를 증가시킨다는 것이다. 다른 두 가지 조건에 대해서는 동일한 글자가 나올 때까지 재귀호출을 통해 트리를 따라 내려간다. 이렇게 하면 키를 찾지 않아도 되기 때문에 속도가 굉장히 빨라진다. 잘못된 키가 들어왔을 때는 트리 내에 키가 없다는 것을 확인할 필요 없이 high와 low 분기를 통과하여 트리의 끝에 도달하기만 하면 된다. 키의 모든 글자나 트리의 모든 노드를 처리할 필요가 없다.

이해했으면 다음으로 TSTree_search가 동작하는 방법을 분석해보자.

51행	TSTree를 재귀적으로 처리할 필요가 없이 현재 위치에 대한 node를 이용하여 while 루프를 돌면 된다.

52~53행 현재 글자가 노드의 splitchar보다 작으면 low 쪽으로 간다.

54~57행 글자가 같으면 i를 증가시킨 다음, 이 글자가 마지막 글자가 아닌 경우 equal 분기로 이동한다. 이를 위해 if(i < len)이 사용되었으며, 덕분에 마지막 value를 넘지 않는다.

58~59행 이도 저도 아니면 현재 글자가 더 큰 경우이므로 high 쪽으로 움직인다.

63~67행 루프가 끝나고 노드를 갖고 있으면 이것의 value를 반환하고, 그렇지 않으면 NULL을 반환한다.

어렵지 않게 이해할 수 있을 것이다. 그리고 TSTree_search_prefix 함수도 알고리즘이 거의 똑같다는 것도 알 수 있을 것이다. 유일한 차이점이라면 정확하게 일치하는 것을 찾는 것이 아니라 가능한 가장 긴 prefix를 찾는 것이다. 이를 위해 splitchar와 같은 마지막 노드를 추적하여 루프가 끝난 후 value를 찾을 때까지 해당 노드를 따라간다.

TSTree_search_prefix를 보면 BSTree와 Hashmap보다 TSTree가 문자열을 찾을 때 더 좋은 두 번째 이점을 볼 수 있다. 즉, 키의 길이가 X인 경우 X번 이하로 이동하여 키를 찾을 수 있다. 또한 X번의 이동을 통해 첫 번째 prefix를 찾은 후, 일치하는 키의 크기에 따라 N번만 더 이동하면 된다. 가령 트리의 가장 큰 키의 길이가 10글자라면, 10번의 이동을 통해 그 키에 대한 preifx를 찾을 수 있다. 더 중요한 것은 키의 각 글자를 한 번만 비교하는 것으로 이 모든 것을 할 수 있다는 것이다.

같은 과정을 BSTree와 비교해보면, 각 글자가 일치하는 BSTree의 모든 노드에서 prefix를 검사해야 한다. 이것은 키를 찾거나 키가 존재하지 않는지 확인하는 경우에도 마찬가지다. 일치하는 것을 찾거나 일치하지 않는지를 확인하거나 관계없이 모든 글자를 BSTree에 있는 글자와 비교해야 한다.

Hashmap은 prefix를 찾기가 더 나쁘다. 왜냐하면 prefix만으로는 해시를 할 수 없기 때문이다. 기본적으로 URL 같이 데이터를 파싱할 수 없는 경우에는 Hashmap을 효율적으로 사용할 수 없다. 심지어 이마저도 Hashmap의 모든 트리를 탐색해야 한다.

나머지 두 함수는 이미 다른 자료구조에서 본 것과 동일한 트리 탐색과 제거 연산이기 때문에 분석하는 데 어려움이 없을 것이다.

그러면, 간단한 단위 테스트를 통해 제대로 동작하는지 확인하자.

tstree_tests.c

```
1    #include "minunit.h"
2    #include <lcthw/tstree.h>
3    #include <string.h>
4    #include <assert.h>
5    #include <lcthw/bstrlib.h>
6
7    TSTree *node = NULL;
8    char *valueA = "VALUEA";
9    char *valueB = "VALUEB";
10   char *value2 = "VALUE2";
11   char *value4 = "VALUE4";
12   char *reverse = "VALUER";
13   int traverse_count = 0;
14
15   struct tagbstring test1 = bsStatic("TEST");
16   struct tagbstring test2 = bsStatic("TEST2");
17   struct tagbstring test3 = bsStatic("TSET");
18   struct tagbstring test4 = bsStatic("T");
19
20   char *test_insert()
21   {
22       node = TSTree_insert(node, bdata(&test1), blength(&test1), valueA);
23       mu_assert(node != NULL, "Failed to insert into tst.");
24
25       node = TSTree_insert(node, bdata(&test2), blength(&test2), value2);
26       mu_assert(node != NULL,
27               "Failed to insert into tst with second name.");
28
29       node = TSTree_insert(node, bdata(&test3), blength(&test3), reverse);
30       mu_assert(node != NULL,
31               "Failed to insert into tst with reverse name.");
32
33       node = TSTree_insert(node, bdata(&test4), blength(&test4), value4);
34       mu_assert(node != NULL,
35               "Failed to insert into tst with second name.");
36
37       return NULL;
38   }
39
40   char *test_search_exact()
41   {
42       // tst는 가장 마지막으로 삽입된 것을 반환한다.
```

```
43      void *res = TSTree_search(node, bdata(&test1), blength(&test1));
44      mu_assert(res == valueA,
45              "Got the wrong value back, should get A not B.");
46
47      // 존재하지 않는 경우 tst는 찾지 못한다.
48      res = TSTree_search(node, "TESTNO", strlen("TESTNO"));
49      mu_assert(res == NULL, "Should not find anything.");
50
51      return NULL;
52  }
53
54  char *test_search_prefix()
55  {
56      void *res = TSTree_search_prefix(
57              node, bdata(&test1), blength(&test1));
58      debug("result: %p, expected: %p", res, valueA);
59      mu_assert(res == valueA, "Got wrong valueA by prefix.");
60
61      res = TSTree_search_prefix(node, bdata(&test1), 1);
62      debug("result: %p, expected: %p", res, valueA);
63      mu_assert(res == value4, "Got wrong value4 for prefix of 1.");
64
65      res = TSTree_search_prefix(node, "TE", strlen("TE"));
66      mu_assert(res != NULL, "Should find for short prefix.");
67
68      res = TSTree_search_prefix(node, "TE--", strlen("TE--"));
69      mu_assert(res != NULL, "Should find for partial prefix.");
70
71      return NULL;
72  }
73
74  void TSTree_traverse_test_cb(void *value, void *data)
75  {
76      assert(value != NULL && "Should not get NULL value.");
77      assert(data == valueA && "Expecting valueA as the data.");
78      traverse_count++;
79  }
80
81  char *test_traverse()
82  {
83      traverse_count = 0;
84      TSTree_traverse(node, TSTree_traverse_test_cb, valueA);
85      debug("traverse count is: %d", traverse_count);
86      mu_assert(traverse_count == 4, "Didn't find 4 keys.");
87
88      return NULL;
89  }
90
91  char *test_destroy()
```

```
92   {
93       TSTree_destroy(node);
94
95       return NULL;
96   }
97
98   char *all_tests()
99   {
100      mu_suite_start();
101
102      mu_run_test(test_insert);
103      mu_run_test(test_search_exact);
104      mu_run_test(test_search_prefix);
105      mu_run_test(test_traverse);
106      mu_run_test(test_destroy);
107
108      return NULL;
109  }
110
111  RUN_TESTS(all_tests);
```

46.1 장점과 단점

TSTree와 연습할 수 있는 몇 가지 더 흥미로운 점이 있다.

• prefix를 찾기 위해 삽입한 모든 키를 거꾸로 한 다음, suffix를 이용하여
  내용을 찾을 수도 있다. *.learncodethehardway.com 같은 호스트 이름을
  조회할 때 이 방법을 사용한다. 뒤로 탐색하면 빠르게 찾을 수 있다.
• 키와 거의 비슷한 글자들이 있는 모든 노드를 모으는 유사 일치를 수행하
  거나, 근접하게 일치하는 것을 찾는 다른 알고리즘을 사용할 수도 있다.
• 중간 부분이 일치하는 모든 키를 찾을 수도 있다.

지금까지 TSTree가 할 수 있는 것들에 대해 이야기했지만, 언제나 최고의 자
료구조가 될 수 있는 것은 아니다. 다음은 TSTree의 단점이다.

• 앞에서도 이야기했지만, 여기에서 삭제하는 일은 살인적인 수준의 작업이
  다. TSTree는 빠르게 조회되고 드물게 제거되어야 하는 데이터에 더 잘 맞
  는다. 삭제가 필요하다면 단순히 value를 비활성화한 다음 트리가 너무 커
  질 때마다 주기적으로 트리를 다시 작성하기 바란다.

- BSTree나 Hashmaps에 비해 동일한 키 공간에 대해 많은 양의 메모리를 사용한다. 한번 생각해보자. TSTree는 모든 키의 각 문자에 대해 전체 노드를 사용한다. 더 작은 키에 대해서는 더 잘 작동하겠지만, TSTree를 많이 쓰다 보면 거대해질 것이다.
- 또한, 키가 클 경우에는 잘 동작하지 않는다('크다'는 것은 주관적인 요소이다). 평소와 같이 먼저 테스트해보기 바란다. 만일, 10,000자 정도의 키를 저장하려고 한다면 Hashmap을 사용하는 것이 좋다.

46.2 더 좋게 만들기

평소처럼 방어적 프로그래밍의 전제 조건, assert, 점검을 각 함수에 추가하여 이를 개선하도록 하자. 아울러, 가능한 몇 가지 개선 사항이 있지만 이러한 모든 기능을 반드시 구현해야 할 필요는 없다.

- value 대신 DArray를 사용하여 중복을 허용할 수 있다.
- 앞에서 언급했듯이 삭제는 어렵지만 값을 NULL로 설정하면 삭제한 효과를 낼 수 있어서 효율적으로 트리를 사용할 수 있다.
- 가능한 모든 일치하는 값을 수집하는 방법이 없는데, "더 해보기" 절에서 이것을 구현할 것이다.
- 조금 더 좋은 대신 더 복잡한 다른 알고리즘이 있다. suffix 배열, suffix 트리, 기수 트리 구조에 대해 알아보자.

46.3 더 해보기

- 주어진 prefix와 일치하는 모든 키를 포함하는 DArray를 반환하는 TSTree_collect를 구현해보자.
- suffix 검색과 삽입을 수행하는 TSTree_search_suffix, TSTree_insert_suffix를 구현해보자.
- 디버거를 사용하여 이 구조가 데이터를 저장하는 방식이 BSTree 및 Hashmap과 비교하여 어떤 차이가 있는지 확인하자.

연습 47

빠른 URL 라우터

이번 연습에서는 TSTree를 사용하여 필자가 작성한 웹 서버에서 빠른 URL 라우팅을 수행하는 방법을 보여줄 것이다. 이것은 애플리케이션의 끝단에서 간단한 URL 라우팅용으로 사용할 수 있지만, 많은 웹 애플리케이션 프레임워크에서 볼 수 있는 더 복잡한 (때로는 불필요한) 라우팅에서는 잘 동작하지 않는다.

라우터를 사용하기 위해 작은 명령줄 프로그램을 만들고, 간단한 라우팅 파일을 읽는 urlor을 호출한 다음, 사용자가 URL을 입력하도록 프롬프트를 띄울 것이다.

urlor.c

```
1    #include <lcthw/tstree.h>
2    #include <lcthw/bstrlib.h>
3
4    TSTree *add_route_data(TSTree * routes, bstring line)
5    {
6        struct bstrList *data = bsplit(line, ' ');
7        check(data->qty == 2, "Line '%s' does not have 2 columns",
8                bdata(line));
9
10       routes = TSTree_insert(routes,
11               bdata(data->entry[0]),
12               blength(data->entry[0]),
13               bstrcpy(data->entry[1]));
14
15       bstrListDestroy(data);
16
17       return routes;
18
19   error:
20       return NULL;
21   }
22
```

```
23   TSTree *load_routes(const char *file)
24   {
25       TSTree *routes = NULL;
26       bstring line = NULL;
27       FILE *routes_map = NULL;
28
29       routes_map = fopen(file, "r");
30       check(routes_map != NULL, "Failed to open routes: %s", file);
31
32       while ((line = bgets((bNgetc) fgetc, routes_map, '\n')) != NULL) {
33           check(btrimws(line) == BSTR_OK, "Failed to trim line.");
34           routes = add_route_data(routes, line);
35           check(routes != NULL, "Failed to add route.");
36           bdestroy(line);
37       }
38
39       fclose(routes_map);
40       return routes;
41
42   error:
43       if (routes_map) fclose(routes_map);
44       if (line) bdestroy(line);
45
46       return NULL;
47   }
48
49   bstring match_url(TSTree * routes, bstring url)
50   {
51       bstring route = TSTree_search(routes, bdata(url), blength(url));
52
53       if (route == NULL) {
54           printf("No exact match found, trying prefix.\n");
55           route = TSTree_search_prefix(routes, bdata(url), blength(url));
56       }
57
58       return route;
59   }
60
61   bstring read_line(const char *prompt)
62   {
63       printf("%s", prompt);
64
65       bstring result = bgets((bNgetc) fgetc, stdin, '\n');
66       check_debug(result != NULL, "stdin closed.");
67
68       check(btrimws(result) == BSTR_OK, "Failed to trim.");
69
70       return result;
71
```

```
72   error:
73       return NULL;
74   }
75
76   void bdestroy_cb(void *value, void *ignored)
77   {
78       (void)ignored;
79       bdestroy((bstring) value);
80   }
81
82   void destroy_routes(TSTree * routes)
83   {
84       TSTree_traverse(routes, bdestroy_cb, NULL);
85       TSTree_destroy(routes);
86   }
87
88   int main(int argc, char *argv[])
89   {
90       bstring url = NULL;
91       bstring route = NULL;
92       TSTree *routes = NULL;
93
94       check(argc == 2, "USAGE: urlor <urlfile>");
95
96       routes = load_routes(argv[1]);
97       check(routes != NULL, "Your route file has an error.");
98
99       while (1) {
100          url = read_line("URL> ");
101          check_debug(url != NULL, "goodbye.");
102
103          route = match_url(routes, url);
104
105          if (route) {
106              printf("MATCH: %s == %s\n", bdata(url), bdata(route));
107          } else {
108              printf("FAIL: %s\n", bdata(url));
109          }
110
111          bdestroy(url);
112      }
113
114      destroy_routes(routes);
115      return 0;
116
117  error:
118      destroy_routes(routes);
119      return 1;
120  }
```

이어서 실행에 사용될 가짜 라우팅 파일을 만든다.

```
/ MainApp
```

```
/hello Hello
```

```
/hello/ Hello
```

```
/signup Signup
```

```
/logout Logout
```

```
/album/ Album
```

47.1 실행 결과

urlor가 동작하고 라우팅 파일이 만들어지면 다음과 같이 실행할 수 있을 것
이다.

연습문제 47 Session

```
$ ./bin/urlor urls.txt
URL> /
MATCH: / == MainApp
URL> /hello
MATCH: /hello == Hello
URL> /hello/zed
No exact match found, trying prefix.
MATCH: /hello/zed == Hello
URL> /album
No exact match found, trying prefix.
MATCH: /album == Album
URL> /album/12345
No exact match found, trying prefix.
MATCH: /album/12345 == Album
URL> asdfasfdasfd
No exact match found, trying prefix.
FAIL: asdfasfdasfd
URL> /asdfasdfasf
No exact match found, trying prefix.
MATCH: /asdfasdfasf == MainApp
URL>
$
```

라우팅 시스템은 먼저 정확하게 일치하는 것을 찾아보고, 일치하지 않으면

prefix가 일치하는 것을 제공한다. 이를 통해 두 가지 방식의 차이점을 확인할 수 있을 것이다. URL의 의미에 따라 항상 URL이 정확하게 일치하도록 하거나, 항상 prefix와 정확하게 일치하도록 하거나, 혹은 둘 다 해 본 다음 최상의 URL을 선택하도록 하는 방법 중 하나를 선택하면 된다.

47.2 더 좋게 만들기

URL은 이상하다. 사람들은 웹 애플리케이션이 하는 모든 미친 짓(심지어는 완전히 논리적이지도 않은 일)을 마술처럼 다루기를 원하기 때문이다. TSTree를 라우팅 수행에 사용하는 방법을 간단히 보여준 이번 시연에는 사람들이 분명하게 표현할 수 없는 몇 가지 결함이 있다. 예를 들어 TSTree는 /al을 Album과 일치시켰는데 이것은 일반적으로 원하는 것이 아니다. 사람들은 /album/*이 Album과 일치되고 /al은 404 오류가 되기를 원한다.

이것을 구현하는 것은 어렵지 않다. 그저 원하는 방식의 prefix 일치 알고리즘으로 변경하면 되기 때문이다. 일치하는 모든 prefix를 찾은 다음 가장 좋은 것을 선택하는 일치 알고리즘을 채택했다면 쉽게 수행할 수 있을 것이다. 이 경우 /al은 MainApp 또는 Album과 일치될 것이다. 이 결과를 취한 다음, 약간의 로직을 통해 조금 더 나은 것을 결정하면 된다.

실제 라우팅 시스템에서 할 수 있는 또 다른 일은 일치 가능한 모든 것을 찾기 위해 TSTree를 사용하는 것이다. 그러나 이렇게 일치되는 것들은 추가로 확인해야 할 패턴들을 모아놓은 작은 세트이다. 많은 웹 애플리케이션에는 각 요청에 포함된 URL과 일치해야 하는 정규 표현식(regular expression, regex) 목록이 있다. 정규 표현식을 모두 실행하는 것은 시간을 잡아먹는 일이 될 수 있기 때문에, TSTree를 사용하여 prefix와 일치하는 모든 항목을 찾는 것이다. 이런 식으로 패턴을 좁혀 매우 빠르게 찾을 수 있을 것이다.

이 방법을 사용하면 실제 정규 표현식 패턴을 실행하는 것이기 때문에 URL이 정확히 일치할 뿐만 아니라 가능한 prefix로 먼저 추려내기 때문에 찾는 속도도 훨씬 빠르다.

이러한 종류의 알고리즘은 도메인 이름, IP 주소, 레지스트리 및 디렉터리,

파일 또는 URL 등과 같이 사용자가 볼 수 있는 유연한 라우팅 메커니즘이 필요한 다른 모든 곳에도 적용된다.

47.3 더 해보기

- 핸들러를 위해 문자열을 저장하는 대신 Handler 구조체를 사용하여 애플리케이션을 저장하는 실제 엔진을 만들어보자. 이 구조체는 URL, 이름 등 실제 라우팅 시스템을 만들기 위해 필요한 것들을 저장한다.
- URL을 임의의 이름으로 매핑하는 대신 .so 파일로 매핑하고, dlopen 시스템을 사용하여 실행시간에 핸들러를 로드하여 이 안에 포함된 콜백 함수를 호출토록 하자. 이 콜백을 Handler 구조체에 넣으면 여러분은 C에서 완전한 동적 콜백 핸들러 시스템을 갖게 된다.

연습 48

간단한 네트워크 서버

이제 이 책의 남은 부분에서는 여러 개의 연습을 통해 장기적으로 진행할 프로젝트를 시작할 것이다. 앞으로 나올 5개의 연습에서는 logfind 프로젝트와 비슷한 방식으로 간단한 네트워크 서버를 만드는 문제를 보여줄 것이다. 프로젝트의 각 단계에 대해 설명하면 여러분은 이를 구현한 다음, 필자의 것과 비교한 후 다음으로 넘어갈 것이다.

스스로 문제를 자유롭게 풀어보도록 하기 위해 단계별 설명은 의도적으로 모호하게 기술했지만, 그래도 필자는 여전히 GitHub에 올린 코드를 통해 도움을 줄 것이다.

먼저 문제를 직접 풀어보고, 프로그램이 동작하면 (또는 완전히 막혀버렸다면) GitHub를 통해 필자의 코드를 살펴보기 바란다. 다음 연습을 위해 여러분의 코드를 계속 사용하거나 그냥 필자의 것을 사용할 수도 있다.

48.1 스펙

처음으로 만들 프로그램은 나머지 프로젝트를 위한 첫 번째 기반이 될 것이다. 이번 스펙에는 통계나 다른 것에 대한 언급은 없지만 이 프로그램의 이름은 statserve라고 명할 것이다. 통계에 대한 내용은 나중에 나올 것이다.

이번 프로젝트의 스펙은 매우 간단하다.

1. netclient 또는 nc 명령을 통해 7899 포트의 연결을 받는 간단한 네트워크 서버를 작성하자. 이 서버는 입력한 내용을 그대로 돌려보낸다.
2. 포트를 bind하고, 소켓(socket)에서 listen하고, 응답하는 방법을 공부해야 할 것이다. 그동안 쌓은 연구/조사 기술을 활용하여 이것들이 어떻게 수행되는지 공부하고 직접 구현해보자.

3. 이 프로젝트에서 정말 중요한 부분은 c-skeleton에서와 같이 프로젝트 디렉터리에 배치한 다음 그 안에서 모든 것이 빌드되고 동작하도록 만드는 것이다.

4. 데몬(daemon)과 같은 것에 대해서는 걱정하지 않아도 된다. 서버는 그냥 명령줄에서 실행되어야 하며, 한번 실행하면 (별다른 액션 없이는) 끝나지 않는다.

소켓 서버를 만드는 방법을 파악하는 것이 이 프로젝트의 중요한 도전이지만, 지금까지 배운 것으로 가능할 것이다.

48.2 statserve 프로젝트 실행 예

여기에서 보여주는 실행 결과는 5개의 연습문제를 모두 구현한 결과로, 전체적인 프로젝트의 방향을 설정하는 데만 참고하기 바란다. 각각의 연습문제에서는 해당 연습문제에서 요구하는 내용을 구현하는 데 집중해야 한다.

  서버 실행은 간단하다. 그저 실행만 하면 되며, 강제 종료시킬 때까지 계속 동작한다. 클라이언트의 동작에 따라 디버그 메시지가 출력될 수도 있다.

연습문제 48 statserve Session

```
$ ./bin/statserve 127.0.0.1 9900 storage
DEBUG src/statserve.c:543: Client connected.
DEBUG src/statserve.c:124: create: /zed 1234
[INFO] (src/statserve.c:161) sample /zed /zed 89
[INFO] (src/statserve.c:161) sample /zed /zed 1
[INFO] (src/statserve.c:263) dump: /zed, /zed, /zed
[INFO] (src/statserve.c:231) mean: /zed /zed /zed
[INFO] (src/statserve.c:247) stddev: /zed /zed /zed
[INFO] (src/statserve.c:112) create: /logins/zed /logins/zed 100
DEBUG src/statserve.c:124: create: /logins/zed 100
[INFO] (src/statserve.c:112) create: /logins/zed /logins 100
DEBUG src/statserve.c:124: create: /logins 100
[INFO] (src/statserve.c:112) create: /logins/mary /logins/mary 12
DEBUG src/statserve.c:124: create: /logins/mary 12
[INFO] (src/statserve.c:112) create: /logins/mary /logins 12
DEBUG src/statserve.c:120: Child /logins exists, skipping it.
[INFO] (src/statserve.c:161) sample /logins/zed /logins/zed 12
[INFO] (src/statserve.c:161) sample /logins/zed /logins 12
[INFO] (src/statserve.c:161) sample /logins/mary /logins/mary 156
```

```
[INFO] (src/statserve.c:161) sample /logins/mary /logins 156
[INFO] (src/statserve.c:263) dump: /logins, /logins, /logins
[INFO] (src/statserve.c:231) mean: /logins /logins /logins
DEBUG src/statserve.c:288: store /logins
[ERROR] (src/statserve.c:517: errno: Invalid argument) Client closed.
^C
$ ls storage/
vtmTmzNI
$ cat storage/vtmTmzNI
n@??@L@Y@$
```

서버 프로그램 실행 시 지정한 데이터 저장 파일 storage에 통계 데이터가 저
장된 것도 확인할 수 있다.

클라이언트로 사용되는 프로그램인 nc는 서버 프로그램을 실행한 상태에
서 다른 터미널에서 다음과 같이 동작시키면 된다.

연습문제 48 nc Session

```
$ nc 127.0.0.1 9900
create /zed 1234
OK
sample /zed 89
661.500000
sample /zed 1
441.333333
dump /zed
441.333333 687.878138 1324.000000 1530678.000000 3 1.000000 1234.000000
mean /zed
441.333333
stddev /zed
687.878138
create /logins/zed 100
OK
create /logins/mary 12
OK
sample /logins/zed 12
56.000000
78.000000
sample /logins/mary 156
84.000000
80.000000
dump /logins
80.000000 22.271057 240.000000 20192.000000 3 56.000000 100.000000
mean /logins
80.000000
store /logins
```

OK
$

48.3 힌트

프로젝트 성공을 위한 몇 가지 힌트를 제공하겠다. 부디 첫 발을 잘 떼어 반드시 성공하기를 바란다.

- liblcthw를 사용한다.
- 클라이언트 프로그램은 이미 만들어졌으니 서버 프로그램에만 집중하면 된다.
- 서버 프로그램 작성 시 select를 사용하지 말고 fork()를 사용한다.
- 프로그램을 단순하게 유지한다. 연결을 맺고 종료하는 것 외에는 신경 쓰지 않는다.
- 소규모를 유지하고 천천히 빌드한다.

추가로 프로젝트 구현에 도움이 될 만한 참고자료를 소개한다. 인터넷 및 man (2) 페이지 등을 통해 조사하기 바란다.

- "echo server in C"
- accept, bind, listen, connect, select, socket, shutdown
- 비즈(Beej)의 네트워크 프로그래밍 가이드(*http://beej.us/guide/bgnet*)[1]
- *Effective TCP/IP Programming: 44 Tips to Improve Your Network Programs* (Addison-Wesley, 2000)
- *UNIX Network Programming, Volume 1: The Sockets Networking API, Third Edition*(Addison-Wesley, 2003)[2]

---

1 (옮긴이) 해당 사이트의 한글 번역 사이트는 다음과 같다.
   http://wiki.kldp.org/Translations/html/Socket_Programming−KLDP/Socket_Programming−KLDP.html
2 (옮긴이) 이 책의 번역본은 *UNIX Network Programming Vol.1* (3판)(교보문고, 2005)이다.

연습 49

통계 서버

프로젝트의 다음 단계는 statserve 서버의 첫 번째 기능을 구현하는 것이다. 연습 48에서 작성한 프로그램은 잘 동작하고 충돌하지 않아야 한다. 계속하기 전에 가능한 한 최선을 다해 방어적으로 생각하고 프로젝트를 깨뜨리고 파괴하기 위해 시도하는 것을 잊으면 안된다.

statserve의 목표는 클라이언트의 연결을 받고 통계 수정 명령을 입력받아 처리하는 것이다. 기억하고 있겠지만, 우리는 통계에 대한 기본적인 내용을 조금 배웠고, 해시 맵, 동적 배열, 이진 검색 트리, 3진 검색 트리와 같은 자료 구조를 사용하는 방법을 알고 있다. 이것들은 statserve에서 다음 연습문제의 기능을 구현하는 데 사용된다.

49.1 스펙

이번에는 여러분의 네트워크 클라이언트가 통계를 저장할 수 있도록 프로토콜(protocol)을 구현해야 한다. 연습 43의 내용을 기억한다면 stats.h API를 통해 다음의 간단한 연산을 할 수 있을 것이다.

create   새로운 통계를 생성한다.

mean   현재 통계의 평균을 구한다.

sample   새로운 표본을 통계에 추가한다.

dump   통계의 모든 요소를 보여준다(sum, sumsq, n, min, max).

다음은 여러분의 프로토콜을 만드는 시작점이 될 것이다. 여기에 몇 가지를 더 추가해야 할 것이다.

1. 사람들이 이러한 통계에 이름을 붙이도록 허용해야 한다. 즉, 이름을 Stats 구조체에 매핑할 수 있도록 매핑 스타일의 자료구조 하나를 사용해야 한다.

2. 각각의 이름에 대한 CRUD 표준 연산을 추가해야 한다. CRUD는 create, read, update, delete를 의미한다. 현재 위 명령 목록에는 create, mean, (read를 위한) dump, (update를 위한) sample이 있으니 delete 명령만 더 구현하면 된다.

3. 또한, 서버 내에 있는 가능한 모든 통계를 보여주기 위해 list 명령을 추가해야 할 것이다.

statserve가 위의 연산을 허용하는 프로토콜을 처리한다고 가정하고, 통계를 만들고, 표본을 업데이트하고, 삭제하고, 출력하고, 평균을 얻은 다음 마지막으로 통계 목록을 나열하기 바란다.

이를 위해 평범한 텍스트를 사용하여 간단하게(단순하게) 프로토콜을 설계하는 데 최선을 다하고 결과물을 보기 바란다. 먼저 종이에 작성한 후, 48.2의 실행 예를 참고하여 프로토콜을 코드로 구현한다. 그리고는 필자의 방법과 비교해보기 바란다.

아울러 프로토콜이 서버와 별도로 파싱되는지 테스트하기 위해 단위 테스트를 사용하도록 하자. 프로토콜에 따라 문자열을 처리하는 부분을 위해 별도의 .c 및 .h 파일을 만든 다음 제대로 된 결과가 나올 때까지 테스트한다. 이렇게 하면 서버에 이 기능을 추가하기가 훨씬 수월해진다.

연습 50

<hr>

통계 라우팅

일단 프로토콜 문제를 해결하고 자료구조에 통계를 넣고 나면, 이 프로그램을 훨씬 더 풍부하게 만들고 싶어질 것이다. 이번 연습에서는 코드를 재설계하고 재작성해야 할 수도 있다. 이는 소프트웨어를 작성할 때 절대적인 요구사항으로, 의도적인 것이다. 새로운 코드를 위한 공간을 만들기 위해 오래된 코드를 종종 버려야 할 것이다. 여러분이 작성한 것에 결코 너무 얽매이지 않길 바란다.

이번 연습에서는 연습 47에서 사용했던 URL 라우팅을 프로토콜에 추가하여 통계를 임의의 URL 경로에 저장할 수 있도록 만들어야 한다.

이것이 여러분에게 제공되는 전부이다. 요구사항은 간단하다. 스스로 시도하고, 프로토콜을 수정하고, 자료구조를 업데이트하고, 코드를 변경하여 작동하도록 하는 것이다.

연습 48.2의 실행 예를 참고하여 최선을 다해 구현하기 바란다.

연습 51

___

통계 저장

다음으로 해결해야 할 문제는 통계를 저장하는 방법이다. 메모리상에서 통계를 다루면 별도의 장치에 통계를 저장하는 것보다 훨씬 빠르다는 장점이 있다. 사실 이 작업을 수행하는 대용량 데이터 저장 시스템이 있지만, 우리의 경우에는 데이터 중 일부를 하드 드라이브에 저장할 수 있는 소형 서버가 필요하다.

51.1 스펙

이번 연습을 위해 하드 드라이브에 통계를 저장하고 로드하는 두 개의 명령을 추가해야 한다.

store   URL이 있으면 그것을 하드 드라이브에 저장한다.

load   두 개의 URL이 있는 경우에는 첫 번째 URL을 기반으로 하드 드라이브에서 통계를 로드한 다음, 메모리에 있는 두 번째 URL에 넣는다.

얼핏 간단해 보이지만 이 기능을 구현하기 위해서는 다음의 전투를 치러야 한다.

1. URL에 / 문자가 포함되어 있으면 파일 시스템의 슬래시 사용과 충돌한다. 어떻게 이것을 해결할 것인가?
2. URL에 / 문자가 있으면 누군가가 서버에 있는 하드 드라이브로 경로를 지정하여 파일을 덮어 쓸 수 있다. 어떻게 이것을 해결할 것인가?
3. 깊게 중첩된 디렉터리를 사용하도록 했다면 파일을 찾기 위한 디렉터리 탐색이 매우 느려질 것이다. 이제 여기에서 무엇을 하겠는가?

4. 하나의 디렉터리와 해시 URL을 사용하기로 결정했다면(힌트를 줘버렸네), 너무 많은 파일이 있는 디렉터리가 느려질 것이다. 어떻게 이것을 해결하겠는가?

5. 누군가가 하드 드라이브의 통계를 이미 존재하는 URL로 로드하면 어떻게 되는가?

6. statserve를 운영하는 사람이 저장소가 있어야 하는 위치를 어떻게 알 수 있는가?

다른 방법으로, 파일 시스템을 사용하여 데이터를 저장하는 대신 SQLite 및 SQL을 사용할 수도 있다. 또는 GNU dbm(GDBM)과 같은 간단한 데이터베이스 시스템을 사용하는 방법도 있다.

선택사항에 대해 모두 조사한 다음, 가장 간단한 것을 선택하여 시도해보자. 다음 연습에서는 서버를 파괴하는 방법을 조사할 것이므로 이 기능을 파악하는 데 시간을 투자하기 바란다.

연습 52

해킹하고 개선하기

마지막 연습은 두 단계로 구성된다. 먼저 서버를 해킹하여 서버를 파괴하는 방법을 알아본다. 다양한 기법과 트릭을 이용하여 프로토콜을 깨뜨리는데, 이를 통해 설계의 결함을 보여준다. 여러분의 코드를 가지고 따라가다 보면 필자와 경쟁하여 누가 더 강력한 서버를 만들었는지도 확인할 수 있을 것이다.

마지막으로, 프로젝트를 더 좋게 개선하는 방법과 설계에 대한 의사결정을 하는 방법을 알려준다. 이 섹션에서는 필자가 프로젝트를 거의 완료했을 때 그것을 세련되게 만들기 위해 생각해두었던 모든 것을 다룬다.

52.1 서버 해킹

statserve 프로젝트는 약점 투성이다. 특히 프로토콜은 너무 취약하여 공격하기가 용이하다. 쉽게 생각할 수 있는 프로토콜 약점은 다음과 같다.

- 현재 프로토콜은 줄 단위로 구현되어 받는 데이터의 크기를 프로토콜 차원에서 제한할 수 없기 때문에 이를 악용하여 수십 GB의 데이터를 한 번에 보낼 수도 있다.
- 프로토콜 규격을 검증하는 장치가 없기 때문에 숫자 값을 기대하는 상황에서 문자를 보내 의도하지 않은 동작을 일으킬 수 있다.

이 외에도 다음과 같이 실질적인 방법으로 프로토콜을 깨뜨릴 수도 있다.

- 퍼징 기법으로 이름을 입력한다.
- 제한된 길이보다 더 긴 문자열을 입력한다.
- 데이터에 '\0'을 넣는다.

- 엄청나게 큰 수를 입력한다.

결론적으로, 프로토콜을 디자인할 때 정확한 규칙이나 고정된 크기의 값을 받도록 하지 않으면 해킹을 당할 가능성이 높아진다.

또한, 서버의 디스크 공격도 고려해야 한다. 디스크와 관련된 부분 역시 해킹에 취약하기 때문에 항상 신경 써야 한다.

- 퍼징 기법으로 파일 이름을 입력한다.
- 디스크를 꽉 채운다.
- 엄청나게 많은 생성/삭제 연산을 수행한다.
- 말도 안되는 길이의 디렉터리를 입력한다.
- 임의의 파일에 접근을 시도한다.

따라서 디스크 공격을 예방하기 위해 항상 디스크의 크기를 모니터링하거나 엄청나게 큰 용량의 디스크를 사용하고, 임의의 디렉터리에 접근하지 못하도록 방어해야 한다.

이러한 해킹 취약점을 고려하며 코드를 정독하면서 해킹 가능성이 있는 부분을 // BUG: something과 같이 표시한 다음, 하나씩 해결해가는 방식을 사용하면 해킹을 예방하는 데 도움이 될 것이다. 또한, GitHub의 저장소를 살펴보면 필자가 어떻게 수정했는지도 확인할 수 있다.

52.2 프로젝트 개선 및 마무리

필자는 프로젝트 완료 단계에서 다음의 절차를 밟는다. 이렇게 함으로써 생각하지 못했던 취약점을 발견하거나 추가적인 개선점을 찾을 수 있다.

1. 프로젝트를 온라인에 올려 사람들이 접근할 수 있도록 한다.
2. 그것을 문서화하고, 문서를 읽기 쉽고 편리하게 만든다.
3. 가능한 많은 종류의 테스트를 수행한다.
4. 특수한 상황을 모두 개선하고, 찾아낼 수 있는 모든 공격에 대비하여 방어한다.

필자가 온라인에 프로젝트를 올리기 위해 주로 사용하는 플랫폼은 GitHub이다. GitHub는 코드를 공유하기도 용이할 뿐만 아니라 토론하기도 편리하다.

또한 많은 테스트 수행을 위해 다양한 툴의 도움을 받기도 하는데, 대표적인 툴을 소개하자면 다음과 같다.

- Valgrind: Project Suggestions: Valgrind를 이용하여 테스트를 수행하는 방법을 소개한다(*http://valgrind.org/help/projects.html*).
- Callgrind: 프로그램이 실행하는 동안 함수 호출을 그래프로 기록하여 호출 관계를 쉽게 파악할 수 있도록 도와준다(*http://valgrind.org/docs/manual/cl-manual.html*).
- Code Coverage 도구: 프로그램을 테스트할 때 소스코드를 얼마나 많이 사용하였는지 분석해주는 도구를 이용하여 프로그램 테스트 깊이를 진단할 수도 있다. 즉, 테스트되지 않는 코드가 많을수록 오류의 가능성은 높아진다고 볼 수 있다(*http://wiki.c2.com/?CodeCoverageTools*).

가능한 한 코드 검토와 점검을 많이 하고 취약점 혹은 개선점을 최대한 뽑아내도록 노력해야 한다. 물론 힘든 과정이지만 충실히 진행할수록 여러분의 코드는 더욱 견고해질 것이다. 부디 이 과정을 즐길 수 있기를 바란다.

Next Steps
_____

다음 단계

이 책은 초급 프로그래머 또는 내부적으로 다루어지는 많은 주제에 대한 경험이 없는 프로그래머를 위한 거의 기념비적인 작업이다. 여러분은 C 언어, 테스트, 안전한 코딩, 알고리즘, 자료구조, 단위 테스트를 비롯하여 일반적으로 적용되는 문제 해결 방법 등 다양한 기초 지식을 성공적으로 배웠다. 축하한다! 이제는 훨씬 더 나은 프로그래머가 되어야 한다.

이제 C 프로그래밍 언어에 대한 다른 책을 읽기를 권한다. C 언어의 제작자인 브라이언 W. 커니핸과 데니스 M. 리치의 The C Programming Language (Prentice Hall, 1988)[1]는 후회하지 않는 선택이 될 것이다. 필자의 책은 주로 다른 주제를 가르치는 수단으로서, 그리고 일을 끝낼 수 있는 실용적인 버전으로서의 C 언어에 대한 시작점을 가르친다. 하지만 이들의 책은 C 언어의 창조자와 C 표준에 정의된 대로 C 언어에 대한 더 깊이 있는 내용을 가르칠 것이다.

프로그래머로서 계속해서 발전하고 싶다면 적어도 네 가지의 프로그래밍 언어를 배우는 것이 좋다. 이미 하나의 프로그래밍 언어를 알고 있고, 여기에 C 언어도 알게 되었으니 다음의 프로그래밍 언어 중 하나를 배우는 것이 좋겠다.

- 파이썬: 필자의 책 Learn Python The Hard Way, Third Edition(Addison-Wesley, 2014)[2]을 통해 배울 수 있다.
- 루비: 필자의 책 Learn Ruby The Hard Way, Third Edition(Addison-Wesley, 2015)을 통해 배울 수 있다.

---

1 (옮긴이) 이 책은 『Kernighan의 C 언어 프로그래밍』(휴먼싸이언스, 2016)으로 번역되었다.
2 (옮긴이) 이 책은 『간깐하게 배우는 파이썬』(인사이트, 2014)으로 번역되었다.

- Go: *http://golang.org/doc*에 수록된 문서를 통해 배울 수 있다. C 언어의 창시자들이 만든 또 다른 프로그래밍 언어로, 사실 이 언어가 훨씬 좋다.
- 루아(Lua): 이것은 매우 재미있는 프로그래밍 언어로, 여러분이 즐길 수 있는 C 언어를 위한 훌륭한 API를 제공한다.
- 자바스크립트: 이 프로그래밍 언어에 대해서는 어떤 책이 제일 좋은지 모르겠다.

세상에는 여러분이 사용할 수 있는 많은 프로그래밍 언어들이 있으니 관심 있는 언어를 선택하고 배우기 바란다. 필자는 이렇게 하기를 적극 권장하는데, 그 이유는 여러 프로그래밍 언어를 학습하는 능력을 강화하는 것이 프로그래밍에 능숙해지고 자신감을 키우는 가장 쉬운 방법이기 때문이다. 내 생각에 초보자가 유능한 프로그래머로 거듭나는 시점이 4개 언어인 것 같다. 그것 또한 많은 즐거움을 줄 것이다.

찾아보기